초등예비교사

지리학에게 말을 걸다

초등예비교사
지리학에게 말을 걸다

황홍섭·박지수 공저

PRE-SERVICE TEACHERS TALK TO GEOGRAPHY

동 문 사

사회과 교육은 민주시민양성을 궁극적 목적으로 한다. 다시 말해 사회과는 학습자들이 사회생활을 잘할 수 있도록 도와주는 교과이다. 이를 위해 학습자들은 사회과 교육을 통해 사회현상을 정확하게 인식하기 위한 지식과 기능을 익히고, 민주사회구성원에게 요구되는 가치와 태도를 갖춘다. 이러한 사회과의 구성은 세계적으로 볼 때 다양하게 운영되고 있으며, 우리나라의 경우 지리가 사회과 내에서 그 일부를 구성하고 있다. 따라서 지리교육은 지리학적 지식과 기능, 가치 및 태도를 바탕으로 사회과의 지리로서 이해하고 가르칠 수 있어야 한다.

이 책은 제7차 교육과정 시 초등사회과 지리영역학습에 필요한 것들을 위해 2003년에 집필한 「초등사회과 지리학습을 위한 인간과 공간」을 최근 지리학의 변화와 새로운 교육과정에 맞게끔 전면적으로 수정하고, 새로운 장을 넣거나, 중요성이 덜하다고 생각되는 장은 제외하였다. 특히 학습자들을 감안하여 초등지리영역의 임용시험문제 및 해설을 포함하여 현직교사와 예비교사 모두에게 도움이 되는 책을 제공하고자 하였다. 물론 이 책은 사회과 지리영역의 학습에 필요한 지리학 개론서 역할을 하지만, 지리학에서 취급하는 중요한 것들을 모두 포괄하지 못했다. 그 이유는 이 책이 한 학기 강의교재이고, 초등지리영역에 필요한 내용을 담기엔 내용이 방대하여 지리학영역 중에서 지리적 통찰력 내지 안목 그리고 지리학습에 꼭 필요한 개념, 원리를 중심으로 학생들이 잘 모르거나 배우기 힘들어 하는 영역, 임용시험에서 잘 나오는 영역을 중심으로 내용을 실었다. 특히 인문지리영역 중 취락(도시, 촌락) 및 인구영역은 중요함에도 불구하고 다루지 않은 것은 이에 대한 선지식과 교사용 지도서로도 충분하다고 생각했기 때문이다.

이 책은 초등사회과 지리영역의 학습을 위한 지리학 개론서로서, 지리학의 핵심 기본원리를 파악하여 지리적 통찰력과 안목을 형성할 수 있도록 하였다. 이러한 목적을 위해 초등사회과 지리영역에서 가장 중요한 개념은 지구화로 인해 공간의 시대를 살아가면서 장소에 대한 이해를 통해 지역개념을 형성하는 것으로 보았다. 다시 말해 학생들은 삶의 주변에서 여기와

머리말

저기의 구체적 다름인 장소에서 출발하여 여기와 저기의 같음인 공간으로 나아간다. 이때 지역은 통합(융합)적 특성을 가진 공간으로, 여러 장소는 지역으로 통합될 수 있다.

따라서 초등지리학에서 지역은 가장 중요한 개념이다. 지리학에서 다루는 지역은 마치 사람에 비유될 수 있을 만큼 매우 흡사한 점이 있다. 사람마다 성격(인격)이 다르듯이 지역(장소)마다 특성이 다르다. 사람마다 성격 형성에 영향을 준 환경이 다르듯이, 지역마다 지역성 형성에 영향을 주는 환경이 다르다. 사람마다 각기 타고난 재능이 있듯이, 지역마다 고유한 영역을 나타내는 지도가 있고, 지도와 함께 그 지역을 대표할 만한 답사코스가 있다. 사람마다 분위기와 기질이 다르듯이 지역마다 기후가 다르며, 사람마다 얼굴의 모양이 다르듯이 지역마다 지역의 얼굴인 지형이 다르다. 사람들이 한 곳에 머물지 않고 보다 나은 삶을 위해 이동하듯이, 지역 또한 지역마다 서로 협력, 소통, 교환 등을 위해 이동을 한다. 그러면서도 사람들은 주로 한 곳에 베이스캠프를 만들어 머물면서 살아가듯이, 지역도 베이스캠프에 해당하는 중심이 있고, 중심과 함께 주변을 형성하면서 지역마다 삶터를 아름답게 하기 위해 노력하고 있다. 나아가 사람마다 자기 이름이 있고, 이름값을 하기 위해 노력하듯이, 지역마다 지명이 있고, 지명브랜드를 높이기 위한 전략을 구사하고 있다.

따라서 이 책은 위에서 언급한 점을 감안해, 지역을 학습하기 위하여 지역이 사람과 매우 흡사하다는 점에 착안하여 지역을 사람처럼 생각하며 지역성 형성에 영향을 주는 중요한 것들을 탐색할 수 있는 방안을 강구하였다. 이를 위해 주로 묻고 답하는 대화형의 스토리텔링 형식을 활용하여 지역성을 탐색할 수 있도록 방안을 강구하였다. 크게 5가지 주제를 담은 질문과 그에 따른 2~3가지의 답변으로 구성하였다. 5가지 핵심 주제에 해당하는 질문은 첫째 지리학의 성격과 초등지리의 핵심, 둘째 지리학이란 학문의 정체성 내지 초등지리에서 가장 중요한 지역개념을 밝히는 데 필요한 핵심 키워드에 대한 이해, 셋째 지리학이란 학문을 연구하는 데 있어 영원한 도구에 대한 이해, 넷째 지리학과는 국내외적으로 자연과학 쪽에 속한 곳도 있고, 인문사회과학 쪽에 속한 곳도 있다. 이것은 지리학이 문·이과의 통합적, 융합적 학문임을 증명하는 것으로, 지리학의 자연과학적 이해, 다섯째 지리학의 인문사회과학적 이해에 관한 것들을 중심으로 궁금증에 답하는 형식으로 구성되어 있으며, 자세한 내용은 다음과 같다.

제1부의 질문은 '지리학이란 어떤 학문이며, 초등지리의 핵심은 무엇입니까?'이다. 제1부에서는 지리학의 정체성을 묻고, 초등지리의 핵심이 무엇인지에 대해 묻는다. 이에 대해서 제1장은 '지리학은 인간생활과 관련하여 지표면상에서 일어나는 모든 질문에 대답을 한다'와 제2장 '초등지리의 핵심 개념인 지역은 시대에 따라 다양한 얼굴로 나타나고 있다'로 답변하며 자세한 내용을 살펴보았다.

제2부의 질문은 '지리학이란 학문의 정체성을 밝히는 데 필요한 핵심 키워드는 무엇입니까?'이다. 제2부에서는 제1부에서 밝힌 초등지리의 핵심이라 할 수 있는 지역을 이해하는 데 필요한 핵심 키워드를 통해 지역을 더 자세하게 밝힐 수 있도록 하였다. 그래서 제3장의 환경에 대해서 '지역은 인간과 환경이 어떤 관계가 있는지에 대한 대답이다'와 제4장의 위치에 대해서 '위치는 공간관계 속에서 지역성을 밝히는 원천이다'로 답변하면서 지역을 좀 더 자세하게 이해할 수 있도록 안내하고 있다.

제3부의 질문은 '지리학이란 학문을 연구하는 데 중요한 도구가 있습니까?'이다. 제3부에서는 지리학을 연구하기 위해서 중요한 도구 혹은 수단에 대해 묻는다. 이에 대해서 제5장은 '지도는 지리학을 지리학답게 하는 영원한 도구이자 멘토로서 우리에게 할 말이 많다'와 제6장 '지도가 우리의 미래를 만든다' 그리고 제7장 '지리답사(여행)는 우리의 생각과 편견을 바꾸어 우리를 새롭게 한다'로 답변하며 자세한 내용을 안내하고 있다.

제4부의 질문은 '지리학은 자연과학이 맞습니까?'이다. 제4부에서는 지리학이 가진 자연과학적 성격에 대해서 묻는다. 이에 대해서 제8장은 '기후는 지역성을 결정하는 데 중요한 역할을 한다'와 제9장 '지형도 지역성을 결정하는 데 중요한 역할을 한다'로 답변하며 자세한 내용을 다루고 있다.

제5부의 질문은 '지리학은 인문사회과학이 맞습니까?'이다. 제5부에서는 지리학이 가진 인문사회과학적 성격에 대해 묻는다. 이에 대해서 제10장은 '다문화 공간에서 다문화 장소로 가는 길을 묻다'와 제11장 '동서양의 터잡기에서 삶의 지혜를 배운다' 그리고 제12장 '지역이 지명에게 자신의 정체성을 묻다'로 답변하며 지역을 인문사회과학적 관점에서 좀 더 자세하게 안내하고 있다.

마지막으로 이 책이 나오기까지 도움을 주신 동문사 이중수 사장님과 유재영 상무님 그리고 짧은 시간에도 불구하고 꼼꼼히 편집해주신 관계자들에게 감사드리며, 초등예비교사와 초등현직교사, 지리학에 관심을 가진 학생들이 지리학을 이해하는 데 이 책이 조금이나마 도움이 되기를 바란다.

2018년 8월
저자 일동

차례

PART IV

지리학은 자연과학이 맞습니까?

PART

I

지리학이란 어떤 학문이며, 초등지리의 핵심은 무엇입니까?

제1장 지리학: 지리학은 인간생활과 관련하여 지표면상에서 일어나는 모든 질문에 대답을 한다.

제2장 지역: 초등지리의 핵심개념인 지역은 시대에 따라 다양한 얼굴로 나타나고 있다.

창의 · 융복합 시대에 적합한 학문을 꼽으라면 단연 지리학을 들 수 있다. 지리학은 전통적으로 인문과학, 사회과학, 자연과학의 성격을 모두 갖는 종합과학, 융복합과학으로 지표상에서 일어나는 일들을 인간을 중심으로 환경과의 관계 속에서 통합적으로 기술, 설명, 해석하여 왔다. 지리학의 다양한 학문적 콘텐츠는 지리학을 넘어서 자연과학, 사회과학, 인문과학과 융복합하기에 매우 적절하다. 시대가 발달함에 따라 지리학에서는 환경학, 조경학, 지역학, 도시 및 지역계획학, 지리정보과학(GIS) 등과 같은 많은 학문들이 분과됨으로써 지리학은 몸집이 왜소하게 되었지만, 융복합시대에 지리학은 학문적 성격으로 인해 해야 할 역할이 다시 커지고 있다.

지구상에 똑같은 인간의 얼굴이 하나도 없듯이 지리학 또한 다양한 지역(장소)의 다양한 얼굴을 갖고 있다. 이러한 지역의 얼굴은 국지적인 것과 지구적인 것이 온갖 방식으로 서로 밀접하게 연결되어 있어서, 지역의 다양성은 결코 사라지지 않으며, 지역은 항상 시대에 따라 새로운 얼굴형상을 하고 있을 뿐이다.

CHAPTER 01

지리학:

지리학은 인간생활과 관련하여 지표면상에서 일어나는 모든 질문에 대답을 한다.

땅은 오래전부터 인간생활의 기반이었다. 인간은 생활과 동시에 땅 위에서 일어나는 현상의 원인과 규칙을 찾고 발생할 수 있는 결과를 예측하여 보다 나은 생활을 영위하고자 지속적으로 노력하였다. 그러나 땅 위에는 수없이 다양한 것들이 자리 잡고 있다. 이러한 것들 중에는 눈에 보이는 것과 보이지 않는 것들도 있다. 또한 원래부터 존재하는 자연물과 인간에 의해 존재하는 인공물도 있다.

오늘날 우리는 인터넷의 발달로 새로운 대상의 정체를 알고 싶을 때 간단한 검색을 통해서 알 수 있다. 그러나 땅 위에 일어나는 온갖 것들이 인간의 생존과 밀접한 관계를 가짐에도 불구하고, 이러한 것들의 정체에 대한 대답을 해주는 만능 사이트는 존재하지 않는다. 지리학은 땅 위에 온갖 것들이 왜, 어떻게, 얼마만큼 존재하고 있으며, 어떠한 인과관계가 있는지에 대해서 해답을 찾을 수 있는 역량을 길러준다. 학교에서는 지리학습 과정을 통해 이러한 역량이 키워질 수 있도록 교육과정을 운영하고 있다. 그렇다면 교과서 내용을 그대로 전달한다면 지리학습이 추구하는 목적을 달성할 수 있을까?

모든 교과교육은 저마다 고유한 학습의 목적과 대상이 존재한다. 교사의 가장 기본적인 전문성은 이러한 교과교육에 대한 내용적 지식과 방법적 지식을 맞추는 데 있다. 교사는 가르치고자 하는 교과의 정체성이 무엇이며, 정체성을 형성하는 내용은 무엇이며, 이것을 가르치기 위한 효과적인 교수·학습방법이 무엇인지를 잘 이해해야 한다. 지리학습의 대상은 지표상에 존재하는 장소, 공간, 지역 등이며, 학생들은 교사에 따라 어떠한 관점에서 이에 대한 학습을 할 것인지가 결정된다. 그렇다면 지리학이란 어떤 학문이며, 초등사회과 지리영역을 구성하는 핵심

개념들은 무엇인가? 이러한 개념들은 어떤 원리에 의해 지리적 통찰력을 형성할 수 있을지에 대한 대답을 지금부터 찾아보자.

삶의 모든 영역이 땅과 관련되어 있다. 다시 말해 삶의 모든 것이 지리이며, 삶의 모든 것은 지리로 설명할 수 있다. 지금 우리의 일상생활을 주의 깊게 관찰하여 보면 소비자이면서 생산자로서 이미 지구적인 움직임과 연결되어 있다. 예를 들면, 아침 식사에 호주산 밀로 만든 빵을 먹고, 베트남산 커피를 마시고, 국산 자동차로 출근을 한다. 자동차는 말레이시아산 타이어와 사우디아라비아산 휘발유에 의해 움직이면서 우리의 삶은 이미 세계와 연결되어 있다. 이렇게 연결된 세계 속에 내 자신이 있고, 내 자신 속에 세계가 있다. 이렇게 연결된 모든 것이 지리이다. 따라서 삶의 모든 연결된 것 속에서 지리를 배우고, 지리적 안목을 키울 수 있다. 이 책에서 배우는 각 장의 제목들의 키워드인 지역, 지도, 환경, 위치, 기후, 지형, 입지, 이동, 지명 등을 통해 지리적 안목이 형성되길 기대한다. 특히 이번 학기 강의를 통해 이제 낯선 곳을 여행하면서 그 장소에서 나타나는 호기심 가득한 질문에 대해서 지리적 관점에서 그 답을 찾을 수 있길 바란다.

1 지리학이란 어떤 학문인가요?

1. 지리학은 일상생활 속에서 우리의 삶에 어떤 기여를 하나요?

지리하면 무엇이 떠오르는가? 지도, 여행, 기후(날씨), 지형, 영토, 위치, 장소, 지역, 지명, 입지, 환경 등 다양하게 열거할 수 있을 것이다. 특히 인간은 본성적으로 낯선 장소를 여행하면서 장소에 대한 본능적 호기심(Where-Why)을 가진다. 지리는 바로 인간과 관련된 장소(Where)에 대한 호기심(Why)에서 출발한다. 그래서 지리는 장소와 왜가 융복합을 이루면서 새로운 무엇인가를 창조하는 학문이다. 왜라는 질문은 그 장소의 존재 이유와 가치를 반영하여 묻는 질문이기 때문이다. 장소는 각기 장소다움이 있다. 개에게도 울타리(영역)가 있다. 그래서 개는 낯선 사람이 자기 울타리 안으로 들어오면 '멍멍' 짖는다. 오늘날 인간은 어떻게 살아가고 있는가? 인간은 그 울타리를 영역화하여 경계로 표시하지만, 그 경계를 쉽게 넘나들면서 다른 지역들과 공존 및 협력하거나 경계를 침범하는 전쟁을 하기도 한다.

우리를 둘러싸고 있는 지구는 매력적인 장소와 사람, 문화, 환경 등의 거대한 복합체이다. 최근 학교교육에서 지리학습의 주제는 일상생활 공간 속에서 장소가 형성되는 과정을 배운다.

출처: GTA(The Geography Teacher's Association)

그림 1-1 매력적인 장소와 사람, 문화, 환경 등의 거대한 복합체로서의 지구

휴일에 다른 장소로 여행을 떠난다고 상상해보자. 우리는 목적지에 도착하면 가장 먼저 주위를 둘러보며 관찰을 시작한다. 새로운 장소는 이전에 머물던 장소와는 다르게 다가온다. 그러나 완전히 새로운 장소라기보다 다른 장소와 비슷한 부분을 찾을 수 있다. 그 이유는 무엇일까?

학교에서 지리학을 배우는 것은 세계의 사람들이 자기들이 사는 장소가 환경과 어떤 관계에 있는지를 이해할 수 있도록 지식 및 기능을 제공하고, 나아가 보다 나은 삶의 행복을 추구할 수 있도록 하는 가치 및 태도를 제공하기 위함이다.

지리학자는 오늘날 우리가 직면한 지리적 과제를 탐구하고, 결과를 예측하며, 미래에 대한 현실적인 해결책을 제시한다. 따라서 지리학자는 적극적이고 책임있는 시민으로서 우리의 세계에 대한 정보를 얻고, 정보를 바탕으로 미래를 만들어간다고 볼 수 있다.

2. 지리학의 어원은 어디에서 유래했으며, 어떻게 정의할 수 있나요?

동양에서 지리학의 어원은 『주역(周易), 계사전 우삼장(繫辭伝 右三章)』에 위로는 일월성신을 나타내는 천문을, 아래로는 땅의 이치(地理)를 관찰하는 것[앙이관 천문 부이찰 지리(仰以觀 天文 俯以察 地理)]이라고 되어 있는데서 지리라는 용어가 처음으로 사용됨으로써 그 어원을 찾아볼 수 있다. 여기서 지리는 땅에서 생기는 각종 문제를 해결하기 위해 땅의 이치(원리)를 찾거나 연구한다는 의미를 갖고 있다.

서양에서 지리학의 어원은 영어 geography, 독어 Geographie, 프랑스어 Géographie 등으로 표현되는데, 이들은 고대 그리스어의 지리학자 Eratosthenes(B.C. 276~194)의 저서 『Geographika』에서 그 어원을 찾아볼 수 있다. Geographika는 지리학이란 뜻인데, 이것은 그리스어의 geos와 graphios에서 기인된 것으로 geos는 땅, 토지, 지구를, graphios는 기술하다라는 의미를 지니고 있다. 결국 geo(earth, of the earth, spheres of influence, atmo-/hydro-/litho-/biosphere)와 graphy(describe, graphics, images, photos, maps)의 합성어로 땅에 대한 것을 기술하다라는 뜻이다. 기술할 때 지리는 사진, 지도, 그래프 등 시각화를 통해 기술한다는 데 특징이 있다.

지리학(地理學)은 문자 그대로 인간과 관련된 땅(지표 공간, 생활 공간)의 이치를 기술하거나 밝히는 학문으로써 그 연구에 있어서 땅 지(地)가 들어가는 것이 많다.[1] 예를 들어 지역(地域), 지도(地圖), 지명(地名), 입지(立地), 지가(地價) 등이 있다. 지리학은 주로 땅 위의 주인공인 인간이 그 무대인 자연(환경)과의 관계 속에서 삶의 터전을 지역적(장소)·환경적(생태적)·공간적 관점에서 연구하고 있다. 시대에 따라 인간의 삶에 영향을 미치는 지표면 공간을 어떤 관점에서 볼 것인가에 따라 다양하게 연구되어 왔다. 예를 들면, 지역(장소)이 인간의 삶에 중요할 경우는 지역(장소)개념, 인간의 삶에 환경이 중요한 영향을 미칠 경우 인간과 환경개념, 지역 문제해결을 위한 보편성이 강조될 경우 공간개념 등이 다양하게 연구되어 왔다.

결론적으로 지리학은 인간생활과 관련이 깊은 지표공간에서 생기는 각종 문제를 해결하기 위해 이치(개념, 원리 등)를 찾아 땅에서 생기는 각종 문제를 해결함으로써 인간과 자연의 조화를 꾀하고 나아가 우리가 사는 삶터(집터, 향토, 국토, 세계)를 아름답게 하며, 행복을 추구하고자 하는 학문이다.

1) 지리학이 인간과 관련이 깊은 지표 공간을 주로 연구하는 학문이라면, 지질학은 인간과 관련이 적은 지표 아래를, 천문학은 지표 위를 연구하는 학문이다.

3. 지리학을 어떻게 분류할 수 있나요?

지리학은 기본적으로 다른 학문과 달리 자연과학과 인문사회과학의 개념을 모두 포함하는 종합과학적 학문이다. 지리학은 주로 땅 위의 자연 및 인문(세계, 환경) 현상을 계통적 · 지역(지지)적 · 기능적으로 연구한다. 계통적이란 특정 지역을 전제하지 않고 특정 주제를 땅과 관련하여 연구하기 위해 법칙 및 이론을 추구하고자 하는 것이다. 주제는 자연과 인문의 두 가지 계통으로 나누어, 법칙이나 이론을 정립하여 땅을 설명하고자 한다. 지역(지지)적이란 특정 지역을 통합(융복합)적으로 연구하여 해당 지역의 특성 곧 지역성을 규명하고자 한다. 보통 자연 및 인문환경의 두 주제를 통합함으로써 지역의 고유한 지역성을 규명한다. 기능적이란 계통적 연구와 지역적 연구의 기초가 되는 정보도구로서 지도, 조사 및 분석도구로서 지리답사 그리고 지리실습 등을 말한다.

그리고 결론적으로 지리학은 앞서 언급한 연구의 관점을 감안하여 그림 1-2와 같이 계통, 지역, 기능 지리로 분류[2)]할 수 있다.

- 계통지리학(systematic geography): 특정 지역을 전제하지 않고 계통(주제)을 가지고 지역을 연구하며, 법칙 추구적 접근방법을 취한다. 여기서 계통은 자연 및 인문지리로 나눈다. 자연지리는 지형학, 기후학, 토양지리, 생물지리, 수문학 등을, 인문지리는 정치지리, 경제지리, 사회지리, 문화지리, 역사지리, 도시지리, 촌락지리, 인구지리 등으로 나뉜다.
- 지역지리학(regional geography): 특정 지역을 통합 기술함으로써 개성 기술적 접근방법을 취한다. 세계지리, 한국지리, 유럽지리, 부산지리, 향토지리 등이 있다.
- 기능지리학(functional geography): 땅을 연구, 분석하는 데 필요한 수단 · 도구가 되는 지도학, 지리답사 및 지리실습 또는 지리조사법(자연지리조사법, 인문지리조사법), 지리정보체계론(GIS), 계량지리 등이 있다.

---

2) 지리학의 분류는 관점에 따라 다양하게 분류할 수 있다. 가령, 계통지리와 지역지리, 자연지리와 인문지리, 순수지리와 응용지리(순수지리를 제외한 모두) 등으로 나눌 수 있다.

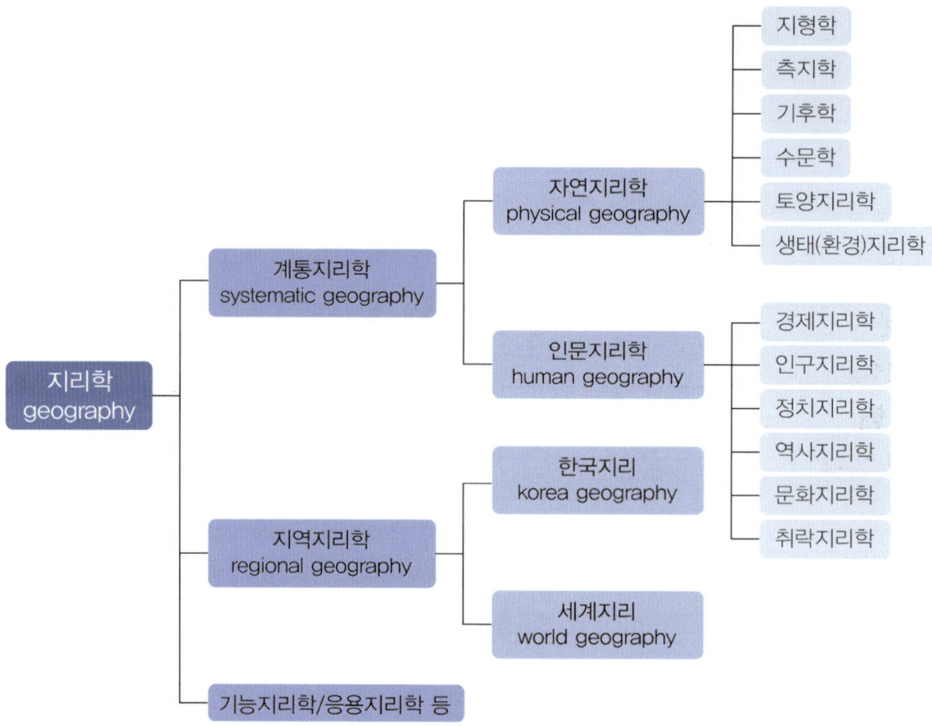

그림 1-2 **지리학의 분류**

결론적으로 지리학은 땅을 연구하는 학문이요, 구체적으로 땅 위의 인간과 자연(환경)을 연구하는 학문이다. 지리학은 이 둘의 관계에 있어서 땅 위의 인간은 인문환경, 인문지리, 인문사회과학으로, 자연은 자연환경, 자연지리, 자연과학으로 확장성을 가진다. 지리학은 인간과 자연 또는 인간과 환경 이 둘에 있어서 관계연구, 분리연구, 통합연구를 하고 있다. 분리연구는 자연지리, 인문지리 등의 계통지리로, 통합연구는 한국지리, 세계지리 등의 지역지리로, 관계연구는 주로 지도학, 지리조사론 등의 기능지리로 지금까지 내려오고 있다.

앞서 언급한 지리학의 분류를 감안하여 볼 때 지리영역 중 초등통합사회과지리영역으로 적절한 영역은 다음과 같다.

첫째, 지역지리와 계통지리 그리고 인문지리와 자연지리의 통합영역인 기능지리영역이 적절하다. 기능지리영역 중 지도와 답사는 통합사회과 지리영역의 적절한 주제가 된다(그림 1-3, 그림 1-4 참조).

둘째, 인문지리와 자연지리의 통합영역인 지역지리영역이 적절하다(그림 1-5 참조). 계통지리, 지역지리, 기능지리는 서로 독립적인 것이 아니기 때문에 완전히 나누어 생각할 수 없고 상호보완적 관계 속에서 연구되는 것이 바람직하며, 특히 지역지리와 기능지리는 융복합시대에 맞게 융복합할 수 있는 연구주제와 연구방법을 새롭게 할 필요가 있다. 특히 모더니즘적 지리학이 자연지리학과 인문지리학을 이분법 논리에서 설명했다면 포스트모더니즘적 지리학은 자연지리학과 인문지리학을 특정 주제를 중심으로 일원화 내지 융복합할 수 있어야 할 것이다. 융복합하기에 가장 좋은 학문 중 하나가 바로 지리학이다.

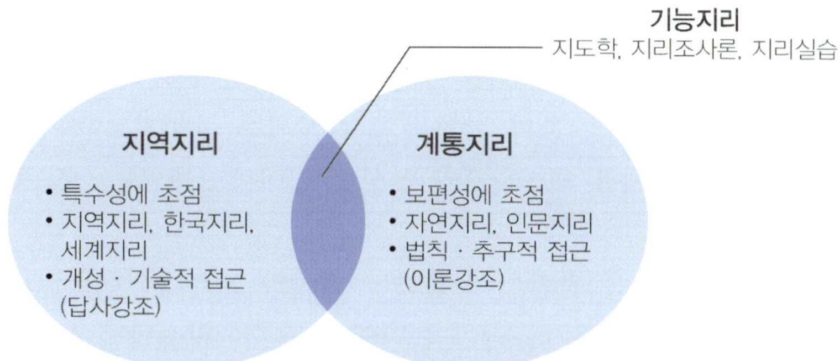

그림 1-3 **지리학 분류와 그 관계**

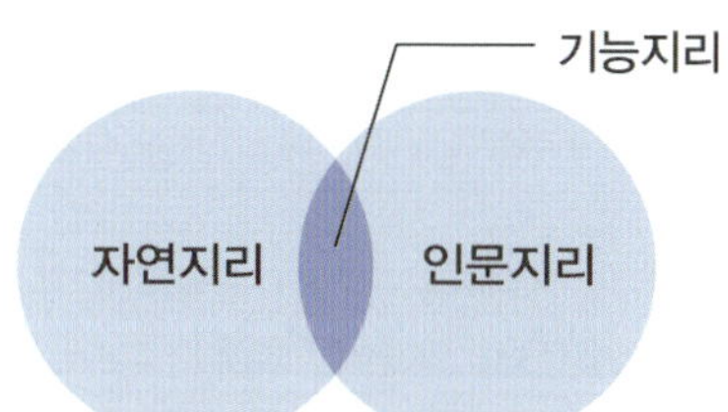

그림 1-4 **통합사회과 지리로서 기능지리의 중요성**

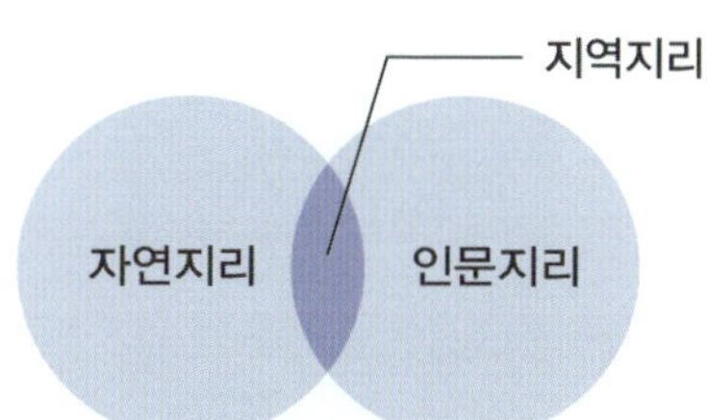

그림 1-5 **통합사회과 지리로서 지역지리의 중요성**

2 지리를 어떻게 교육해야 하나요?

1. 사회과 내에서 지리교육은 어떻게 해야 하나요?

우리나라에서 지리교육은 사회과 교육의 목적에 부응해야 한다. 다시 말해 지리교육은 지리학의 학문적 내용의 특성과 방법 등을 활용하여 사회과 교육의 목적을 달성해야 한다. 최근 가슴 아픈 사실은 이 땅을 떠나는 사람이 늘고 있다는 것이다. 그 이유로는 경제 · 교육적인 부분의 한계와 다른 곳에 대한 환상적 이미지에 있다. 후자의 원인에 대한 해결책으로는 어떤 땅을 생각했을 때 가보고 싶고 그곳에서 살고 싶은 생각이 나는 대상으로 우리나라를 떠올리게 하는 것이다. 지리교육은 궁극적으로 인간과 환경과의 관계에서 밝혀진 지식 및 기능을 기초로 땅 위에서 생긴 문제를 해결함으로써 삶터를 아름답게 하고, 삶의 질을 높이는 데 그 목적이 있다.

따라서 이러한 점을 감안한 교육과정 개발과 교육내용 선정(남북한 통일 교과서 집필 시 지리교육 내용 선정)과 더 나아가 다양한 교수 · 학습방법 개발 등이 필요하다.

2. 지리교육의 목적과 가치는 무엇인가요?

1) 목적

지리교육의 목적은 지리학의 학문적 사조, 교육학에 바탕을 둔 철학, 국가 · 사회의 요청 등에 영향을 받아왔으며, 이에 대한 관계를 간단히 도식화하면 그림 1-6과 같다.

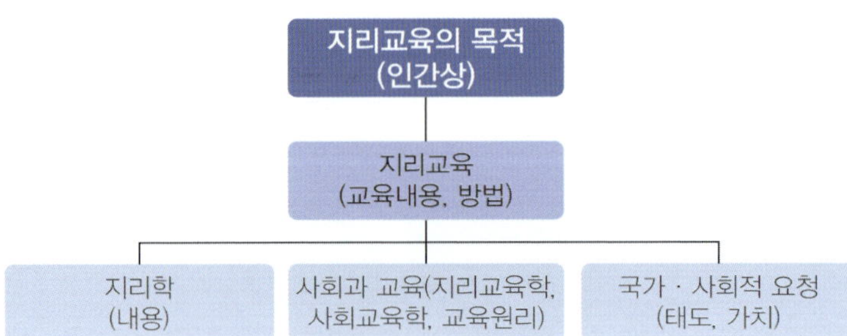

그림 1-6 **지리교육의 목적**

지리교육의 목적은 지리를 교육함에 있어서 성취하여야 할 궁극적인 도달점으로, 이것은 지리교육 전체의 방향성을 제시해주며, 작게는 가르치거나 학습할 세목을 설정하는 지침이 된다. 아울러, 교수·학습 방법의 선정 및 운영에서도 어떤 방법이 합당한 것인가를 알려준다. 그러므로 지리교육의 목적은 교육철학, 사회과 교육철학, 지리학의 철학, 지리교육의 철학, 해당 국가의 사회적 및 국가적 요청을 신중하게 검토한 후에 잘 정해야 함은 말할 필요가 없다.

지리교육은 인간의 삶과 관련하여 땅에서 생기는 문제를 해결할 수 있는 지리적 통찰력(안목)을 갖게 하는 데 있으며, 지리적 의식(지식)과 사고를 통해 함양될 수 있다. 지리교육의 목적은 둘로 나뉜다. 하나는 독립 교과적 차원에서 지리교육의 목적으로 땅에 대한 지식 및 기능 습득, 가치 및 태도 함양을 통해 지리적 통찰력을 갖게 됨으로써 땅과 관련된 문제해결에 초점을 둔다. 다른 하나는 사회과 지리로서 사회과 교육의 목적에 부응하는 지리교육의 목적은 땅 문제해결을 통한 땅에 대한 사랑(자연사랑, 인간사랑, 향토사랑, 나라사랑, 지구사랑)을 함양하는 데 초점을 둔다. 결국 지리교육의 궁극적 목적은 학습자로 하여금 땅 위에서 생기는 각종 문제를 해결할 수 있는 지리적 통찰력을 갖게 하는 데 있다. 이러한 지리적 통찰력은 인간과 자연의 조화, 땅에 대한 사랑을 통해 학습자의 삶의 질을 높여 행복을 추구하는 데 있다고 할 수 있다.

2) 가치

살아가면서 삶의 목적을 생각하면서 내가 누구이며, 왜 사는가? 어떻게 살 것인가? 등의 질문을 가질 때가 있다. 이러한 질문은 바로 존재론, 인식론, 가치론의 문제로 연결된다. 지리교육의 목적은 궁극적으로 추구하고자 하는 것이기 때문에 가치문제와 직결된다. 지리는 교수·학습할만한 가치가 어디에 있으며, 우리의 삶에 어떤 공헌을 하는가? 다시 말해 교과교육으로서 지리교육의 가치와 공헌은 무엇인가? 이러한 질문에 대한 대답은 두 가지로, 절대적 가치와 상대적 가치로 나누어 살펴볼 수 있다.

절대적 가치는 지리교과 자체가 갖고 있는 본질적 가치로 다음과 같은 것을 들 수 있다. 첫째, 경제적 가치로 농업, 광업, 공업 및 여행과 관련된 자원이용과 개발을 유도(자원론)하며, 최소 비용으로 최대 이윤을 추구하는 입지론에 관심을 가짐으로써 지리를 알면 바람직한 이윤추구를 할 수 있다. 둘째, 사회적 가치로 땅에서 일어나는 지역 간 불평등을 해소하기 위한 공간적 정의 실현과 불평등의 해소에 관심을 가짐으로써 지리를 알면 바르게 살 수 있다. 셋째, 생태학적 가치로 땅에 일어나는 각종 환경문제에 관심을 가지고 생태계의 균형 유지, 인간과 자연의 조화(holistic curriculum)에 관심을 가짐으로써 지리를 알면 환경을 사랑하게 된다. 넷째, 공간적 가치로 땅의 배치나 배열 등 거리, 위치, 방향, 밀도, 순환, 상호작용 등에 관심을 가짐으로써 지리를 알면 멋(아름다움)을 창출할 수 있다.

상대적 가치는 다른 학문과 연계될 때 나타나는 외재적 가치로 다음과 같은 것을 들 수 있다. 지리는 땅 위의 다양한 현상들을 존중하고 현상들 간에 상호작용, 상호의존을 통한 땅과 더불어 사는 삶을 통해 땅에 대한 사랑 등을 함양할 수 있다. 땅을 생각하고, 존중하고, 가꾸고, 사랑하는 삶을 살 수 있다. 다른 학문에 비해 상대적으로 땅을 많이 연구함으로써 땅을 생각하는 지역의식이 고취되고, 땅에 있는 이러한 모든 것들의 다양성과 상대성을 존중하고, 이러한 모든 것들이 자연과 더불어 공존할 수 있도록 아름다운 환경을 가꿈(자연미, 환경미)으로써 궁극적으로 땅과 인간을 사랑하는 삶(장소애: 향토애, 국토애, 세계애: 인류애)을 살도록 해준다.

3. 지리교육과 지리학은 어떤 관계가 있나요?

지리교육은 지리학의 학문적 성과를 이용하여 교육목적을 달성하려는 교과교육의 한 분야이다. 지리교육은 지리학과 교육학의 토대 위에 성립한다.

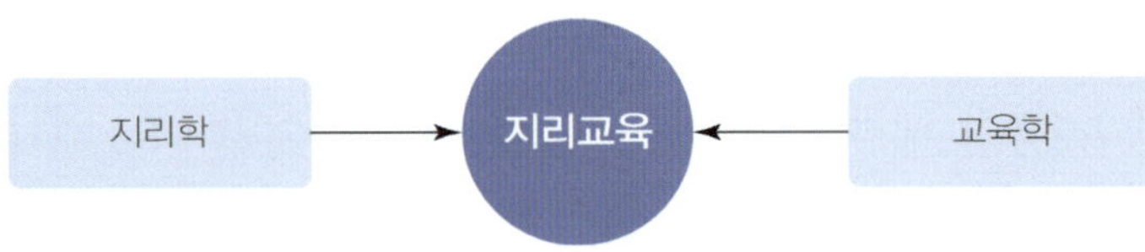

그림 1-7 **지리교육, 지리학, 교육학의 관계**

지리교육을 지리학의 입장에서 보면 지리학의 응용분야에 속하며, 교육학의 입장에서 보면 교과교육에 해당한다. 따라서 지리학과 지리교육은 내용에 있어서는 큰 차이가 없으나 목적은 근본적으로 다르다. 지리학은 주로 인문 사회과학의 하나로서 개념이나 어떤 논리적 법칙추구를 목적으로 하는 공간(지역, 장소)과학이지만, 지리교육은 국가나 사회가 바라는 인간양성을 목적으로 하는 교육활동의 일부이다. 따라서 양자는 엄연히 구별하여 이러할 필요가 있으며, 이를 통해서 지리교육이 발달할 수 있을 것이다. 다음은 지리학과 지리교육의 차이점을 나열한 것이다.

첫째, 출발에서 도달해야 할 근본 목적이 다르다. 지리교육은 사회적 요구에 맞춘 교과교육의 한 분야이며 지리학의 응용분야이다. 그러나 지리학은 인문사회과학으로서 또는 자연과학으로서, 즉 학문으로서 지식을 탐구하는 것이다.

둘째, 연구대상, 연구내용, 연구범위의 한계와 순위가 다르다. 지리교육은 다루는 연구대상, 연구내용, 연구범위에 있어서 한계와 순위가 고려되어야 한다. 그러나 지리학은 이들의 한계와 순위가 고려되지 않으며 모든 지리적 현상을 다룰 수 있다. 도토리묵의 연구를 예로 들어보고자 한다. 1980년 초 일본의 유학생이 문부성 장학금을 받고 한국에 도토리묵을 연구하러 왔다. 그때 한국의 지리 관련 교육과정은 계통지리가 활발하였다. 특히 계량지리가 활성화되어 지역 관련 연구는 통계적 기법을 응용하여 지역을 분석하였다. 저자의 경우 당시 도토리묵에는 전혀 관심이 없었다. 이 학생은 도토리의 생산, 제조 및 유통과정 등 전반에 관해 연구하였다. 이러한 연구는 그 지역의 유지가 누구인지, 차기 국회의원에 당선될 유력한 인물이 누구인지까지 알 수 있는 정보를 담고 있었다. 이 학생은 도토리뿐만 아니라 한국의 전통산업도 연구하여 일본에 보고하였다. 이 유학생의 지역연구의 결과들은 한국에 대한 국가 정보가 되어 일본으로 보내지고 있었다.

셋째, 연구방법이 다르다. 지리교육은 지리적 현상의 이해가 학생들에게 어떠한 방법에 의해 전달되느냐 하는 교육적 방법이 중요하다. 그러나 지리학은 학문적 연구방법이 중요하다.

넷째, 주제나 내용의 주관성·객관성이 다르다. 지리교육의 주제(내용)는 교육이 목표로 하는 인간성의 구현이나 인간양성과 관련되어 있어 그 주제를 통해 사회나 국가가 요구하는 가치관을 갖게 되어 주관적 의미를 갖는데 비해, 지리학의 연구주제는 상대적으로 객관적 의미를 갖는다.

다섯째, 시사성의 민감 정도가 다르다. 지리교육은 시대에 따라 민감하게 대처하고 그 영향을 크게 받는다. 시대가 변함에 따라 교육의 목표도 변하며, 같은 지리적 주제나 지역이라도 시대에 따라 중요성이 달라진다. 그러나 지리학은 시대에 크게 민감할 필요는 없다. 연구주제가 그 시대와 상관이 없더라도 학문적으로 연구할 가치가 있으면 연구하게 되는 것이다. 가령 앞서 언급한 일본 유학생의 한국 도토리묵의 연구는 당시로서는 그렇게 시사성이 있는 주제가 아니지만 지리학적으로 지역연구가치가 있다고 보는 것이다.

표 1-1 지리학과 지리교육의 비교

구 분	지리학	지리교육
목적	학문으로서의 지식탐구, 지역연구, 인간과 환경의 관련성 연구 등	국가나 사회적 요구에 맞춘 교과교육, 지리학의 응용분야 등
연구방법	학문적 연구방법	교수·학습방법
연구의 한계와 순위	한계와 순위에 관계없이 모든 지리적 현상이 연구대상	연구대상, 내용, 범위 등 한계와 순위고려
연구주제나 내용의 주관성 및 객관성의 정도	객관적	주관적
시사성의 민감 정도	상대적으로 덜 민감	민감

4. 지리교육에서의 기본개념과 구조는 어떠한가요?

1) 기본개념

사회과는 사회생활에 필요한 많은 학문적 영역들로 복잡하게 구성되어 있다. 사회과 학습에 있어서 이러한 복잡한 학문 영역을 모두 다 학습하는 것은 매우 힘든 일이다. 따라서 많은 사실로부터 사고력을 신장할 수 있는 개념중심의 학습이 필요하다. 기본개념이란 어떤 학문의 전체적인 구조를 이루는 가장 기본적이고도 더 이상 올라갈 수 없는 계층상 가장 높은 것으로, 다른 것들과는 합병될 수 없는 크고도 상당히 독립적인 개념을 말한다. 기본개념은 관련된 주요개념을 묶어 간결하게 표현한 상위개념이기 때문에 학습자가 효과적으로 이해하기 위해서는 기본개념의 하위개념요소를 추출할 필요가 있다. 요소는 기본개념들을 구성하는 것으로, 기본개념에 대한 이해를 쉽게 하여 개념을 연속적으로 발전시켜 나가는 데 도움이 되며, 교재내용이나 학습할 내용을 선정하는 기준이 된다.

이러한 기본개념들은 최고위 개념이기 때문에 그 하위에 여러 계층의 많은 개념적 요소들을 포함하게 된다. 예를 들어 분포의 개념에는 차하위 개념으로 공업의 분포, 인구의 분포, 언어의 분포, 기온의 분포, 화산의 분포 등으로 분류된다. 또 공업의 분포는 다시 차하위 분포개념인 가구 공업의 분포, 정유 공업의 분포 등으로 세분된다. 그렇기 때문에 최고위에 있는 기본개념들은 중요하다는 의미의 주요 개념들과는 구별된다. 이러한 개념들은 간학문적 · 통합교과적으로 교수 · 학습하기에 좋은 것이라 할 수 있다.

지리학의 기본개념을 설정하려는 노력이 1960년대 미국을 중심으로 활발히 일어났으며, 우리나라에서도 1969년 이찬에 의해 처음으로 구체적인 지리학의 기본개념이 제시된 이래 국내외 여러 학자에 의해 기본개념이 제시되고 있다.

먼저 국외 지리학의 기본개념을 소개한 학자와 단체를 살펴보면 다음과 같다.

패티슨(W. D. Pattison, 1964)은 기본개념이란 말은 명시하지 않았지만 지리학의 4가지 전통(the four traditions of geography)이라는 말을 썼는데, 사실상 그의 4가지 전통이란 곧 지리학의 4가지 연구대상을 의미하는 것으로 보아도 좋을 것이다. 아울러 4가지 연구대상은 곧 지리학의 기본적인 영역이기 때문에 여기서는 이 4가지를 기본개념으로 볼 수 있다. 즉, 공간전통(spatial tradition), 인간과 자연관계전통(man-land tradition), 지역연구전통(area studies tradition), 지구과학(자연지리)전통(earth science tradition)이다.

1961년 미국 Ford 재단의 재정지원으로 미국지리교육학회(NCGE, national council for geographic education)와 미국지리학회(AAG, the association of american geographers)가 공동으로 지리교육개혁을 위한 HSGP(high school geography project)를 실행하였다. HSGP는 지리학의 기본 개념을 제시하여 학문적 성격을 명확히 하고, 그에 따른 학문적 구조와 내용의 방향성을 제시하였다. HSGP는 지리학의 목표로 태도와 감상(attitudes and appreciations), 지리적 지식(geographic knowledge), 지리적 기능(geographic skills)을 제시하였다. 그리고 지리적 지식을 다시 지리적 개념 및 사실로 나누었다. 지리개념은 다시 지도화, 지역, 인간과 자연의 관계, 공간관계로 세분화하였다(이찬, 1968). HSGP에 이어 지리교육의 개선발전을 위해 1984년에 NCGE와 AAG 두 공동기관이 미국지리교육역사상 중요한 의미를 갖는 5개의 개념인 위치(location: position on the earth's surface), 장소(place: physical and human characteristics), 장소 내의 관계(relationship within places: humans and environments), 이동(movement: relationship between places; humans interacting on the earth), 지역(regions: how they form and change)을 제시하였다.

1994년에 GESP(geography education standards project)팀은 삶을 위한 지리(geography for life)로서 국가 수준의 지리기준을 개발하였다. 지리기준은 학생들이 알아야 할 것(지식)과 할 수 있어야 하는 것(기능)을 국가 수준에서 제시한 것이다. 미국에서의 지리적 능력에 대한 요구는 경제 체제의 세계화에 따라 더욱 증가하고 있는데, 그 이유는 지리교육을 통하여 사람들이 지리적 지식과 기능에 기초하여 공간적 현상과 관계를 분석할 수 있고, 지역적 문제에 대하여 현명하게 의사결정하거나 문제해결할 수 있다고 판단하였기 때문이다. 삶을 위한 지리(geography for life)는 표 1-2에서와 같이 18가지 기준을 다시 공간개념에서의 세계(the world in spatial terms), 장소와 지역(places and regions), 자연체계(physical systems), 인문체계(human systems), 환경과 사회(environment and society), 지리의 이용(the uses of geography)이라는 6가지 지리적 핵심 요소를 중심으로 구분하고 있다(박선미, 2001).

표 1-2 미국 GESP에서 제시한 지리교육의 핵심 요소와 기준

핵심 요소	기 준
Ⅰ. 공간개념의 세계	1. 공간적 관점으로 정보를 수집 · 처리 · 보고하는 데 지도와 다른 지리적 표현, 도구, 기술을 어떻게 이용하는가? 2. 공간적 맥락에서 인간, 장소, 환경에 대한 정보를 확인하는 데 심상 지도(mental map)를 어떻게 이용하는가? 3. 지표면상의 공간적 조직을 어떻게 분석하는가?
Ⅱ. 장소와 지역	4. 장소의 지연적 · 인문적 특징 5. 세계의 복잡성을 해석하기 위하여 사람들은 지역을 만들어낸다. 6. 문화와 경험은 사람들이 장소와 지역에 대하여 인지하는 데 어떻게 영향을 주는가?
Ⅲ. 자연체계	7. 지표면의 유형을 형성하는 자연적 과정 8. 지표면상의 생태계의 특징과 공간적 분포
Ⅳ. 인문체계	9. 지표면상의 인구의 특징, 분포, 이주 10. 지구의 문화적 모자이크의 특징, 분포, 복잡성 11. 지표면상의 경제적 상호 의존성의 유형과 네트워크 12. 인간 취락의 형성 과정, 유형, 기능 13. 협력과 갈등이 지표면의 분화에 어떤 영향을 미치는가?
Ⅴ. 환경과 사회	14. 인간 활동이 어떻게 자연환경을 변형시키는가? 15. 자연체계가 어떻게 인문체계에 영향을 미치는가? 16. 자원의 의미, 이용, 분포, 중요성에서 이루어지는 변화
Ⅵ. 지리의 이용	17. 지리가 과거를 이해하는 데 어떻게 적용될 수 있는가? 18. 지리가 현재를 해석하고 미래를 계획하는 데 어떻게 적용될 수 있는가?

다음으로 국내 지리학의 기본개념을 소개한 연구자와 단체를 개략적으로 살펴보면 다음과 같다.

이찬(1969)은 인간은 자연과의 관계, 지역, 공간관계, 지학, 분포, 변천, 축척, 지도화 등 8가지를 제시하였다. 김연옥(1970)은 인간과 자연과의 관계, 지역, 공간관계, 분포, 변천 등 5가지를 제시하였다. 임덕순(1979)은 지리적 현상, 분포, 축척, 지도화, 인간과 환경, 공간적 상호작용, 지역적 연관, 지역, 변화 등 9가지를 제시하였다. 조광준(1980)은 국민학교 사회과 지리교재 구조연구에서 지구, 지역, 인간과 자연과의 관계, 분포, 공간관계, 지도화 등 6개의 기본개념을 제시(1969)한 후 사회과 지리교육의 계통화를 실시하면서 인간과 자연관계, 지역, 공간관계, 경관 등 4가지 개념으로 축소 조정하여 제시하고 있다. 오홍석(1982)은 지리영역 중 인문지리학의 기본개념으로 입지, 분포, 공간적 상호작용, 변천 등을 제시하고 있다. 한인수 등(1984)은 지역, 공간관계, 분포, 환경, 경관 등 5가지를 제시하였다. 이양우(1984)는 인간과 자연관계, 지역, 공간관계, 분포, 변천, 지도화 등 6가지를 제시하였다. 한국교육개발연구원(1989)은 기본개념과 도구개념으로 나누고, 인간과 자연, 지역, 공간관계를 기본개념으로, 지도화를 도구개념으로 제시하였다. 류재명(1991)은 자연토대(위치, 기후, 지형), 공간 행태(공간지각, 인지도, 토지이용문화), 지역분화(입지, 국지화, 집중화, 분산화, 지역속성, 지역변화, 지역구분), 공간관계(거리, 접근성, 지역흐름, 공간적 상호작용, 공간이동, 공간확산, 지역갈등), 지역계층(중심지, 지역규모, 공간분포패턴, 지역연계), 공간구조(지역결합, 공간조직체계) 등 6가지를 제시하고 있다. 김다원(2017)은 우리나라를 비롯해서 미국 캘리포니아 주, 캐나다 온타리오 주, 영국, 뉴질랜드, 호주, 싱가포르의 지리교육과정에서 지리교육의 기본개념을 분석한 후 7개 국가들에서 주로 적용되고 있는 기본개념들로 인간과 환경과의 관계, 위치, 장소(지역, 공간 포함), 이동, 지속가능환경, 스케일, 지리적 기술과 답사 등을 제시하고 있다.

상기 내용을 감안하여 초등지리교육의 기본개념은 표 1-3에서와 같이 4가지, 즉 지역, 인간과 환경, 공간,[3] 지도 및 지리답사로 제시하고자 한다. 4가지 기본개념은 두 가지로 나눌 수 있는데, 하나는 지식적 개념으로 인간과 환경, 지역(장소), 공간이 그것이고, 다른 하나는 도구적(기능적) 개념으로서 지도 및 지리답사이다.

3) 제6차 사회과교육과정에서 지리영역을 인간과 환경, 제7차 사회과교육과정에서 지리영역을 인간과 공간이라고 명명하였다. 그 외 모든 교육과정에서 지리영역의 주제를 지리로 하고 있다.

표 1-3 지리영역에서의 기본개념과 하위 요소

기본개념		하위 요소
인간과 환경		환경으로서의 자연(자연환경)
		자연의 이용과 개발(인문환경)
		자연이 인간생활에 미치는 영향(자연환경과 인문환경의 관계)
		인간과 환경을 보는 관점(환경관), 환경문제(대기오염, 수질오염, 토양오염, 소음과 진동), 국지적 환경문제 및 범지구적 환경문제, 환경문제해결방안
지역		지역성(여기와 저기의 다름, 주로 지역의 고유성 추구)
		지역구분, 지역분류(등질지역, 기능지역), 지역형성(생성)
		지역의 변천(변천성)
공간	객관적 공간 (모더니즘의 공간)	지역의 보편성(여기와 저기의 같음, 지역의 입체성)
		거리, 위치, 입지, 분포, 밀도, 순환
		공간구조, 공간적 상호작용
		중심지과 배후지(중심과 주변)
	주관적 공간 (포스트모더니즘의 공간)	장소: 여기와 저기의 구체적 특징에 의한 다름, 지역개념 대신 장소개념 사용 장소개념으로 설명하기 힘든 사회, 경제, 정치 등 현상, 사회공간, 문화공간, 역사공간 등
지도 및 지리답사 (실습)		독도법: 지도의 구비조건(축척, 위치, 방위, 기복의 표현, 기호)
		도법(투영법), 지도의 종류, 지도해석
		작도: 지도화(통계지도, 그림지도, 심상지도)
		지리 답사 혹은 조사(자연환경조사, 인문환경조사)
		지리 실습(주로 지도실습) 내지 지리정보체계(GIS: geographic information system)

2) 구조

상기 내용을 감안하여 지리교육에서 중요하게 생각하는 기본개념을 지역, 공간, 인간과 환경, 지도 및 답사로 보고 이를 구조화하여 표현하면 그림 1-8과 같다. 지리학은 인간과 땅의 관계를 연구범위 및 대상으로 하는 학문으로 인간이 땅을 바라보는 관점에 따라서 지역, 공간, 환경으로 표현한다. 또한 지도와 답사는 이들을 종합적으로 바라보게 하는 수단이다. 지리학의 학문적 구조는 인간생활과 관련된 지표공간을 다양한 관점, 즉 지역적(장소적) 관점, 생태적 관점, 공간적 관점에서 바라보게 할 뿐만 아니라 삶의 문제해결에 기여하고 있다.

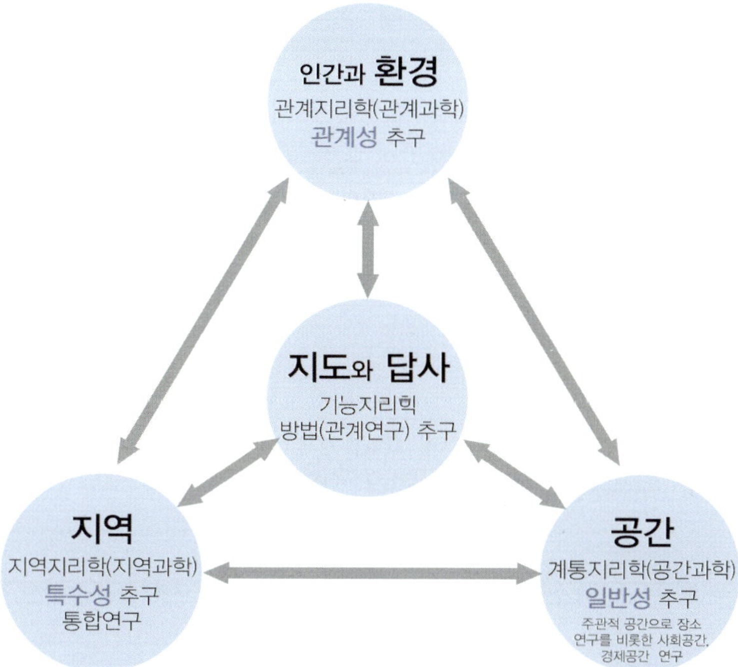

그림 1-8 **지리교육의 기본개념도**

지리교육의 개념도를 통해 땅 위에서 발생하는 다양한 문제해결을 위한 지리적 지식과 기능으로서 지역, 환경, 공간, 지도와 답사가 어떠한 관계에 있는가를 알 수 있다. 즉, 인간과 환경과의 관계에서 땅의 어떠한 관점을 강조하여 바라보는가에 따라서 지역, 공간, 환경 등으로 표현하며, 3가지를 종합적 안목으로 바라보게 하는 도구가 지도와 답사임을 알 수 있다. 초등지리교육에 있어서 가장 중요한 핵심개념은 지역이다. 지역은 주로 고유성(특수성)을 제대로 규명해야 하는 데 이를 위해서 지역에 영향을 주는 환경을 잘 알아야 하며, 그 환경을 위치와 관계 속에서 지도를 통해 파악해야 한다. 한편 공간은 지역의 보편성을 규명하는 데 초점을 두고 있는데, 이는 지역 간의 유사성이 무엇인지를 개념, 원리 등을 통해서 파악해야 한다.

지리학의 학문적 구조는 교과교육적 측면에서 목적에서 평가에 이르기까지 지속적으로 피드백되어야 할 것이다. 특히 학문적 구조를 이루는 내용은 그 특성을 나타내게 되고, 특성은 곧 방법에 대한 시사점을 준다. 따라서 지리학의 학문적 구조와 그에 따른 내용을 잘 이해할 때 좋은 방법, 이에 필요한 자료개발, 평가 등을 할 수 있을 것이다.

지리학을 기반으로 한 지리교육의 목적은 땅에서 생기는 문제를 해결하여 우리가 사는 삶터를 아름답게 하고 사랑하며 사는 데 있다. 이러한 맥락을 고려할 때 지리교육의 구조는 땅 위에서 발생하는 다양한 문제의 해결을 위한 원리와 특성을 이해하기 위한 지역, 환경, 공간, 지도와 답사에 관한 전반적인 지식으로 구성되어 있다고 해석할 수 있을 것이다.

3 지리학은 학문적 사조에 따라 연구의 관점이 어떻게 변천되었으며, 지리학의 미래 전망은 어떤가요?

1. 지리학은 학문적 사조에 따라 연구관점이 어떻게 변천되었나요?

1) 경험주의적 접근에 의한 지역연구

지식은 경험을 통해서 얻어지고 경험한 사물은 존재하므로 경험한 사실을 그대로 표현하는 것이 곧 학문이다라는 입장에서 지표상의 지리적 사상의 성격을 기술하려는 접근방법이다. 고대부터 시대적 요청에 따라 발달해 온 지지적 연구가 19세기 후반부터 학리적으로 발전하여 된 지역지리학이 그것이다.

지역지리학은 그 지역이 가지는 고유한 성격을 구명하는 개성기술적 접근방식(idiographic approach)을 취하고 있기 때문에 지역성의 추구가 최고의 과제가 되고 있다. 지역지리학을 집대성한 핫숀(R. Hartshorne)의 주장에 따르면 지리학이란 지역의 차이점을 연구하는 학문으로서 각각의 장소에서 나타나는 어떤 현상들의 차이점은 물론이고 이들 현상들의 전체적인 결합에 관해서도 연구하는 데, 그것은 지역이 요소 복합체(element-complexes)를 이루고 있기 때문이다. 또 그는 지리학에 있어서 지지의 우위성을 강조하고 있으면서도 다양한 요소가 서로 관련되어 구성된 지표면의 현상을 관찰하고 그 상호관계를 설명하기 위해서는 계통지리학에서 수립된 일반 개념의 활용이 필요하다고 함으로써 계통지리학의 의의를 부인하지 않았다.

2) 논리실증주의적(모더니즘적) 접근에 의한 객관적인 공간연구4)

지역의 특수성을 추구하는 지역지리학의 무법칙적·무이론적 성격으로는 제2차 세계대전 이후 격변하는 사회공간의 변화를 해명하고 공간문제를 해결하는 데 미흡하게 되자 1950년대부터 그 지위가 크게 저하되었고, 그 반동으로 논리실증주의적 접근방법이 등장하게 되었다.

이 접근방법은 지식은 경험을 통하여 얻어지는 것이 사실이나 이 경험은 모든 사람이 동의하는 타당한 증거에 의하여 뒷받침되어야 한다라는 입장에서 행해지는 실증적 연구로서 소위 과학적 방법(scientific method)을 뜻한다. 이 접근방법은 모더니즘을 상징하는 학문 연구 방식으로서 지리학도 이 접근방법의 적용으로 공간과학(spatial science)으로 발전하게 되었으며, 이에 따라 계통지리학이 지지를 대신하여 지리학의 중심을 이루게 되었다.

공간과학으로서의 지리학은 가설과 검증을 통한 일반화와 확률을 비롯한 계량적 기법을 이용하여 공간이론, 공간법칙, 공간모델 등을 정립하는 법칙추구적 접근방식(nomothetic approach)을 취하고 있다. 또 이 접근방법에 따른 지리학의 연구대상은 지역이 아니고 공간이며, 이 때문에 위치, 거리, 방위, 밀도, 범위(규모), 변천 등의 공간요소와 분포, 전개 과정, 순환, 확산, 접근성 등의 공간개념에 관심이 집중되어 왔다. 산업입지론, 중심지이론, 공간확산론, 공간상호작용론 등은 모두 논리실증주의지리학의 주요 이론이다.

3) 포스트모더니즘에 의한 공(共)주관적인 공간연구

(1) 현상학적 공간에 기반한 인본주의 지리학자들의 생활공간(장소) 연구

근대 과학주의적 사고는 기하학적 공간이나 객관적 공간에만 관심을 기울이고, 인간이 생활하는 실존적 공간에는 관심을 기울이지 않았다. 하지만 20세기 현대 철학의 주된 철학적 방법론 중 하나인 현상학은 이런 공간 개념에 관심을 기울인다. 기본적으로 관계를 중요하게 생각하기 때문이다. 현상학은 “나와 너”, “나와 자연”, “나와 세계” 간의 밀접한 연관 관계를 중심으로 이 세계를 이해하기 때문에 어떤 것도 고립된 추상적인 존재로 받아들이지 않는다. 공간도 이런 의미에서

4) 더 자세한 내용은 본 교재 10장의 공간개념 중 객관적인 공간 부분을 참조바람.

나와 무관한 객관적, 물리적 공간이 아니라 나에 의해 체험되고, 의미부여가 된 친숙한 공간으로 이해된다. 후설(Edmund Husserl), 하이데거(Martin Heidegger), 메를로-퐁티(Maurice Merleau-Ponty) 등을 중심으로 현상학자들의 공간 개념은 현상학적 공간이론으로 발전하였다. 이들의 논의과정에서 인간과 공간은 분리되지 않고 서로에게 공속되어 있다. 인간은 '세계 -내' 존재(하이데거) 또는 '세계에로' 존재(메를로-퐁티)로서 공간의 일부이며, 공간은 인간의 일부이기 때문이다. 이러한 현상학의 공간 이해는 바슐라르(Gaston Bachlard)와 노버그-슐츠(Noberg-Schulz)를 거쳐 인본주의 지리학자인 투안(Yi-Fu Tuan), 렐프(Edward Relph) 등으로 이어진다(안용성, 2012, 2013, 2014, 2018). 이러한 인본주의 지리학의 등장은 현상학 외에도 관념론, 실존주의 등의 철학적 배경과 심리학적 근거 외에도 인간 세계의 연구 태도를 획기적으로 전환시키고 있는 포스트모더니즘의 등장과도 관련이 깊다. 특히 포스트모더니즘은 사람들의 생활수준과 의식수준의 향상으로 모더니즘의 획일화에 의한 개성 상실과 인간성 상실에 대한 염증과 회의를 낳게 함으로써 인간 세계에 관한 연구 관점의 근본적인 전환을 가져왔다.

논리실증주의에 의한 공간과학으로 지리학은 공간을 몰가치한 가치중립적 공간으로 만들었기 때문에, 인본주의 지리학자의 등장은 인간의 삶이 영위되는 가치내재적 생활 공간, 실존적 공간, 지각된 공간에 대한 연구를 활발하게 하였다. 이 생활 공간의 이해나 해석을 위해서는 기계론적 접근보다 인간의 가치나 생각, 즉 인본적 속성을 기초로 한 해석학적 접근이 필요하다. 이러한 관점에서 1970년대부터 인본주의 지리학이 등장하였다. 인본주의 지리학은 논리실증주의 지리학의 객관적 접근에 대하여 인간 속성을 중시하는 주관적 접근을 택하고, 전자의 실증주의에 대하여 반실증주의적 입장을 취하고 있다. 또 전자가 공간에 대한 설명이나 예측력을 증대시키려고 하는 데 대하여 인본주의 지리학은 생활 공간의 의미 발견이나 이해 증진에 주력하고, 전자의 집단적 수준에 대하여 개별적 수준을, 현상 환경보다는 행동 환경을 대상으로 하는 것이 특색이다. 이러한 인본주의 지리학은 지역이나 공간 대신에 구체적이고 가치내재적인 일상생활 공간으로서의 장소를 연구대상으로 하고 있다. 이러한 장소는 가치가 내재된 고유성(장소성)이 확보된 곳이 바로 장소이다. 특히 인간의 장소감(sence of place) 연구에 관심이 집중되고 있다. 장소감은 공간이 장소로 변화하는 과정에서 느끼는 인간의 감정이라 할 수 있다. 따라서 장소는 삶의 층위가 두텁고, 안정적이어서 공동체성, 정체성이 확보된 곳이다. 장소는 공간에 생명력을 불어 넣어 주는 것이라고 할 수 있다. 렐프(Relph, E., 1976)의 경우 장소는 인간 실존의 근원적 중심지로서 인간이 공동체로서 뿌리를 내린 곳이라고 보았다. 그는 서울, 뉴욕과 같은 구체적인 장소보다 집, 고향과 같은 보편적인 장소에 관심을 가졌으며, 그중 집을 가장 진정한 장소로 여겼다. 장소의 본질은 내적 경험에 있으며, 장소의 의미는 장소를 경험하는 사람마다 달라질 수 있다고 생각하였다. 렐프는 장소와 장소를 경험하는 주체인 인간과 상호작용을 통해 만들어지는 긍정적 유대감인 '장소의 정체성'에 주목하였다. 그는 현대사회로 들어서면서 사람들이 진정성을 경험하는 장소가 점점 훼손되거나 사라져 가고 있다고 생각했다. 그는 이런 장소 상실 현상을 '무장소성'이라 명명하며, 장소들이 획일화되어 가는 것과 상품화된 가짜 장소가 등장하는 것을 대표적인 현상으로 들었다. 그는 무장소성의 공간이 점차 증가하는 것에 대해 우려하면서 진정한 장소를 만들기 위한 사람들의 새로운 노력이 필요하다고 주장하였다.

렐프 이후 그의 주장에 대해 연구하면서 '장소성을 지켜야 할 만큼 장소는 선한 것인가'와 '세계화로 인해 장소성이 사라질 것인가'에 대한 질문이 제기되었다. 여성 지리학자인 로즈(Gillian Rose, 1993)는 가부장적 폭력에 시달리고 있는 여성에게 집은 감옥일 수 있음을 주장하며, 렐프의 남성중심의 장소관을 비판하였다. 즉, 렐프가 말한 장소는 모든 사람에게 선이 되는 것은 아니라는 것이다. 이런 생각을 바탕으로 역사적, 사회적, 문화적 과정을 통해 형성되고 변화하는 사회적 구성물로서 장소를 바라보는 새로운 시각이 형성되었다. 장소를 사회적 구성물로 받아들이면 장소는 사회적 과정 속에서 변할 수 있는 것이기 때문에 무장소성에 대한 우려에서 자유로워질 수 있다는 것이다(정현주 옮김, 2011). 한편 매시(D. Massey)는 인간주의 지리학의 장소는 정체성이 다른 장소들과의 차별성을 기반으로 그 장소만의 내향적이고 고유한 것들로만 구축된다고 보는 인간주의 지리학의 장소론은 장소를 단지 변하지 않는 향수(nostalgia)의 지점이자 진정성의 지점으로 바라볼 뿐이라고 강력하게 비판하였다. 장소는 장소의 안팎에서 작동하고 있는 다양한 관계와 힘의 상호작용적 맥락에 의해 기존에 형성되었던 장소의 특수성이 지워져 버리기도 하고, 변형되어 재구성되기도 하며, 아예 새롭게 만들어지기도 하는 것이다. 이러한 장소는 일상생활 공간 속에서 그들의 삶의 행위와 사건들이 일어나는 특수한 지점들이다. 그러나 이들은 단순한 기억의 정원이나 현상·사건의 정태적 무대·배경에 그치는 게 아니라, 그 사회의 여러 관계가 얽혀 있는 '특정한 접합점'이자 다른 접합점들과 역동적으로 상호작용하는 '과정'이다(정현주 옮김, 2015).

에그뉴(Agnew, 1987)의 경우 모든 장소는 위치(location), 로케일(locale), 장소감(a sense of place)이라는 세 가지 조건을 만족시켜야 하는 것으로 보았다. 모든 장소는 위치를 갖고 있으며, 모든 장소는 사람들의 일상생활과 사회적 관계가 펼쳐지는 현장으로서 물질성을 갖고 있으며, 모든 장소는 장소에 대한 사람들의 주관적이고 감성적인 느낌, 장소 이미지나 기억을 갖고 있다고 보았다. Castree(2003)는 지리사상사에 대한 포괄적인 검토에 기초하여 장소에 대한 정의를 다음과 같이 내리고 있다. 장소는 가장 복잡한 지리학적 아이디어들 중 하나이다. 인문지리학에서 장소는 세 가지 의미가 있다. 지표상에서의 한 지점, 개인과 집단 정체성의 궤적 그리고 일상생활의 스케일, 이 세 가지 의미의 장소는 서로 다른 장소들이 불연속적이고 단일하다는 함의를 가진 '모자이크' 은유에 의해 형성되었다. 그러나 지구화의 시작으로 장소에 관한 아이디어들을 다시 생각하는 것은 인문지리학자들에게 필수가 되었다. 지구화가 동질화의 측면을 갖고 있지만, 장소들이 동일해진다는 것은 아니다. 오히려 그 도전은 장소 차이와 장소 상호의존성을 동시적으로 개념화하도록 함으로써 장소들은 연결지점들(switching point)과 결절들(nodes)이 독특하면서 서로 연관된 것으로 바라볼 수 있도록 한다(남호엽, 2005).

(2) 다양한 공간 연구

인본주의 지리학자들은 공간 속에서 장소를 해명하는 과정에서 사회공간의 존재 양식이나 인간의 주관이나 행위를 규정하는 사회구조의 영향을 무시하고, 인간 행동을 단순히 의미로서만 해석하고 사회 변혁을 추구하는 실천으로 간주하지 않아 사회 공간 형성의 설명력이 부족한 점이 문제가 되고 있다(안용성, 2012, 2013, 2014, 2018). 이러한 사회적 공간의 등장 배경과 관련하여 광범위하고도 다양한 사회문화현상은 인간사회에 공동으로 존재하는 소수의 하부구조로의 전이이다. 그러므로 복잡하고 다양한 사회문화현상을 해명하기 위해서는 그 기저에 놓여있는 하부구조에 대한 이해가 필요하며, 표상이나 형태 등의 상부구조의 이해만으로는 해명이 불가능하다는 소위 구조주의적 입장에서 연구하려는 태도로서, marxist geography, 1960년대 후반부터 주목을 받고 있는 radical geography가 여기에 준한다. Marxist geography는 지리적 사상을 사회구조의 투영으로 간주하고, ① 사회구조의 기반을 이루는 생산제 관계를 통하여 상부구조로서의 지리적 사상을 해명하려고 한 점에서 우선 그 특색을 찾을 수 있다. 즉, marxism은 생산의 분석에 주력하였는데 여기에서 생산이란 자본과 노동과의 관계에 의하여 규정된 하나의 사회과정으로 보았다. 따라서 marxist geography는 자본과 노동과의 관계가 지역에 따라 어떻게 다르며, 결과적으로 사회과정이나 사회구조가 지역적으로 어떻게 달라지는가를 역사적 및 거시적으로 분석한다. 또 ② 지역의 변화 발전을 변증법적으로 해석하려는 점에서 유물사관의 원칙을 엄격히 적용하고 있는 것이 특색이다. 그 외에 ③ 공간적 혁명 없이는 사회 혁명도 없다라는 시각에서 공간적 모순과 갈등의 해소 방안으로 혁명을 제시하고 있는 점도 주목된다.

공간이 근본적으로 사회관계로 얽혀있다고 보는 르페브르(Henri Lefebvre)는 공간을 '사물들(대상들과 생산물들) 사이의 관계의 총체'로 이해하였다. 그는 '물리적 공간'이나 '정신적 공간(공간에 대한 개념화)'과 구별되는 '사회적 공간(social space)'을 이론화하는데, 사회적 공간은 우리밖에 고정된 실체로 이미 주어져 있는 것이 아니라, 사회적으로 생산되는 것이다. 모든 사회구성체는 그에 맞는 공간을 생산해 낸다고 르페브르는 주장하였다. 르페브르의 이러한 사회적 공간론은 공간과 사회 사이의 끝없는 과정, 즉 둘 사이의 변증법을 탐색함으로써 공간의 고유한 논리를 설명한다. 그는 공간적 문제가 사회적 문제임을 말하고 있으며, 바로 그러한 공간을 통해 사회적인 것을 재주장하고 있는 것이다. 르페브르는 공간의 차원에서 모순과 차이를 몸과 사회 사이의 공간화된 모순과 공간화된 차이를 새롭게 규정한다. 그는 모순과 차이가 단순히 병존한다는 수준을 넘어 그것들이 어떻게 횡단하고 교차하는지를 공간 생산을 구성하는 삼항관계로 보아 이러한 문제에 답변한다. 세 항은 각각 공간적 실천(경험된 공간), 공간재현(개념화된 공간), 재현공간(체험된 공간)으로 명명된다.

르페브르 이후 지리학의 비판적 공간이론은 공간의 사회성과 관계성에 주목하여 오늘날 학계와 문화담론에서 일어나고 있는 '공간적 전환'을 다양한 방식으로 이론화한다. 하비(David Harvey)는 그 흐름을 대표하는 학자들 중 하나이다. 하비의 '관계공간'은 다른 두 유형의 공간('절대공간'과 '상대공간')과 구별되면서 이 둘을 포괄한다. 하비는 사회적 관계를 통해 형성되고 시간에 의해 조건이 되는 '관계공간'에 주목함으로써, 다양한 문화적 · 공간적 상상을 평가하고 보완할 수 있는 한 시금석을 제공한다. 하비의 '관계공간'(relational space)은 유클리드 기하학에 기초한 뉴턴의 '절대공간'(absolute space)과 비유클리드적인 아인슈타인의 '상대공간'(relative space)에 대비되면서 양자를 포괄한다. '관계공간'의 관점을 따르자면 어느 지점의 사건이나 사물은 그 지점에 존재하는 것만으로는 이해될 수 없고, 과거와 현재와 미래를 통해 그 지점과 관련을 맺는 다양한 영향들의 집적으로 이해되어야 한다(안용성, 2012, 2013, 2014, 2018).

4) 신지역지리학적 접근에 의한 지역연구

신지역지리학은 지역지리학의 개성기술과 같은 특수성, 계통지리학의 법칙추구와 같은 일반성의 성격이 모두 결합된 것이다. 1950년대 논리실증주의 등장과 내적 한계로 전통적 지역지리학은 지리학에서 중심성을 상실하고 쇠퇴의 길을 걷게 되었다. 그러나 여전히 그 이후에도 지역개념은 중요한 지리적 개념으로 남아 있었으며, 비록 소수의 지리학자들에 의한 것이지만 전통적 지역지리방법은 포기되지 않았다. 1970년대 말부터 시작되어 1980년대 초에 이르는 지역지리에 대한 재논의를 바탕으로 한 복고운동 등을 통해 신지역지리학에 대한 논의가 활발하게 이루어졌다. 지역지리학에 대한 재논의의 등장은 논리실증주의지리학에 대한 비판의 등장과 그 궤도를 같이 한다.

곧 논리실증주의에 입각한 공간분석지리학이 1970년대에 오면서 보다 정밀한 증명을 요구하는 행태주의에 의한 내적 도전과 시각의 확대를 요구하는 인간주의, 구조주의 등에 의한 외적 비판을 받게 되었고, 이렇게 하여 성립된 지리학 방법론의 다원주의(Pluralism) 속에서 나아가 사회과학방법론을 지역지리에 적용하여 지리적 현상에 대한 새로운 해석과 설명을 시도하였다(손명철, 1994).

하르트(J. F. Hart)는 미국지리학회 회장 취임연설을 통해(1982. AAG, The Highest Form of the Geographers's Art) 전통적 지역지리로의 르네상스를 주장하였다. 그는 지리학은 과학이자 예술이며 지리학자의 예술의 극치는 호소력 있는 기술에 의한 훌륭한 지역지리이다. 루이스(P. Lewis, 1985. AAG, Beyond Description) 또한 미국지리학회 회장 취임 연설에서 전통적인 지역적 기술로 돌아갈 것을 거듭 촉구하였고, 그는 기본적인 것으로 돌아감(back to basics)으로써 곧 자연지리적인 지식과 역사학적인 지식을 갖춘 지역지리학으로 돌아가 대중과의 지적인 가교를 놓을 수 있다고 강조하였다. 그레고리(D. Gregory)는 지역지리에로의 복고를 전통적 지역지리에로의 단순한 복귀가 아니라 새로운 해석틀로서 재구성할 것을 동시에 주장하였다.

이러한 논의과정에서 지역지리는 학자에 따라 재구성된 지역지리(reconstructed geography), 변모된 지역지리(transformed geography) 혹은 신지역지리(new regional geosraphy) 등 다양한 용어로 표현되고 있다. 그러나 사용하는 용어는 다르지만 이들은 모두 이론화된 지역지리 그리고 공간의 차이에 민감한 지역지리를 지향한다는 점에서 공통점을 가진다.

지리학은 학문적 사조의 변천에 따라 연구의 초점을 크게 보면 지역과 공간으로 나누어 볼 수 있으며, 특히 지리학은 오늘날 인간의 삶과 관련하여 공간 내에서 장소를 중심으로 연구하고 있다. 표 1-4는 지리학의 학문적 사조의 변천에 따라 지역연구가 어떻게 흘러왔는지를 정리한 것이다.

표 1-4 지리학 사조의 변천사

구 분	지역연구	공간연구			지역연구
	지역지리학	공간지리학	인본지리학	구조(사회, 경제) 지리학	신지역지리학
① 발달시기	1870~1950년 (전통지리학)	1950년 이후 (신지리학)	1960년대 후반 이후	1970년대 이후	1980년초
② 지역연구의 주안점	지역의 차이성 여기와 저기의 거시적 다름 (위치, 환경)	지역의 유사성 여기와 저기의 같음	지역의 의미성 여기와 저기의 미시적 (구체적) 다름	지역의 문제성 공간적 정의실현	지역의 정체성
③ 접근 방법론	개성기술적 접근 (Idiographic Approach)	법칙추구적 접근 (Nomothetic Approach)	해석학적 접근 (Hermeneutic Approach)	비판적 접근 (Critical Approach)	다원주의적 접근 (Pluralistic Approach)
④ 지리철학의 사상적 배경	경험주의 세계관 목적론적 세계관 우주론적 세계관	이론실증적 과학사상	철학적 인식론 (현상학 · 실존주의 · 관념론)	변증법 (구조주의)	사회과학적 방법론 (구조화이론, 세계 체제론)
⑤ 주요연구 학풍	경관(문화) 연구 지역 연구	공간분석 연구 입지론 연구 일반화, 모형화 이론화, 계량화	생활세계인 장소연구 장소의 의미 장소의 해석	공간의 질 공간구조의 사회적 모순 사회갈등 지역격차	신지역연구 지구이해 지구문화이해
⑥ 동인(動因)으로서의 인간	인류집단 사회집단	인간의 합리성 객관적 행태	인본적 속성 주관적 행태	인간의 계층	지구촌집단

(계 속)

<table>
<tr><th rowspan="2">구 분</th><th>지역연구</th><th colspan="3">공간연구</th><th>지역연구</th></tr>
<tr><th>지역지리학</th><th>공간지리학</th><th>인본지리학</th><th>구조(사회, 경제) 지리학</th><th>신지역지리학</th></tr>
<tr><td>⑦ 지리학 분야</td><td>역사 · 문화 · 지역 지리</td><td>경제지리
입지분석 외
계통지리분야</td><td>역사 · 문화 · 사회 지리</td><td>사회지리 · 정치지리 · 복지 · 환경 · 지역정책 기타 계통 지리분야</td><td>역사지리
문화지리
지역지리</td></tr>
<tr><td rowspan="2">⑧ 용 어</td><td rowspan="2">지역=Region
(종합)</td><td rowspan="2">공간=Space
(객관적 공간)
모더니즘적 공간</td><td>장소=Place</td><td>사회 공간,
경제공간 등</td><td rowspan="2">지역(통합, 융합)</td></tr>
<tr><td colspan="2">포스트모더니즘적 공간
(주관적 공간)</td></tr>
</table>

공간, 장소, 지역에 대한 이해

공간, 장소, 지역이라는 용어는 학자에 따라 혼용하여 사용하는 것처럼 엄격하게 구분하기 힘들다. 그러나 지리학 발달사의 맥락에서 볼 때 다음과 같은 의미를 정리해 볼 수 있다.

- 지역: 구분된 일부의 지표 공간이며, 통합(융합)적 특성을 가진다. 여기와 저기의 다름에 대한 인식(특수성의 구체적 결합단위)에서 출발한다. 여러 장소는 지역으로 통합될 수 있다.
- 공간: 여기와 저기의 같음에 대한 인식(보편성의 구체적 결합단위, 시대의 흐름에 대한 지리학적 대응 산물)에서 시작한다. 주로 객관적 지역연구를 지향(객관적 공간)한다. 공간은 자유롭고 개방적이고 역동적이지만, 삶의 층위가 얇아서 위협적이다.
- 장소: 여기와 저기의 구체적 특징에 대한 인식에서 출발한다. 논리실증주의에 의한 몰가치적인 공간에 대한 대안으로 포스트모더니즘과 궤를 같이하는 인간주의 지리학의 등장에 따른 가치가 내재된 공간이다. 장소는 가치가 내재됨으로 인해 고유성이 확보되며, 삶의 층위가 두텁고 안정적이어서 공동체성, 정체성이 확보된 곳이다. 일반적으로 미지의 공간에서 친밀한 장소, 추상적 공간에서 구체적 장소로 변한다. 그러나 매시(D. Massey)의 경우, 공간은 사회적으로 구성되고 권력, 계급, 인종, 젠더, 국적 등에 의해 끊임없는 재구성이 작동하는 공간으로, 모든 공간은 사실상 장소로 볼 수 있다고 함으로써 인간주의 지리학의 장소 개념에 비판을 가했다. 다시 말해 장소는 특정 인종, 성별의 개인이 다른 개인, 사회, 국가와 관계 맺는 방식에 의해서 드러나는 결절로, 장소의 안팎에서 작동하고 있는 다양한 관계와 힘의 상호작용적 맥락에 의해 기존에 형성되었던 장소의 고유성은 없어지기도 하고, 변형되어 재구성되면서 아예 새롭게 만들어 진다는 것이다(정현주 옮김, 2015). 따라서 장소는 반드시 위치가 고정된 것을 의미하지는 않는다. 배에서 삶을 영위하는 사람들에게는 이동하는 배가 장소가 될 수 있다.

2. 미래지리학은 어떻게 될까요?

정보통신기술의 발달과 인터넷 혁명으로 과거와는 비교할 수 없을 정도로 많은 데이터가 생산되고 있다. 무한대에 가까운 정보가 생산되는 이른바 빅데이터 시대가 되었다. 현대 산업은 이러한 빅데이터를 기반으로 수많은 가치를 창출해내고 있다. 따라서 가격, 기술이 경쟁력이 아니라 빅데이터가 경쟁력으로 등장하여, 사회 성장의 기반이 되는 4차 산업혁명을 맞이하게 되었다. 뿐만 아니라 이러한 빅데이터를 기반으로 알고리즘을 개발할 수 있게 함으로써 인공지능시대가 도래하게 되었다.

지리학은 땅 위에서 일어나는 현상을 첨단화된 시각화도구인 지도를 활용하여 장소적 · 공간적 · 생태적 등 다양한 관점에서 이해, 설명, 해석하는 학문이다. 따라서 지리학은 인간의 삶 속에서 일어나는 다양한 문제와 질문들에 대해서 대답과 해결을 해야 한다. 그렇다면 급변하는 시대에 지리학은 우리의 삶의 문제를 어떻게 대처해야 할까? 21세기 지리학은 새로운 도전 과제들을 대처하기 위한 노력이 필요하다. 사회가 복잡하게 변화함에 따라 땅 위에서 발생하는 현상들도 다양하게 변화하고 있다. 특히 지리학은 모더니즘적 분류에 의한 자연지리와 인문지리, 지역지리와 계통지리라는 이분법적 논리를 넘어 포스트모더니즘에 의한 자연지리와 인문지리의 융복합, 지역지리와 계통지리의 융복합을 통해 현실의 문제에 대한 문제해결적 학문으로 거듭나야 할 것이다. 특히 지리학은 현대사회가 안고 있는 여러 가지 실질적인 문제해결을 위해 지리학적인 지식과 기법을 활용한 응용지리학(applied geography)적 접근의 중요성이 높아지고 있다. 현재까지 많은 지리학자가 연구하는 분야는 교육, 도시, 의료, 마케팅, 환경, 여행, 복지 등 다양한 분야가 있으나, 변화하는 사회에 따라 더욱 다양해질 전망이다.

생각해 볼거리

1. 지리학과 우리 생활은 어떤 관계가 있는지 설명해 봅시다.

2. 지리학과 지리교육의 특징을 구분하여 설명해 봅시다.

3. 지리교육의 기본개념을 도식화하여 설명해 봅시다.

4. 지리학이 학문적 사조의 변천에 따라 어떻게 연구되어 왔는지를 주요 관점을 중심으로 설명해 봅시다.

5. 지리학의 전망에 대해 간단히 서술해 봅시다.

CHAPTER 02

지역:

초등지리의 핵심개념인 지역은 시대에 따라 다양한 얼굴로 나타나고 있다.

우리는 우리나라에 살면서 처음 만나 인사를 나눈 후 서로를 알아보기 위한 다양한 질문을 한다. 그중에서 빠지지 않는 질문 중에는 너는 어디에 사는가, 고향이 어디인가가 있다. 여기서 사는 곳, 고향에 대한 정보를 통해 처음 만난 사람이 사는 지역은 어떠한 지역인가를 알아보고자 하는 맥락을 갖고 있다. 지구 표면에 분포하는 지리적 현상이나 사실들을 구체화하는 가장 기본적인 질문은 위치를 묻는 "어디에(Where)?"이다. 우리는 일상에서 이 질문을 자주 사용하며, 위치를 통해 정보를 얻고자 한다. 이러한 위치를 가진 가장 작은 단위를 장소라 하며, 우리가 살아가는 지구 표면은 수없이 많은 장소로 이루어져 있다. 장소는 유일성 내지 고유성을 갖고 있어 지구 표면에 존재하는 무수히 많은 장소 중 완벽히 같은 곳은 존재하지 않는다.

장소는 개성이 뚜렷하지만 인접한 장소와는 반드시 유기적인 관계를 유지하며 유사성을 갖고 있다. 이러한 속성을 지닌 인접한 장소들 간의 연합(묶음)이 새로운 지리적 특성을 보이게 되는 것을 지역이라고 한다. 예를 들어 우리가 사는 고장은 이웃하는 고장과 모습이 다른 장소라 할 수 있다. 그런데 두 장소가 사계절이 뚜렷한 온대기후를 지녔다면, 두 고장을 묶어 온대기후 지역이라 할 수 있을 것이다.

지역은 한 가지 기준 이상의 유사성을 지닌 장소의 묶음으로 존재하며 다른 지역과 구별되기도 한다. 뿐만 아니라 지역은 고정 불변하는 것이 아니라 끊임없이 변화하고 발전한다. 이러한 지역은 자연과 인문 환경에 걸친 다양한 요소로 구성되어 있고, 이들 구성 요소들은 유기적이고 복합적인 상호관계에 의해 지역성을 형성한다. 이 장에서는 이러한 지역의 개념, 지역의 규모와 지역성, 지역의 종류,

지역개념 학습방안, 그리고 초등사회과교육에서 지역 관련 교육과정 등을 알아보도록 하자.

그림 2-1 **지표 공간의 장소**

그림 2-2 **지표 공간의 지역**

1 지역의 개념을 제대로 알기 위해 알아야 할 기초적인 지식에는 어떤 것이 있나요?

1. 지역이란 무엇일까요?

1) 전통지리학의 지역개념

지리학에서 지역 개념은 지리학의 역사와 함께 지역을 보는 패러다임의 변화에 따라 지역에 대한 관점과 의미가 다르게 사용되어 왔다. 지역 개념은 당면한 시대적 상황을 반영하며 시대적 상황은 끊임없이 변화를 거듭해 왔기 때문이다. 인간의 일상생활과 활동의 장소로서 지역은 자연적 · 인문적 여러 요소로 구성되며, 모든 지역은 이들 두 요소를 중심으로 종합적 접근이나 계통적 접근을 통해 각기 독특한 성격을 나타낸다고 할 수 있다.

전통적으로 지리학은 지역을 연구하는 학문분야로 정의되어 왔으며, 특히 19세기 말부터 20세기 전반부까지 지리학은 헤트너(Hettner)의 지역학 또는 핫숀(Hartshonre)의 지역지리학이었다(최병두, 2014). 따라서 전통지리학은 지역을 연구하는 지역지리학으로 분류되어 왔다. 지역은 인간 삶의 기본 바탕이며, 지리학의 핵심주제이자, 지리학이 추구하는 주된 연구대상이다. 제2차 세계대전 전까지만 해도 지리학은 주로 지역을 연구하는 지역지리학이었다.

지역지리학에서 지역이란 용어의 의미는 다양하게 정의할 수 있지만, 가장 일반적인 의미로는 주변지역과 뚜렷이 구별되는 자연적 · 문화적 특징을 지닌 동질(등질)지역이다. 일반적으로 행정편의, 관습, 생활편의 등이 복합되어 있는 행정구역을 지역으로 보기도 하고, 인간의 공동생활이 행해지는 일정 범위가 주민의 생산 생활양식 또는 의식 태도에 따른 다른 범위와 구별되는 사회적 성격을 가지고 있는 범위를 지역으로 보기도 한다(김용만, 1986). 지역은 인접한 생활 공간과 구별되는 외형적 특징을 지니면서 내적 현상 간의 결합에 의해 통합이 이루어지는 동질적인 생활 공간으로 시간의 힘에 의해 문화적 · 경제적 · 사회적 특질을 누적적으로 소유할 때 하나의 문화적 현상이 굳어져 나타나는 곳으로 우리나라에서의 도(道), 작게는 군(郡) 단위의 공간을 말한다(남상준, 1999). 전통지역지리학에서 지역은 선험적으로 일정한 넓이와 경계를 예상하게 되고, 동시에 어떤 지리적 내용(특성)을 생각하게 한다(송언근, 1996).

결론적으로 지역은 지리적 사상의 일부 또는 대부분이 유사하거나 내부적으로 통일성을 가져 고유한 장소적 관계를 나타냄으로써 인접 지역으로부터 구별되는 지표의 일부, 다시 말해 어떤 특징적 성격과 같은 지역성(regionality)을 가짐으로써 주변과 구별되는 지표의 일부라 할 수 있다(황홍섭, 2003). 따라서 지역을 표현할 때 지역의 개성을 가장 잘 나타낼 수 있는 강력한 수식어가 필요하다. 특정 지역을 떠올렸을 때 생각나는 이미지가 있을 것이다. 생각나는 그것이 바로 그 지역의 지역성(고유성)이라 할 수 있으며, 이것은 지역의 정체성을 대표하는 상징으로 나타난다. 지역은 지표공간의 구분된 일부로서 지역성, 특히 특수성을 가짐으로써, 그 지역의 특수성을 추구하기 위해 종합적(지지적 또는 지역지리적) 관점에서 연구되어 왔다. 그림 2-3은 지역이 어떻게 구성되는가를 도식화하여 나타낸 것이다.

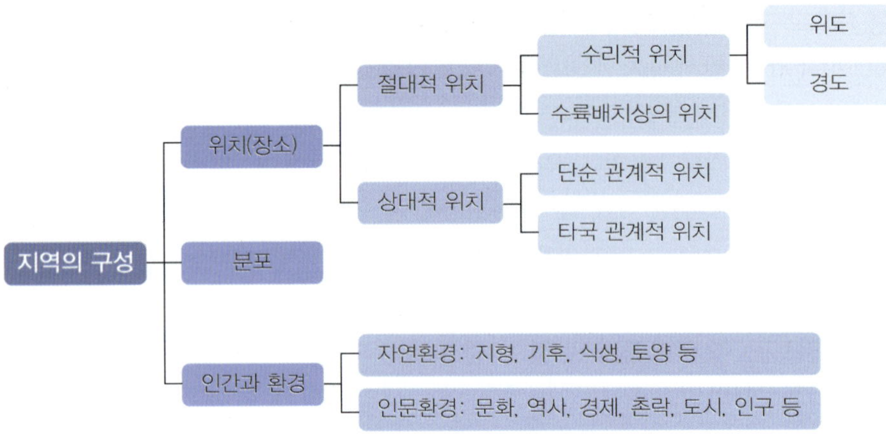

그림 2-3 **지역의 구성요소에 대한 도식화**

2) 신지역지리학의 지역개념

전통적 지역지리학은 1950년대 논리실증주의지리학의 등장과 지역지리학의 내적 한계로 지리학에서 중심성을 상실하고 쇠퇴의 길을 걷게 되었다. 따라서 지역지리학은 종합적 관점에서 연구가 아니라 다양한 차원의 주제(계통)를 중심으로 지역을 객관적인 원리, 법칙, 이론을 가지고 접근하여 설명하기 시작했다. 이 접근방법은 모더니즘(modernism)을 상징하는 학문 연구 방식으로서 지리학도 법칙추구적 접근방법의 적용으로 공간과학(spatial science)으로 발전하게 되었으며, 계통지리학이 지역지리학을 대신하여 지리학의 중심을 이루게 되었다. 지리학의 과학화에 획기적 기여를 한 점에서 전통지리학(지역지리학)에 대하여 신지리학으로 호칭되었다.

논리실증주의적 공간분석이 퇴조하면서, 포스트모더니즘과 궤를 같이 하면서 인본주의지리학, 구조주의지리학, 세계체제론과 같은 정치경제학적 방법론, 그리고 다양한 거시적 사회이론과 같은 구조화이론과 실재론 등과 더불어 지역을 새롭게 부각시키는 이른바 신지역지리학이 등장하였다.

신지역지리학은 자본주의의 발달, 지구화와 더불어 지방화되는 구방화(glocalization) 과정, 정보통신기술의 발달과 시·공간적 압축, 현실 세계의 변화, 사회문화적 이동성 증대와 정체성의 변화 등을 배경으로 등장하였다. 신지역지리학의 등장과 발달은 물론 지리학에서 거시적 사회이론의 도입과 지역 연구를 위한 새로운 방법론을 모색하게 되었다. 다시 말해 신지역지리학은 전통지역지리학과 차별화 된 지역연구를 하게 되었다. 지리학 방법론의 다원주의(pluralism) 속에서 나아가서 사회과학 방법론을 지역지리에 적응하여 지리적 현상에 대한 새로운 해석과 설명을 시도하고 있다. 신지역지리는 학자에 따라 다양한 용어, 예를 들면 '재구성된 지역지리', '신세대 지리', '변모된 지역지리', '사회과학적 지역지리', '현대지역지리', '부활된 지역론', '신지역론' 등으로 표현하였다. 그러나 사용하는 용어는 각각 달라도 이들은 모두 보다 이론화된 지역지리와 공간적 차이에 민감한 지역지리를 지향한다는 점에서 공통의 지적 기반을 가지고 있다(손명철, 2017).

지구화 과정을 통해 경제적 상호작용이 개별 지역이나 국가의 경계를 넘어서 지구적 규모로 확대됨에 따라 지역의 개념은 전통적인 지역 개념과는 다르게 되었다. 전통적인 지역 개념이 경계설정에 바탕을 둔 명확한 지역 구분을 바탕으로 한 폐쇄적 개념이라면, 지구화와 함께 등장한 지역 개념은 개방성이 강조되고 지방적인 것과 세계적인 것과의 관계 설정이 중요하게 되었다(최재헌, 2005). 이러한 지구화 과정이 지역에 미친 영향에 관한 초기 설명에서는 각 지역이나 국가들의 고유한 역할과 특성이 점차 약화되고 동질화될 것으로 추정하였다. 그러나 지구화가 심화되면서 이러한 추정과는 달리 지역이나 국가가 사회공간적으로 재편되고 있긴 하지만, 이들의 역할이 상실되거나 동질화되기보다는 오히려 차별화되는 것으로 이해하게 되었다. 즉, 자본주의 경제의 지구화 과정은 지역 간 경제적 및 사회적 상호의존성을 증대시키고 지역들을 통합시키고 있지만, 또한 동시에 지역 간 차별성(또는 격차)을 확대시키면서 새로운 지역들을 만들어내고 있으며, 이러한 지역의 새로운 특성은 다시 국가, 세계의 변화 과정에 영향을 미치는 것으로 이해된다(이희연 · 최재헌, 1998).

포스트모던 시대의 지역은 주체(subject)의 주관성(subjectivity)을 반영하는 주관적 구성물이다. 오늘날의 지역은 역동적이며 경계가 불분명하고 사회적 관계, 제도적 체계, 이데올로기, 상징 등과 같이 다양한 특성들이 주관성에 기초하여 인식되고 있는 것이다. 지역은 또한 특정한 지역의 역동성과 가변성을 속성으로 하여 사회적으로, 지속적으로 '구성되는' 것으로 이해하는 것이어야 한다. 지역이라는 사회적 구성물의 변형 과정에 개입되는 헤게모니(hegemony)와 권력 관계(power relations)도 반드시 적절하게 고려되어야 한다. 특정한 지역은 '그곳에서' 발견되기를 기다리고 있는 수동적이고 객관적인 실체가 아니라 우리들(또는 다른 사람들)의 주관적 구성물인 것이다(임병조 · 류제헌, 2007). 신지역지리를 주장하는 사람들은 지역을 바라보는 관점이 이전과 다르다. 이들은 우선 지역을 사회적 행위의 산물로 본다. 지역이 서로 다른 것은 사람들의 행위를 통해 다르게 만들어지기 때문이라는 것이다. 지역은 사회화의 역할모델을 제공하고, 특정한 가치와 태도를 심어준다. 사람은 장소 속에서 만들어지고, 장소가 달라지면 사람도 달라진다는 것이 이들이 지역을 인식하는 방식이다(손명철, 2017). 카스텔(Castells)이 주장한 바와 같이, 교통통신기술의 발달은 우선 지역의 개념을 '장소의 공간'에서 '흐름의 공간'으로 전환시켰다. 과거 교통통신기술이 미발달한 시대의 지역은 고유한 지리적 특성을 가진 고립된 장소로서 존재했지만, 오늘날 지역(특히 도시)은 교통과 통신의 네트워크화와 그 속에서 이루어지는 흐름으로 존재한다. 물론 지역이나 장소는 사라지는 것이 아니라 네트워크 내로 흡수되어 하나의 결절이 되며, 이러한 결절과 허브는 네트워크에서의 상대적 중요성에 따라 위계적으로 조직된다. 달리 말해 교통통신기술과 물리적 하부시설의 발달은 이에 포섭된 지역과 그렇지 않은 지역 간을 새롭게 구획화하는 결과를 초래한다(이희상, 2009).

전통적인 지역 개념에 대해서 최근 신지역지리학에서 지역의 개념과 지역연구 방법론이 크게 확장되고 있다. 그림 2-4와 같이 지역의 개념은 제솝 등(Jessop et al., 2008; 박배균 · 김동완, 2013 참조)에 의해 제시된 바와 같이 4가지 유형의 공간 요소인 장소, 스케일, 네트워크, 영역 등의 개념으로 확장될 수 있다. 즉, 지역은 장소가 다양한 스케일과 네트워크를 가지면서 네트워크적 영역성(networked territoriality)으로

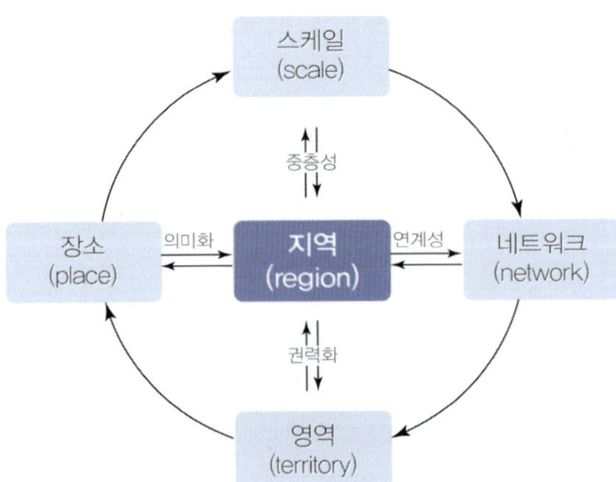

그림 2-4 신지역지리학의 확장된 지역개념

확장됨으로써 기존 지역연구의 경계설정에 바탕을 둔 폐쇄적 회로에서 경계를 넘어 연결된 개방적 회로에서 지역성이 형성됨을 설명하고 있다.

2. 지역의 규모는 어떻게 분류할 수 있으며, 지역의 특성인 지역성은 어떻게 규명할 수 있나요?

1) 지역의 규모

지역의 규모(scale)는 공간의 크기를 나누는 것으로 학자에 따라 다양하다. 초등지리교육에 있어서 그 규모를 집, 마을, 고장 또는 향토(군 · 구: local scale), 지방(시 · 도: regional scale), 국가(national scale), 대륙 및 세계 규모(continental scale, global scale) 등으로 설정하고 있다.

현재 초 · 중 · 고 교과서 편제상 지역의 규모는 공간확대원리에 따라 가까운 지역에서 먼 지역으로 이해하도록 구성되어 있다. 초등학교 1학년은 지역의 범위가 집이며, 2학년은 마을로, 마을의 행정적 범위는 동 정도로 볼 수 있다. 3학년은 향토 또는 고장으로, 그 행정적 범위는 시(규모가 작은 시), 군, 구 등으로 볼 수 있고, 4학년은 지방으로, 그 행정적 범위는 특별시, 광역시, 도로 볼 수 있고, 5학년은 국가, 6학년은 대륙, 세계 순으로 편제되어 있다. 여기서 1, 2, 3학년 정도의 지역 규모는 장소로, 4학년 이상의 지역 규모는 보통 지역이라고 부를 수 있을 것이다. 중 · 고등학교에서 마찬가지로 저학년에서 고학년으로 갈수록 공간확대원리를 적용하고 있다.

그러나 오늘날과 같이 지구지방화가 동시에 일어나면서 지구적인 일과 일상생활의 일들이 마치 지구를 거대한 거미집으로 덮은 듯이 상호의존 내지 연결되어 있는 상황에서 동심원적 세계관에 의한 공간확대원리의 적용은 한계가 많다. 따라서 정보통신의 급격한 발달과 지역 간 상호의존성이 고도화된 오늘날은 공간(지역)확대원리를 탄력적으로 적용할 필요성이 크다.

하지만 오늘날 지역의 규모는 이와 같은 일반적인 규모를 따르지 않고 연구자에 따라 다양하게 범위를 가지게 된다. 각 분야별 지역 연구의 스케일은 다양하다. 개별 시설적 규모, 소규모 마을, 경제자유구역, 신산업지구 또는 도시 전체나 도시권, 나아가 국가나 국경을 가로지르는 국제적 지역에 이르기까지 매우 다양하다. 신지역지리학의 관점에서 보면, 지역은 일정한 경계와 고정된 스케일의 '영역'이라기보다 다규모성(즉, 다중 스케일)을 전제로 하고 있다(최병두, 2016).

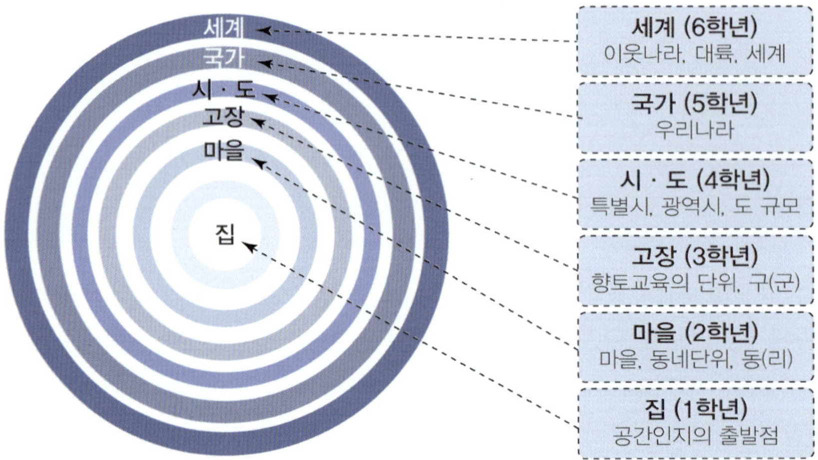

그림 2-5 **학년별 지역의 적용 규모**

2) 지역성

사람에 따라 그 사람의 인격이 있듯이 지역에도 인격에 해당하는 지역성이 있다. 그림 2-6과 같이 전통적인 지역지리학에서 그 고유한 위치로 인하여 인접한 지역과 구별되는 특수한 성격(특수성 또는 고유성)을 가지고 있는 한편, 인접 지역과 유기적 관계를 가짐으로써 다른 지역에서도 볼 수 있는 유사한 성격(보편성)을 가지고 있다. 다시 말해 고유한 위치로 인해 다른 지역과 구별되는 특수한 성격인 고유성, 차이성을 갖고 있으며, 인접 지표공간과의 유기적 관계 속에서 다른 지역과 유사한 성격인 유사성, 보편성을 갖고 있다. 뿐만 아니라 지역은 고정 불변하는 것이 아니라 끊임없이 변화하고 발전하는 변천성 · 변화성을 가지고 있다. 이러한 지역은 자연 · 인문환경에 걸친 다양한 요소로 구성되어 있고, 이들 구성요소들은 유기적이고도 복잡한 상호관계에 의해 지역성을 형성한다. 현재 지역의 성격은 그 지역의 역사적 · 누적적 반영이라 할 수 있다(황홍섭, 2003).

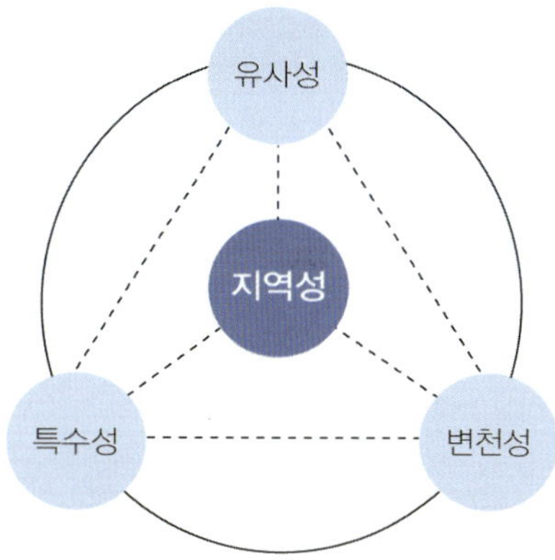

그림 2-6 전통지역지리학의 지역성 구성 요소

오늘날 신지역지리학에서 지역의 성격은 자본주의, 구방화로 인해 보다 광범위하면서도 다양한 영향을 받으면서 보편성과 특수성이라는 지역성을 형성하게 된다. 신지역지리학 역시 본질적으로 특수성과 보편성은 존재할 수밖에 없다. 보편성과 특수성이란 이원성을 하나로 묶는 작업은 지역지리학에서 매우 중요한 일이다. 신지역지리학은 사회과학이론을 이론적 배경으로 보다 다양한 규모와 네트워크를 가지면서 보편성을 더욱 확대하고 있다. 한편 신지역지리학의 특수성을 밝히기 위해선 최근 계통지리학의 지역연구성과를 통합한 일반성 속에서 특수성을 찾아서 그것이 지역의 고유성임을 고찰하는 방향으로 나아가야 할 것이다. 이러한 지역적 특수성들은 사회현상을 담은 사회이론들로도 설명 가능해야 할 것이다 (그림 2-7 참조).

모더니즘 시대에 지리학의 종합과학적 성격이 학문의 분화로 인해 지리학의 쇠퇴를 가져왔다면, 포스트모더니즘 시대에는 지리학이 갖고 있는 종합과학적·융복합적 성격이 타 학문과 차별성을 갖게 됨으로써 지리학의 학문성 성숙, 르네상스를 가져올 수 있어야 할 것이다. 지리학의 르네상스를 위해서 신지역지리학이 계통지리학의 학문적 성과를 바탕으로 지역을 통합·융복합적으로 연구해 가야 할 필요성이 절실하다 하겠다.

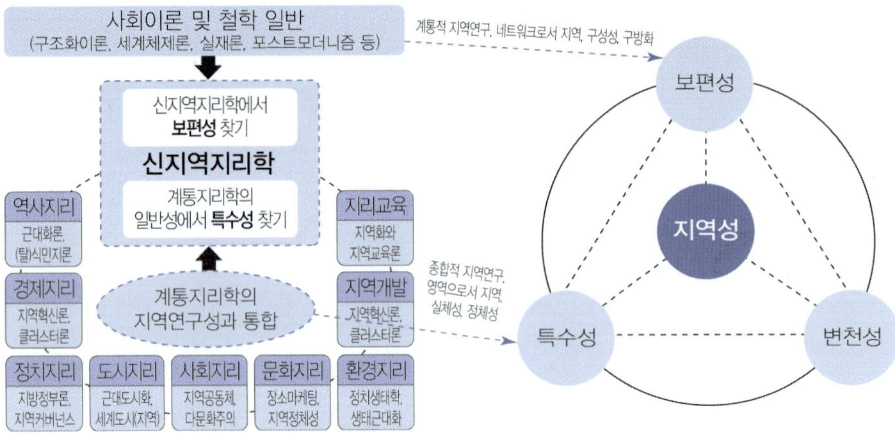

출처: 최병두(2014) 재구성.

그림 2-7 새로운 지역지리학의 지역성 규명 과정

신지역지리학에서 지역성은 다양한 형태로 연구되고 있다. 신지역지리학에서 지역의 규모는 매우 다양하게 그리고 중층적으로 연구되고 있다. 서태열(1989)은 오늘날에도 여전히 지역적 차이(지역성)는 본질적으로 존재하며, 따라서 '서로 다른 장소에서, 서로 다른 스케일(scale)의, 서로 다른 현상에 대한, 서로 다른 설명'이 필요하다는 점을 분명히 인식해야 한다고 주장한다. 박배균 · 김동완(2013)은 다중스케일적 관점에서 국가와 지역 간 관계를 고찰하면서, 특히 "지역을 사회적 관계들이 특정한 장소를 중심으로 공간적으로 구체화되고 물화되어 구성된 것"으로 이해한다. 박배균(2012)은 한국학이 '방법론적 영역주의의 함정'에 빠져 있다고 지적하고, 공간과 사회 사이의 내재적 연관성을 강조하는 사회공간론적 관점을 도입해야 한다고 주장한다. 이를 위해 그는 사회공간적 관계의 4가지 차원으로 장소, 스케일, 네트워크, 영역에 주목하여, 이들이 어떻게 서로 중첩되고 결합되며 역동적으로 상호작용하는지를 '다중스케일의 네트워크적 영역성'이라는 관점에서 논의했다.[1)]

1) 영역은 사회적 힘과 제도들의 네트워크를 통해 작동하고, 네트워크는 공간적으로 국지화되면서 영역화되는데, 이러한 "네트워크적 영역성"은 다양한 공간적 스케일에서 나타날 수 있고, 더 나아가 사회적 연대의 공간적 확대 혹은 집중을 통해 권력관계에 영향을 주려는 "스케일의 정치"가 작동하면서 다양한 스케일의 영역화된 힘들이 상호작용하는 다중스케일적 과정이 나타날 수 있

포스트모던 시대의 지역성으로서 지역의 정체성(동일성) 형성은 지역의 주요 속성인 다양성, 주관성, 역동성, 가변성을 탐구하고 설명하기에 적절한 개념이다. 라그마(Raagmaa, 2002)는 파시(Paasi, 1991)의 지역성의 형성 논리를 4단계로 도식화하여 그림 2-8과 같이 제시한다. 영역적 형상(재설정된 영역, 인지된 공간), 상징적 형상(재활용된 상징, 의식된 공간), 제도적 형상(재형성된 제도, 사회 공간) 등을 만들어 내는 제도화(institutionalization) 과정을 통해 지역의 정체성(동일성) 형상(재형성된 정체성, 정신공간)이 만들어짐을 제시하고 있다. 지역의 정체성 형성(정신 공간)은 외부세계와의 끊임없는 상호작용을 통하여 지속적으로 재구성되는 관념이며, 주민을 비롯하여 행정기관, 학술단체, 언론, 교육제도 등과 같은 다양한 제도적 요소가 관여하고 있다. 이러한 제도적 요소들의 참여를 전제 조건으로 하는 제도화 개념은 지역성의 정체

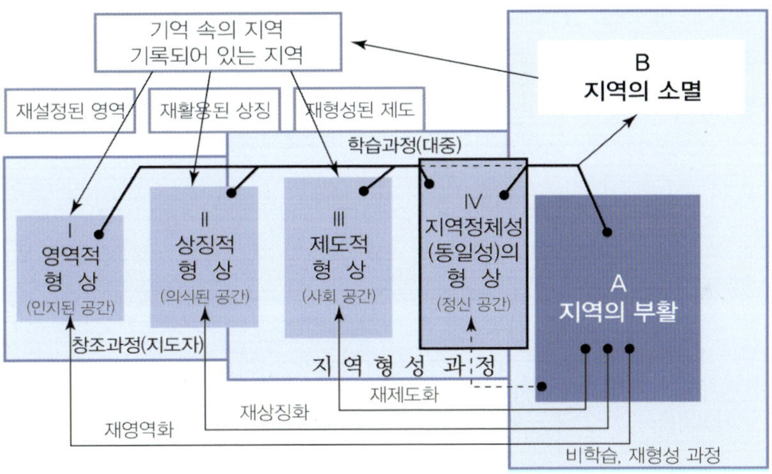

출처: Paasi, 1986(G. Raagmaa, 2002: 587, 임병조·류제헌, 2007 재인용)

그림 2-8 새로운 지역지리학의 정체성 규명 과정

다고 본다. 페인터(Painter, 2006)는 기존의 연구들이 영역을 경계성, 내적 통일성, 정치적 자결, 주권 등으로 특징을 지으면서 변화에 저항하는 속성을 가진 것으로, 반면에 네트워크를 연결, 흐름, 이동, 혼성적 정체성으로 특징을 지으면서 역동적이며 탈영역화의 속성을 가진 것으로 바라보면서, 영역과 네트워크를 상충되고 대당(對當)의 관계에 있는 것으로 개념화하는 경향이 있다고 비판한다. 그는 네트워크와 영역에 대한 이러한 이분법을 넘어서기 위해 네트워크적 영역성이란 개념을 제시한다(박배균, 2012). 이러한 그의 주장은 제솝 등(Jessop et al., 2008)의 제안에 바탕을 둔 것이지만, 여기서 영역주의와 이에 대한 대안으로 제시된 네트워크론(또는 네트워크적 영역성)에 관한 논의는 사실 서구 지리학에서 신지역지리학 등장 이후 발달한 영역으로서의 지역과 네트워크(또는 관계)로서 지역을 보는 관점 간 대립과 절충을 반영한 것이다(최병두, 2014).

성 구성과정을 분석하는 하나의 유효한 수단으로 의미가 있다. 모든 지역이 반드시 공통적으로 경험하는 과정이 아니므로 지역의 정체성의 구성과정을 도식적으로 설명하는 도구로 활용되어서는 안 된다. 가급적이면 제도화 개념은 지역의 정체성 구성과정을 이해하는 하나의 유효한 수단으로 이용되는 것이 보다 더 바람직하다(임병조·류제헌, 2007 재인용).

신지역지리학의 지역성 연구는 그림 2-9와 같이 전통지리학의 보편성과 특수성의 이원론을 벗어나 보다 다양하게 나타나고 있다. 전통지역지리학이 종합적 차원의 특수성 연구에 초점을 두었다면 신지역지리학은 일반성 차원의 연구에 초점을 두고 있다. 예를 들면, 지역의 성격을 규명하기 위해 사회공간적 이론들을 발전시키는 한편, 이를 원용하여 구방화 과정에 관한 구조적 분석과 이에 대응할 수 있는 지역적 주체들은 정체성을 살린 장소마케팅의 실천적 행동 전략을 모색하고 있다. 다시 말해 지역은 장소, 스케일, 네트워크, 영역, 나아가 공간, 경관, 환경 등 다양한 공간적 용어들과 긴밀한 관계를 가지면서 특수성, 보편성 규명에 머물지 말고 실체성 내지 정체성과 구성성, 영역성과 관계성[2] 등으로 나아가야 할 것이다.

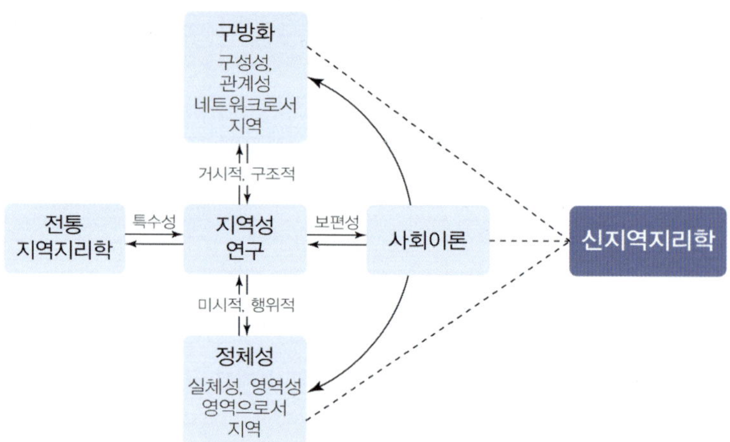

출처: 최병두(2014) 재구성.

그림 2-9 새로운 지역지리학의 지역성 규명 과정

---

2) 신지역지리학은 지역의 특성을 주로 보편적 과정과 관련시키면서 물질적 실체일 뿐만 아니라 또한 담론적 구성론으로 이해하며, 영역성보다는 네트워크(관계성)에 더 많은 관심을 두고 있다.

3. 지역의 종류에는 어떤 것이 있나요?

지역의 종류는 다양하게 분류할 수 있는데, 크게 형식지역과 실질지역으로, 단순사상지역과 복합사상지역으로 나눌 수 있으며, 실질지역은 등질지역과 기능지역으로 다시 나눌 수 있다.

1) 형식지역과 실질지역

형식지역(formal region)은 실생활과 관계없이 설정된 지역으로, 예를 들면 38°선 경계, 행정구, 통계구와 같은 것이다. 실질지역(substantive region)은 실생활과 일치하게 합리적으로 설정된 지역으로, 부산의 경우 구(舊)시가지는 실질지역에 해당하고, 최근 편입된 주변지역은 형식지역에 해당한다고 볼 수 있다. 형식지역은 시간이 지남에 따라 실질지역으로 변한다. 이것은 행정구역 조정시 기본적 바탕이 되는 개념으로서 생활권과 행정관할권이 일치되도록 해야 할 필요가 있다.

2) 단순사상지역과 복합사상지역

단순사상지역(single feature region)은 지역구분에 사용된 지표가 하나로, 예를 들면 미작지역과 같은 것을 들 수 있다. 복합사상지역(multiple feature region)은 지역구분에 사용된 지표가 둘 이상으로, 예를 들면 쾨펜(Köppen)의 기후구분 지역, 영남지역과 같은 것을 들 수 있다.

3) 등질지역과 기능지역

등질(等質) 또는 동질(同質)지역(uniform, formal, homogeneous region)은 동일한 사상이나 동일한 활동의 분포를 갖는 지표의 범위이다. 예를 들어, 농업지역, 상업지역, 공업지역, 도시지역, 농촌지역, 인종(황인종 거주지역), 종교(이슬람문화권), 언어(게르만어 사용권), 소득(고소득층 거주 지역), 직업(노동자 거주 지역), 식생대(열대우림 지역, 툰드라 지역, 사바나 지역), 기후대(지중해성 기후 지역, 대륙동안 기후 지역, 서안해양성 기후 지역), 하천유역(금강권) 등 주로 지역지리학의 연구대상이 되는 지역이다. 기능(機能) 또는 결절(結節)지역(functional, nodal, integrated region)은 하나의 중심점 내지 기점을 근간으로 삼아 기능적으로 상호 연관성을 가지고 통일되어 있는 공간인 교통, 통신의 발달로 상호작용이 활발하여 중심과 주변, 도시와 촌락, 도시와 도시 등의 관계에 의해 형성된 공간이다. 예를 들어, 상품의 판매 및 구매권(상권, 시장권, 유통권), 서비스의 공급 및 수요권, 통근 및 통학권, 취학권, 의료권(진료권), 통행권(교통권), 종합적으로 도시의 세력권, 기타 교구(특히 가톨릭), 행정구역 및 국가, 계획지역(국토개발권역, 도시계획구역), 주로 계통지리학의 연구대상이 되는 지역이다.

지금까지 언급한 지역의 종류를 간단히 정리하면 다음과 같다.

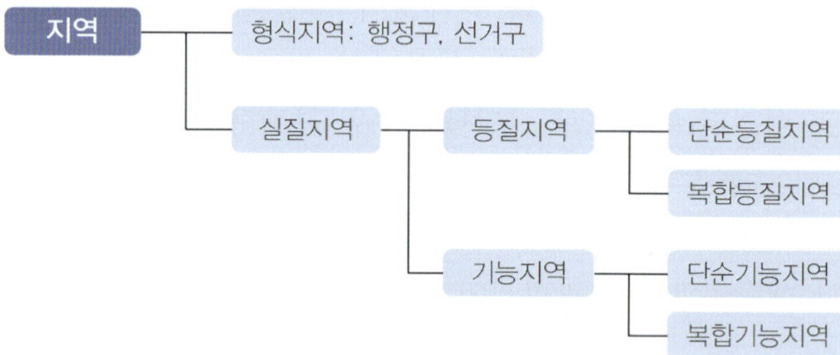

그림 2-10 **지역의 종류**

지역에 대한 지식은 향토, 국토, 세계에 대한 다양한 지리적 지식을 많이 아는 것보다 어느 지역의 자연과 인문적 요소들이 어떻게 상호 결합하여 통일체를 이루고, 한편으로는 다른 지역과 어떤 결합 관계를 가지면서 지역의 특성을 변화 발전시켜 나가는가를 종합적으로 이해하는 데 더 큰 의의가 있다. 특히 지역학습은 지역 그 자체가 중요한 교과서가 되므로 지리답사를 통한 학습이 바람직하다.

2 지역개념을 학습하기 위한 효과적인 방법에는 무엇이 있을까요?

사회과에서 지역학습을 하는 목표는 학습자들의 생활이 영위되고 있는 삶의 터전으로서의 지역에 대한 올바른 이해를 바탕으로 올바른 민주시민의 육성이다. 지역학습을 통해서 달성하고자 하는 것은 지역에 관한 단순한 사실들을 알려주고

자함이 아니라 그 지역에 거주하고 있는 학습자들에게 자신들의 일상적인 삶의 터전으로서의 지역에 대한 '정체성'을 갖도록 도와주는 일이다(박승규 · 김일기, 2001).

1. 전통지역지리학에서는 지역개념을 어떻게 학습할까요?

전통지역지리학에서 지역은 개성기술적 접근방식을 취하면서 지역의 특수성에 초점을 맞추고 있다. 따라서 그림 2-11과 같이 지역의 기술은 지도상에서 위치를 확인하고, 그 위치에 기반하여 기후가 어떠한지를 추론하면서 지형, 식생, 토양 등을 언급하고 있다. 이러한 자연환경을 배경으로 하여 인간의 삶인 경제, 문화, 취락 등이 어떠한지를 기술해왔다. 그러나 현실적으로 교과서에 기술된 내용체계는 지역의 특수성을 종합적 기술하고 있으나, 이해하는 데 체계적이지 못해서 어려움이 있었다. 이러한 지역지리는 사실기술에 치우친 나머지 학습자의 관심과 흥미, 학문으로서의 가치, 논리적 체계성 등이 부족하여 교사들은 파편화된 지역지리보다 원리, 이론 중심의 계통지리 내용을 선호하게 되었다.

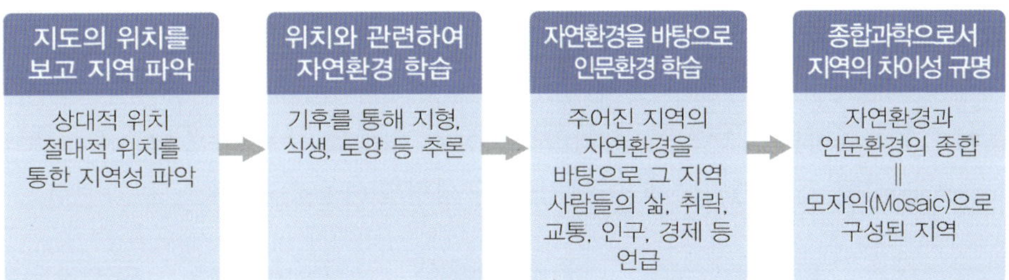

출처: 황홍섭(2017).

그림 2-11 **전통지역지리학의 지역학습방안**

2. 신지역지리학에서는 지역개념을 어떻게 학습할까요?

신지역지리학은 전통지역지리학과 차별화된 지역연구를 하게 되었다. 전통지역지리학에서 지역은 하나의 폐쇄체계로 보아 그 속에 분포하는 제 지리적 요소들의 상호작용, 결합에 의해 각기 독특한 지역성이 나타난다고 본다. 그러나 신지역지리학에서 지역은 전 지구적인 규모에서 작동하는 프로세스들과 지역적으로 고유한 특성 사이에는 복잡한 상호작용이 존재하고, 이로 인해 지역의 고유한 특성이 생성된다고 본다. '과거 관점'에서 보면 지역성을 규명하기 위해 그 지역 내의 여러 자연적 · 인문적 특성과 그들의 상호관계를 보아야 한다. 그러나 '현재의 관점'으로 보면 지역 자체의 특성과 국가적 · 범세계적 특성과의 상호관계, 그리고 전 지구적 규모에서 작동하는 원리와 영향으로서의 지역성을 규명해야 한다. 그러나 현실적으로 신지역지리학에서 강조하는 사회과학이론(개념과 원리)으로 지역을 통합적으로 설명하는 것은 쉽지 않다. 따라서 신지역지리학에서 지역의 보편성과 특수성을 이분법적으로 설명할 것이 아니라 학습자를 중심으로 지역의 특수성 속에서 보편성을, 보편성 속에서 특수성을 설명할 수 있는 방안을 모색할 필요가 있다(그림 2-12 참조).

이를 위해 첫째, 학습자들은 지도 속에서 해당 지역을 찾고, 오늘날 해당 지역이 다른 지역과 어떻게 영향을 주고 받는지를 다양한 규모와 네트워크 차원에서 검토한다. 둘째, 학습대상 지역과 관련한 학습자의 경험과 머릿속에서 떠오르는 고유한 자랑거리를 찾아낸다. 가령 그 지역의 상징(물), 이미지 등을 찾아 표현해 본다. 셋째, 그 지역의 고유한 상징, 이미지, 자랑거리 등을 유목화해 본다. 유목화할 수 있는 하위 수준의 기준 내재 주제가 있어야 한다. 넷째, 지역의 고유한 것들 속에서 유목화된 것들을 명명하고, 명명한 것들을 다시 묶을 수 있는 보다 상위 수준의 기준 내지 주제를 찾아 일반성을 찾아낸다. 다섯째, 지역의 고유한 것들로부터 유목화하여 일반성을 찾아 보다 상위 수준의 주제를 중심으로 스토리텔링(storytelling)하되 드라마틱하게 이야기를 구성한다.(황홍섭, 2017).

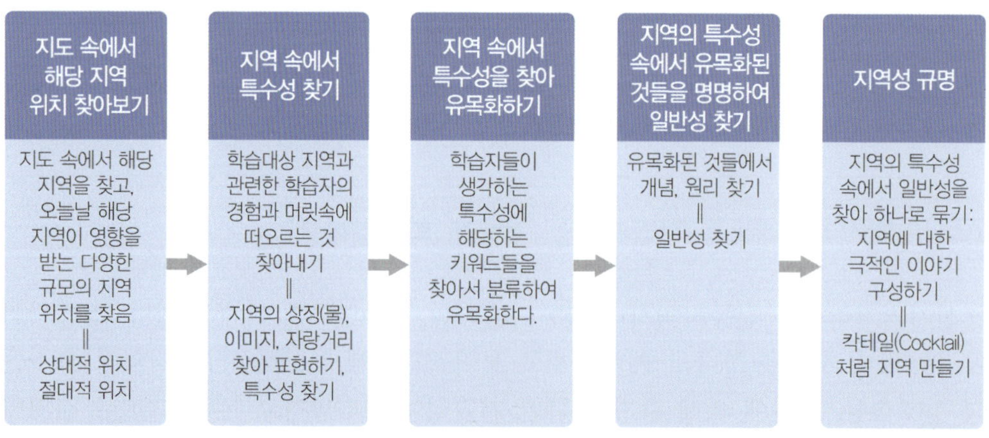

출처: 황홍섭(2017).

그림 2-12 신지역지리학의 지역학습방안

지역은 국지적인 것과 지구적인 것이 온갖 방식으로 서로 밀접하게 연결되어 있어서 지역의 다양성은 결코 사라지지 않으며, 지역은 새로운 형상을 하고 있을 뿐이다. 논리실증주의지리학자들이 지역지리는 죽었다고 외쳤지만 지구화된 현대 세계 속에서 지역지리는 여전히 자기 위치를 확보하고 있다. 표 2-1은 전통지역지리학과 신지역지리학 간의 지역연구의 관점을 비교한 것이다.

표 2-1 전통지역지리학과 신지역지리학의 비교

구분 내용	전통지역지리학	신지역지리학
연구 목적	• 특정 지역의 독특한 상황을 해명 • 지역의 자연 및 인문 환경에 기반한 통합	• 내외의 상호작용을 통한 지역성 규명 • 로컬리티의 역동적인 생성 · 변화 과정 설명 • 사회, 경제적, 문화적 등 구조적 관계 속에서 지역성 규명
연구대상	• 지역의 특수, 지역 내 자연·인문적 제요소의 결합	• 지역의 특수성의 재해석, 일반성, 관계성 추구
접근방법	• 특정 장소의 종합적 기술 • 경험적 견해가 반영된 개성적 기술 방식 • 인간생활의 근저를 이루는 인간 중심적 관점에서의 연구	• 공간 구조의 사회이론화를 통한 재구축된 지역 규명 • 규범적 견해가 반영된 법칙추구 방식 • 자본주의 과정의 국지적 반응 체계로서 지역을 연구
지역 인식 방법 차이	• 인간과 자연이 수년간 밀착되어 온 장소로서의 이해 • 자연적 기틀 위에서 인간 활동이 반영된 장소로서의 지역을 인식 • 지역을 인간 중심의 생태체계로 인식 • 인간과 자연이 조화를 이루는 지역	• 사회 과정의 공간적 조직으로서의 지역을 인식 • 사회관계의 생산과 재생산에 있어 사회적 상호작용의 매개체로서 지역을 인식 • 세계를 형성해 온 아이디어를 반영하는 사회적 과정의 결과물로 인식
관련 분야	• 지지, 지역 개발, 지역 분화	• 도시 지리, 경제 지리, 교통 지리
이론적 배경	• 경험주의	• 구조주의, 실재론, 다원주의, 포스트모더니즘
학문적 성격	• 인문 종합적 연구(인문적 성격 강함) • 인간과 자연의 조화로서의 지역 연구	• 사회 과학적 연구 • 구조와 과정으로서의 지역 연구 • 공간 과학, 지역 과학
주요 개념들	• 생활양식, 풍토, 경관, 문명, 자연, 유통, 문화 등	• 장소(place), 로컬리티(locality), 자연, 공간 조직, 사회 구조, 생산 체계, 사회 과정, 세계 체제 등
주요 학자들	• Blache, Hettner, Herbertson, Hartshonre.	• Claval, Nonn, Johnstone, Gregory
사회 현상 반영 정도	• 정태적 성향	• 동태적 성향

(계 속)

구분 / 내용	전통지역지리학	신지역지리학
연구의 문제점	• 지역 개념화의 실패 • 고유성과 특이성에 관한 지나친 강조 • 일반화를 소홀히 함으로써 생기는 새로운 지역에의 적용 불가능성 • 여타 사회 과학에서 이루어진 방법론과 분석기법을 충분히 원용하고 있지 못하다는 점 • 과도한 절충주의와 '문제', '주제', '상호의존'에 대한 무원칙한 선택 • 자연주의의 만연으로 자연지리의 대상을 인문지리학의 관점으로 해석	• 끊임없이 변화하는 구조와 관련한 사회 구조와 공간을 규범적 · 과학적 틀로 이론화하려고 하기 때문에 인간 중심적 고려가 다소 소홀할 수 있음 • 지역 연구대상인 지역 규모 차이에 따른 연구가 보다 광범한 사회를 이해하는 데 충분한 이론틀을 제시하지 못함(사회 맥락이론, 체계적 접근) • 정치 경제적 개념의 차용을 통한 연구 방법이 지역의 특수성에 관해 올바르게 이해하려는 증거가 불충분함
연구의 공통점	•시간과 변화의 의미 •연구대상 지역의 규모에 속하는 기술적 방식 •자연환경의 고려한 통합적 관점	

3 신지역지리학에서 지역 연구는 어떻게 하고 있나요?

1. 국외에서 지역 연구는 어떻게 하고 있나요?

다음 두 가지 사례연구는 국외에서의 새로운 지역연구와 관련된 사례이다(손명철, 1994 재인용).

첫째, 프레드(A. Pred, 1985)의 스웨덴 남부 스케인 지방의 엔클로저 운동과 장소의 생성(the social becomes the spatial, the spatial becomes the social: enclosure, social change and the becoming of places in Skane)은 스웨덴 남부 스케인 지방을 사례로 한 연구에서 시간지리학과 구조화이론이 어떻게 통합될 수 있는가를 실제적으로 제시하고 있다. 장소는 항상 인간의 행위 결과를 재현해준다. 장소는 항상 사회변동과 불가분의 관계를 가지는 공간 변화와 맞물려 있다. 18~19세기 스웨덴의 스케인 지방에서 일어난 엔클로저 운동 후 토지를 공간적으로 재조정함으로써 분산되어 있던 좁고 긴 토지를 하나의 장방형 필지로 정비함으로써 마을 주민들의 일상생활 경로와 권력관계가 새롭게 바뀌었다. 프레드는 이와 같은 현상을 일컬어 사회적인 것이 공간적인 것이 되고, 공간적인 것이 사회적인 것이라 하였다. 예를 들어, 모든 장소는 역사적이고 우연적으로 생성되는데, 이는 바로 그 장소에서 일어나는 구조화 과정의 물질적-연속적 전개과정과 불가분의 관계를 가진다. 뿐만 아니라 모든 장소는 계속 진행되고 있는 과정(process)인 바, 이 과정 속에서 사회형태와 문화형태의 재생산, 삶의 궤적, 자연과 공간의 변동이 서로를 형성하며, 동시에 시·공간적으로 특이한 경로 기획의 교차와 권력 관계도 끊임없이 서로 형성하는 데, 이들의 상호형성 방식은 보편적 법칙에 따르는 것이 아니라 역사적 상황에 따라 달라진다고 주장한다.

둘째, 쓰리프트(N. Thrift, 1990), 범세계적 체제 속에서 지역지리를 어떻게 경험적으로 연구할 것인가에 대한 사례연구(doing regional geography in a global system: the new international financial system, the city of London, and the south east of England, 1984~1987)는 신국제 금융체제(new international financial system, NIFS)에서 런던의 금융시장과 지역변화를 살펴보고 이것이 런던을 둘러싸고 있는 영국의 남동부 지역에 어떤 파급효과를 나타내고 있는가를 연구하였다. 이 연구에 의하면 1984년부터 1987년 10월 대폭락(big crash)까지의 기간 중 국제 금융체제상에서 일어난 몇 가지 주요 변화들을 다루고, 이들 변화가 국제 금융체제상의 주요 결절 가운데 하나인 런던 시에 어떤 영향을 미쳤는가를 검토하였다. 특히 런던의 노동시장에 어떻게 영향을 미쳤는지 살펴보고 있다. 이 영향으로 런던 노동시장을 더욱 국제화하고 유지하게 함으로써 런던시민들의 수입이 증대됨에 따라 상당한 부의 축적이 가능하게 되었다. 즉, 런던 시장 내 노동시장변화, 부의 축적 제고, 계급형성이라는 세 가지 요인이 나아가서 어떻게 런던을 둘러싸고 있는 영국의 남동부 지역으로 옮겨가서 남동부 지역 및 경제가 활성화되었는지를 검토하였다.

2. 국내에서 지역 연구는 어떻게 하고 있나요?

지난 20여년 간(2014년 기준) 발표된 국내 지역에 관한 경험 연구들(특수 지역 연구 제외)의 유형을 분류해 보면, 그림 2-13과 같이 5가지 유형으로 구분된다. ① 상위지역(국가)을 구성하는 지역 전체를 대상으로 모든 분야들을 고찰한 종합적 연구(국토지리정보원, 2003~2008), ② 개별 지역을 대상으로 모든 분야들을 분석한 종합적 연구(최병두 외, 2010), ③ 개별 지역을 대상으로 선정된 특정 분야(부문)들을 중심으로 한 준종합적 연구(정건화 외, 2005; 이정록, 2006), ④ 특정 이론이나 개념(또는 관점)에 근거를 두고 선별된 여러 지역들에 관한 (준)계통적 연구(최병두, 2012; 박배균·김동완, 2013), ⑤ 개별 지역에 관한 특정 분야(주제) 중심의 계통적 연구(박양춘 외, 2003; 심승희, 2004; 홍금수, 2014) 등으로 구분될 수 있다. 전통적 의미에서 보면 ① 유형과 ② 유형만이 지역지리학적 연구로 분류될 수 있다. 후자의 3가지 유형의 연구인 준종합적, 준계통적 또는 계통적 연구라고 할 수 있는 연구들도 지역지리학적 연구라고 할 수 있다면, 종합적/계통적 지역연구의 구분은 더 이상 유의하지 않다고 할 수 있다. 물론 연구 유형의 스펙트럼에서 ① 유형에서 ⑤ 유형으로 갈수록 전통적 의미의 지역지리학적 성향은 사라지고 계통지리학적 성향이 강하게 나타나는 것으로 볼 수 있다. 그리고 종합적 지역연구와 계통적 지역연구의 구분이 이제 더 이상 유의하지 않다고 주장하더라도, 이는 거시적 사회이론에 기반을 둔(전통적 의미의) 종합적 지역연구가 불가능하다고 주장하는 것은 아니다. 오히려 이 점은 (과거 아날학파의 지역연구처럼) 거대 사회이론 또는 통합된 관점과 이에 따라 재구성된 지역 개념에 근거하여 지역의 다양한 측면들을 분석·종합한 연구가 가능할 뿐만 아니라 절실히 요구된다고 하겠다(최병두, 2014).

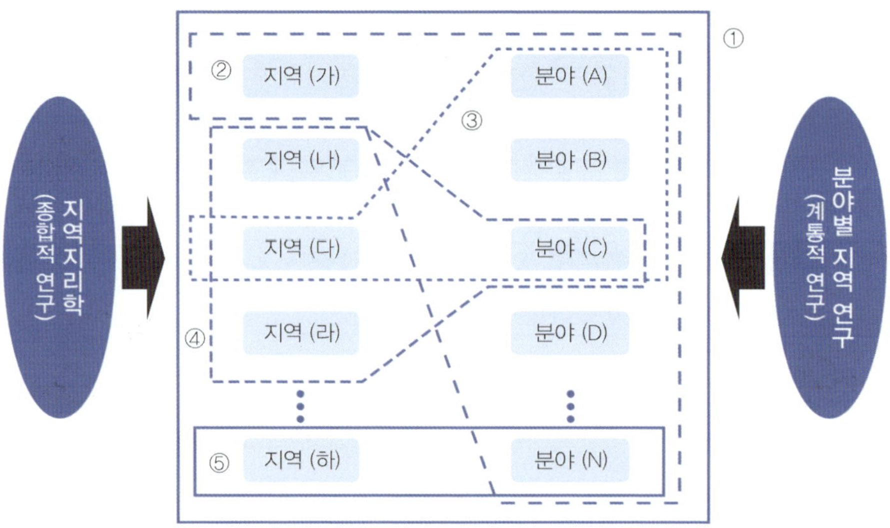

출처: 최병두(2014).

그림 2-13 지난 20년간(2014년 기준) 지역연구의 유형

국내에서는 최근 새로운 지역 연구와 관련하여 최병두(2016)는 문화지리학, 경제지리학, 도시(사회)지리학과 같은 지리학 분야별로 연구 동향을 정리하였으며, 이를 간단히 정리하면 다음과 같다.

먼저, 문화지리학에서는 문화적 장소로서 지역을 거시적인 지구화 과정과 관련시켜 연구하는 경향이 생겼다고 하였다. 즉, 지역은 더 이상 정지된 것이 아니라 근대화 역사에서 기존의 장소적 특성과 외적 영향이 충돌하는 무대로, 역동적으로 변화하는 객관적인 실체로 이해된다고 볼 수 있다고 언급하였다. 아울러 이 분야에서 장소 또는 경관으로서 지역에 대한 접근은 기본적으로 사람들의 개인·집단적 이미지와 실천을 통해 구축되는 물질·담론적 구성물로 이해하려는 경향이 있음을 주장하였다.

다음으로 경제지리학에서는 전통적 의미의 고유한 특성을 가진 지역이 근대화 및 산업화 과정에서 어떻게 변화하는가에 초점을 두고 있으나, 최근 이 분야의 지역 연구는 포스트포드주의(post-Fordism)[3]로의 전환과 지구화 과정을 배경으로 형성된 특정 혁신지구나 산업집적지(클러스터)에 초점을 둔다고 주장하였다. 이러한 용어들로 지칭되는 지역에 관한 경제지리학적 연구는 때로 지역의 외적 영향을 강조하기도 하지만, 대체로 이를 수용하는 한편 지역의 내생적 요인들의 활성화와 같은 신뢰와 협력에 바탕을 둔 공동학습과 사회적 자본 등의 제도화(지역화)를 통한 혁신과 경쟁력 강화로 지역경제가 발전하는 것으로 이해한다. 여기서 내생적 요인들은 과거 입지론에서처럼 지역의 물리적 특성이나 특정한 입지 요인처럼 어떤 지역의 고유한 특성으로 주어진 것이 아니라, 주체들 간 네트워크와 상호작용을 통해 형성된 역동성과 연계성을 전제로 하고 있다.

마지막으로 도시(사회)지리학에서는 도시를 지역의 특정 유형으로 간주하는 경우가 발생하기 때문에, 포괄적 의미에서 어떤 지역의 도시화 과정을 고찰하는 것이 도시지리학이라 생각할 수 있다고 하였다. 이에 따라 지역 연구는 국가적·세계적 차원에서 어떻게 보편적인 도시화 과정을 통해 변화하는가를 연구하며, 사회적 변화를 반영한 도시들 간에 연계성에 대해 공통된 관심을 갖는 것을 고찰한다. 또한, 도시 내부 공간 구조에 관한 연구는 도시 내 등질 지역들의 분화에 초점을 두고 탐구하고 있으며, 도시 내 지역들의 혼종성과 네트워크가 새롭게 구성되는 현상을 외국인 이주자의 급증으로 발생하는 주거지에 관한 연구에서 관찰할 수 있다.

---

3) 제2차 세계대전 이후 등장한 대량생산과소비를 지향하는 자본주의적 기술체계와 작업조직의 지배적인 방식인 포드주의(Fordism)를 반대한다는 의미를 갖고 있다. 포스트포드주의는 포드주의적 단순반복작업 방식에서 벗어나 유연성을 극대화할 수 있도록 변화를 시도하며, 오늘날 기존의 포드주의를 대체하고 있다.

4 사회과 교육과정에 지역은 어떻게 반영되어 있나요?

지역의 성격, 즉 지역성(보편성과 특수성 등)을 교육과정에 어떻게 반영하여 가르칠 것인가 하는 것은 교육과정의 지역화에 있어서 매우 의미가 있다. 일반적으로 교육과정의 지역화란 사회과의 학습 대상이 되는 사회적 사실과 현상을 지역에서 찾아 교재화하고, 학교의 여건, 학생의 심리적 · 사회적 배경까지를 편성하는 것을 뜻한다. 사회과 교육과정의 지역화를 지역성과 관련하여 두 가지로 나누어 살펴볼 수 있다. 지역을 학습의 대상으로 보는가, 사회과 교육의 목표달성을 위한 도구로 보는가에 따라 내용의 지역화(about the region)와 방법의 지역화(by the region)로 구분할 수 있다. 내용의 지역화는 다른 지역에서 찾기 어려운 해당 지역에만 있는 특수한 것을 학습한다는 것을 의미한다. 즉, 학습자들에게 우리 고장, 우리 지역의 특수성에 대한 지식과 이해를 넓히기 위한 목적에서 이루어지는 지역화이다. 따라서 내용의 지역화는 곧 우리 고장, 지역을 사랑하는 마음, 고장과 지역의 문제를 해결함으로써 살기 좋은 고장과 지역을 만들어 가고자 하는 가치 · 태도의 함양으로 지역애를 통한 민주시민 자질 함양에 목적이 있다. 현 교육과정에서 이러한 유형은 주로 3학년과 4학년 1학기에 걸쳐서 할 수 있으나, 실질적으로 이러한 내용의 지역화가 잘 이루어지지 않고 있다. 방법의 지역화는 다른 지역에서도 쉽게 찾아 볼 수 있는 보편적인 것을 해당 지역에서 찾아서 학습하게 된다는 뜻의 지역화이다. 지역의 보편적인 소재를 내용으로 삼아서 사고력을 향상시키고자 하는 것이다. 하나를 깨달으면 열 개를 깨달을 수 있다는 원리로, 우리 지역을 학습함으로써 다른 지역도 쉽게 학습할 수 있도록 하는 것이다(황홍섭, 2017).

2015 개정 사회과 교육과정에서의 지리영역의 내용체계는 '지리인식', '장소와 지역', '자연환경과 인간생활', '인문환경과 인간생활', '지속 가능한 세계'로 세분화된다. 특히 지리영역 중 장소와 지역영역은 지역을 핵심개념 중 하나로 제시하고 있으며, 지역의 특성을 일반화된 지식을 통하여 설명하고 있다.

구체적인 내용구성에 있어서 그림 2-14 및 그림 2-15와 같이 3학년은 우리고장의 모습을 중심으로 특수성을 강조하고 있으며, 4학년은 지역의 중심지를 중심으로 보편성을 추구하고 있다. 5학년은 우리나라의 특징에 대해서 주제를 중심으로 보편성을 추구하고 있으며, 6학년은 세계지리를 중심으로 다른 국가와의 관계 속에서 주로 보편성 속에서 특수성을 추구하고 있다.

표 2-2 2015 개정 사회과 교육과정의 내용체계

영역	핵심 개념	일반화된 지식	내용요소			기능
			초등학교		중학교	
			3~4학년	5~6학년	1~3학년	
장소와 지역	장소	모든 장소들은 다른 장소와 차별되는 자연적 · 인문적 성격을 지니며, 어떤 장소에 대한 장소감은 개인이나 집단에 따라 다양하다.	• 마을(고장) 모습과 장소감		• 우리나라 영역 • 국토애	설계하기 수집하기 기록하기 분석하기 평가하기 의사결정하기 비교하기 구분하기 파악하기 공감하기
	지역	지표 세계는 장소적 성격의 동질성, 기능적 상호 관련성, 지역민의 인지 등의 측면에서 다양하게 구분되며, 이렇게 구분된 지역마다 고유한 지역성이 나타난다.	• 지역 중심지의 위치, 기능, 경관 특성	• 국토의 지역 구분과 지역성 • 우리와 관계 밀접 국가의 지리적 특성 • 우리 인접 국가의 지리 정보 및 상호 의존 관계	• 세계화와 지역화	
	공간 관계	장소와 지역은 인구, 물자, 정보의 이동 및 흐름을 통해 네트워크를 형성하고 상호작용한다.	• 촌락과 도시의 상호 의존 관계	• 우리 인접 국가의 지리 정보 및 상호 의존 관계	• 인구 및 자원의 이동 • 지역 간 상호작용	

그림 2-14 3학년 1학기 1단원

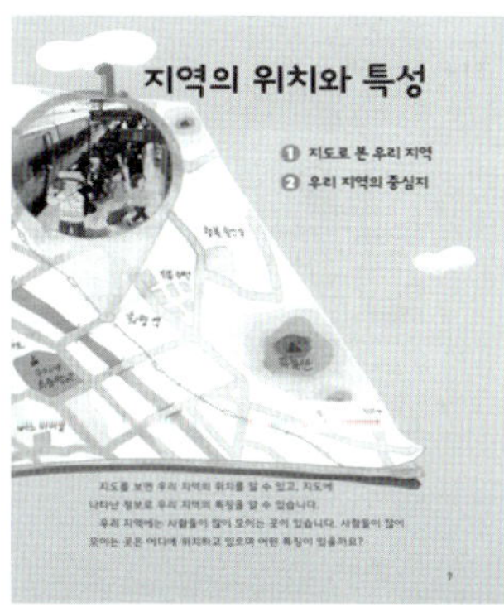

그림 2-15 4학년 1학기 1단원

부가적으로 3, 4학년별 내용을 살펴보면 4개의 대주제와 12개의 중주제로 구성되어 있다. 표 2-3을 살펴보면 2015 개정 교육과정에서 지역의 개념을 다소 모호하게 기술하고 있다. 예를 들면, 고장, 지역, 우리나라, 세계의 순서로 공간확대를 하고 있는데, 여기서 '지역은 고장보다는 크고 국가적 단위보다는 작다'라는 오개념을 초래할 수 있다. 고장, 지역, 우리나라, 세계 모두 지역이라는 점을 잊어서는 안된다.

표 2-3 2015 사회과 교육과정의 3, 4학년별 내용

학년	대주제	중주제
3, 4학년	(1) 우리가 살아가는 곳	① 우리 고장의 모습 ② 우리가 알아보는 고장 이야기 ③ 교통과 통신수단의 변화
	(2) 우리가 살아가는 모습	① 환경에 따라 다른 삶의 모습 ② 시대마다 다른 삶의 모습 ③ 가족의 모습과 역할 변화
	(3) 우리 지역의 어제와 오늘	① 지역의 위치와 특성 ② 우리가 알아보는 지역의 역사 ③ 지역의 공공 기관과 주민 참여
	(4) 다양한 삶의 모습과 변화	① 촌락과 도시의 생활 모습 ② 필요한 것의 생산과 교환 ③ 사회 변화와 문화 다양성

생각해 볼거리

1. 전통 지역지리와 신지역지리의 지역의 개념에 대한 두 가지 관점을 말해 봅시다.

2. 교육과정 편제상 학년별로 기본적으로 적용하고 있는 지역의 규모에 대해 말해보고, 오늘날과 같은 시대엔 지역의 규모를 어떻게 적용할 지에 대해서 말해 봅시다.

3. 지역성을 나타내는 세 가지를 간단히 설명해 보고, 신지역지리학에서 지역성을 어떤 방향으로 규명하면 좋을지 말해 봅시다.

4. 지역의 종류를 구분하고 예를 들어 봅시다.

5. 우리 지역을 대표할만한 것이 무엇인지 알아보고, 그들을 하나의 이야기가 되도록 만들어 봅시다.

6. 지역, 공간, 장소, 환경 개념의 차이점을 설명해 봅시다.

Q&A

I부 내용과 연관된 교원 임용 기출문제

1 다음은 초등학교 3, 4학년 사회과 '지역학습'에 관련된 내용이다. 잘 읽고 물음에 답하시오. [총 5점]

2001 초등 교사 임용시험 문제

> 3, 4학년 사회과는 학생들이 살고 있는 고장 및 지역의 지리, 역사, 사회문제를 교재화하는 것을 전제로 하고 있다. 따라서, 사회과 교사에게는 지역 교재를 재구성하는 것이 필수적으로 요청된다.

1) 3, 4학년 학생들이 학습해야 할 지역 교재를 재구성한다고 할 때 유의해야 할 점을 3가지 쓰시오. [3점]

① ______________________________

② ______________________________

③ ______________________________

2) 교재의 지역화가 갖는 교육적 의의를 2가지 쓰시오. [2점]

① ______________________________

② ______________________________

2 다음은 2007년 개정 사회과 교육과정에 따라 3학년 「다양한 삶의 모습들」, 4학년 「사회 변화와 우리 생활」 단원을 배운 학생들이 6학년 「정보화, 세계화 속의 우리」 단원에서 '지구촌화' 개념을 학습하는 수업을 구상해 본 것이다.

1) 지구촌화의 영향으로 학습자가 경험하는 공간 규모가 다양해지고 있다. 이와 관련하여 '환경 확대법' 적용상의 변화를 서술하고, 그 변화 사례를 수업 상황에서 찾아 1가지 제시하시오.

2) 3학년에서 학습한 '문화' 개념은 학년이 올라가면서 확장되고 있다. 아래 수업 상황에 한정하여 4학년과 6학년 학생이 학습할 수 있는 '문화'에 관한 내용을 일반화 지식의 형태로 각각 진술하고, 해당 문화 공간의 규모를 제시하시오. 2011 초등 교사 임용시험 문제

교 사: 오늘은 지구촌화의 의미와 그 영향에 대해 배우기로 하겠습니다. 오늘날 세계 곳곳의 사람들이 우리의 가까운 이웃이 되어 가고 있습니다. 이러한 현상을 지구촌화라고 합니다. 자! 지구촌화의 사례로 무엇을 들 수 있을까요?
학생 A: 인터넷으로 다른 나라 어린이와 얼굴을 보며 대화해요.
학생 B: 작년에 전 지구적인 문제 해결을 위해 유엔 주도로 덴마크에서 세계 기후 변화 회의가 열렸어요.

…… (중략) ……

교 사: 지구촌화로 인하여 문화, 정치, 경제 영역에서 다양한 변화들이 일어나고 있어요. 여러분은 문화에 대하여 배운 적이 있는데, 무엇을 배웠나요?
학생 C: 3학년 때 문화란 사람들의 생활 방식이라고 배웠어요.
학생 D: 그런데 3학년 때 중국과 베트남의 설날 모습이 우리와 다른 점이 있다는 것도 배웠어요.
학생 E: 우리나라 안에는 해외 이주 노동자, 국제결혼 이주자, 그리고 노숙자, 노인들이 있는데, 이들의 삶은 서로 다르다고 배웠어요.
교 사: 잘 알고 있네요. 그러한 내용은 언제 배웠나요?
학생 E: 4학년 때 배웠어요.
학생 F: ㉠ 그런데 노숙자와 노인들의 삶은 문화의 사례로는 적합하지 않은 것 같은데 ……, 왜냐하면 그들은 우리와 같은 민족이잖아요.
교 사: 글쎄요. 그 문제에 대해서는 나중에 자세히 알아봅시다. 지금은 우선 지구촌화되면서 사람들의 생활 방식에 어떤 변화가 일어나고 있는지 알아볼까요?
학생 G: 우리나라에서도 베트남 쌀국수를 먹을 수 있게 되었어요.
학생 H: 동남아시아 사람들이 우리나라 노래와 드라마를 좋아해요.
학생 I: 중국과 필리핀에서 온 사람들과 같은 동네에서 살게 되었어요.

…… (후략) ……

3 다음은 5학년 '도시 지역의 생활'을 지도하기 위해 교사가 설정한 수업 목표이다. '사회과 교육과정의 지역화' 유형 두 가지 중 이 목표가 반영하고 있는 지역화 유형에 대한 설명으로 적절한 것을 〈보기〉에서 모두 고른 것은? 2009 초등 교사 임용시험 문제

> • 수업 목표
> 우리가 살고 있는 지역에 인접한 ㅇㅇ시와 △△시를 사례로 하여 도시 문제의 일반적 특징을 파악할 수 있다.

> 〈보 기〉
> ㄱ. 지역이 학습 수단으로서 활용된다.
> ㄴ. 사랑해야 할 장소로서의 지역 개념에 기반을 둔다.
> ㄷ. 사례 지역의 여러 가지 현상들 그 자체를 학습하려는 것이다.
> ㄹ. 사례 지역의 사실과 현상 중 교육과정에 규정된 내용에 적합한 것들만을 다룬다.

① ㄱ, ㄴ ② ㄱ, ㄹ ③ ㄴ, ㄷ
④ ㄱ, ㄷ, ㄹ ⑤ ㄴ, ㄷ, ㄹ

4 다음은 제7차 교육과정과 2007년 개정 교육과정의 사회과 3, 4학년 내용체계의 변화이다. 2007년 개정 교육과정의 내용체계에 관한 설명으로 옳은 것을 (보기)에서 모두 고르면?

2010 초등 · 특수 교사 임용시험 문제

영역 / 학년	인간과 공간	인간과 시간	인간과 사회
3학년	• 고장의 자연환경과 인문 환경과의 관계 • 고장의 중심지와 주민생활 모습	• 고장생활의 변화 • 고장의 문화적 전통	• 물자의 유통 • 고장의 여러 기관에서 하는 일 • 고장의 발전을 위한 노력
4학년	• 우리 지역의 자연환경과 인문 환경	• 옛 도읍지 • 박물관의 기능 • 문화재의 가치	• 지역의 생산 활동 • 가정의 형태와 살림살이 • 취미와 여가생활 • 주민자치와 지역문제의 해결

↓

영역 / 학년	역사 영역	지리영역	일반 사회 영역
3학년	• 우리가 살아가는 곳 • 사람들이 모이는 곳	• 우리 고장의 정체성 • 이동과 의사소통	• 고장의 생활문화 • 다양한 삶의 모습들
4학년	-	• 우리 지역의 자연환경과 생활 모습 • 우리 지역과 관계 깊은 곳들 • 여러 지역의 생활	• 주민 자치와 지역 사회의 발전 • 경제생활과 바람직한 선택 • 사회 변화와 우리 생활

〈보 기〉

ㄱ. 3학년 내용 조직에는 사회과 통합의 원리가 반영되었다.
ㄴ. 3학년 내용은 지역화 학습이 가능한 주제를 포함하고 있다.
ㄷ. 3 ~ 4학년에 걸쳐 구성된 내용 조직에는 환경 확대법이 적용되었다.
ㄹ. 4학년 지리영역에서 지역의 공간적 범위는 개정 전에 비해 축소되었다.

① ㄱ, ㄴ ② ㄱ, ㄹ ③ ㄴ, ㄷ
④ ㄱ, ㄴ, ㄷ ⑤ ㄴ, ㄷ, ㄹ

모범답안

1. (답안해설 확인)
2. (답안해설 확인)
3. ②
4. ④

답안해설

1 1) 교육과정의 목표나 핵심적인 내용은 그대로 반영한다, 지역의 특성을 고려하여 강조해야 할 목표를 반영한다, 목표 달성을 위해 하위적 내용을 보완한다, 학습의 주제나 제재를 지역이나 학교에서 취급하기 용이한 것으로 설정한다. (中 택 3)

2) 지역 사례를 통해 학습 효과를 높인다(방법의 지역화), 지역 사회에 대한 문제해결능력을 향상시킨다(내용의 지역화), 지역에 대한 이해를 통해 애향심을 고취시킨다(내용의 지역화). (中 택 2)

2 1) 환경 확대법은 지역의 이해가 세계의 이해로 확대될 수 있도록 학년별로 세계적 관점을 반영하여 탄력적으로 활용한다. 그 사례로 3학년 때 우리의 설날을 중국과 베트남의 설날 모습과 비교하여 학습한 점을 들 수 있다.

2) 4학년에서 '문화는 집단의 생활 방식에 따라 다양하다.'라는 내용을, 6학년에서 '문화는 고정된 것이 아니라 사람들과의 상호 작용의 과정에서 계속 변농한다.'라는 내용을 학습한다. 문화 공간의 규모로는 4학년은 국내, 6학년은 국가 및 세계에 해당된다.

3 지역화의 원리

사회과 교육과정의 조직원리 중 '지역화의 원리'는 크게 내용의 지역화와 방법의 지역화로 나눌 수 있다. 내용의 지역화는 지역에 대한 이해에 초점을 둔 향토 학습과 지역 사회 문제해결능력 향상에 초점을 둔 지역 사회 학습이 있으며, 방법의 지역화에는 지역 사례를 통한 원리 발견에 초점을 둔 신변 지역 학습이 포함된다. 문제에서는 '도시 문제의 일반적 특징'을 파악하는 것을 수업 목표로 하기 때문에 방법의 지역화에 해당하는 내용을 찾으면 된다. ㉡은 향토 학습에 해당하며, ㉢은 지역 사회 학습에 해당한다.

4 [2007 교육과정 4-1 지도서 11~12쪽]

㉣ 개정 전의 4학년 인간과 공간 영역을 개정 후 지리영역과 비교해보면, '우리 지역'에 한정되어 있던 범위가 '우리 지역', '우리 지역과 관계 깊은 곳들', '여러 지역'으로 확대된 것을 확인할 수 있다.

PART

II

지리학이란 학문의 정체성을 밝히는 데 필요한 핵심 키워드는 무엇입니까?

제3장 환경: 지역은 인간과 환경이 어떤 관계에 있는지에 대한 대답이다.

제4장 위치: 위치는 공간관계 속에서 지역성을 밝히는 원천이다.

세계의 변화는 시대를 거듭해갈수록 급변하고 있으며, 지리학의 학문적 중요성이 재인식되고 있다. 지리학은 지역을 주로 연구하기 때문에 궁극적으로 지역성을 밝히는 데 초점을 둔다. 지역성을 밝힐 때 지리학에서 가장 오랫동안 보아온 관점은 인간과 환경이 어떤 관계에 있는가에 있는가이다. 따라서 지역성을 제대로 밝히려면 지역의 환경을 제대로 알아야 한다. 그 이유로 날이 갈수록 심화되고 있는 지구환경의 문제를 들 수 있다. 환경오염을 비롯한 각종 환경문제는 인간의 삶과 자연환경 간의 불균형에 의해서 초래되고 있다. 그렇기 때문에 인간과 환경 간에 관계를 새롭게 인식하고, 이를 재정립하려는 노력이 요구된다. 지리학은 이러한 관계문제에 중추적인 역할을 할 수 있다.

첨단 정보통신 기기의 발달로 생활 속에 존재하는 모든 것이 위치 데이터를 생산해내고 이를 활용하고자 하는 노력이 활성화되고 있다. 특히 빅데이터 시대와 함께 위치 데이터의 활용이 활성화되면서, 위치 속에는 수치적 좌표뿐만 아니라 지리적 현상을 이해, 설명, 해석, 추론할 수 있는 특성을 내포하고 있기 때문에, 이에 대한 올바른 관점을 갖는 것이 매우 중요하다.

자연조건(natural condition)을 환경과 동일한 개념으로 받아들여도 무방하다.

> **환(環)**: 두르다, 에워싸다의 의미, 주(周)와 요(繞)에 상응하는 어원
> **경(境)**: 장소의 의미, 소(所)와 체(處)에 상응하는 어원

서양 문화권에서의 환경은 서양 문화의 사상적 기초를 이루었던 기독교의 성경적 지식을 바탕으로 인간을 피조물의 범주에 포함시키고 있지만, 자연과 구분하여 모든 생물을 관리하고 다스리는 존재로 부각하고 있다. 프랑스어권에서는 환경을 milieu로 표현하고 있다. mi는 medium을 의미하는 것으로 영어권의 middle(중앙)에 해당한다. 그리고 lieu는 영어권의 place(장소)와 같은 의미여서 환경은 중앙의 장소를 의미한다. 즉, 중앙의 장소는 물질이 운동할 때 통과하는 물리적 공간으로 중심에 대한 주변을 말하고 있다. 영어권에서는 environment, 독일어권에서는 Umwelt(또는 Umgebung)로 환경을 표현하고 있는데, 이는 특정 장소를 둘러싸고 있는 또 다른 세계를 의미하는 것으로 동양 문화권에서와 같은 의미로 해석된다.

2) 환경의 정의

환경은 관심을 두어 선정된 주체를 둘러싸고 있으면서 그것과 영향을 주고받는 외부세계(객체)이다. 학문분야[1]에 따라 무생물이나 생물이 주체가 될 수 있다. 지리학에서는 그 기원에서부터 인간을 주체로 선정하여 인간생활과 깊은 관계가 있는 인간을 둘러싸고 있는 외계(外界)를 말한다. 외계는 자연환경과 인문환경으로 분류할 수 있다.

---

1) 환경의 개념은 물리학 분야에서 최초로 정립되었다. 17세기에 파스칼이 운동하는 물체를 둘러싸고 있는 유동체(流動體)를 환경으로 표현하면서부터 개념은 정립되기 시작하였다. 운동자체는 중앙을 의미하고 유동체는 주위를 지칭하고 있어, 공간에 주어진 상대적 위치의 개념에서 출발된 용어임을 알 수 있다. 이후 이 용어는 장소에 대한 전체적 의미로 바뀌어서 지표공간에 나타나는 중심과 주변이라는 위치 개념으로 전용되어 왔다. 이와 같은 환경개념은 생물학 분야에서 먼저 도입되었다. 생물학에서 환경은 유기체를 둘러싸고 있는 단순한 자연적인 상태에 한정시키지 않고, 유기체의 생존에 필요한 외계 조건의 총체로 규정하고 있다.

- **자연환경**: 인간의 생명유지와 생활에 관련된 자연적 배경의 모든 것, 인간의 드라마가 연출되는 무대: 지형, 기후, 식생, 토양, 해양 등, 일차 환경
- **인문환경**: 자연 무대를 바탕으로 하여 인간이 연출해낸 환경: 정치, 경제, 사회, 문화, 역사 등, 이차 환경

지리학은 인간과 환경의 관계, 인간사회와 자연환경의 상호 관계를 규명하는 일에 본질적 과제를 부여하고 있다. 따라서 environment, physical environment로 통용되는 환경(또는 자연환경)은 가시적이며 객관적인 현실 환경을 의미하는 것이므로 이른바 지리적 환경과 현실 환경이 등식으로 통용된다. 오늘의 환경문제도 인간생활의 주 무대가 되는 토지 공간 위에 구체적으로 전개·확산되고 있음을 고려할 때 현실 환경의 과제로 취급하는 것이 마땅하다. 따라서 환경문제의 실태를 파악하고 해결방안을 제시하기 위해서는 지역적 상이성과 종합적 관점을 유지하는 것이 중요하다.

지리학이 인간과 환경의 관계를 해명하는 것에 본질적 과제가 있기 때문에 지리학을 관계과학 또는 환경과학이라고도 하며, 자연과 인문에 걸치는 여러 가지 요소에 대해서 넓게 파악하기 때문에 종합과학(자연과학 + 인문사회과학)이라고도 한다.

2. 환경의 범위를 어디까지로 봐야 할까요?

환경을 인간이 활동하는 자연 공간으로 한정시킬 때, 그 범위는 수평과 수직의 관점에 따라 한계를 지을 수 있다. 수평적 관점에서는 지구 표면 전체를 포괄하게 되므로 이른바 지리학의 연구대상과 합치가 된다. 지구 표면 자체는 크게 육지와 바다로 나뉘며, 그 위를 대기가 덮고 있다. 그러나 인간의 활동은 단순히 지구 표면에 한정되지 않고 땅속과 바다 밑 그리고 대기권에서도 이루어지고 있으므로 지구 표면을 중심으로 한 안팎의 수직 한계를 거론하지 않을 수 없다. 또한 인간의 중심적 생활 무대는 지구 표면에 한정되고 있다. 지구 표면은 인류의 탄생과 함께 역사 발전에 따른 인간 활동이 장시간에 걸쳐 누적되어 왔으므로 순수한 자연만으로 이루어지는 것이 아니다. 인간 활동에 의하여 인위적인 것으로 보강되었던 까닭에 소위 세속적인 것으로 충만된 인류의 근거지(the earth as the home of man)로서 지구 표면을 바라보고 있는 것이다.

우주 자체가 인간의 환경이 되기 때문에 객관적으로 한계 짓기는 어렵다. 캐롤(H. Carol)은 경관지리학을 논하는 과정에서 인간의 환경을 우주보다 작은 지권에서 인류권이라는 범위에 국한하여 사용하고 있다. 암석권과 기권, 수권이 접하여 만나 생물권(생태권)을 이루며 생활자료를 직접 구독할 수 있는 인간 거주가능 지역(Ökumene)을 말한다. 이것은 자연에 대한 인간의 환경범위로 인식되었다. 그러나 오늘날 환경의 범위는 이미 우주에까지 미치고 있는 실정이므로 환경의 범위에 대한 수정이 필요하다고 볼 수 있다(그림 3-1 참조).

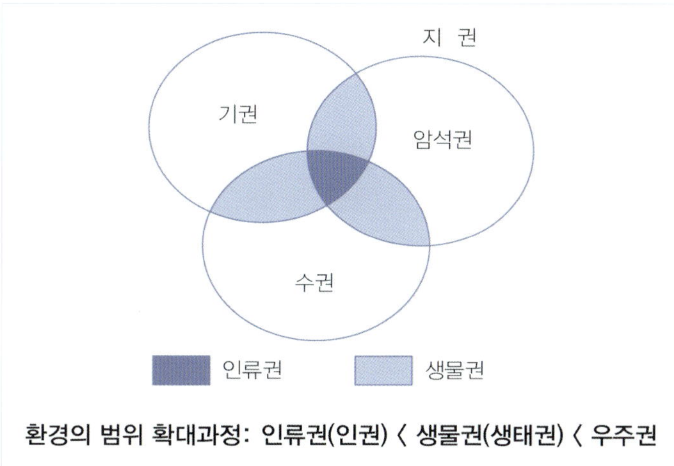

그림 3-1 **인류의 환경권**

3. 환경은 지리학적 관점에서 어떠한 체계를 가지고 있나요?

환경을 구성하고 있는 체계는 자연계와 인문계로 나눌 수 있다. 자연계는 무기계와 유기계로, 무기계는 암석권, 수권, 기권으로, 유기계는 동물상과 식물상으로 나눌 수 있다. 인문계는 조형계와 사회계로 나눌 수 있다. 조형계는 도시, 촌락, 토지경관 등으로, 사회계는 정치계, 경제계, 사회계, 문화계로 나눌 수 있다(그림 3-2 참조).

특히 경관과 관련하여 우리의 정체성을 나타내는 경관이 있는가? 있다면 무엇인가? 세계 곳곳에 흩어져 사는 중국, 일본 민족들을 보라. 그들은 어떻게 살아가고 있는가? 차이나타운과 재팬타운에 견주어 코리아타운은 경관적으로 한국적인 것, 한국인을 대표할 상징성을 가지고 있는가?

지리학 분야와 관련된 환경 문제

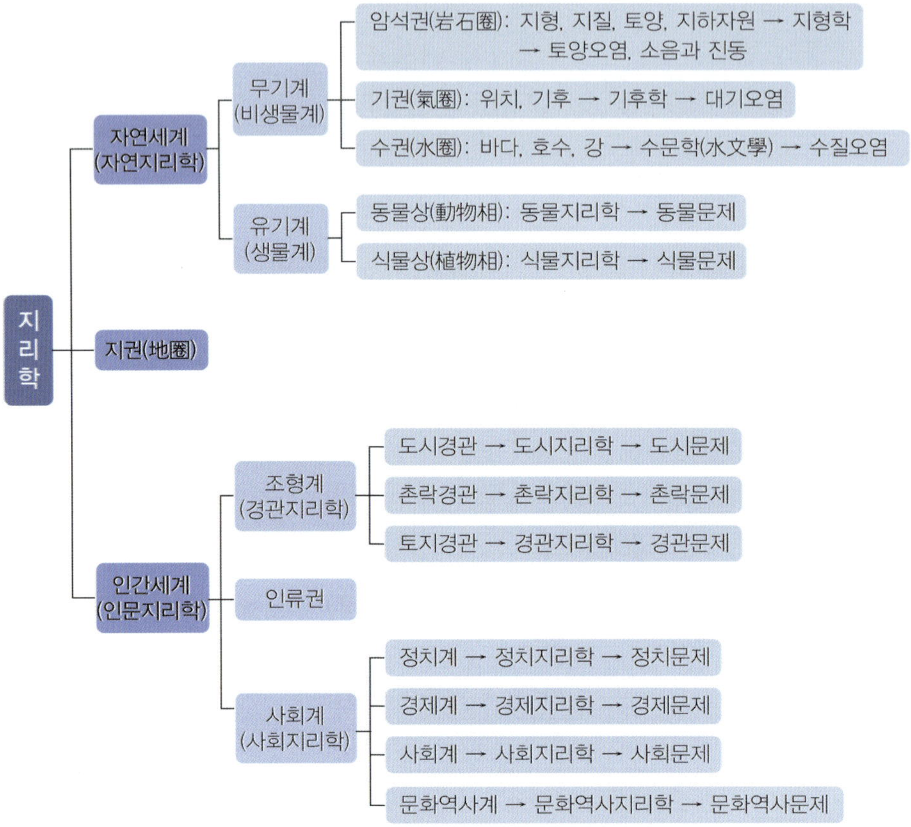

그림 3-2 **환경체계와 지리학의 분류**

2 인간과 환경의 관계를 바라보는 관점은 어떻게 변천되었나요?

지역에서 일어나는 현상의 대부분은 인간과 자연의 관계에 의한 환경의 산물이라고 할 수 있다. 이 중에서 인간은 인문·사회과학에 의해, 자연은 자연과학에 의해 연구되어 왔다. 이 양자를 결합한 인간과 자연의 관계에 대한 연구는 전통적으로 지리학의 가장 중요한 개념으로 시대의 변화에 따라 지리학의 본질을 좌우해 왔다. 인간과 자연(환경)의 관계를 바라보는 관점은 시대변천에 따라 환경결정론, 환경가능론, 상호작용론, 환경확률론, 인식행위론 등으로 나타났으며, 이러한 관점을 적용하여 지역성을 규명해 왔다. 따라서 인간과 환경의 관계를 보면 지역이 어떤 지역인지가 보여야 한다.

1. 환경결정론(environmental determinism)

'A이면 B이다'처럼 지역성은 환경에 의해 결정된다고 보는 논리적 관점이 환경결정론이다. 환경결정론은 인간의 행위나 태도가 그가 살고 있는 환경에 의해 예측된다고 본다. 예를 들면, 라첼(F. Ratzel)은 인간생활의 지역적 차이는 지형, 기후 등의 자연환경에 의해 주로 결정된다고 보았으며, 자우어(C. Sauer)는 인간과 자연의 관계의 중간에 문화라는 매개체를 두고 '인간이 문화를 통해서 어떻게 자연을 변모시키고 있는가'라는 문화결정론의 입장에서 설명하였다. 즉, 문화는 생활양식의 차이를 가져오고, 이것은 경관의 차이를 가져온다고 보고 있다. 이외에도 인간의 행위를 인간의 유전인자의 차이에 따라 어떤 집단은 다른 집단보다 열등하기도 하고 우월하기도 하다는 것이 인종결정론(racial determinism)이다. 예를 들면, 미국에서 조직적 범죄 집단인 마피아가 잔인하고 대담한 범죄를 하는 것은 그 인종이 Sicily인이기 때문이라든가, Mexico인들이 거짓말을 잘하는 것은 그들이 Mexico인이기 때문이라는 것 등을 들 수 있다. 또 다른 결정론으로 인간의 행위는 이익을 극대화하려는 경제적 동기에 의한다는 경제적 결정론(economic determinism) 등을 들 수 있다. 이와 같은 관점을 반영하여 교과서에 투영된 단어는 '환경에 순응, 적응' 등이 있다.

2. 환경가능론(environmental possibilism)

환경가능론은 환경과 인간생활의 관계에서 인간의 능동적인 작용을 중시하는 관점으로 동일한 자연환경에서도 인간의 문화 수준에 따라 그 영향이 달라진다고 본다. 블라슈(Vidal de la Blache) 등은 자연이 인간에게 어떤 조건을 부여하지만 그 자연적 조건을 어떻게 이용하느냐는 인간의 능력, 가치관, 전통 등에 따라 좌우되는 것이지, 자연환경이 인간의 행위를 결정하는 것이 아니라는 환경가능론을 제시하며 자연을 수동적으로 보았다. 즉, 환경은 인간의 행위에 영향을 주지만, 환경에 대한 인간의 반응은 하나가 아니라 다양한 것으로 보기 때문에, 이를 반영하여 교과서에 투영된 단어는 '환경 극복'이다.

3. 상호작용론(interactionism)

인간과 자연은 서로 작용함으로써 환경결정론과 환경가능론의 지위는 모두 중요하고 평등하다는 것이 상호작용론 또는 지인상관론이다. 헤트너(A. Hettner)는 사회문화적 행동을 영위하는 인간은 자연환경과 서로 작용한다고 설명하고 있다. 특히 오늘날과 같이 환경문제가 심각한 상황을 고려해볼 때 자연(환경)을 인간과 똑같은 생명체로 생각해야 할 것이다. 교과서에 투영된 단어는 '환경과 조화'이다.

4. 환경확률론(environmental probabilism)

가능론이 체계 있는 학문으로 정립되기 어려운 것은 인간 행위의 예측이 불가능했기 때문이다. 확률론은 비과학적인 가능론을 체계화함으로써 인간의 행위를 예측하고자 한 것이다. 특히 오늘날과 같이 사회변동을 가져오는 요소가 너무 복잡하고 변화의 속도가 빨라 예측이 어려운 불확실한 시대에 이러한 불확실성(uncertainty)을 설명, 예측할 필요성이 증대되고 있다. 이를 반영하여 인간의 행위도 통계학에서 말하는 정규분포에 따르는 행위를 할 것이라는 이론이 스페이트(O. K. Spate)에 의해 제기되었다. 이 이론에 따르면 화재 발생 시 소방차가 몇 분 내로 도착했으면 좋을지 만족하는 최적 시간도 확률론적 접근으로 설명할 수 있으나, 만족하는 시간별 개인적 편차가 존재할 것이다. 따라서 각 개인을 확률변수로 볼 수 있고, 이것으로 확률분포를 따르는 확률밀도함수를 구할 수 있다. 예를 들면, 확률밀도함수를 가지고 전체 주민의 80%가 원하는 시간을 최적 시간이라고 한다면 최적 시간은 3분, 5분 등으로 예측할 수 있다. 또한 일기예보 시 비가 올 확률 등을 %로 하는 것 등이 있다. 인간과 환경과의 관계를 확률로 설명하고, 교과서에 투영된 단어는 '환경에 대한 예측'이다.

5. 인식행위론(cognitive behaviorism)

인간은 의사결정자로서 자신의 행위를 공간에 투영한다. 공간은 인간의 생각을 담고 있으며, 인간 생각과 그에 따른 행위가 투영된 실체이다. 공간은 인간의 의사결정행위에 의해 창출된 소산이다. 인간의 행위가 공간에 투영된 예로서 도심의 고층건물, 도시근교의 원예작물 재배 등을 들 수 있다. 따라서 인간의 행위는 인간이 어떤 것에 대해 어떻게 인식하느냐에 따라 공간 행위가 다르게 나타날 것이라는 것이 인식행위론이다. 공장을 지을 때 이윤을 최대화할 수 있는 지점에 공장을 세울 수도 있겠지만 현실적으로 볼 때 자기의 고향에 세운다고 할 경우는 경제적 합리성에 근거하여 공장의 입지시킨다기보다 자신의 만족에 의해 결정할 수도 있다고 볼 수 있다. 감기에 걸렸을 경우 제일 먼저 찾는 의료기관도 개인에 따라 다르게 나타나는데, 이것도 개인에 따른 의료기관의 인식 차이에서 오는 것이다. 인간과 환경과의 관계를 인식행위로 설명한다. 이를 반영하여 교과서에서 투영된 단어는 '지역에 대한 인식'이다.

3 오늘날 관심 가져야 할 환경문제에는 무엇이 있을까요?

오늘날 환경문제의 주체는 인간이며, 환경문제로는 환경오염과 환경호르몬 등이 있다. 환경오염이란 인간이 의식주 생활을 영위하기 위해 행하는 인간의 활동에 의해 필연적으로 발생하는 각종 오염인자들이 그대로 배출되어 환경을 파괴시키는 현상을 말한다. 환경오염의 주요 원인으로는 인구증가(population increasing), 산업화(industrialization), 도시화(urbanization) 등으로 집약된다. 산업화는 도시화와 상승작용을 하면서 환경오염을 가중시키며 직·간접적으로 자원을 감소시키는 요인이 되고 있다. 도시화는 정보 이용의 편리, 유리한 취업기회, 소득 수입의 증가, 생활의 편리 등의 여러 이점으로 가속화되고 있고, 경제 성장의 촉진, 정보 체계의 향상, 생활 및 교육 수준의 향상 등으로 사회가 고도화될수록 도시의 거대화를 촉진하여 여러 가지 문제가 발생하고 있다.

이러한 환경오염은 대기오염, 수질오염, 토양오염, 폐기물 문제, 소음과 진동 등과 같은 국지적 환경오염과 산성비, 오존층 파괴, 사막화 현상, 환경호르몬 등의 범지구적 환경오염으로 나누어진다.

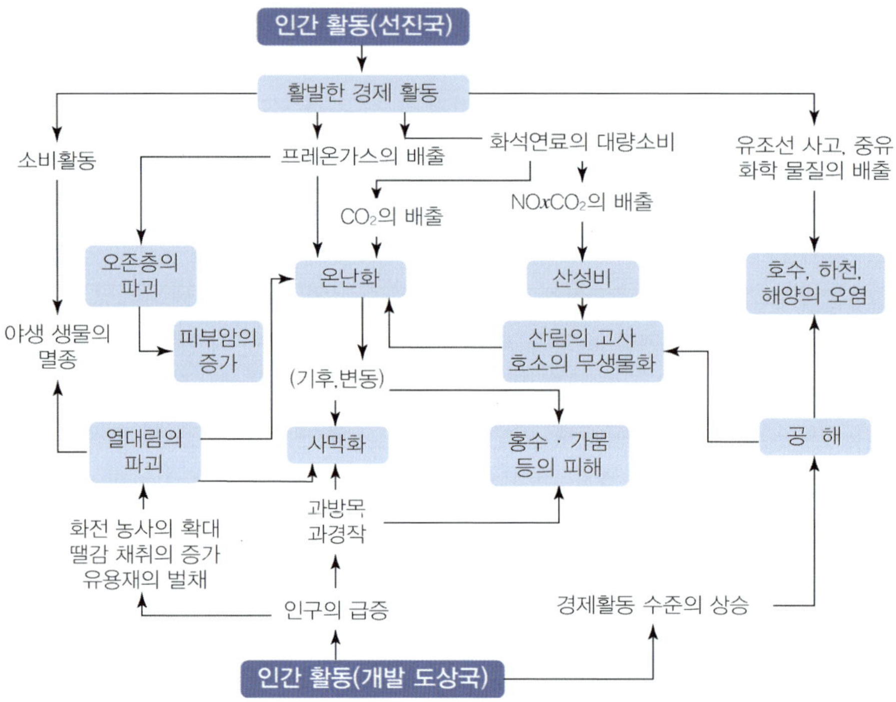

그림 3-3 **환경오염 종류와 원인의 관계**

1. 공기도 사먹어야 할까요?

1) 대기오염의 정의

대기는 땅 위에 존재하는 기체상 부분을 말하며 보통 지구를 둘러싸고 있는 공기를 지칭한다. 대기는 하층부터 대류권, 성층권, 중간권, 열권으로 이루어지며,

대부분 말하는 공기는 대류권을 가리킨다. 대류권은 인간생활과 밀접한 범위로 공기의 순환작용이나 각종 기상현상이 일어나고 있으며, 하층의 대기는 물리·화학적으로 공기라 불리지만 건조 공기 외에 수증기, 물방울, 얼음 조각, 매연 및 먼지 등을 포함한다.

공기의 구체적 구성성분을 알아보면 표준상태(0℃ 1기압)에서 질소가 78.1%로 가장 많고, 산소가 20.9%로, 남은 공기의 대부분을 차지한다. 나머지 공기의 성분으로는 이산화탄소, 아르곤, 네온, 헬륨, 수소, 메탄 등이 존재한다. 특히 산소는 인간을 포함한 모든 동물의 호흡작용에 절대적이며, 성인의 경우 하루에 필요한 산소량이 2,500~3,000L이다. 하지만 오늘날 대류권의 오염으로 마음 놓고 공기를 마실 수 없는 상황이니 어찌해야 좋겠는가?

이러한 대류권의 오염문제와 성층권의 오존층 파괴문제가 대기오염문제이다. 대기오염은 정상 상태의 공기 중에 존재하지 않는 물질이 발생하거나 존재하는 물질의 농도가 인위적 또는 자연적으로 증가하는 상태이다. 즉, 대기 중 매연 먼지, 가스 및 악취 등이 사람에게 보건위생상 위해를 주며, 인간의 생활에 밀접한 관계가 있는 재산과 동·식물 및 그 생육 환경과 같은 생태계의 변화를 일으키는 상태라 할 수 있다.

2) 대기오염의 원인

(1) 발생원인

① 자연적 원인: 화산 폭발, 산불, 황사 현상, 꽃가루, 해염 입자(海鹽 粒子) 등
② 인공적 원인: 각종 원료의 연소 및 산업 설비, 농약, 쓰레기 소각 등

(2) 대기오염 발생원

① 고정 오염원(stationary sources)은 주로 산업 공정과정에서 발생한다.

- 점 오염원(point source): 미국 규정에 의하면 분진, CO 등을 연간 90.9t 이상 배출하는 시설, 화력발전소, 공장이나 산업시설, 관공서, 호텔 등의 각종 시설이 있다.

- 면 오염원(area source): 특정 국한 지역에서 대기오염물을 배출하는 다수의 소규모 점 오염원이나 불확실한 고정 오염원을 통틀어 말하며, 대규모 공업지대와 관련이 깊다.

② 이동 오염원(mobile sources)은 주로 연료의 연소과정에서 발생하며 자동차, 선박, 기차, 비행기 등이 있다.

3) 대기오염물질의 종류

대기환경기준에 포함되는 오염물질의 종류와 농도는 대기오염 현황, 인체에 미치는 영향 및 세계보건기구(WHO)의 권장기준 등을 고려하여 설정한다.

표 3-1 2015년부터 시행 중인 대기환경 기준표

항 목	기 준	측정방법
아황산가스 (SO_2)	• 연간평균치 0.02 ppm 이하 • 24시간평균치 0.05 ppm 이하 • 1시간평균치 0.15 ppm 이하	자외선 형광법 (Pulse U.V. Fluorescence Method)
일산화탄소 (CO)	• 8시간평균치 9 ppm 이하 • 1시간평균치 25 ppm 이하	비분산적외선 분석법 (Non-Dispersive Infrared Method)
이산화질소 (NO_2)	• 연간평균치 0.03 ppm 이하 • 24시간평균치 0.06 ppm 이하 • 1시간평균치 0.1 ppm 이하	화학 발광법 (Chemiluminescence Method)
미세먼지 (PM-10)	• 연간평균치 50 ㎍/㎥ 이하 • 24시간평균치 100 ㎍/㎥ 이하	베타선 흡수법 (β-Ray Absorption Method)
미세먼지 (PM-2.5)	• 연간평균치 25 ㎍/㎥ 이하 • 24시간평균치 50 ㎍/㎥ 이하	중량농도법 또는 이에 준하는 자동 측정법
오존 (O_3)	• 8시간평균치 0.06 ppm 이하 • 1시간평균치 0.1 ppm 이하	자외선 광도법 (U.V. Photometric Method)
납 (Pb)	• 연간평균치 0.5 ㎍/㎥ 이하	원자흡광 광도법 (Atomic Absorption Spectrophotometry)
벤젠	• 연간평균치 5 ㎍/㎥ 이하	가스크로마토그래피 (Gas Chromatography)

* 1시간 평균치는 999천분위수(千分位數)의 값이 그 기준을 초과해서는 안 되고, 8시간 및 24시간 평균치는 99백분위수의 값이 그 기준을 초과해서는 안 된다.
* 미세먼지(PM-10)는 입자의 크기가 10㎛ 이하인 먼지를 말한다.
* 미세먼지(PM-2.5)는 입자의 크기가 2.5㎛ 이하인 먼지를 말한다.

4) 범지구적 대기오염 현상의 종류

(1) 미세먼지

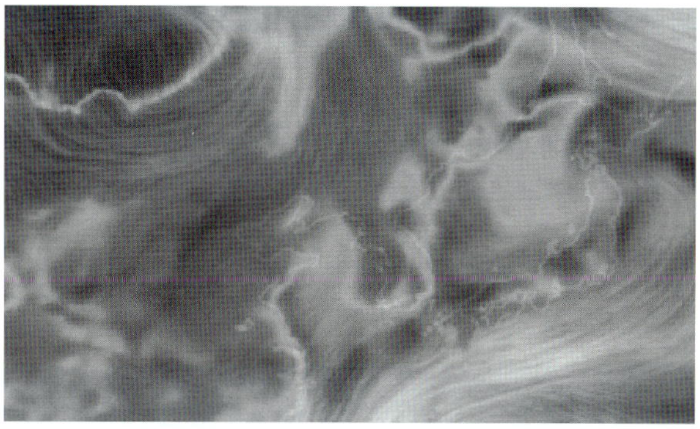

출처: 구글어스눌ⓒ

그림 3-4 미세먼지 현상

최근 우리나라에서 가장 집중되는 환경 이슈는 단연 미세먼지일 것이다. 나날이 심각해지는 대기오염 지수와 이에 따른 피해는 주요 일간지의 특집 기사는 물론이고, 지방선거 후보들의 공약에서까지 언급하게 만들었다. "초미세먼지로 연간 1만 2,000명 조기 사망" 서울대 연구팀이 대한의학회 국제학술지 JKMS 2018년 7월호에 실린 연구 결과이다. 연구팀은 이 연구에서 지역별 초미세먼지 농도와 기대수명, 질병과 생존기간 등을 조사한 결과 2015년 한 해 11,900여 명이 조기 사망했을 것으로 추산했다. 이러한 원인은 바로 미세먼지에 의한 대기오염이다. 미세먼지는 지름이 10㎛(마이크로미터, 1㎛ = 1,000분의 1㎜) 이하의 먼지로 PM(particulate matter)-10이라고 한다.

미세먼지 문제는 이제 중국뿐만 아니라 우리나라에도 골칫거리로 자리 잡고 있다. 우리나라의 미세먼지의 원인이 되는 물질은 자동차나 공장 등을 통해 주로 배출되며, 중국의 황사나 심한 스모그가 발생할 때 날아오는 크기가 작은 먼지이다. 미세먼지 중에서도 입자의 크기가 더 작은 미세먼지를 초미세먼지라 부르며 지름이 2.5㎛ 이하의 먼지로 PM-2.5라고 한다.

(2) 산성비(acid rain)

오늘날 비는 더 이상 낭만의 대상이 아니며 탄식의 대상이 되고 있다. 산업이 발달하고 인구가 증가함에 따라 SOx, NOx, 기타 대기오염물질은 대기 중에서 화학반응에 의해 H_2SO_4, HNO_3, HCl 등의 강산으로 변하여 빗물의 pH가 5.6 이하로 떨어지는 비를 산성비라 한다.

pH가 5.0 이하인 강한 산성비는 호수 및 저수지의 어류, 동·식물의 생육, 인체 등에 심각한 악영향을 끼치며, 섬유제품의 퇴색, 금속의 부식, 구조물 훼손 등 자연 및 생활환경을 위협하고 있다. 이러한 산성비의 형성은 인위적으로 다량 방출된 SO_2, NOx 등이 대기 중에서 복잡한 화학반응을 거쳐 산성물질이 생성되고 지표상으로 직접 강하되기도 하지만, 우(雨)기상의 산성도(acidity)를 증가시켜 산성비로 지표상에 강하하여 자연 및 생활환경에 심각한 악영향을 초래하기도 한다. 산성비의 주요 원인물질은 H_2SO_4(65%), HNO_3(30%), HCl(5%) 등으로 알려지고 있으며, 황산물이 녹는데서 연유하거나, 화석연소과정에서 나오는 황산화물과 질소산화물이 빗물에 화합되어 생긴다.

우리나라 도시와 공단주변의 산림이 고사되고 있으며, 문화유산이 산성비에 의해 괴상한 모습으로 변모하고 있다. 아울러 미국에서는 옥수수, 면화 등 농작물의 생산량이 1~7% 정도 감소하기도 하였다.

(3) 오존층(O_3) 파괴

지구의 대기를 둘러싸고 있는 성층권의 상층에는 지상의 생명체들을 태양의 자외선으로부터 보호해주는 오존층이 자리 잡고 있다. 태양에서 발생하는 자외선은 디프테리아 등 인체에 해로운 각종 병균들을 박멸시켜 주지만 과다하게 내리쬐면 피부암, 백내장 등 각종 피부질환을 일으킨다. 또한 각 생명체들의 외부병균침투에 대한 면역기능 약화, 농작물 수확량의 감소 및 해양 먹이사슬을 파괴시켜 적절한 제어를 받지 않으면 생태계 파괴라는 엄청난 위험까지도 가져온다.

오존층(ozone layer)이란 주로 성층권 상부의 오존이 밀집해 있는 층을 말하는 데, 두 가지 경우가 있다. 하나는 오존이 검출되는 지상 10~15km의 범위를 말하는 경우이고, 다른 하나는 집중적으로 오존이 많이 밀집해 있는 지상 20~25km의 범위를 말하는 경우이다. 오존층은 계절에 따라 변화하여 겨울과 봄에는 낮아지고, 여름과 가을에는 높아지며, 대기 중의 산소분자가 2,400옹스트롱(1Å = 10^{-10}m) 이하의 파장이 짧은 태양의 자외선을 흡수·분해함으로써 생긴다. 지구상의 생물에게 해로운 2,800옹스트롱 이하의 강력한 자외선이 바로 이 오존층에 흡수되어 지상까지 도달하지 못하는 것이다.

그런데 이러한 역할을 하는 오존층이 서서히 파괴되고 있다. 인류가 내뿜고 있는 각종 화학물질이 성층권까지 올라가 오존과 화학작용을 일으키고 있기 때문이다. 오존층 파괴의 주원인은 현대 과학문명의 이기로 널리 사용된 염화불화탄소(chloro fluoro carbon, CFC) 화합물인 것으로 최근 과학자들의 추적결과 밝혀지고 있다. 이 물질은 무독성이며 불활성물질로 인체에 대한 안전도가 높은 CFC 화합물은 냉장고, 에어컨 등이 폐기되면서 지상에서 방출되어 10년 정도의 배회기간을 거쳐 성층권의 오존층에 도달, 광분해로 염소원자를 생성시킨다.

CFCs의 해로움이 절실하게 인식되면서도 대체제 개발이 지연되고 있어 오존층 파괴를 그저 바라볼 수밖에 없는 실정이다. 각국 정부 및 과학자들은 이 같은 현실을 인식, 협조체제를 강화시켜 나가고 있다. 그러나 1999년에 몬트리올의정서가 한 번 개정되었음에도 불구하고, 일부 국가에서는 경제적인 이유로 이를 인정하지 않고 계속 프레온을 사용함으로써 문제가 발생하고 있다.

5) 우리나라 대기오염 현황

수도권 대기질 개선 추진('05.11~), 저황유와 LNG 등 청정연료의 공급확대, 배출규제 강화 등 정부의 대기질 개선 대책 추진으로 SO_2, PM_{10}, Pb의 농도는 지속적으로 감소하는 추세이나, 기후변화에 따른 기온상승, 자동차 등록대수 증가 등으로 NO_2, O_3 농도는 개선이 더딘 실정이다. 또한 미세먼지(PM_{10}) 오염도는 수도권 지역을 중심으로 지속적으로 감소하고 있으나 여전히 선진국에 비해 높은 수준이며, 특히 2013년부터 기상 및 국외 영향 등으로 다시 정체하는 추세를 보이고 있다(환경부, 2017).

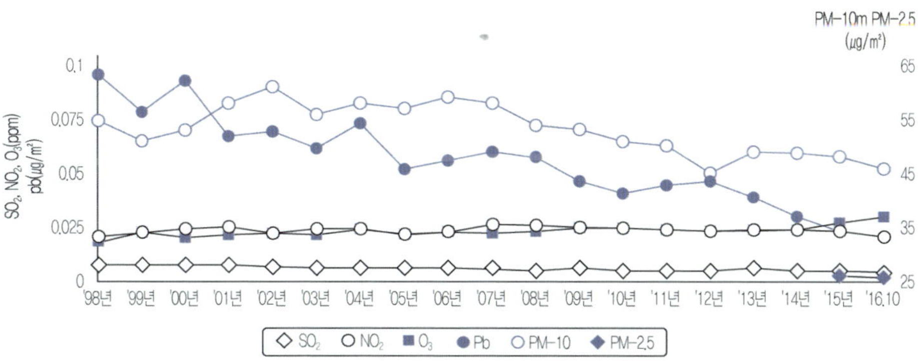

그림 3-5 우리나라 대기오염의 연간 변화 추이

2. 물값이 기름값보다 비싸게 될까요?

1) 수질오염의 정의

수질오염이란 한마디로 자연수(自然水)의 성격을 상실한 것이다. 자연수라는 것은 오염되지 않은 천연의 물로써 첫째, 물리적 조건으로는 물에 부유물질이 거의 없으며 수면에 떠 있는 찌꺼기, 거품, 악취, 그리고 색깔 등이 없고 주위의 기온과 비슷한 수온을 유지하여야 한다. 둘째, 화학적 조건으로는 생물에 필요한 적당한 산소와 무기 영양소가 녹아 있고 유기물 또는 독성물질은 없어야 한다. 셋째, 생물학적인 조건으로는 생태적으로 거의 안정된 상태로서 동식물 및 미생물이 살아갈 수 있는 수준이어야 한다.

따라서 수질오염이란 자연적인 원인에 의해서 발생되는 상태가 아니라 인간의 생활이나 생산활동에서 배출되는 각종 오염물질이 하천이나 호수 그리고 해양과 같은 자연 수역에 유입되어 수질의 변화를 일으키고, 수자원의 이용에 변화를 초래하여 생물의 생태계를 파괴하는 현상이라고 정의할 수 있다.

2) 수질오염의 원인

(1) 육수오염의 원인

육수오염이란 바다 이외의 육상에서 존재하는 모든 물의 오염을 의미하는 데, 지표수 오염과 지하수 오염으로 구분된다. 이러한 육수오염의 원인으로는 인간의 생활로 인해서 발생되는 생활하수와 각종 산업 활동의 결과로 야기되는 산업폐수 그리고 축산 분야에서 발생되는 축산폐수 등과 같이 오염원이 쉽게 확인되는 점 오염원과 농약, 비료, 합성 유기 물질, 유류, 동물의 분뇨, 각종 폐기물, 중금속 등과 같이 오염원의 확인이 어렵고 규제 관리가 어려운 비점 오염원이 있다.

(2) 해양오염의 원인

해양오염의 발생 원인은 육상으로부터 오염과 해상 활동에 의한 오염으로 나눌 수 있다. 첫째, 육상으로부터의 오염에는 임해 공업 지대와 연안 도시의 폐수 유입, 하천을 통한 도시 하수와 산업 폐수 및 농·축산업 폐수, 각종 폐기물과 오물의 해양 투기, 간척, 매립 사업에 의한 연안 오염이 있다. 둘째, 해상 활동에 의한 오염에는 유조선 좌초에 의한 기름 유출 오염, 천해 양식에 의한 오염, 핵 추진 선박 사고로 인한 해양 방사능 유출에 의한 오염 그리고 기름, 가스, 광물 등 해저 자원 개발에 따른 오염 등이 있다.

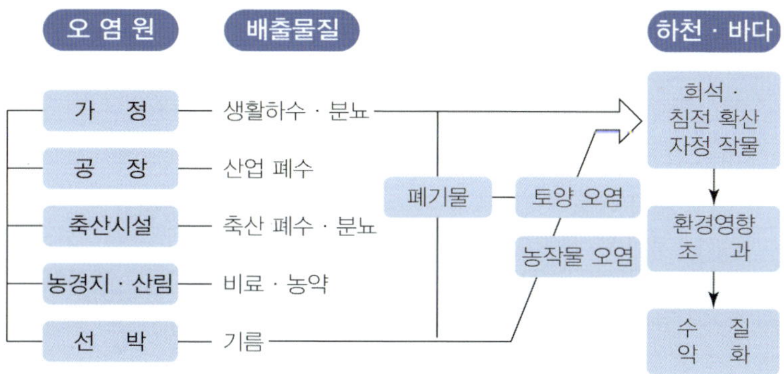

그림 3-6 **수질오염의 종류**

3) 수질오염으로 발생하는 현상

① 부영양화 현상: 오염물질 → 강, 바다, 호수 → 물속의 산소 고갈 → 물이 썩음
② 적조 현상: 바닷물이 적갈색으로 변함
③ 기형어 출현: 중금속, 농약 등에 의해 출현
④ 질병발생

- 미나마타병: 일본 질소주식회사에서 배출한 폐수 중에 함유된 미량의 수은이 바다로 유입, 어패류를 인간이 먹고 신경마비, 보행곤란, 시력·청력 감퇴, 언어장애 등 111명이 발생, 47명 사망
- 이타이이타이병: 광업소에서 폐기한 폐광석에서 분리된 카드뮴이 하천에 유입, 하천수를 농업용수로 사용하여 농작물에 카드뮴 축적, 농작물 장기간 섭취로 심한 요통, 고관절통 등 일본에서 20년 동안 258명이 중독, 128명 사망

4) 우리나라 수질오염 현황

수질오염은 주로 가정의 생활하수, 공장의 산업 폐수와 축산 폐수 등에 의해 발생한다. 우리나라 4대강의 생화학적 산소요구량(BOD) 농도와 총 인 오염도는 전반적으로 감소하는 추세이다. 한편 주요 상수원 및 호수에서 사람의 건강보호 기준항목을 초과하지 않고 있으나, 화학물질의 사용 증가와 난분해성 오염물질의 유입에 따라 기준항목의 확대와 같은 수질오염 개선을 위한 추가적인 노력이 요구되는 실정이다.

(단위: mg/L, 년)

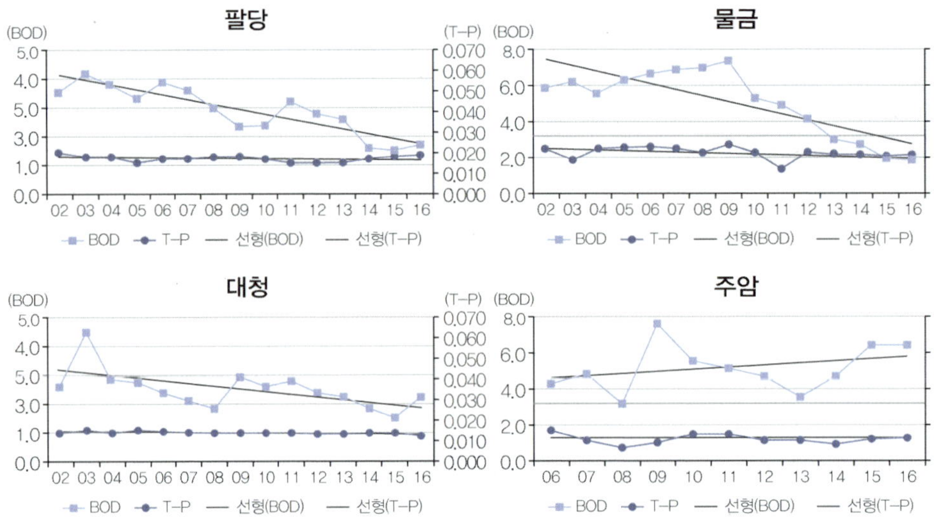

그림 3-7 4대강 주요 지점의 수질 변화

오염물질 농도와 관련된 용어로 다음과 같은 것들이 있다.

- BOD(생화학적 산소요구량): 물속의 미생물이 오염물을 분해하기 위해 필요한 산소량
- COD(화학적 산소요구량): 물속의 오염물을 산화제 등의 화학물질을 이용해 산화시킬때 필요한 산소량
- SS(부유물질량) : 물속의 이물질량(분뇨덩어리, 흙 등)

- T-N: 총 질소(total nitrogen)
- T-P: 총 인(total phosphorus)

3. 땅도 병이 들까요?

1) 토양오염의 정의

토양이란 암석이 풍화되어 잘게 부서진 파편과 동식물의 유체가 섞여서 생성된 천연물로서 식물이 성장할 수 있는 기반을 마련해주는 물질이다. 토양은 암석이 물리적 · 화학적 · 생물학적인 작용을 받아 분해된 물질로서 지표의 최외각을 덮고 있는 암설(巖屑)성 물질을 총칭한다. 따라서 토양은 물리적으로 약하고 공극이 많으며, 화학적으로는 토양수에 의해 이동이 가능하여 생물체를 지탱시켜 주고 양분을 공급한다.

토양오염이란 이러한 토양이 자정 능력을 초과하는 다량의 각종 오염물질이 유입되면서 생명력을 상실하고 황폐해져서 토양의 생물학적 잠재력이 감소되거나 파괴되어 마치 사막과 같은 상태가 되는 것이다. 토양오염은 토양의 이화학적 성질을 약화시켜 비정상적인 토양의 약화를 초래하게 되는데, 그 결과 생태계에 막대한 악영향을 끼친다. 이러한 토양오염의 종류에는 토양 침식, 사막화, 염분화 현상, 산성화 등이 있다.

2) 토양오염의 원인

(1) 중금속

토양오염을 일으키는 각종 유해물질 중에서도 가장 문제가 되는 것은 카드뮴, 수은, 아연, 납과 같은 중금속이다. 중금속은 씻겨 내려가거나 감소되지 않고 토양 중에 오랫동안 잔류함으로써 농작물의 성장을 막아 수확량을 감소시킬 뿐 아니라, 이를 식품으로 이용하면 인체 내에 들어가 치명적인 피해를 준다. 따라서 토양오염 중에서도 중금속에 의한 오염을 가장 중요시하고 있다.

표 3-2 토양오염을 일으키는 중금속의 종류

중금속류	발생원	토양의 정상 상태 함유량(단위: ppm)	농작물 피해	인체 피해
수은	이화학기기, 전기기기, 용매, 살균, 항종양제, 농약, 도금 공업 등의 폐수	0.01~0.3	뿌리 발육 저해	• 급성: 단백뇨, 신염, 구내염 • 만성: 구내염, 치내염
카드뮴	도금, 금속표면처리, 전지, 도료, 합성수지, 공업 등의 폐수	0.2~1	잎의 황백화, 뿌리 발육저해, 농작물 생육 저해	• 급성: 구토, 설사, 복통, 위염 • 만성: 인후염, 비염, 두통, 불면, 빈혈, 간장 및 신장 저해, 골격 변화
비소	농약, 광산폐수	1~2.0	뿌리 저해, 잎의 황백화	• 급성: 구토, 설사, 탈수증 • 만성: 시각장애, 간경변
아연	아연광산, 아연제련소, 철판 표면처리, 고무공업, 도료공업 등의 폐수	0.1~3.0	잎의 황백화 및 적갈색의 반점	• 급성: 피부변질, 탈모, 구토
납	판관의 금속packing, 축전지 제조, 금속표면처리, 베어링 합금, 유약, 농약, 도료제조 공장의 폐수, 유류첨가제	2~200	잎의 황백화	• 급성: 복통, 구토, 설사 • 만성: 식욕부진, 변비, 빈혈, 시력 감퇴
구리	동판, 동선, 도금공장, 동광산 폐액	2~200	뿌리 발육 저해, 잎의 황백화	• 급성: 점막 자극, 구토, 설사, 간장 장애 • 만성: 간장장애, 소화기관 장애
크롬	잉크, 염료, 피혁, 도금, 화학 약품 공장의 폐수	5~3,000	생육 저하	• 폐암, 종양

(2) 농약

농약의 과다 사용은 토양오염으로 인한 토양 황폐화, 천적의 살상, 병해충의 내성 증가 등의 악영향을 초래하게 되어 이에 대한 본질적인 대책이 절실한 상태이다.

(3) 비료

화학비료는 질소, 인, 칼륨을 주성분으로 하고 있다. 질산염과 인산염은 토양은 물론 하천이나 호수 등으로 유입되어 물의 부영양화를 유발시키기도 한다. 지속적인 비료의 사용은 토양의 산성화를 촉진시키는데, 산성비에 의해서도 토양의 산성도가 높아지고 있다. 이런 현상은 토양 자체의 영양소 보유 기능이 감퇴되어 토양에 유해한 곰팡이류만 번식시키며, 척박한 토양으로 변해서 결국 토양의 생산성을 저하시킨다. 나중에는 토양 속의 오염물질이 미분해되어 지하로 유입되면 지하수가 오염되어 그 파급 효과가 크다고 할 수 있다.

(4) 산성비

대기오염이나 수질오염을 통해 이차적으로 발생하는 경우 이황화탄소나 질산나트륨 등의 대기오염물질은 산성비나 산성눈, 분진 등의 형태로 내려와 식물이나 농작물의 생산성을 떨어뜨림으로써 식량생산에 중대한 영향을 미치고, 먹이사슬을 통한 카드뮴이나 중금속 오염은 신체장애를 유발한다. 일단 산성화가 진행되기 시작하면 카드뮴이나 중금속의 농도가 급속하게 증가되어 회복이 어렵다. 산성비로 인해 산성화된 하천과 호수의 물 또는 지하수도 농업용수나 기타의 방법으로 토양 속에 스며들어 그 속의 중금속을 녹임으로써 토양과 식물 및 농작물을 오염시키게 된다.

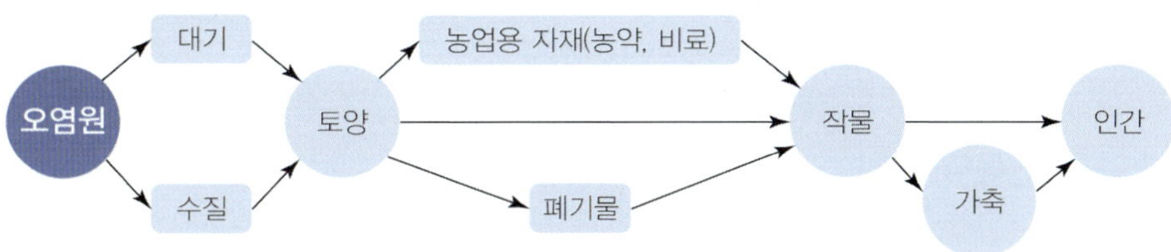

그림 3-8 토양오염과 인간

3) 우리나라 토양오염 현황

우리나라는 토양의 소중함을 되새기고자 매년 3월 11일을 '흙의 날'로 정했다. 토양오염도는 대부분의 항목에서 평균 오염도가 전년도와 비슷한 수준으로 유지되고 있는 실정이다. 그러나 철도, 산업단지, 도로 등의 영향을 받는 특정 지역에서 평균대비 매우 높은 수준으로 오염된 것으로 측정된다. 그 외에도 주유소, 미군기지와 같은 특정 시설이 있었던 자리에서는 심각한 수준의 토양오염이 이루어져 이를 개선하기 위한 추가적인 노력이 요구되는 실정이다.

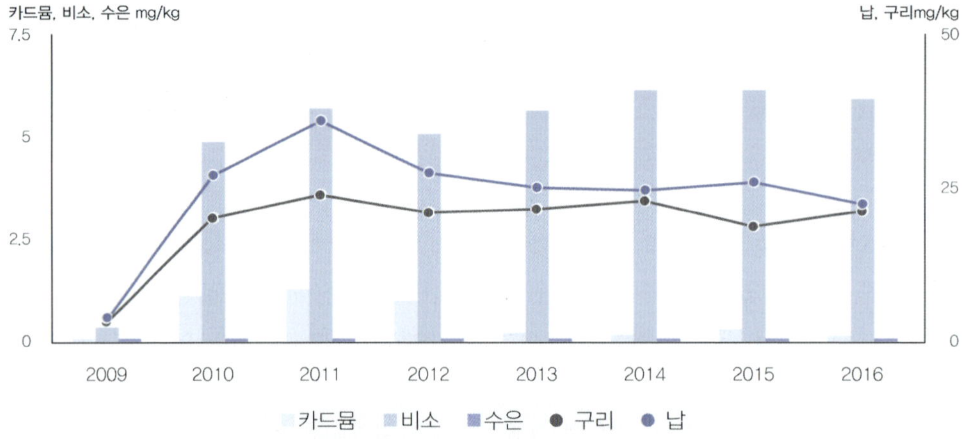

출처: 환경부(2017). 토양측정망 및 토양오염 실태조사 결과

그림 3-9 **연도별 토양오염도 비교**

4. 시끄러워도 사람이 계속 살 수 있을까요?

1) 소음과 진동의 정의

소음이란 한마디로 표현해서 듣기 싫은 소리를 말한다. 그러나 소음은 사람에 따라 좋아하는 사람과 싫어하는 사람이 있기 때문에 단적으로 정의하기는 어렵다. 소음은 사람에게 정신적·심리적으로도 악영향을 끼치므로 잠행성 오염물(insidious pollutant)이라고도 한다.

진동은 지반을 매체로 하여 전달되는 물체의 전후 운동으로 자연적 발생원과 인위적 발생원이 있다. 인위적 발생원에는 첫째, 폭발과 같은 순간적 충격에 의한 진동, 둘째, 망치질이나 무거운 물체의 낙하와 같은 연속적인 충격에 의한 진동, 셋째, 동력 시설 및 기계 기구 등에 의한 충격과 같은 지속적인 충격에 의한 진동이 있다.

2) 소음과 진동의 발생원

소음의 발생은 자동차, 항공기, 궤도차륜(기차, 전동차, 지하철 등), 건설, 공장, 생활 소음 등이 존재한다. 진동의 발생은 소음과 마찬가지로 공장, 건설, 도로 교통에 의한 진동 등으로 소음의 발생과 비슷한 발생원을 갖고 있다. 이 때문에 소음과 진동은 대부분이 동시에 발생하며 사람들에게 영향을 준다. 그렇다면 소음과 진동은 구체적으로 사람들에게 어떠한 영향을 줄까?

3) 소음과 진동의 영향

(1) 소음의 영향

소음은 청력 손실과 같은 피해를 가져온다. 청력 손실은 일시적 청력 손실(일시적 난청; temporary threshold shift, TTS), 영구적 청력 손실(영구적 난청; permanent threshold shift, PTS), 노인성 난청 등이 대표적이다. 그 외에도 소음은 정서적인 불쾌감을 주거나 수면 장애, 작업의 능률 저하, 대화 장애, 생리 기능 장애, 지역의 땅값을 하락시키는 것과 같은 사회적 손실을 유발한다.

(2) 진동의 영향

진동은 소음과 마찬가지로 인체에 피해를 준다. 특히 전신과 국소 진동은 호흡기계, 순환기계, 신경계, 대사계 등의 생리학적 이상 현상을 유발한다. 예를 들어 신경계에서는 전신 진동으로 교감신경이 흥분되는 현상이 일어나고, 국소 진동은 뇌장애, 수면 및 정서장애, 마비, 통증 등을 발생시킨다. 그 외에도 진동은 물질적으로도 영향을 유발하는 데 70dB 이하에서는 물질 피해가 별로 발생하지 않는다. 그러나 90dB이 되면 가옥진동에 격심하게 되고, 100dB이 되면 벽에 균열이 생기지만, 현실적으로 이와 같은 현상은 지진 이외에서는 발생하기 어렵다.

표 3-3 소음도에 따른 원인과 영향 예시

소음도(dB)	음의 예	영 향
30	벽의 시계소리	쾌적
35	조용한 공원	수면에 거의 영향 없음
40	냉장고 소리	수면 정도 낮음(소음도 35 기준으로 40% 정도 수면의 깊이가 낮아짐)
50	사무실 내의 소음	호흡, 맥박수의 증가, 계산력의 저하, 수면깊이 저하(소음도 35를 기준으로 80% 정도 수면의 깊이가 낮아짐)
60	식당, 백화점 내의 소음	소음으로 인한 위생적(건강보전) 한계, 수면깊이 저하(소음도 35를 기준으로 120% 정도 수면의 깊이가 낮아짐)
65	큰 음성	정신집중력 저하, TV · 라디오 · 전화 등의 청취장애
70	타자기, 전화벨	말초혈관 수축반응 출현, 부신피질(생명유지를 위한 내분비계)호르몬 감소
75	도로변 소음	청력손실이 일어나기 시작함
80	철도면 소음	양수막 조기파열의 출현
90	방직 공장 내	소변량 증가

4 환경문제해결방안에는 무엇이 있을까요?

인간과 환경의 부조화는 환경문제로 등장하고 있는데, 이를 해결하기 위한 접근방법에는 무엇이 있는지 살펴보도록 하자. 현대의 환경론적 사고에 있어서 그 기본 골격이 되는 이론적 접근방법은 크게 3가지 유형으로 분류할 수 있다. 첫 번째 유형은 환경 운동의 초창기에 등장한 사고방식이나 이데올로기에 근거한 분류방식으로 환경론을 생태지향주의(eco centrism)와 기술지향주의(techno centrism)로 구분한다. 두 번째 유형은 사회 과학적 이론에 의한 분류인데 사회가 지속되는 과정에서 환경문제에 관한 의사결정이 어떤 방식으로 수립되고 있는가를 설명하려는 것이다. 이런 생각은 결국 환경론을 기능주의에 기초한 다원론과 마르크스주의적 사고에 기초한 급진적 형태로 구분된다. 세 번째 유형은 철학적 입장에 기초를 둔 분류로서 환경론을 결정론(determinism)과 자유의지론(free will philosophy)이라는 상반된 형태로 분류하는 것이다.

1. 생태지향주의(eco centrism)와 기술지향주의(techno centrism)

서구의 낭만주의적 사고를 바탕으로 하는 생태지향주의적 환경론은 인간이 자연을 단순히 쾌락의 도구로 생각해서는 안 되며, 자연은 생물학적 생존권을 갖는 특성상 인간과 자연을 일종의 윤리적 관계로 본다. 이러한 관계를 우리는 흔히 생물윤리(bioethic)라는 용어로 사용하고 있는데, 합리적인 사고에서 출발하는 기술지향주의적 환경론보다는 감성적이라 할 정도로 자연에 대해서 큰 믿음과 존엄 사상을 표현하고 있다. 이것은 내일 당장 지구상의 온 인류가 멸종된다 하더라도 지구상에 그밖의 수많은 다른 생물체들이 존재하기만 한다면 지구는 지속된다는 생각, 즉 인간은 자연 없이 생존할 수 없지만 자연은 인간 없이도 지속될 수 있다는 것을 보여 준다. 그러나 생태지향주의가 낭만적인 요소만을 가지고 있는 것은 아니다. 낭만적인 요소만큼의 비중은 아니지만 어느 정도 합리적인 요소도 결코 배제할 수는 없다.

생태지향주의는 자연환경을 구성하고 있는 각종 요소들은 서로 영향을 주고받는 조화와 균형의 관계가 중요하다. 각 구성 요소들은 유기적 관계로 항상성을 유지하며, 생태계 구성 요소 중 어느 하나가 파괴되면 전체의 조화와 균형이 파괴되는 것 등이다. 자연환경의 구성 요소는 서로 영향을 주고받는 관계에 있어 어느 한 가지 구성 요소의 변화는 다른 요소와 전체의 변화를 가져온다.

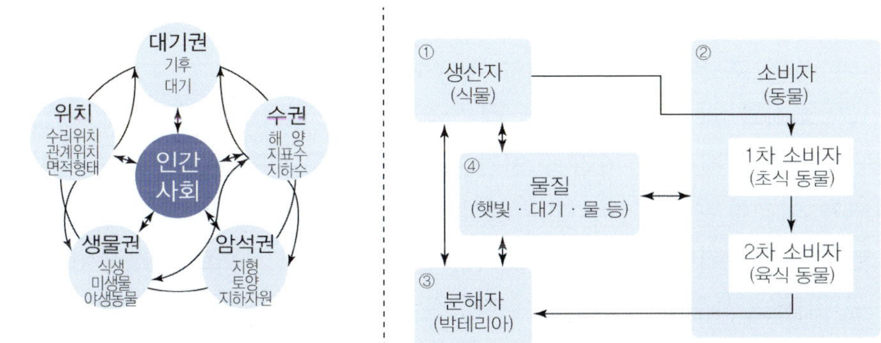

자연 환경의 구성 요소와 연결관계 | 생태계의 기본 요소

그림 3-10 **생태계의 요소**

한편 기술지향주의 역시 환경문제를 인식하고, 그것이 조속히 해결되어야 한다는 주장에 있어서는 생태지향주의와 다를 바가 없으나, 이데올로기와 방법론에 있어서는 완전히 다른 의견을 보여 주고 있다. 기술지향주의는 신고전주의학파의 경제적 합리주의를 바탕으로 하는 과학적이고 합리적인 이론이다. 따라서 기술지향주의는 환경 보존보다는 인간의 경제적 욕구를 더 중요한 것으로 여김으로써, 생물윤리로 일컬어지는 자연의 생존권을 묵살해 버린다. 기술지향주의는 보수적인 것과 진보적인 것으로 나눌 수 있다. 전자는 경제의 성장을 중시하며 기술적·정치적·환경 관리적 낙관론을 지나칠 정도로 주장하는 반면에, 후자는 균형을 전제로 한 물질적 풍요를 중시하는 경제 원칙을 배경으로 하며 사회개혁주의와 중재주의를 표명한다.

2. 결정론과 자유의지론

현대 환경론을 구성하는 이데올로기 저변에는 철학적 배경이 존재하는 데, 이러한 철학적 배경은 소위 결정론과 자유의지론에 있다. 앞에서도 말했듯이 환경결정론이란 인간의 형태, 경제 행위 및 사회 구조 그리고 생리적 측면까지도 자연환경에 의해 결정된다는 이론으로써 초기의 결정론은 인간의 건강에 대한 지형과 기후의 영향이 강조되었다. 19세기에는 더욱 다양하게 발전하여 자연 자원의 한계로 인해 필연적으로 나타나는 인구 규모의 제한이 인간의 위치에 어떤 영향을 미치는가 하는 포괄적인 문제까지도 취급되었다.

인간은 의식과 자유의지를 갖기 때문에 이러한 능력이 없는 다른 생물체와는 분명히 다르다는 것이다. 따라서 인간은 자유의지를 바탕으로 자연과 함께 하거나 자연을 이용할 수 있어서 다른 생물체와는 구별되는 독특한 존재로서 인식되어야 한다는 이론이다. 물론 자유의지론 역시 자연을 거스르는 행동이 악영향을 미칠 수 있다는 사실을 인정하고 있다. 결국 결정론이 생태지향주의, 자유의지론은 기술지향주의와 각각 상대적으로 많은 관련을 맺고 있다는 것은 사실이지만, 결정론이나 자유의지론 모두가 자연을 떠나서는 인류가 생존할 수 없다는 근본적인 사상은 같다.

3. 주요 환경 관련 국제 협약

국지적으로 발생하는 환경문제가 때로는 주변국이나 그보다 넓은 지역에까지 영향을 미칠 수 있다. 따라서 국가의 영역 안에서도 문제의 예방이나 사후 대책을 논의해야 하겠지만, 관련 국가 혹은 전 세계적으로도 함께 문제를 해결하려는 노력이 필요하다. 국제환경협약은 이러한 개념을 바탕으로 맺어진다. 환경협약은 몇 가지 특징을 갖고 있다. 첫째, 세계 각국은 처음부터 지켜야 할 의무가 구체적으로 정해지면 이해관계 때문에 참여하지 않을 수 있다. 그래서 협약의 틀만 갖춘 후 의무사항은 추후 논의하기로 하며, 이들 사항은 협약에 따른 의정서에 담아낸다. 몬트리올의정서가 한 예이다. 둘째, 대부분의 환경 협약은 효과적인 실행 방법이나 구속력 있는 분쟁 해결 절차가 없다. 셋째, 협약에 참여한 국가들은 다시 국가 내에서 법을 제정한 후에야 의무를 이행하게 된다. 참여국들이 스스로 의무를 다해주기를 기대할 수밖에 없는 것이다(한동익, 2015).

- 스톡홀름 환경회의(1972): 인간 환경의 해 지정
- 몬트리올의정서(1987): 오존층 보호를 위해 프레온 가스 사용 금지
- 바젤협약(1987): 유해 폐기물의 수·출입 절차 규제
- 기후변화방지협약(1992): 지구온난화 방지를 위해 이산화탄소(CO_2) 등 온실 가스 발생 억제
- 생물다양성협약(1992): 유전 인자 보호를 위해 생태계 보전·보호 구역 설치
- 리우선언(1992): 지구환경 보전을 위해 21세기에 추진해야 할 의제 21을 채택

5 환경은 사회과 교육과정에 어떻게 반영되어 있을까요?

1. 실제 학교에서의 환경교육은 어떻게 이루어지고 있나요?

우리나라에서의 환경교육은 학교 환경교육과 사회 환경교육으로 분류되며, 학교 환경교육은 국가 수준의 교육과정과 연계하여 학교급별로 나누어 이루어지고 있으며 학생들을 대상으로 한다. 사회 환경교육은 민간 환경교육 기관·단체, 기업이나 지방자치단체 주관으로 이루어지고 일반 국민을 대상으로 한다(환경부, 2015).

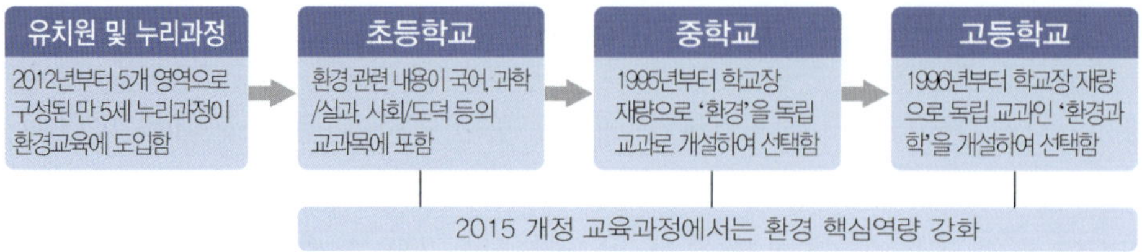

그림 3-11 **학교급별 학교 환경교육의 특징**

2. 2015 개정 교육과정에서의 환경교육은 어떻게 이루어지고 있나요?

2015 개정 교육과정의 환경교육은 이전의 교육과정에서 추구한 지향점을 유지하면서 총론의 방향에 적응하는 형식으로 개발되었다. 특히 환경교육에서 중시되는 역량이 교육과정 총론에서 제시된 자기관리능력, 공동체 의식, 의사소통능력, 창의융합 사고능력, 정보처리능력, 심미적 감성능력의 여섯 가지 역량과 연계되면서 표 3-4와 같이 여섯 가지로 제시되었다.

표 3-4 **2015 환경 교육과정에서의 환경 핵심역량의 의미(권영락 외, 2015)**

핵심역량 요소	의 미	하위 요소(예시)
환경 공동체 의식	지구 공동체의 구성원으로서 요구되는 환경적 가치와 태도를 수용·실천하고, 지구 공동체 구성원들과 원만한 관계를 형성 및 유지하며, 자신의 역할과 책임을 다하는 능력	환경의식, 환경관, 참여와 책임의식, 환경윤리, 배려, 협동
성찰·통찰 능력	다양한 지식과 가치에 대한 반성적·통합적 사고를 통해 자신의 가치관과 행위가 자신, 타인, 자연의 원칙에 맞는지 지속적·의도적으로 생각하는 능력	자율성, 자기성찰, 환경(자연 및 타자)에 대한 성찰, 반성적 사고력, 통합적 사고력
창의적 문제해결력	다양한 지식과 정보를 바탕으로 환경 및 환경문제에 대해 다양한 효과적 대안을 제시하고, 최선의 대안을 선택·적용할 수 있는 능력	창의력, 비판적 사고력, 실천적 추론, 해결 방안의 실행 및 평가
의사소통 및 갈등해결 능력	언어, 상징, 텍스트, 매체를 활용하여 자신과 타인의 생각과 감정을 효율적으로 소통하고, 갈등 상황을 둘러싼 이해관계자들의 요구를 고려하여 의견을 조정하는 능력	언어 및 비언어적 표현 능력, 의사결정력
환경정보활용 능력	환경문제해결을 위해 다양한 정보와 자료를 효과적으로 활용하는 능력	문제인식·정보와 자료 수집·분석·평가·선택하는 능력, 도구(매체) 활용 능력
환경 감수성	환경(자연 및 타자)의 아름다움이나 고통에 대해 공감하면서 감정을 이입하거나, 이들의 변화에 민감하게 반응하는 능력	자연에 대한 심미적 감상능력, 타자에 대한 정서적 유대감, 자연 및 타자에 대한 공감능력

3. 초등학교 3~4학년 지역화와 관련하여 환경교육의 방향을 어떻게 하면 좋을까요?

최근 환경교육은 지식중심에서 체험중심의 환경교육을 강조하고 있다. 즉, 학습자가 직접적으로 겪은 구체적 경험이 학습자의 삶의 맥락과 관련된 환경교육을 강조하고 있다. 체험환경교육은 학습자들이 살고 있는 삶의 현실에서 흔히 볼 수 있는 자연환경 및 인문환경들을 학습의 장으로 가져와 관심, 흥미, 호기심과 참여도를 증진시키고, 환경 감수성과 상상력 등을 통해 환경핵심역량을 강화할 수 있을 것이다.

이러한 점을 감안할 때 장소 기반형(place-based)의 환경교육이 필요하다. 장소는 생물학적 필요가 충족되는 삶의 중심지이자, 일상적인 사회의 생활공간 맥락 속에서 의미있는 경험의 중심지로서 인간의 사고, 감정, 경험의 영역과 밀접하게 연관되어 있다. 그러므로 장소는 인간과 자연의 질서가 융합된 곳으로 우리가 세상을 직접적으로 경험하게 되는 중요한 중심이 된다. 장소는 고유한 입지, 경관, 공동체보다는 특정 환경에 대한 경험에 초점을 두며, 추상적인 개념이 아니라 생활세계가 직접 경험되는 공간이다. 그러므로 장소는 실제 사물, 실제 활동으로 가득 차 있으며, 개인 및 공동체의 중요한 근원이며, 때로는 사람들이 정서적, 심리적으로 깊은 유대를 갖게 되는 인간 실존의 중요한 중심이 된다. 장소는 일상생활의 경험이 이루어지는 곳으로, 텅비어 있는 공간이 아니라 의미로 충만한 공간이다. 인간은 장소에 고착되어 존재하며, 다양한 방식으로 장소를 경험한다. 장소는 일상생활의 맥락 속에 존재하며, 의미있는 경험의 중심이 되는 곳이다. 우리의 삶은 다른 생명체, 자연 또는 지구와 연계되어 있음을 느끼고 인식할 수 있는 곳이 바로 장소이다.

이러한 장소를 반영한 환경교육이 되어야 일상생활 속에서 의미있는 환경교육이 될 수 있다. 이러한 장소는 학습자 자신들이 태어나 자라면서, 삶의 가치가 투영된 가치공간으로, 자신의 삶이 배어 있어 사랑하게 되며, 또한 사랑하며 살아가다 후손에게 물려 줄 장소로 사랑하게 된다. 이것이 곧 향토사랑이요, 나아가 탈장소화된 지역에 대한 사랑인 국가사랑, 지구사랑으로 연결될 수 있다. 이러한 향토사랑의 기초를 튼튼히 다지기 위해 장소성에 기반한 지역 환경교과서가 필요하다 하겠다.

환경 관련 웹사이트

http://eco.or.kr/ 환경정의 소개 사이트
http://www.jasa.or.kr/ 제주 청소년 환경단체
https://www.wcmc.org.uk/ 세계환경보전모니터링센터
http://envinews.co.kr/ 환경공업신문
http://www.greenpeace.org/homepage/ 그린피스
http://www.ecojustice.or.kr/ 그린넷
http://www.greenreview.co.kr/ 녹색평론사

생각해 볼거리

1. 환경의 범위를 설명해 봅시다.

2. 지리학의 관점에서 환경체계와 그에 따른 환경문제를 분류해 봅시다.

3. 지역성에 영향을 주는 인간과 환경의 관계를 논의해 봅시다.

4. 대기(수질, 토양, 소음과 진동)오염의 원인과 해결방안을 말해 봅시다.

5. 내가 살고 있는 장소를 중심으로 가장 심각한 환경문제를 찾아보고, 그 이유와 대책을 말해 봅시다.

6. 각자가 살고 있는 동네에서 어떻게 장소기반 환경교육을 할 수 있는지를 설명해 봅시다.

CHAPTER 04

위치:
위치는 공간관계 속에서 지역성을 밝히는 원천이다.

지금부터 각자 어린 시절로 돌아가 낯선 장소에 홀로 서 있는 상황을 떠올려보자. 어떤 기분이 들까? 새롭게 맞이하는 환경에 대한 호기심이 생기는 반면에 어디로 가야 할지 모르는 막연한 두려움도 생길 것이다. 그렇다면 이러한 감정은 왜 생기는 것일까? 바로 내가 어디에(where) 있다는 위치를 모르기 때문에 발생한다. 내가 어디에 있다는 것을 모른다면 어디로 가야할지도 모른다는 것이며, 이러한 감정은 인간을 비롯한 모든 생명체에게 절망과 공포로 다가올 수 있다.

길을 걷다가 땅 위를 부지런히 오가는 개미를 한번쯤 관찰한 적이 있을 것이다. 개미는 어디론가 향하고 있지만 결국 다시 자기 집으로 돌아간다. 길게는 수백 m에 달하는 길을 어떻게 알고 돌아가는 것일까? 마찬가지로 연어는 알을 낳기 위해 수백, 수천 km의 긴 여행을 하며 태어났던 고향으로 돌아간다. 이러한 생명들은 자신이 돌아가야 할 곳의 위치를 정확히 파악하는 능력을 갖고 있으며, 역경을 이겨내고 해당 위치에 도달하여 생존의 목적을 이룬다. 이처럼 생명체들의 생존을 위해서는 위치를 파악하는 능력이 필요하며, 지리에서도 이러한 위치를 제대로 파악해야 지리를 제대로 알 수 있다.

오늘날 인간들은 보다 정확하고 신속한 위치 정보를 얻기 위해 GPS(Global Positioning System)라는 기술을 발명하였으며, 이를 사용하여 자동차 운전 시에 내비게이션(navigation)이라는 장치를 만들어 운전을 하고, 실시간으로 본인의 위치를 확인하는데 도움을 받는다.

그렇다면 과연 위치란 도대체 무엇이기에 이와 같이 중요한 역할을 하는 것일까? 만약 위치를 모른다면 어떤 일이 발생할까? 위치에서 어떻게 지리학의 과제인 지역성을 밝힐 것인가? 이렇게 중요한 위치를 교사는 어떻게 지도해야 할까? 이 장에서는 이와 같은 질문에 대한 해답을 알아보기로 하자.

1 위치에 대해 기초적으로 알아야 할 것에는 무엇이 있나요?

1. 위치란 무엇이며, 어떤 의미를 담고 있나요?

위치의 영어식 표현인 location의 어원은 '자리를 잡다'의 의미를 가진 라틴어의 동사형 단어 'locare'가 명사형 단어인 'locatio'로 바뀐 후, 16세기 후반 영어식 동사 표현인 locate와 결합하여 명사형 단어인 'location'을 사용하게 되었다. 영어의 location을 우리말로 표현하면 위치, 입지 등으로 표현할 수 있다. 그러나 국어에서 위치는 주로 자연환경과 관련하여 사용하는 경향이 많고, 입지는 인간과 연관된 인문환경과 관련하여 사용하는 경향이 높게 나타난다. 예를 들어 교과서에 자주 등장하는 농업의 입지, 취락의 입지, 서비스의 입지 등은 인간의 활동과 관련한 것들을 표현하는 의미로 사용한 것이다.

이러한 위치(location)는 어떤 사물이 지표상에 차지하고 있는 자리(position)를 의미하는 말로 미국의 지리교육 지침서(Guideline for Geographic Education)에서도 지리교육을 위한 5대 기본개념 중 첫 번째 개념으로 제시함으로써 지리교육에서의 위치의 중요성을 강조하였다. 거스멜(Gersmehl, 2005)은 지리의 핵심개념으로 위치, 장소, 연결, 지역을 제시하면서 그중에 위치를 나머지 개념학습을 위한 기초개념으로 제시하였으며, 위치를 학습해야 이후의 다른 지리적 개념학습을 이어갈 수 있다고 하였다. 조와 베드나즈(Jo & Bednarz, 2009)는 위치가 학생들로 하여금 다음 단계의 인지활동을 원활하게 수행하기 위한 전제적 지식이라 하였다.

이처럼 지리학습에 있어서 위치는 그 중요성을 인정받고 있으며, 지리적 현상, 지리 개념(지역, 장소, 공간, 인간과 환경의 관계 등)을 설명하고 해석하고자 할 때 반드시 알아야 할 정체성이자 주요 용어이다. 따라서 위치 개념을 통해 계통지리적 지식(일반성)과 지역지리적 지식(특수성)을 밝힐 수 있어야 할 것이다.

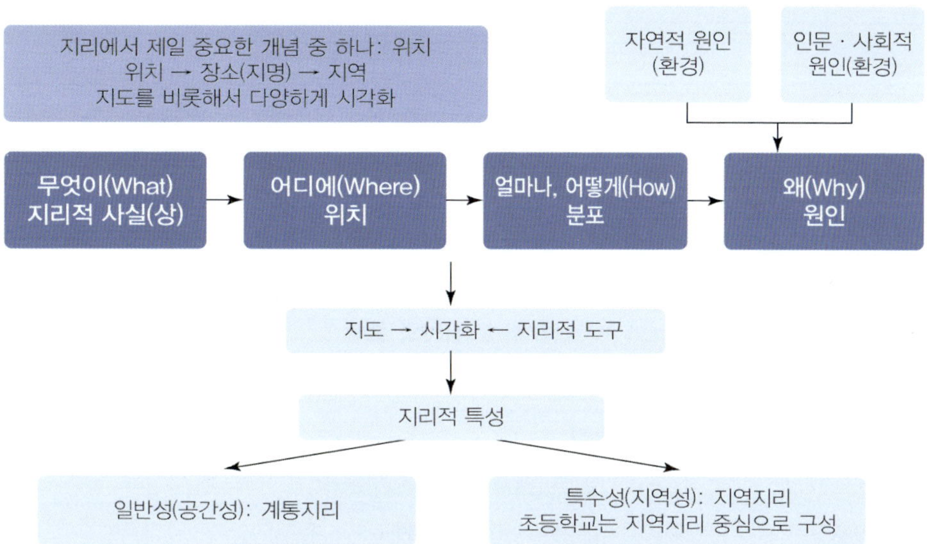

그림 4-1 **위치 기반의 지리학습 방안**

2. 위치의 종류에는 어떤 것이 있나요?

지리학에서 말하는 위치는 어떤 사물 혹은 장소가 지표면에서 차지하고 있는 자리를 뜻하며, 이를 묘사하는 방법에는 절대적 위치와 상대적 위치가 있다. 절대적 위치(absolute location)는 지표 공간상에서 특정한 곳을 점하는 좌표의 개념과 특정 장소의 특유의 성격을 나타내는 이른바 site의 복합 개념이다. 따라서 절대적 위치는 경 · 위도 좌표를 사용하는 수리적 위치와 자연 지물을 활용하는 지리적 위치로 나눌 수 있다. 절대적 위치를 통해서는 기후와 같은 자연적 환경의 파악이 가능하며, 이를 통해 나타나는 다양한 지리적 현상, 특성, 그리고 문화적 상황에 대한 추론까지 가능하다.

상대적 위치(relative location)는 서로 다른 절대적 위치들의 상관적 관계에서 파악되는 위치개념으로서 situation이라고도 한다. 상대적 위치는 다른 장소 또는 지형과의 관계적 측면에서 본 위치를 말하며, 장소와 지형, 주변 환경과의 상호관계를 통해 위치를 파악할 수 있다. 이를 통해서는 공간적 관계에서 오는 주변국과의 정치, 경제, 사회, 문화 등의 관계를 파악할 수 있으며, 공간적 사고력 확장이 이루어진다. 상기 언급한 위치의 종류와 특징을 정리하면 그림 4-2와 같다.

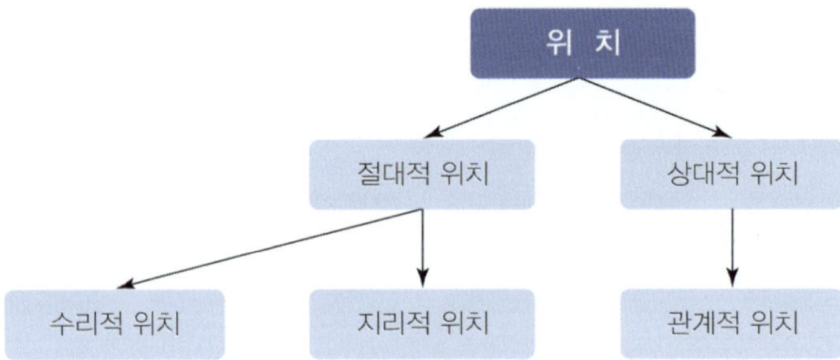

그림 4-2 **위치의 종류**

표 4-1 절대적 · 상대적 위치의 특징

절대적 위치(수리적 위치, 지리적 위치)	상대적 위치(관계적 위치)
• 정확성, 체계성 • 경 · 위도상에 위치 • 다른 장소와 독립적인 관계 • 시간의 흐름과 관계없음 • 전통적인 지리학에 기초 • 주로 자연환경과 관련이 깊음	• 관계성 • 관계적 측면에서 위치 • 다른 장소와 상호 의존적인 관계 • 시간의 흐름에 따라 위치는 변화 • 현대 지리학의 분석과 상호관련성에 기초 • 주로 인문환경과 관련이 깊음

1) 절대적 위치

위치를 나타낼 때는 사물들 사이의 관계로 위치를 표현하는 경우가 많으며, 주로 자연환경과 관련이 깊다. 어디에서 앞이나 뒤, 동서남북 등의 방식으로 나타내는 것은 일상생활에서 자주 사용하는 표현이지만, 주변에 아무것도 없는 망망대해나 아주 넓은 공터에서의 위치는 어떻게 나타낼 수 있을까? 이처럼 다른 사물과의 관계를 갖지 않고 홀로 위치를 나타내는 방법을 절대적 위치라고 한다.

(1) 수리적 위치

위도와 경도로 표시되는 위치를 수리적 위치라고 한다. 세계지도나 지구의를 보면 가로, 세로선이 그어져 있다. 이는 지구 표면상의 각 지점을 위치를 누구나 알 수 있도록 정확하게 표시하기 위한 것으로 그래프의 가로, 세로축과 같다. 가로선은 '위선'이라 하며 적도와 평행하다. 세로선은 '경선'이라 하며 북극점과 남극점을 최단거리로 연결한다. 위선과 경선의 특징을 정리하면 표 4-2와 같다.

지구 표면상의 각 지점의 위치는 위도와 경도로 표시한다. 그렇다면 위선과 위도, 경선과 경도의 관계는 무엇일까? 위선은 지구 표면의 같은 위도의 지점을 잇는 가로의 선인데, 위도는 그 중에서 적도를 기준으로 북쪽(N) 또는 남쪽(S)으로 얼마나 떨어져 있는지 나타내는 위치이다. 마찬가지로 경선은 지구 표면의 같은 경도의 지점을 잇는 세로의 선인데, 경도는 그중에서 본초자오선을 기준으로 동쪽(E) 또는 서쪽(W)으로 얼마나 떨어져 있는지 나타내는 위치인 것이다.

표 4-2 위선과 경선의 특징

	위 선	경 선
기준	적도	영국 그리니치 천문대
표현 범위	0°~90°	0°~180°
선	평행하다	길이가 같다
지역 차	기후 차이	시간 차이

(2) 지리적 위치

대륙, 해양, 산천 등과 같은 자연 지물을 중심으로 표현하는 위치를 지리적 위치라고 한다. 우리나라는 유라시아 대륙과 북태평양이 만나는 곳에 있어 대륙과 해양의 영향을 받는 계절풍 기후가 나타나 여름에는 덥고 습하며, 겨울에는 춥고 건조하다. 또한 반도이기 때문에 대륙과 해양으로 진출하기 유리하여 우리 조상들은 대륙의 문화를 받아들여 창조적으로 꽃피우고, 이를 일본에 전파해주기도 하였다.

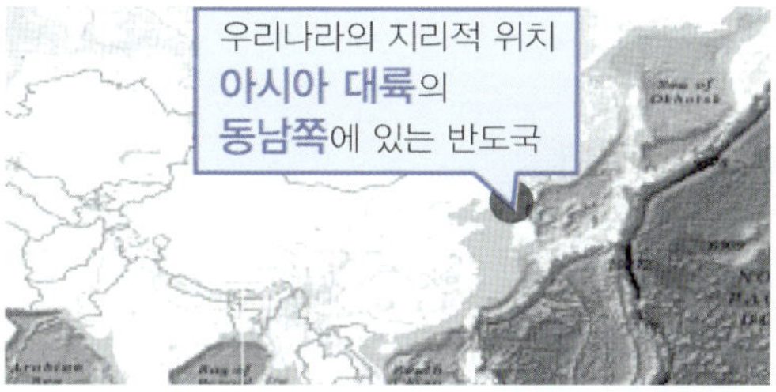

그림 4-3 **우리나라의 지리적 위치**

그림 4-4 **우리나라의 수리적 위치**

2) 상대적 위치(관계적 위치)

일상생활에서 위치에 대한 표현은 어떤 사물을 기준으로 앞, 뒤, 옆, 동서남북 등의 표현으로 이루어지며, 주로 인문환경과 관련이 깊다. 즉, 어떤 것의 위치를 나타낼 때 주로 잘 알려진 비교의 대상을 기준으로 표현하는 데 이러한 방식을 상대적 위치 표현 방식이라 한다.

이 중에서도 한 나라가 다른 나라와의 정치·경제적 관계에 의해 결정되는 위치를 관계적 위치라고도 한다. 수리적 위치와 지리적 위치는 변하지 않는 절대적 특징을 갖지만, 관계적 위치는 주변 국가와의 관계에 따라 가변적인 상대적 특징을 가진다.

우리나라는 북쪽으로 중국, 러시아와 접하고 남동쪽으로 일본과 마주하고 있어 광복 이후 민주주의 진영과 사회주의 진영 간 대결의 장이 되었다. 그러나 오늘날 우리나라는 경제가 성장하고 정치적 역량이 증대되면서 동북아시아 및 태평양 시대의 중심 국가로 발돋움하고 있다. 앞으로 통일이 되면 우리나라의 위상은 더욱 높아지고 관계적 위치도 달라질 전망이다.

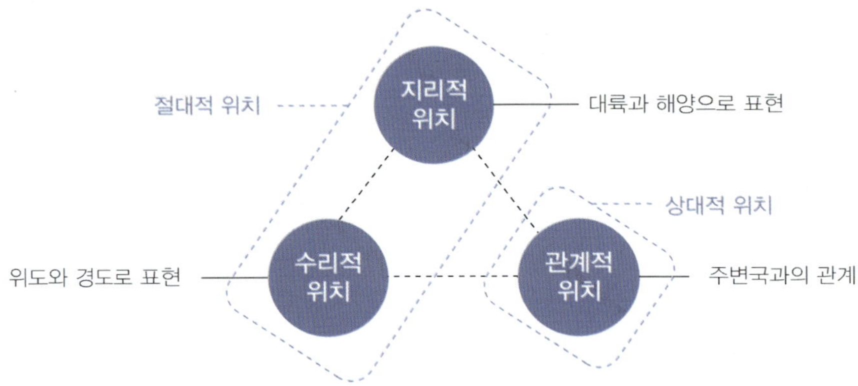

그림 4-5 지리적 위치 관계

3. 위치 지식을 통해 지역을 어떻게 이해할 수 있나요?

1) 위치지식

위치지식(location knowledge)은 특정 지역이 땅 위에서 차지하는 위치를 알고 있는 것이다. 그러나 제2장에서 살펴본 것처럼 지역이란 고정된 위치가 아니며, 다양한 위치를 갖고 있다. 이러한 다양한 절대적 위치와 상대적 위치, 나아가 위치 속에 내포된 속성을 함께 아는 것을 위치지식이라 할 수 있다.

따라서 학생들의 위치지식을 평가할 수 있는 대표적인 방법은 바로 해당 지역에 대한 심상지도(mental map) 그리기 방법이다. 학생들이 위치에 대한 정확한 지식을 갖고 있는 경우에는 '무엇이 어디에 있을까?'에 관한 질문에 주요 지형, 지물들의 위치를 심상 지도로 표현하는 것이 가능하며, 그 지역의 특성을 이해하고 설명할 수 있다. 그러나 학생들이 위치에 대한 정확한 지식을 갖고 있지 않는 경우에는 암기식으로 학습한 지역에 대한 심상 지도를 그리기 힘들고, 그 지역의 특성을 이해하고 설명하는 것에 어려움을 느낄 수밖에 없다.

2) 위치 종류에 근거한 위치지식

지리학습에서 위치를 안다는 것은 절대적 위치와 상대적 위치를 아는 것이며, 이러한 위치의 종류에 따라 의미에 차이가 있다.

먼저, 절대적 위치를 안다는 것은 지도상에 특정 지역을 표현할 수 있다는 의미이다. 이를 위해서는 간단한 수준의 학습 범위 내의 지도 그리기, 지도상에 위치 표현하기 등의 활동을 하는 것이 적합하다. 이러한 활동을 통해서 학생들은 다음과 같은 지식을 알 수 있다. 첫째, 자연환경 특징을 파악, 위도가 곧 기후이기 때문에 기후적 특징을 찾아낼 수 있다. 둘째, 기후적 특성으로 인한 그 지역의 지형, 식생, 토양 등을 추론할 수 있다. 셋째, 이러한 자연환경 특징에 근거하여 의식주, 산업, 문화 등의 인문환경 특징을 추론할 수 있다. 이처럼 절대적 위치는 자연환경 및 인문환경 지식을 추론하고, 지역적 특성을 밝힐 수 있는 근거가 된다.

다음으로 상대적 위치를 안다는 것은 지도상에서 해당 지역이 다른 지역으로부터 어떤 위치에 있는지에 대한 서술을 통해 표현할 수 있다는 의미이다. 이를 위해서는 절대적 위치에 대한 학습이 선행되어야 하며, 지도상의 위치 서술하기, 해당 위치의 특성을 파악하고 지도상에 비슷한 위치 찾아보기 등과 같은 활동을 하는 것이 적합하다. 이러한 활동에서 학생들은 주변지역들과 거리 및 교통수단에 따라 얼마나 다양하게 상호작용하고 있는지를 측정할 수 있으며, 지역 간 상호의존성과 연계성을 밝힐 수 있다.

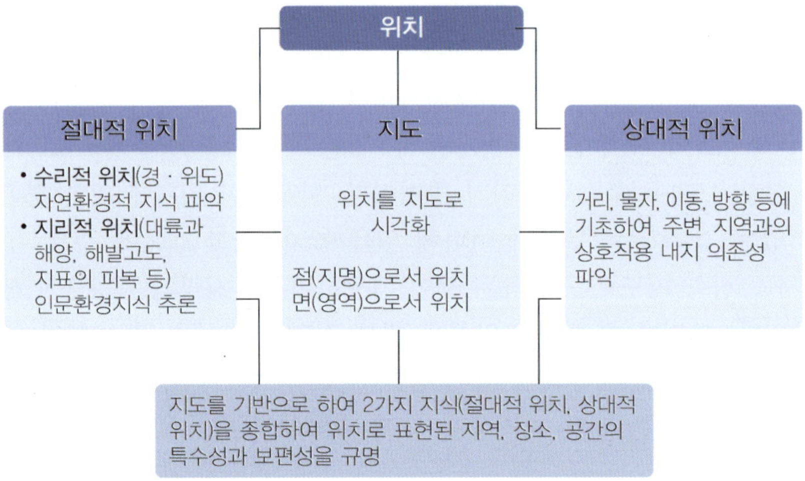

그림 4-6 **위치지식의 도식화**

그림 4-6은 위치의 종류(절대적 위치, 상대적 위치)에 따른 위치지식을 도식화하여 나타낸 것이다.

위치라는 말 속에는 경·위도와 같은 수리적 위치, 해양과 대륙, 반도와 같이 자연 지물로 나타나는 지리적 위치, 주변 지역과의 공간적 관계를 나타내는 관계적 위치를 포함하고 있기 때문에, 우리가 '위치를 정확히 알고 있다'라고 표현하는 것은 매우 다의적인 것을 포함하고 있다. 따라서 교사는 이러한 것을 찾아내고 설명하고, 해석할 수 있어야 한다.

위치를 정확히 알고 있으면 그 위치로 인해 나타나는 기후와 지형에 대한 이해가 가능하고, 그로 인해 발생하는 사람들의 문화적 현상을 추론하는 것이 가능해진다. 예를 들면, 지구는 적도를 기준했을 때 양극 방향으로 기후대와 바람이 다르다. 풍향에 따라 비와 눈의 양, 기온의 변화 등에 영향을 미치게 되어 그 지역의 기후를 결정하게 된다.

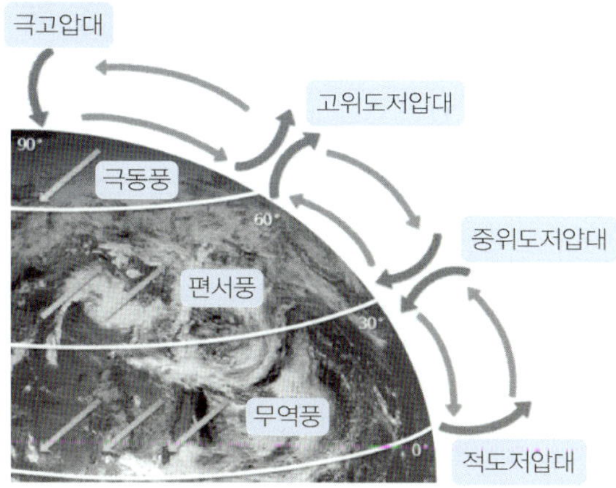

그림 4-7 대기의 순환

또한 해류는 기후대와 마찬가지로 해안가에 위치한 지역에 영향을 준다. 난류의 영향을 받는 지역은 겨울철 같은 위도에 위치한 지역에 비해 상대적으로 따뜻하며, 반대로 한류의 영향을 받는 지역은 같은 위도에 위치하는 지역에 비해 기온이 낮아 상대적으로 춥다. 예를 들어, 영국 등을 포함한 북서 유럽 지역은 난류인 멕시코 만류의 영향으로 같은 위도에 비해 온난한 기온을 유지하며, 페루 해안은 한류인 페루 해류의 영향으로 비슷한 위도에 위치한 브라질 해안보다 연평균 기온이 약 6℃ 정도 낮다.

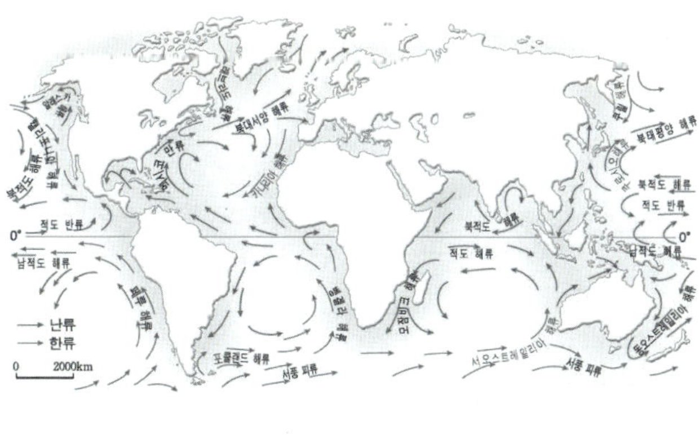

그림 4-8 세계의 해류 지도

이처럼 어떤 지역에 대한 위치적 정보는 그 지역의 기후를 알 수 있으며, 그로 인해 나타나는 사람들의 생활양식의 전반적인 부분에 대한 상상이 가능하다. 또한 그 지역의 모습에서 관찰되는 모습들에 대한 원인을 추론할 수 있는 실마리를 제공하는 역할을 한다.

> **로케이션 인텔리전스(location intelligence)**
>
> 로케이션 인텔리전스(LI)는 GIS라 알려진 지리정보의 시각화에 사용되던 시스템에서 한층 발전한 개념이다. 로케이션 인텔리전스는 오픈 데이터, 실시간 데이터 스트림, 모든 종류의 인터넷 연결 시스템의 데이터셋, 장치와 센서 등을 모두 종합한 것으로 최적화와 예측을 통해 로케이션 데이터 분석의 새로운 방법들을 고안해낸다. 또한 로케이션 인텔리전스는 비즈니스 인텔리전스(BI)의 한 형태로 지리학 차원에서 분석이 이루어지며, 지도에 다양한 데이터의 위치가 대화식 지도 인터페이스에 중첩되어 나타나는 것이다. 이에 따라 시각화의 성장과 사물인터넷(IoT, Internet of Things) 기술의 등장으로 기존에 접근할 수 없었던 위치 정보를 통해 새로운 비즈니스 모델을 설계하고 통찰력을 얻는 방법에 필수적인 요소로 로케이션 인텔리전스가 부상하고 있다.

2 위치학습의 방법, 어떻게 하는 것이 좋을까요?

1. 위치학습을 어떻게 할까요?

1) 위치학습의 필요성

2017년 4월 27~29일까지 미국 성인 1,747명을 대상으로 실시한 뉴욕타임즈(NYT)의 조사 결과에 따르면 미국 성인 10명 중 6명이 북한의 위치를 모르는 것으로 나타났다. NYT에 따르면 북한의 위치를 모르는 사람들이 제대로 아는 사람에 비해 대북 문제해결에 있어서 군사적 해법을 주장하는 경향이 높은 것으로 나타났다고 한다. 이처럼 현대에는 주변 환경에 대한 감각을 잃으며 무감각해지는 이른바 '지리적 문맹'이 높아지고 있다.

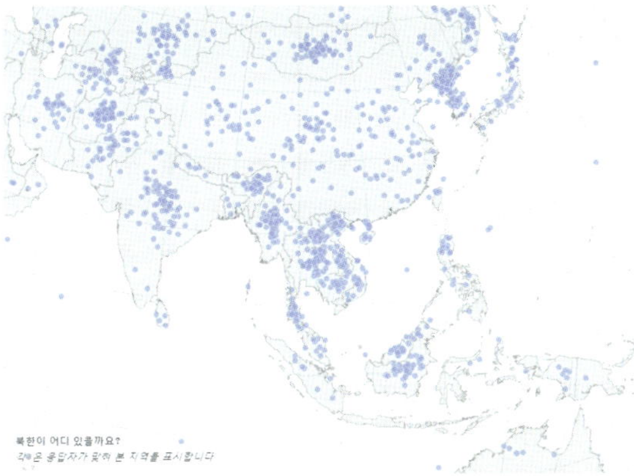

그림 4-9 **응답자들이 생각한 북한의 위치를 점으로 표시한 것**

우리는 구글어스로 모르는 동네의 골목길까지 정확히 살펴볼 수 있는 시대에 산다. 사람들은 지도를 보며 열광하던 어린 시절을 인터넷과 스마트폰으로 보내면서 지도의 매력을 알 수 있는 기회를 잃어버렸다. 이로 인해 지리적 문맹의 비율이 높아졌고, 이제는 혼자 힘으로 길을 제대로 못 찾는 경향이 높아지는 동시에 주변 환경에 무감각해지게 되었다.

이러한 변화는 비단 지리뿐만 아니라 사회 전반에서 나타난다. 2002년 미국의 한 연구소가 8세의 어린이들을 대상으로 조사한 결과에 따르면, 아이들은 실제로 사는 세계의 고유한 생물종보다 애니메이션 포켓몬스터에 등장하는 가상의 생물종의 수를 더 많이 알고 있다고 한다.

이동과 통신 수단의 발달로 물리적 거리가 압축되고 있는 시대에 살고 있다. 과거에 비해 다른 나라와 교류의 기회가 증가하고 있는 시점에서 지리적 문맹에 따른 주변 환경에 대한 무관심은 치명적인 결과를 초래할 수 있다. 따라서 시대적 변화를 반영한 효과적인 위치학습을 통해서 지리적 감각을 익힐 필요가 있다.

2) 위치학습활동

자기가 살고 있는 광역시·도 범위의 지역, 우리나라, 세계 등의 백지도를 놓고 과연 내가 해당 경계선 내의 위치(지명)를 얼마나 잘 알고 있는지를 적어보자.

그림 4-10 **부산의 구별 백지도**

그림 4-11 **행정구역별 백지도**

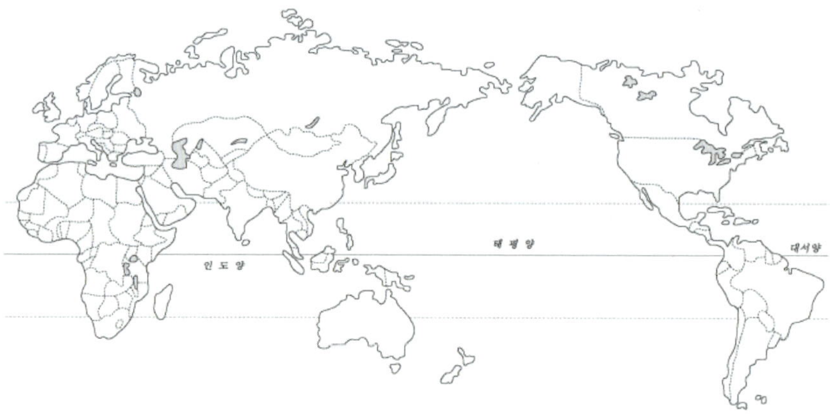

그림 4-12 **세계의 백지도**

3) 위치학습의 개념

지리학에서 위치는 가장 기초적 개념으로 위치학습을 통해 학생들이 위치를 안다는 것은 단순히 계통지리적 주제학습 수준에서 이루어질 경우에는 일반적인 지도학습의 일부로 생각할 수 있다. 그러나 '위치를 안다는 것'은 단순히 물리적 속성으로서의 위치와 주변 환경과의 관계로 보는 상대적 위치를 파악하는 것 이상의 지리적 특성을 포함한다. 예를 들어, 우리나라의 위치적 특성에는 물리적 입지(site)로서의 위치 외에 온대 기후권에서의 입지, 반도에의 입지, 주변 국가, 지역,

환경과의 관계 면에서의 입지로 인해 갖게 되는 영향이 포함된다.

위치학습이란 위치를 통해 지리적 상상력과 추론을 통해 지리적 현상이나 사실, 개념 등을 학습하는 것이다. 이는 단순히 위치를 통해 장소, 건물 등과 같은 물리적 속성은 물론이고, 위치와 주변 환경과의 관계를 통해 상대적 위치를 파악하는 것 등을 의미하고, 그 이상의 지리적 특성을 학습하는 것을 의미한다. 즉, 위치학습은 위치 속에 자연환경의 특성을 파악하고, 나아가 이 자연환경이 인문환경과 어떤 관계에 있는지를 추론하여 인간과 자연과의 관계를 통한 특수성과 보편성을 찾아내는 활동을 포함한다. 따라서 진정한 의미의 위치학습을 위해서는 지리적 추론과 상상력을 발휘하여 계통지리적 지식과 지역지리적 지식에 대한 추론이 이루어져야 한다.

2. 다른 나라와 우리나라의 위치학습을 어떻게 할까요?

1) 다른 나라의 위치학습방법

위치는 지리교육의 핵심개념으로 다른 개념적 지식과의 연계를 통해 이뤄진다. 표 4-3은 김다원(2017)에 의해 우리나라의 초등 교육과정에 해당하는 시기(1~6학년)에 통합사회과 교육과정으로 구성되어 분석하기 쉬운 캐나다 온타리오주와 호주의 위치학습방법을 간단히 정리한 것이다. 위치학습의 학년별 단계를 살펴보면, 먼저 캐나다 온타리오주는 시기적으로 지리학습이 본격적으로 시작되는 1학년에서부터 위치학습을 시작한다. 이 시기에는 자신만의 새로운 지도를 만들고, 상대적 거리와 방향 등을 활용하여 주요 장소들의 상대적 위치에 대한 학습을 한다. 2학년에서는 지도와 지구의를 활용하는 방법을 익히고 주요 국가, 대륙, 대양, 적도, 양극, 양반구 등의 위치를 확인하고 표현하게 하는 활동을 한다. 이후 3학년부터는 지도상에 일어나는 사회적 현상과 정보를 파악하는 방법, 나아가 GIS를 사용한 지도 분석까지 다양한 학습이 이루어진다. 즉, 1~2학년 단계에서는 위치학습에 필요한 방법적 지식이 중심이 되며, 이후 단계에서는 내용적 지식을 활용하여 장소성, 지역성을 파악하고 사회적 현상을 파악하게 하는 방식으로 구성되어 있다.

다음으로 호주는 사회과 교육이 인문 사회과학 교과영역에 포함되어 있는 것이 특징이다. 호주의 경우 유치원 단계에서 지리학습이 시작되는데, 주로 장소들의 단순 위치를 익히는 수준으로 이루어진다. 1학년에서는 장소 내 자연·인문적 환경들의 위치를 파악하며, 2학년에서는 세계의 지리적 지역을 익히며 호주를 위치화한다. 3학년에서는 호주의 각 주와 영역을 익히며, 표현하고 이웃 나라와의 관계를 익힌다. 4학년에서는 아프리카와 남미, 5학년에서는 유럽과 북미의 관계적 위치를 익히고, 마지막으로 6학년에서는 아시아권으로 확장하여 학습한다.

표 4-3 캐나다 온타리오주와 호주의 지리교육과정의 위치학습 비교

캐나다 온타리오주의 위치학습 내용	단계	호주의 위치학습 내용
• 새로운 지도 만들기 • 상대적 위치를 사용하여 지역사회 주요 장소들을 위치화하기	1	• 장소의 자연 · 인문적 지표물의 위치 표현하기 • 지역사회 내 여러 활동과 입지적 근거 찾기
• 지도와 지구의에서 국가들을 확인하고 위치화하기 • 대륙, 중요한 대양, 적도, 양극, 양반구를 지도와 지구의에서 확인하고 위치화하기 • 지도의 요소들을 사용하여 위치파악 능력 갖추기 • 여러 물리적 지형들, 세계에서 선정된 여러 공동체들을 확인하고 위치화하기 • 여러 국가, 대륙, 자연지형, 대양이 있다는 것을 알고 다양한 방법(지구의, 디지털 맵, 전자 이미지 등)으로 표현할 수 있기 • 지도상의 기본 방위를 활용하여 지역, 국가, 대륙 등을 설명하기 • 일부 국가, 도시, 등의 위치를 설명하고 그들의 위치와 기후가 어떻게 관련되어 있는지 표현하기	2	• 세계가 구분되는 지리적 지역과 관련된 호주의 위치화하기
• 지도상에서 특정 역사적 공동체들의 위치 확인하기	3	• 호주의 각 주와 영역들과 주요 장소들의 위치 표현하기 • 호주의 이웃 나라들과 여러 장소 내 환경의 위치 표현하기
• 지구의와 지도상에서 초기 사회들의 위치 확인하기 • 주제도에서 초기 사회들에 대한 정보 추출하기 • 숫자, 좌표, 방향을 사용하여 캐나다의 물리적 · 정치적 지역들을 지도상에 위치화하기	4	• 아프리카와 남미 대륙의 주요 특성들 그리고 주요 나라들의 위치를 호주와 관련하여 표현하기
–	5	• 유럽과 북미의 주요 국가들의 위치를 호주와 관련하여 표현하기 • 특정 장소의 특성과 입지에 미치는 환경적 그리고 인간의 영향 알아보기
• 주제도 그리기 • 경위도를 사용하여 정보를 추출하고 적용하기	6	• 아시아 지역 주요 국가들의 위치를 호주와 관련하여 표현하기

출처: 김다원(2017).

그 외에도 위치학습은 미국과 영국의 지리교육과정에서 관련된 내용을 찾아볼 수 있다. 미국의 경우에는 우리나라 3~4학년군 학생들과 비슷한 시기인 K-4학년에 학습자 주변에서 발견할 수 있는 상징물의 위치 찾기, 지도 만들기, 위치의 영향 파악하기 등과 같은 활동으로 위치학습을 처음 시작한다. 영국의 경우에는 위치지식을 지리교육의 핵심 주제 영역으로 제시하면서 세계적 규모에서 위치를 파악하고, 표현하는 활동으로 구성되어 있어 다른 국가와는 차별성을 두고 있다. 영국은 글로벌 스케일에서 주요 장소들의 위치적 특성을 파악할 수 있는 능력을 개발하여 궁극적으로 지표상의 현상들을 이해할 수 있는 기초지식을 갖추게 한다는 것이다(김다원, 2017).

2) 우리나라의 위치학습방법

(1) 교육과정에 따른 위치학습방법

우리나라의 위치학습방법을 알아보기 위해 2018년부터 순차적으로 시행되는 2015 개정 사회과 교육과정을 살펴보면 표 4-4와 같다.

위치학습을 적용하는 시기는 앞서 알아본 캐나다와 호주보다 다소 늦은 3학년부터 시작하며 주로 마을 또는 고장에 대한 범위를 시작으로 시 · 도, 우리나라, 세계의 범위로 확장시켜 나간다. 중학교에서는 이러한 위치적 특성에 대한 내용을 익히는 과정으로 구성된다. 즉, 초등 단계에서는 지역과 장소적 특성, 위치 파악을 위한 기본적인 학습이 이루어지며, 이후 중등 단계에서는 이러한 학습 내용을 기반으로 심화적인 내용이 연계되어 이루어질 수 있도록 구성하고 있다.

표 4-4 2015 개정 사회과 교육과정 지리영역 위치 관련 성취기준

구 분	성취기준
초등 3~4학년	[4사01-02] 디지털 영상 지도 등을 활용하여 주요 지형지물들의 위치를 파악하고, 백지도에 다시 배치하는 활동을 통하여 마을 또는 고장의 실제 모습을 익힌다. [4사03-02] 고장 사람들의 생활과 밀접하게 관련이 있는 지역의 다양한 중심지(행정, 교통, 상업, 산업, 여행 등)를 조사하고, 각 중심지의 위치, 기능, 경관의 특성을 탐색한다.
초등 5~6학년	[6사01-01] 우리나라의 위치와 영역이 지니는 특성을 설명하고, 이를 바탕으로 하여 국토 사랑의 태도를 기른다. [6사01-02] 우리 국토를 구분하는 기준들을 살펴보고, 시 · 도 단위 행정구역 및 주요 도시들의 위치 특성을 파악한다. [6사07-02] 여러 시각 및 공간 자료를 활용하여 세계 주요 대륙과 대양의 위치 및 범위, 대륙별 주요 나라의 위치와 영토의 특징을 탐색한다.
중학교	[9사(지리)01-01] 다양한 지도에 나타난 자연환경과 인문환경의 위치와 분포 특징을 읽는다. [9사(지리)01-02] 공간 규모에 맞게 위치를 표현하고, 위치의 차이가 인간생활에 미친 영향을 설명한다. [9사(지리)08-01] 세계적으로 유명하거나 매력적인 도시의 위치와 특징을 조사한다. [9사(지리)11-03] 세계 속에서 우리 국토의 위치가 갖는 중요성과 통일의 필요성을 이해하고, 통일 이후 우리 생활의 변화를 예측한다.

출처: 교육부(2015).

(2) 사회과 실제수업을 위한 위치학습방법

우리나라에서 위치학습에 대한 체계적인 연구는 김다원(2005)에 의해서 이루어졌다. 위치학습이란 계통지리와 지역지리의 결합에 의해 이루어지기 때문에 대륙별, 문화권별, 지리적 접근성을 중심으로 기준국가를 선정하고, 그 기준국가를 중심으로 추론의 방법을 적용하여 주변 국가에 대한 위치지식을 확대시키는 학습방법을 제안했다. 이 방법은 초등 교육과정보다는 중등 교육과정에 적합한 방법이다(심승희, 2010).

초등 교육과정에서의 지리영역은 통합 사회과 체제로 구성되어 있기 때문에 계통지리와 지역지리 간에 명확한 경계가 드러나지 않는다. 또한 현행 초등 교육과정에서는 위치학습이 계통지리적 수준에서 이루어지기 때문에 위치를 지도학습을 위한 수단으로 생각하는 경향이 크다. 따라서 초등사회과 수업에 적합한 위치학습을 제시하기 위해서는 현행 초등 교육과정을 위한 학습방법과는 다를 수 있다. 이와 관련하여 심승희(2010)는 위치학습방법을 점적 위치지식과 면적 위치지식에 적합한 위치학습방법으로 나누어 제시하였다.

'점'으로서의 위치학습방법은 특정 장소의 지명과 그 장소의 지도상의 위치를 연결짓는 방법이다. 이 과정에서 단순 암기식이 아닌 교실에서 교사에 의해 구현될 수 있는 '점'으로서 위치학습방법을 모색해보는 과정에서 학습자의 부담을 줄여주고자 하였다. 이를 위해 맥켄지(McKenzie, 1980)와 베드나즈(Bednarz, 1995)의 연구를 활용하여 청각적 이미지와 시각적 이미지를 활용한 키워드 연결법을 제기하였다.

'영역'으로서 위치학습방법은 우리나라의 도(道) 또는 광역시 단위의 지도 퍼즐을 이용하여 시·도 단위 행정구역 및 주요 도시들의 위치 특성을 파악하도록 하는 것이다. 이를 위해 지도 퍼즐을 이용한 위치학습, 단계별 세계지도 스케치 맵 학습, 프로젝트 중심의 영역별 위치학습을 제시하였다. 지도 퍼즐을 위한 학습은 우리나라의 각 지역의 위치지식을 학습하도록 구성할 수 있으며, 단계별 세계지도 스케치 맵 학습은 표 4-5와 같은 단계를 거친다. 그리고 프로젝트 중심학습은 교수자가 학습자에게 실제와 유사한 과제를 제공하고 학습자는 이를 수행하기 위한 관련 정보를 활용하고 동료 학습자와 협력하여 산출물을 창출하면서 자연스럽게 학습이 진행되는 방법이다(강명희 외, 2009).

표 4-5 단계별 세계지도 스케치 맵 학습

단계	주요 특징	주요 활동
1단계	기하학적 형태 그리기	1. 세계지도를 보고 대륙의 형태에 대해 토론한 후, 각자 세계지도 위에 대륙별 기본적 기하학적 형태(사각형, 삼각형, 원형 등)를 덧칠해 그려보기 2. 빈 종이에 대륙별 기하학적 형태를 그리고 대륙명과 대양명 적어넣기
2단계	기준선 그리기	1. 세계지도에서 대륙 간의 공간적 관계를 보여주는 두 기준선(적도선과 본초자오선) 확인하기 2. 두 기준선과 대륙 간의 위치 관계 관찰하기 3. 빈 종이에 두 기준선을 그리고 난 뒤 대륙 그려 넣기
3단계	지도 퍼즐 맞추기	1. 대륙이 그려진 세계지도를 15~20개의 퍼즐 조각으로 잘라 짝꿍끼리 서로 교환하기 2. 각자 빈 종이에 세계 지도 퍼즐을 배열하여 붙이기
4단계	대륙 그리기	1. 빈 종이에 두 기준선 그려 넣기 2. 두 기준선을 기준으로 각 대륙을 그려 넣기 3. 각 대륙명과 대양명 적어 넣기

출처: 심승희(2010).

3 우리나라의 위치개념에는 어떤 의미가 있나요?

1. 우리나라는 수리적으로 어떤 위치에 있나요?

우리나라는 위도로는 북위 33°~43°에 위치하고 있으며, 4계절의 변화가 뚜렷한 냉·온대 기후가 나타난다. 경도는 동경 124°~132°에 위치하고 있으며, 중앙경선은 동경 127° 30′이나 표준 경선은 동경 135°로 우리나라는 경도 설정의 기준인 본초자오선이 있는 영국보다 8시간 빠르다. 실제 태양이 우리나라의 중앙경선인 127° 30′에 남중할 때에는 12시 30분이 되나 우리나라 사람들은 동경 135°에 맞추어진 시간을 사용하여 30분 정도 빠른 생활을 한다.

> **본초자오선(本初子午線)**
>
> 자오선이란 12간지에 따른 12시(자, 축, 인, 묘, 진, 사, 오, 미, 신, 유, 술, 해) 가운데 자시와 오시를 뜻하는 것으로 자시는 밤 12시, 오시는 낮 12시를 나타낸다. 결과적으로 본초자오선은 '밤 12시와 낮 12시가 근본적으로 시작되는 선'이란 의미를 지니는 것이다. 본초자오선은 현재의 경도 0°로 1884년에 국제회의에서 그리니치 천문대를 지나는 본초자오선을 표준으로 결정했다.

왜 우리나라는 표준자오선(태양남중시간)을 동경 135도로 하였는가?

서울의 경도는 동경 127°로, 1908년 대한제국이 표준시를 첫 시행할 때는 한반도의 중앙을 지나는 동경 127° 30′(UTC + 08:30)을 기준으로 표준시를 정하였다. 일제 강점기인 1912년 1월 1일 조선총독부가 동경 135°(UTC + 09:00) 기준인 일본 표준시에 맞춰 표준시를 변경하였고, 대한민국에서는 1954년 3월 21일 이승만 정부가 동경 127° 30′(UTC + 08:30) 기준으로 되돌렸다가, 1961년 8월 10일 박정희 군사정부가 동경 135°(UTC + 09:00) 기준으로 다시 변경하였다. 한편 북한은 2015년 8월 15일 표준시를 동경 127° 30′(UTC + 08:30) 기준으로 변경하여 평양시간을 따로 정하였으나, 2018년 5월 0시를 기해 평양시간을 서울시간으로 다시 환원했다.

우리나라의 최서단은 평안북도 마안도이다. 그러나 현재 남한 지역을 기준으로 하였을 때는 서해 최북단의 섬이자 남한 최서단은 백령도이다.

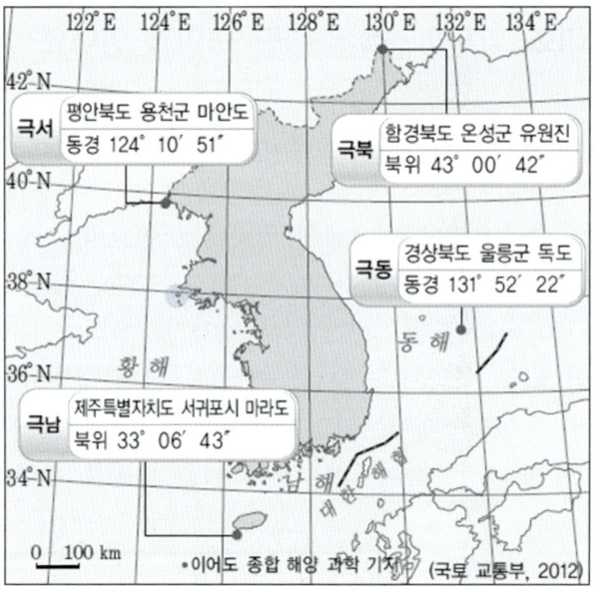

그림 4-13 **우리나라의 4극(수리적 위치)**

2. 우리나라는 지리적으로 어디에 위치하고 있나요?

우리나라의 지리적 위치의 큰 특징은 첫째, 유라시아 대륙의 동안에 위치한다는 것이다. 이로 인해 대륙성 기후인 동안 기후를 갖게 되면서 대륙 서안인 영국에 비해 연교차가 크고, 여름에 강수량이 많다. 둘째, 반도국에 위치한다는 것이다. 국토의 삼면이 모두 바다로 둘러싸여 있어 대륙과 해양으로의 진출이 모두 유리하다. 이로 인해 우리나라는 해안을 따라 입지하는 임해 공업과 국제 무역이 발달하였다. 셋째, 대륙과 해양 사이에 위치한다는 것이다. 계절에 따라 대륙과 해양의 온도 차이로 풍향이 바뀌는 계절풍의 특색을 갖는다.

그림 4-14 우리나라의 위치

3. 우리나라는 관계적으로 어떤 위치에 있나요?

관계적 위치는 주로 방위로 표현되며 주변 국가들과의 관계를 기준으로 한다. 이러한 관계적 위치는 주변 국가와의 관계에 따라 위치가 바뀌게 되며 시대적 상황과 국제 정세에 영향을 많이 받는다. 따라서 우리나라의 관계적 위치를 이해하기 위해서는 시대적 상황에 따른 이해가 함께 이루어져야 한다.

- 과거~근대: 우리나라는 대륙과 해양의 중간적 위치에 있어 주변 강대국들의 지속적인 침략을 받아왔다. 특히 19세기 말 열강 세력들이 진출하면서 우리나라는 이러한 세력들의 각축장이 되었다. 일본의 식민 지배 시대에는 일본의 교량적 위치를 차지하였다.
- 1950년대: 우리나라는 남북으로 분단하여 자본주의 진영과 공산주의 진영 사이에서 전초적 위치를 차지하였다.
- 현재: 동북아시아의 중심적 위치를 차지하고 있으며, 환황해와 환동해 경제권의 중심이기 때문에 전략적으로 유리한 위치를 차지하고 있다. 즉, 우리나라는 지리적으로 대륙과 해양을 연결하며 동아시아의 중심부에 위치하고 있어 육상·해상·항공 교통 모두를 통해 서쪽과 북쪽으로는 유라시아 대륙으로, 동쪽과 남쪽으로는 태평양으로 진출하기에 유리하다. 따라서 아시아·태평양 시대를 맞이하여 동아시아의 중심적 위치로 발전될 것으로 기대할 수 있다.

4 위치는 사회과 교육과정에 어떻게 반영되어 있나요?

기존 교육과정에서 위치에 관한 학습은 다음과 같이 요약할 있다.

첫째, 위치를 위한 학습은 제대로 이루어지지 않고 다른 주제를 보조하는 수준으로 이루어진다. 이를테면, 위치를 사용한 지도 속 장소 찾기 수준의 학습은 이루어지지만, 위치에 따른 자연적·사회적 현상의 변화와 같은 공간적 수준의 학습은 전개되지 않았다. 둘째, 위치를 찾는 방법이 지도, 지구의, 인터넷으로 현실을 반영하지 못한 수준에 그친다. 오늘날 위치를 찾는 가장 보편적인 방법은 스마트 기기를 이용한 검색 방법이다. 학습자 측면에서 지도와 지구의를 사용하는 방법은 충분히 가치가 있지만 실사용적인 학습자의 사용성 측면을 적극적으로 반영해야 할 것이다. 셋째, 성취기준이 절대적 위치(수리적 위치, 지리적 위치)를 중심으로 사실적 지식을 확인하는 수준으로 제시되어 있다. 지리학습은 지역성에 대한 이해가 핵심임에도 불구하고 이에 대한 중요성이 성취기준에서는 제시되지 않고 있다.

표 4-6은 2015 개정 교육과정에서 위치와 관련된 교육과정의 성취기준을 정리한 것이다. 이 교육과정에서 두드러진 특징은 다음과 같다.

표 4-6 2015 개정 교육과정에서의 위치 관련 성취기준

학년군	대주제	중주제	성취기준
3~4 학년군	(1) 우리가 살아가는 곳	① 우리 고장의 모습	[4사01-01] 디지털 영상 지도 등을 활용하여 주요 지형지물의 위치를 파악하고, 백지도에 다시 배치하는 활동을 통하여 마을 또는 고장의 실제 모습을 익힌다.
	(2) 우리가 살아가는 모습	① 지역의 위치와 특성	[4사03-02] 고장 사람들의 생활과 밀접하게 관련이 있는 지역의 다양한 중심지(행정, 교통, 산업, 여행 등)를 조사하고, 각 중심지의 위치, 기능, 경관의 특성을 탐색한다.
5~6 학년군	(1) 국토와 우리 생활	① 국토의 위치와 영역	[6사01-01] 우리나라의 위치와 영역이 지니는 특성을 설명하고, 이를 바탕으로 하여 국토 사랑의 태도를 기른다.
			[6사01-02] 우리 국토를 구분하는 기준들을 살펴보고, 시·도 단위 행정 구역 및 주요 도시들의 위치 특성을 설명한다.
	(7) 세계의 여러나라들	① 지구, 대륙 그리고 국가들	[6사07-02] 여러 시각 및 공간 자료를 활용하여 세계 주요 대륙과 대양의 위치 및 범위, 대륙별 주요 국가의 위치와 영토의 특징을 탐색한다.

먼저, 위치를 이전의 교육과정보다 강조하여 학습주제의 보조적 수단으로 위치를 학습하는 것이 아니라 학습의 중심이 되는 주제로 활용하고 있다. 이전의 교육과정에서 위치는 어떤 주제에 사용되는 장소와 지역을 찾는 수단 정도로 사용되었지만, 2015 개정 교육과정에서는 위치를 파악하는 과정에서 오는 의미를 중요시하고 있다. 그러나 여전히 위치 자체의 개념 파악에는 소홀한 수준이라는 한계가 있다.

다음으로 새로운 시대적 변화를 반영하여 디지털 영상지도의 활용을 강조하였다는 것이다. 이전 교육과정에서는 지도, 지구의, 인터넷으로 명시한 부분을 보다 구체적으로 성취기준에 언급하여 변화하는 시대의 흐름을 반영하였다.

끝으로 우리나라 국토에 대한 학습을 강조하였다. 단순히 '우리 지역'이라는 명칭으로 부분적인 위치를 배우던 이전의 교육과정과 달리, 시·도 단위의 행정구역과 위치적 특성까지 익히도록 하여 지역지리의 기본적 지식을 제공하고자 하였다.

이처럼 새로운 교육과정에서는 이전의 교육과정에 비해 위치학습의 중요성을 강조하고 있다. 이를 위해 위치가 지도상에 존재한다는 사실적 지식 외에도 위치 속성과 관련된 개념적 지식으로 변환하는 교사의 노력이 필요하다.

생각해 볼거리

1. 지리학습에서 위치학습이 중요한 이유를 설명해 봅시다.

2. 위치란 무엇이며, 위치의 종류를 예를 들어 분류해 봅시다.

3. 내가 살고 있는 고장이나 우리나라의 위치를 설명해 봅시다.

4. 내가 살고 있는 지역의 위치가 지역에 어떻게 영향을 미치는 지 설명해 봅시다.

5. 여러분이 생각하고 싶은 주제 중 하나를 선택하고, 선택한 주제의 지역의 규모(가령, 해운대구, 부산시, 경상남도, 경상북도, 영남지방, 남부지방, 우리나라 등)를 정하여 위치와 관련시켜 지리적 상상력을 발휘하여 이야기를 만들어 봅시다.

Q&A

II부 내용과 연관된 교원 임용 기출문제

1 다음은 5학년 사회과 '환경문제' 단원에 대한 수업 전개 과정의 일부이다. 물음에 답하시오. [총 5점]

2005 초등 교사 임용시험 문제

학습 목표: 우리나라의 자연 재해와 환경오염 문제를 조사한다.

내 용	교수 · 학습 활동
자 연 재 해	자연 재해 관련 자료를 재해의 종류에 따라 분류하기 ㉠ 기후 그래프를 보고 홍수와 가뭄 등의 발생 지역과 시기 알아보기
환 경 문 제	뉴스와 영화 등에 나타난 도시화 · 산업화로 인한 환경오염 사례 발표하기 ㉡ 우리 동네의 공기와 하천의 오염 및 소음 정도를 야외 조사하기

2) ㉡의 공기 오염을 조사할 때 사용할 수 있는 방법 중 초등학교 수준에서 할 수 있는 것을 1가지 쓰시오. [1점]

2 (가)는 사회과 교육과정 중 3~4학년의 '영역 및 학습내용 성취기준'의 일부이고, 주요 용어에 대한 해설이다. 2014학년도

(가)

〈영역 및 학습내용 성취기준〉

(1) 우리가 살아가는 곳

이 단원은 우리가 살고 있는 지역의 위치, 지역적 특성, 그리고 그 이용 모습을 살펴보고, 우리 지역의 자연환경과 생활과의 관계를 파악하며 …(중략)… 또한 지도의 요소를 알고 그것을 통해 우리 지역의 모습을 지도로 나타낼 수 있도록 한다.

(이하 생략)

〈주요 용어 해설〉

○ 자연환경

자연환경은 인간의 힘이 가해지지 않은 자연 그대로의 환경을 말한다. 여기에는 땅의 모양으로서 산지, 평야, 분지, 하천 등을 포함하는 (㉠), 어느 지역에서 오랜 기간에 걸쳐 나타나는 지속적이고 평균적인 대기 상태를 의미하는 (㉡), 그리고 토양, 식생 등이 있다.

○ 지도

지도는 지표의 일부 또는 전체를 간소화하여 평면에 표현한 것이다. 지도의 요소에는 한 지점을 기준으로 삼아 어떤 쪽의 위치를 나타내는 (㉢),지표면의 자연적·인문적 요소를 지도에 표현하는 약속인 (㉣),그리고 축척, 등고선 등이 있다.

1) (가)의 ㉠~㉣에 들어갈 용어를 각각 쓰시오.

• 자연환경 : ㉠ ______________________, ㉡ ______________________

• 지도의 요소 : ㉢ ______________________, ㉣ ______________________

3 (가)는 세계 지도와 통계 자료이고, (나)는 6.25 전쟁 때 월남했던 할아버지와 예비 교사의 대화를 채록한 자료이다. 물음에 답하시오. [5점]

2018 초등 교사 임용시험 문제

(가)

대륙 또는 국가	면적(천 km2)
아프리카	30,312
러시아	17.098
… (하략) …	

(나)

… (상략) …

예비 교사: 할아버지, 고향은 어디세요?

할아버지: 내 고향은 함경도 흥남인데, 6.25 전쟁 때 속초로 피란을 와서 가족과 함께 살고 있어.

예비 교사: 피란 생활은 어떠셨어요?

할아버지: 많이 힘들었어. 그 당시 국제 연합군이 파견된 것도 기억나.

예비 교사: 그들 가운데 직접 본 외국 사람도 있는지요?

할아버지: 아프리카 대륙에서 온 에티오피아 사람들을 만났어. 그들의 활동이 신문에 나기도 했지.

예비 교사: 우리나라와 ㉠ 에티오피아의 기후가 달라서 힘들었을 텐데요. 우리 학생들에게도 다른 나라가 힘들 때 도와줄 수 있도록 가르치는 게 좋겠어요.

… (하략) …

1) 다음은 (가)와 (나)를 활용한 수업에 대해 예비 교사와 지도 교사가 협의한 대화 내용이다. ( ) 안에 들어갈 단어를 쓰시오. [1점]

> 예비 교사: ㉠을 이해하는 데 도움이 되는 가장 핵심적인 학습 활동에는 무엇이 있을까요?
> 지도 교사: 학습자가 세계 지도에서 에티오피아의 수리적 위치를 확인하는 활동이 중요합니다. 수리적 위치를 나타내는 하나의 요소인 (   )을/를 확인함으로써 학습자가 ㉠을 추측할 수 있기 때문입니다.

모범답안

1. 흰 거즈에 물을 묻혀 측정할 장소에 놓은 다음 색의 변화로 오염 정도를 조사한다.
   1주일 동안 특정 물체(산 또는 건물)를 관찰하여 또렷이 보이는 날과 그렇지 못한 날을 기록한다.
2. 1) ㉠ 지형 ㉡ 기후 ㉢ 방위 ㉣ 기호
3. 1) 위도

PART

III

지리학이란 학문을 연구하는 데 중요한 도구가 있습니까?

제5장 지도(1): 지도는 지리학을 지리학답게 하는 영원한 도구이자 멘토로서 우리에게 할 말이 많다.

제6장 지도(2): 지도가 우리의 미래를 만든다.

제7장 지리답사: 지리답사(여행)는 우리의 생각과 편견을 바꾸어 우리를 새롭게 한다.

지리학은 통시적 특성을 갖는 공간에 관한 학문으로 공간적인 상호연관성을 중요하게 여긴다. 그렇기 때문에 시간 데이터보다 공간 데이터는 지리학에서 핵심이 되며, 이를 표현할 수 있는 지도는 중요한 도구이다. 오늘날 지도는 종이를 벗어나 컴퓨터를 기반으로 한 지리정보체계(GIS)의 등장으로 폭발적인 발전을 이루다가 모바일 기기로 확장되면서 지도혁명을 가져오고 있다. 지리학의 영원한 도구에 해당하는 지도, GIS 등은 지리학습뿐만 아니라 스팀(STEAM)학습에 활용하기에도 유용한 수단이다. 특히 빅데이터 시대의 도래로 현대의 지도와 GIS는 지리학의 울타리를 넘어 경영학, 생물학, 범죄학, 의학 등 다양한 학문과 융복합하고 있다. 향후 지도와 GIS는 지속적인 공간 데이터의 다양화로 활용 가능한 학문적 범위는 무한할 것으로 예상된다.

이러한 공간 데이터에 의한 분석은 간접경험이라는 점에서 한계성을 가진다. 지리답사는 이러한 한계성을 극복하게 함으로써 살아 있는 교과서 역할을 한다. 답사 현장은 호기심과 생동감을 불어 넣어 줄뿐만 아니라 심미감을 불어 넣어 창의적 구성과 기술(記述)을 할 수 있도록 해준다. 뿐만 아니라 답사를 통해 경계를 넘음으로써 경계 안에 갇혀있던 사고에서 탈경계적 사고를 함으로써 편견을 없애고 함께 살아가는 방법을 배우게 한다.

CHAPTER 05

지도(1): 지도는 지리학을 지리학답게 하는 영원한 도구이자 멘토로서 우리에게 할 말이 많다.

지리학은 땅 위에서 일어나는 문제들을 연구하며, 이들은 반드시 특정한 위치에 기반한 장소 혹은 지역과 관련이 있다. 그 문제가 어디에서 발생하는가? 왜 그곳인가? 그곳에 무엇이 있는가? 등은 이러한 공간에 대한 문제를 해결하고자 하는 질문들이다. 이와 같은 질문들에 대한 해답을 얻기 위해서는 연구대상이 어디에 있는지를 파악하는 것이 우선이다. 지도는 지표상에 존재하는 어떤 것들의 위치를 표현하는 가장 효과적인 수단이다. 즉, 지도는 어떤 것을 나타내는 것만으로도 공간 정보에 대한 의사소통 수단이 된다.

우리가 살아가는 실세계는 시간과 공간에 대한 정보로 이루어져 있다. 이중에서 지도는 공간에 대한 기초적인 지식을 제공하기 때문에 실세계를 이해하는 데 매우 유용한 도구이다. 또한 지도는 유사한 성격을 지닌 지표상에 존재하는 장소들의 묶음을 나타내기 때문에 지역을 효과적으로 알아보는 도구로 사용되기도 한다. 그렇다면 지도는 언제부터 존재하였을까? 지도가 우리에게 주는 의미는 무엇일까?

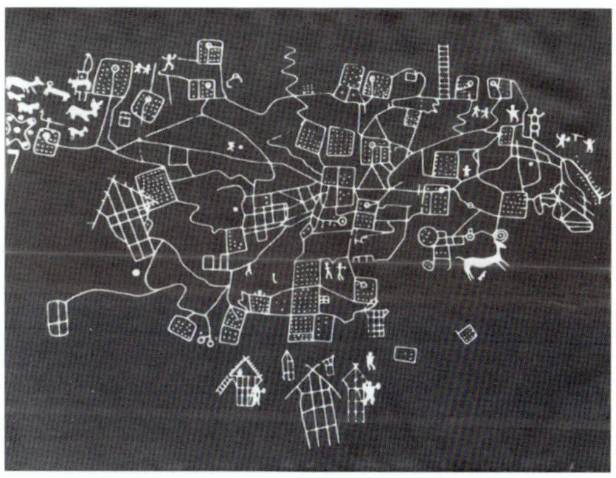

출처: 국토지리정보원

그림 5-1 카모니카족의 촌락 지도

출처: 국토지리정보원.

그림 5-2 점토판에 그린 지도

지도가 언제부터 존재하였는지는 정확히 알 수 없지만, 선사시대부터 존재해온 지도를 통해 인간이 문자를 사용하기 전부터 지도를 그려왔다는 사실을 추측할 수 있다. 그림 5-1은 1981년 이탈리아 북쪽 알프스 산록 카모니카(Camonica) 계곡의 암벽에서 발견된 선사시대의 지도로써 기원전 1,500년경 그곳에 살고 있던 고대인들이 그들의 촌락을 나타냈던 것으로 보인다. 그 외에도 기원전 700년경에 만들어진 고대 바빌로니아에서는 점토판에 지도를 그렸다(그림 5-2 참조). 우리나라의 경우 선사시대 지도가 남아 있지 않지만, 청동기 시대 울산 대곡리 반구대에 그려진 암각화를 그림 지도의 범주에서 생각해볼 수 있다. 그렇다면 사람들은 왜 지도를 그렸던 것일까? 지도가 우리에게 주는 의미는 무엇일까? 지금부터 초등교육에 필요한 지도에 관해 알아보면서 이에 대한 해답을 함께 생각해보도록 하자.

1 지도학습에서 꼭 알아야 할 것에는 무엇이 있나요?

우리나라에서 지도 장사가 안 되는 이유는 무엇일까? 그럼 왜 지도가 안 팔릴까? 이 질문에 대한 답으로는 땅이 좁아 지도가 크게 필요하지 않아서, 지도가 정확하지 않아 필요성을 못 느껴서, 지도제작 특히 지형도와 같은 것이 독점적으로 공급되기 때문에, 스마트폰의 보급 등을 들 수 있을 것이다.

길을 가다가 모를 때 어떻게 해결하는가? 옛말에 아는 길도 물어가자고 하고 있지 않은가? 서울 김서방 집도 물어물어 찾아가지 지도를 보고 잘 찾아가지 않는다는 것이다. 이러한 사례는 우리의 대중가요 노랫말 속에서 가령 물어물어 찾아와서, 번지 없는 주막, 이정표 없는 거리 등과 같은 노랫말 속에서 쉽게 찾아볼 수 있다. 우리의 문화(속담, 노래)가 지도를 무시하고 있는 셈이다. 여행을 하고 있는 외국인의 손에 무엇이 있는가를 잘 살펴보라. 우리는 길을 가다 모르면 지도를 찾기보다 무조건 묻는데 반해, 외국인의 경우에는 한 손에 지도를 들고 지도에 없는 정보나 애매한 정보에 대해 구체적으로 묻는 모습을 볼 수 있다.

그렇다면 지도를 배우고서 실생활에 지도를 거의 활용하지 못하는 이유를 무엇이라 생각하는가? 학교에서 축척을 배우고 난 후 축척을 여행이나 답사와 같은 실생활에 활용한 적이 있는가? 활용하지 않았다면 그 이유는 무엇인가? 우리는 현장에서 시험을 위한 교육을 하고 있는지도 모르겠다. 하나를 가르쳐주면 열을 알게 하는 것이 아니라 하나도 모르게 가르치고 있다. 교사의 경우에도 지도를 왜 가르쳐야 하는지를 제대로 알지 못하기 때문에 가르칠 때는 알지만 가르치고 나면 알지 못하는 경우가 있다.

앞서 제시한 3가지 질문에 대한 답으로 지도 교육의 문제점을 들 수 있다. 지도에 대해 제대로 알지 못하면 지도를 제대로 활용할 수 없다. 또한 아는 지식도 불완전하기 때문에 잘 가르치지도 못한다. 잘 가르치지 못하면 학생들은 잘못 배우고, 잘못 배우면 잘 모르는 악순환을 계속하게 된다. 지도를 통해 우리는 무엇을 이해하려고 하는가?

1. 지도의 어원은 어디에서 유래했으며, 어떻게 지도를 정의할 수 있을까요?

우리가 지도라고 부르는 것과 관계된 용어는 3가지의 라틴어 어원에 기초한다. 첫째, 식탁보나 냅킨에 그린 신호용 천(singnal cloth)을 의미하는 'mappa'라는 어원이다. 둘째, 종이나 한 장의 종이를 의미하는 'carta(charta)'라는 어원이다. 셋째, 평평함을 나타내는 'planus'라는 어원이다. 영어와 스페인어에서는 라틴어의 어원으로부터 'kappa'를 받아들인 반면에 대부분의 유럽어는 'carta'를 기호로 하였다. 라틴어 어원의 'carta'와 'charta'는 영어로 'chart'로 변했으며, 물과 공기와 같은 등질 공간을 운항하는 데 필요한 지도라는 의미를 포함한다. 'plan'의 경우 그 규모에 따라 용어가 달라진다. 미국 영어에서는 빌딩 내부의 바닥 평면을 나타내고 야외에서는 적당한 용어로 'map'을 사용한다. 영어를 포함하는 유럽어에서 'plan'은 도시와 교통 체계 및 가로 패턴을 포함한다. 도시 한계 범위의 외부는 미국과 같이 'map'으로 쓴다. 그밖에 특히 삽화가 있는 지도는 'cartograph', 지도첩은 'altas', 지구의는 'globe'라는 용어를 사용한다. 한자어로 地圖는 '지구와 그림을 단순히 결합한 형태'라는 어원이다.

지도에 대한 정의는 다양하다. 지도는 평면 위에 공간 형상을 관습적(약속)으로 표현한 것(Harris & Levey), 지도는 일반적으로 평면 위에 지표면이나 그것의 일부를 표현한 것(Oxford), 지도는 위도와 경도에 따라 육지와 바다의 윤곽을 지운 지리적인 그림(Cobb), 지도는 지표면의 위, 아래에 존재하는 자연적이고 인공적인 형상들을 평면에 일정한 축척으로 나타낸 것(미 국방성), 지도는 지표의 일부 또는 전체를 추상적이고 간소화시켜 평면에 표현한 것(김주환), 지도는 지표 전체나 일부를 일정 비율로 축소한 지역에 특정한 현상의 분포나 상관관계를 기호로 나타낸 것(한균형) 등이다.

앞서 언급한 점들을 감안하여 볼 때 지도는 지표의 전체 또는 일부를 추상화한다는 의미를 공통적으로 포함하며, 지도는 구체인 지구 표면의 전부 또는 일부분에 존재하는 다양한 지리적 현상을 일정한 축척, 방위, 기호 등에 의해 추상적인 개념으로 간소화시켜 평면에 표현한 것이라 정의할 수 있다. 쉽게 말하자면 지도는 주변 환경에 대한 다양한 공간 정보를 축소하여 기호로써 도면에 표현한 것으로 볼 수 있다. 이때 환경은 자연 및 인문 환경을 말하며, 표현한다는 것은 구체적으로 환경의 속성을 전달하는 것으로 실제 현상을 축소하고 단순화시켜 말로 표현할 수 없는 것을 표현하여 주는 의사소통을 위한 지리학의 독특한 언어[1]이다.

이러한 지도는 다양한 형태의 정보를 시각화시켜 보여주기 때문에 상대적으로 짧은 시간에 많은 정보를 파악한다는 장점이 있다. 이러한 이유로 지도는 지리학적 현상을 파악하는 정보원(정보를 담고 있는 그릇, 정보창고, 기록 창고)으로, 현상이나 사실 간의 관계를 분석하는 자료 및 도구이자 매체이다.

한편 지도를 통해 실세계를 이해하는 데 필요한 기초적인 지식과 주변 환경과 다양한 현상에 대한 정보를 얻게 되므로 지도에 대한 한계성을 이해하려는 노력이 필요하다. 다음은 지도에 대한 한계성이다. 첫째, 지도는 인공적인 이미지에서 시작하기 때문에 실세계와는 다른 왜곡된 이미지를 갖게 된다. 둘째, 지도는 단순

1) 최근 지식정보사회에서 창조사회로 전환되면서 지표에 대한 정보도 폭발적으로 증가하여, 지표에 대한 정보를 효율적으로 관리할 필요성이 증대되고 있다. 종래의 지표공간에 대한 자료로서 주로 사용되어 온 종이지도나 항공사진은 지표 현상을 표현하는 데 한계가 있다. 또한 항공산업, 광학산업, 전자산업의 발달로 원격탐사(remote sensing)와 디지털 컴퓨터 시스템의 급속한 발달은 사진제작에 의존하던 각종 주제도 작성을 인공위성에서 전송되는 자료로 대신하게 되었다. 따라서 ICA(international cartographic association)는 지도의 정의를 우주의 물리적 · 자연적 · 심리적 현상에 대한 지도학적 설명이나 표현으로 하고 있다.

화된 정보이기 때문에 실세계의 모든 부분을 반영할 수 없다. 나아가 제작자에 따라 지도의 신뢰성이 달라질 수 있다. 셋째, 지도의 시각적 효과를 과대평가하거나 과대 해석해서는 안 된다.

이처럼 지도는 아무리 잘 만들어졌다 할지라도 어디까지나 실제 현상들을 모두 똑같이 반영할 수 없기 때문에 해석에 주의를 기울여야 한다. 또한 지도의 제작방법에 따라 발생하는 지도 속 정보의 왜곡성에 대한 이해가 바탕이 되어야 올바른 지식을 얻을 수 있다.

특히 최근에는 컴퓨터가 지도와 결합돼 전문가만 제작할 수 있었던 지도의 제작 영역이 비전문가인 일반사람들에게까지 확장되어 외형적으로 그럴듯한 지도가 제작되고 있다. 지도가 의사소통 수단이라는 점을 간과한 채 만들어진 이러한 지도는 정보의 왜곡을 심화시킬 뿐이다. 따라서 모든 지도는 제작자의 의도가 나타난 추상화 버전의 실세계라는 사실을 잊지 말아야 할 것이다.

2. 우리는 지도에 대해 어떤 오개념을 갖고 있을까요?

1) 지도는 실제 땅모양과 같을까요?: 면적 및 거리에 대한 오개념

우리는 종종 지도가 실제 땅모양과 같다고 생각한다. 그러나 아직까지 둥근 지구를 평면상에 완벽히 표현하는 방법은 없으며, 지도 속에는 정보의 왜곡(distortion)을 발생하게 된다. 결국 지도는 거짓말쟁이(map is a liar)라는 사실을 인지해야 하며, 사용자는 목적에 맞게 사용된 다양한 도법의 지도를 활용해야 한다. 즉, 지도의 특성인 정거(正距), 정적(正積), 정방위(正方位), 정형(正形), 정각(正角)을 잘 고려하여 사용목적에 맞게 선택할 필요가 있다.

면적 및 거리에 대한 오개념의 예

- 면적의 왜곡으로 인한 오개념: 예로써 그린란드가 호주보다 더 크다고 생각한다. 메르카토르 도법은 고위도로 갈수록 거리 면적이 확대되기 때문이 이 도법으로 우리가 사는 세계를 표현하게 되면 고위도 지역에 대한 것은 왜곡이 심하다.
- 거리의 왜곡으로 인한 오개념: 비행기를 타고 서울에서 LA를 갈 때 태평양 한 중간으로 가는 것이 알래스카 가까이로 가는 것보다 더 짧다고 생각한다.

2) 5만분의 1 지형도는 대축척일까요? 소축척일까요?: 축척에 대한 오개념

1/5만 지형도는 대축척 지도인가, 소축척 지도인가? 대부분의 학생들은 1/5만 지형도를 소축척으로 생각하고 있다. 대축척은 넓은 지역을 축척한 것이고, 소축척은 좁은 지역을 축척한 것이라고 알고 있다. 다시 말해, 소축척보다 대축척이 축척을 많이 한 것으로 알고 있다. 따라서 축척은 무엇을 의미하며, 구체적으로 1/5만은 무엇을 의미할까? 이것을 어떻게 학습하게 할까? 실생활에는 어떻게 살아 있는 지식으로 활용할까? 산지에서도 실제 거리는 지도상거리×축척으로 알고 있다.

3) 집 뒤에서 왜 해가 뜰까요?: 방위에 대한 오개념

세계전도에서 미국을 우리나라 동쪽에 주로 위치시키는 지도에 학생들이 익숙해져 있기 때문에 미국은 항상 우리나라의 동쪽에 위치하며, 서쪽에 위치하면 틀리는 것으로 알고 있다. 보통의 경우 세계의 모든 나라들은 자기 나라를 중심에 둔 지도를 활용한다. 그렇다면 과연 세계의 중심은 어디일까? 세계 모든 나라가 자기중심적 세계관을 갖고 있다. 따라서 평면 지도상에서 이웃 나라와의 관계는 잘 알지만, 그 반대편에 있는 나라들을 잘 모르는 경우가 많다. 따라서 지구의를 활용해서 지구의 반대편도 생각해보고, 지구를 거꾸로 뒤집어서 생각해볼 필요가 있다.

우리 국토를 답사하다 보면 전라도 지역의 경우 절 뒤에서 해가 뜨는 것을 볼 수 있다. 절 뒤에서 해가 뜬다는 것은 절이 서향을 하고 있다는 것이다. 왜 절이 서향을 하고 있을까? 우리는 남향집에 주로 살기 때문에 이런 장면이 이해되지 않을 수 있다. 특히 전라도의 경우 평야지대로 대체로 서쪽으로 개방되어 있어 절이 서향을 한다고 볼 수 있다.[2] 우리나라 대도시들은 대개 분지형의 도시이다. 그러면서도 북쪽에 주로 주산(가장 높은 산)이 위치하고 있으며, 남쪽은 개방형의 작은 안산, 조산이 있다. 북현무, 남주작의 전형적인 남향 위주의 도시가 대부분이다. 이와 관련하여 전주의 경우 주산 또는 외성이 어느 방향에 있을까? 북쪽(부산 금정산성은 북쪽, 대구 팔공산도 북쪽)에 있지 않고 동남쪽에 있다. 전주는 서북쪽으로 개방되어 있는 편이다.

2) 불교 관련 기관에서는 불교의 전래와 관련하여 서방정토란 차원에서 설명하기도 한다.

우리나라의 지형이 북고남저, 동고서저이기 때문에 다른 나라에 대해서도 그대로 생각하는 경향이 있다. 이에 따라 학생들은 왜 라인강이 남쪽에서 북쪽으로 흐르는가라고 질문한다. 우리의 지형을 다른 나라에도 그대로 적용하여 강은 항상 북쪽에서 남쪽으로 흐르는 것으로 잘못된 오개념을 갖고 있으며, 지도를 칠판에 걸어 놓을 때 칠판의 위쪽은 북쪽, 아래쪽은 남쪽을 가리키는 데, 이것을 상하 개념으로 이해하여 칠판 위쪽은 높은 곳, 아래쪽은 낮은 곳으로 이해한 오개념을 갖고 있다. 마찬가지로 학생들은 우리나라가 동고서저의 지형이기 때문에 동해 쪽으로 강물이 흐르지 않는 것으로 알고 있다. 그러나 실제로 동해 쪽으로 흐르는 강도 있다.

4) 지도상의 초록색에 사람과 공장이 없다고요?: 기호에 대한 오개념

지형의 기복표현 방법에 따라 녹색을 전부 평야로 생각한다. 정말일까? 그러나 이것은 잘못된 개념이다. 녹색은 150~200m 이하의 저지를 의미하는 것이지 평야는 아니다. 하지만 녹색은 평야이기 때문에 논이나 밭이고, 그 외의 것은 있을 수 없다고 생각한다. 오히려 녹색 부분에 사람과 공장, 도시가 많다. 그러면 해안선은 실제로 곡선일까? 흔히 해안선은 구불구불한 곡선으로 생각하고 있으나 실제로 그 지역에 가보면 직선에 가깝다.

3. 지도의 종류에는 무엇이 있을까요?

지도는 목적에 따라 다양한 종류가 존재하며, 그림 5-3과 같이 크게는 축척, 형태, 내용, 제작 방법 등으로 분류할 수 있다.

축척에 따라 소축척, 중축척, 대축척 지도로 분류된다. 소축척 지도는 비교적 넓은 지역을 간략하게 나타낸 지도로 축척 비율이 1 : 600,000 축척과 이보다 더 작은 비율로 제작된 지도를 말하며, 표준 축척은 1 : 1,000,000이다. 소축척 지도의 예로서 한국전도, 세계전도의 크기를 들 수 있다. 중축척 지도는 소축척 지도와 대축척 지도의 중간 정도 축척 비율로 1 : 600,000 축척보다 크고 1 : 75,000 축척보다 작은 비율로 제작된 지도를 말하며, 표준 축척은 1 : 250,000이다. 중축척 지도의 예로서 남부지방, 중부지방의 크기를 들 수 있다. 대축척 지도는 비교적 좁은 지역을 크고 자세하게 나타낸 지도로, 축척의 비율이 1 : 75,000 축척 및 이보다 큰 축척의 지도로서 표준 축척은 1 : 50,000이다. 대축척 지도의 예로서 1/5만이나 1/2.5만 지형도를 들 수 있다(그림 5-3 참조).

내용에 따라 일반도, 주제도, 특수도로 분류할 수 있다. 일반도(general map, 국립지리원에서는 국가기본도)는 여러 사람이 다른 목적으로 사용할 수 있도록 많은 지표상태들을 가능한 한 정확, 정밀하게 표시한 지도로서, 표현되는 내용은 지도 이용목적, 제작목적에 따라 달라진다. 여러 지도에 공통으로 사용할 수 있는 내용을 가장 많이 포함하는 지도를 만들어 폭넓게 활용하려는 목적의 지도이다. 전 영토에 대해 통일된 축척으로 국가가 제작하는 지도로 국토의 개발이용을 위한 필수적인 기초 자료를 제공할 뿐만 아니라 다른 주제도 및 특수도의 기초로서 널리 사용된다. 일반도가 지표상에 분포하는 다양한 정보의 표현을 목적으로 한다면 주제도(thematic map)는 특정한 주제를 강조하여 표현하고자 하는 것이 그 목적이다. 지질도, 해도, 해류도, 기후도, 도로지도, 항공도, 통계지도, 여행지도, 역사지도 등 특정한 주제가 대표적인 예가 될 수 있다. 주제도는 국가 기본도를 기초로 하여 색채와 기호 등이 달리 표시되어 있다. 특수도(specific map)는 특수한 목적으로 사용하기 위하여 제작된 지도로 지적도, 해도, 사진지도, 맹인용 점자지도, 기복도 등이 있다.

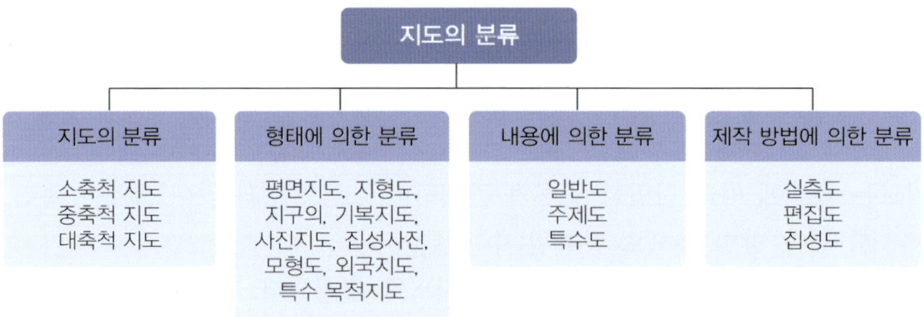

그림 5-3 **지도의 분류에 따른 종류**

2 지도학습 목적은 무엇이며, 주요개념에는 무엇이 있나요?

1. 지도학습의 목적은 무엇일까요?

지도는 모든 지표의 현상이 뒤섞여 있는 야외를 실제로 보고 의식하는 것보다 더 명료하게 지리적 사실을 표시해줄 뿐만 아니라 지리적 사실 간의 공간관계를 찾는 효율적인 도구이다. 예를 들어, 특정 목적지에 대한 이동시간을 계산하기 위해 사진과 지도가 있다고 생각해보자. 지도는 사진에서 알 수 없는 정확한 이동거리를 축척을 통해 거리를 정확하게 계산할 수 있으며, 도로의 생김새를 한눈에 알아보는 것이 가능하다는 점에서 사진보다 효율적이다.

이렇게 지도는 인간생활의 터전이 되는 지표면의 상황을 볼 수 있는 정보(자료)원이고, 이것을 통해 지리적 사고를 할 수 있는 도구(매체)가 된다. 결국 지도학습은 지도 속의 여러 속성을 설명하기 위해 방위와 위치와 축척을 사용하고, 이것을 통해 지도 속의 지리적 요소의 공간적 특징과 상관관계를 이해하고 해석함으로써 지리적 안목을 갖게 한다. 다시 말해 지도학습의 목적은 지도학습의 주요 요소들인 방위, 위치, 축척, 기호 등을 사용하여 지리적 특성인 지역성, 공간성을 이해·해석하고, 설명·분석함으로써 땅에 대한 안목을 갖게 하는 데 목적이 있다. 따라서 지도를 통해 지도학습의 요소를 이해하는 차원을 넘어 그것을 실생활에 적용할 수 있는 능력을 갖도록 해야 한다.

2. 지도학습의 주요 개념은 무엇이 있나요?

중매쟁이가 누군가를 소개할 때, 그 사람에 대해 이러쿵저러쿵 정보를 전달하며, 사진을 보여 준다. 사진을 보면 그 사람에 대해 좀 더 할 말이 더 생긴다. 이와 마찬가지로 우리가 땅에 대한 모습을 소개할 때 사용하는 것이 지도이다. 지도를 보고 그 땅에 대해 이런저런 이야기를 할 수 있다.

따라서 우리는 지도를 통해서 대화를 한다. 무슨 대화를 하는가 하면 지도가 말하고 있는 지표 공간의 특성을 얘기하는 것이다. 구체적으로 위치와 속성 그리고 속성과 속성 간의 관계 등을 말한다. 결국 지도를 통해 공간을 이해하고, 해석하고, 분석한다. 그런데 우리는 지도교육에서 기호라든지, 축척이라든지, 방위 등은 공간을 이해하기 위한 요소일 뿐인데, 오히려 이것이 지도 수업에서 주를 이루고 있는 것을 자주 본다. 주객이 전도되어 자칫 주인은 어디 가고 손님만이 있는 꼴이 된다. 이렇다 보니 축척을 배워서 제대로 활용하지 못하게 되는 것이다. 지도학습의 주요 개념으로 독도, 판독, 지도화, 도법 등이 있다. 특히 독도는 지도학습에서 가장 기초적이면서도 중요한 것으로, 독도학습의 요소는 축척, 위치, 방위, 기호, 기복의 표현 등이 있다.

표 5-1 지도학습의 주요개념

주요 개념		지도내용의 일반화
읽기 (독도)	축척	① 지표를 지도에 표시할 때의 축소 비율이다. ② 거리를 지도에 표시할 때의 축소 비율이다. ③ 분수식, 비례식, 막대그래프식 등으로 표시한다. ④ 두 지점 간의 실제거리와 지도상의 거리를 비교하여 축척을 알 수 있다. ⑤ 축척은 대축척, 중축척, 소축척으로 구분할 수 있다.
	위치	① 위치는 경선과 위선의 교차로 표시한다. ② 위치는 주변현상과의 관계로 표시한다. ③ 위치는 기준점으로부터의 거리와 방향으로 표시한다. ④ 위치는 기준선을 중심으로 하는 좌표로 표시한다. ⑤ 위도는 지구의 반경이 적도면과 이루는 각이며 위선은 같은 위도의 지점을 연결한 선이다. ⑥ 경선은 지구의 양극을 통과하는 대원이며, 본초자오선에서 동, 서 각 180°씩 나누어진다. ⑦ 경선 간격은 위도에 따라 다르다. ⑧ 표준시는 표준 경선에 의해 결정되며, 지구는 24시간대로 되어 있다.
	방위	① 일반적으로 지도의 위쪽이 북쪽이다. ② 경선은 남북 방향, 위선은 동서 방향을 나타낸다. ③ 대축척 지도에서 진북, 자북, 도북을 구별할 수 있다. ④ 진방위와 자침방위를 설명할 수 있다.
	기복의 표현	① 등고선식, 음영식, 채단식, 우모식 등으로 표시한다. ② 음영식, 채단식, 우모식은 시각적 효과를 높인다. ③ 등고선식은 대축척 지도에 주로 이용된다. ④ 등고선은 해면으로부터 같은 높이의 지점을 연결한 선이다. ⑤ 등고선의 간격은 지도의 축척에 따라 정해진다. ⑥ 등고선의 간격이 좁을수록 경사가 급한 지형이다. ⑦ 등고선은 지형에 따라 양곡선, 음곡선, 폐곡선의 형태로 나타난다.
	기호	① 지도는 지표의 현상을 목적에 따라 선택하여 일반화한 것이다. ② 지표면의 현상은 기호로 지도에 표시된다. ③ 소축적 지도에 사용된 기호는 실제의 크기보다 과장되어 나타난다. ④ 기호는 지표면의 사상을 추상화한 것이다. ⑤ 대축적 지도일수록 기호는 자세한 내용을 나타낸다. ⑥ 기본적인 기호를 제외하고는 지도의 축척 및 목적에 따라 기호가 달라진다.

(계 속)

주요 개념	지도내용의 일반화
해석하기(판독)	① 지도를 보고 그 지역의 지형 및 기후를 파악할 수 있다. ② 주제도를 보고 그 내용을 이해하고 설명할 수 있다. ③ 문장으로 서술된 내용을 관련된 지도와 비교하여 확인할 수 있다. ④ 지도를 이용해서 주어진 지역의 특색을 파악할 수 있다. ⑤ 제작연도가 다른 지도를 비교하여 지역의 변천과정을 알 수 있다. ⑥ 지도를 통하여 자연과 인간의 관계를 알 수 있다.
그리기(작도, 지도화)	① 지리적 지식을 지도화 할 수 있다. ② 통계자료를 종류별로 지도화 할 수 있다. ③ 주어진 지역의 모형도를 그릴 수 있다. ④ 기호를 사용하여 지표면의 특성을 지도에 표시할 수 있다. ⑤ 우리나라 및 세계지도를 약도로 그릴 수 있다.
만들기(도법)	① 지도는 구면을 평면에 표시한 것으로 지구의와 같이 표시할 수는 없다. ② 지도의 기본 특성은 정각성, 정적성, 정거성, 정방성 등이다. ③ 지도는 도법에 따라 그 특성이 다르다. ④ 모든 특성을 갖춘 지도는 없다. ⑤ 지도의 용도에 따라 도법이 달라진다.

3 지도 읽기를 통해 지도와 어떻게 소통할까요?

지도에서 어떤 지점의 위치, 지점 간의 거리, 상대적 위치, 단순한 지리적 사실을 찾기 위한 행동을 독도(讀圖)라 한다. 독도는 학생들에게 지리적 사고를 효과적으로 나타내고 지리적으로 사고하도록 가르치기 위하여 필수적으로 가르쳐야 할 개념이다. 독도 능력은 선천적이 아니고 학습될 수 있는 능력이고, 독도는 축척, 위치, 방위, 기복의 표현, 기호 등을 통하여 이해할 수 있다.

1. 축척을 실생활에서 어떻게 활용할 수 있을까요?

축척은 지구 표면의 거리를 줄여서 지도에 표시하는 축소 비율이다. 지상거리는 지도 축척을 사용하여 지도상에서 측정할 수 있다. 여기서 우리는 축척을 배우면 실생활에서 축척을 활용할 줄 알아야 한다. 축척을 현장에서 효과적으로 학습하여 현실에 활용하기 위한 방안을 살펴보면 다음과 같다.

첫째, 자기 교실, 자기 방, 자기 학교를 모눈종이에 그려보자. 그리고 어떤 지점 간의 거리를 재어 실제거리와 비교해 보자. 지도에서 10cm인데 실제 거리는 10m이다. 그러면 10/1,000 = 1/100로 줄어든 것이다. 이렇게 함으로써 축척의 개념을 이해할 수 있다.

둘째, 축척은 분수식, 비례식, 막대그래프식이 있는데, 막대그래프식으로 학습하는 것이 바람직하다. 막대그래프에 나와 있는 길이만큼이 실제거리이기 때문에 축척만 봐도 대략적으로 거리를 유추할 수 있다. 거리계산이 가능하면 시간계산, 비용계산 등이 가능하고, 또한 답사코스를 어떻게 잡을 것인가 등도 계획할 수 있다. 그러나 현실적으로 막대그래프식에 의해 지도를 활용한 적이 있는가? 막대그래프식은 지도를 확대 또는 축소하여 사용해도 막대그래프의 축척은 변하지 않는다. 축척의 경우 초등학교 3~4학년 수준에서 가르치는 것은 쉽지 않다. 따라서 축척의 개념정도만 가르쳐도 된다. 욕심을 낸다면 막대그래프식을 이용해서 축척의 개념을 가르치면 좋을 것이다.

결론적으로 축척 자체에 매몰되어서는 안 된다. 전술하였지만 지도를 통해 자기 방, 자기 교실, 자기 학교의 공간적 특성을 설명하도록 하여야 한다. 그런데 축척이 이해되지 않는다 하여 계속하여 축척만을 이해하기 위한 수업을 강요해서는 안 된다. 축척에 대한 이해가 다소 부족하더라도 지도 속의 지리적 특성(위치, 방위, 기호를 통한)을 말하도록 하는 것이 더욱 중요하다. 주객이 전도되어서는 안 된다.

2. 경위도가 없다면 어떤 일이 생길까요? 경위도는 우리에게 어떤 의미가 있을까요?

1) 세계 각 지역의 주소는 무엇으로 나타낼까요?

우리는 살고 있는 집의 주소가 있어서 번지를 정확히 알면 원하는 사람에게 편지를 보낼 수 있다. 이와 마찬가지로 우리가 살고 있는 지구도 번지를 가지는데, 이것이 경위도에 의한 위치이다.

위도는 지구상의 어떤 지점이 적도에서 극 쪽으로 떨어져 있는 정도를 나타내는 수치이고, 그 지점을 통과하는 지구의 반경이 적도면과 이루는 각으로 표시되며 같은 위도의 지점을 연결한 선이 위선이다. 위선의 길이는 위도에 따라 다르고 적도(0°)에서 최대이고 극(90°)에서 최소가 된다. 경도는 지구상의 어떤 지점이 본초자오선에서 동 또는 서로 떨어지는 정도를 나타낸 수치로 그 지점을 통과하는 경선과 본초자오선이 지점에서 만나 이루는 각도이다. 같은 경도를 연결한 선이 경선이고 경선의 길이는 동일하다. 즉, 위선 간격은 위도에 따라 다르고 경선의 간격은 지구가 타원체로 인한 오차를 제외하면 어느 정도에서는 동일하다.

지도상에서 지구상의 한 지점의 정확한 위치는 경선과 위선의 교차로 표시된다. 따라서 지도를 볼 때 가장 기본적인 것은 경 · 위선에 관한 지식이다. 지표상에 있는 모든 것들은 그들 나름의 위치적 특성을 갖고 있다. 위치는 단순히 어디에 있느냐는 의미를 넘어서서 비가시적인 중요한 내재적 의미를 갖고 있다.

2) 경 · 위도는 우리의 삶과 관련하여 어떤 의미가 있나요?

(1) 경도의 지리적 의미는?

경도의 기준이 되는 본초자오선(first meridian)[3]이 그리니치를 통과하는 이유는 무엇일까? 1884년 미국 워싱턴 25개국 대표회의(만국지도회의)에서 그리니치 천문대를 기준으로 하여 본초자오선을 정하게 되었다. 특히 영국은 자오선에 대한 연구 성과와 세계의 바다를 제패한 막강한 힘을 갖고 있었기 때문에 세계의 기준이 되었다. 현재 그리니치 천문대는 서섹스(Sussex)로 옮겼으며, 과거의 자리는 현재 공원으로 조성되어 있다. 그러나 프랑스는 이 결정에 불복, 지금도 국내에서 사용하는 지도에는 파리를 통과하는 선을 본초자오선으로 사용하고 있다.

그림 5-4 그리니치 천문대 (Greenwich observatory)

그렇다면 우리나라의 표준자오선은 어디일까? 태양이 남중하는 시간을 정오(12시)로 정하여 나라마다 표준자오선을 정하는 데, 우리나라의 표준자오선은 동경 135도

3) 경선을 우리말로 자오선이라고도 하는 데 그 이유는 다음과 같다. 자오선의 어원을 살펴보면, 옛날에는 12지를 이용하여 방위를 나타내었는데, 자(子)는 북쪽으로 하여 시계방향으로 가면서 묘(卯)는 동쪽, 오(午)는 남쪽, 유(酉)는 서쪽으로 나타냈다. 여기서 남북을 연결하면 자오선이 되는데, 이것은 위치는 나타내는 경선과 같게 되는 것이다. 4장 위치의 본초자오선을 참고할 것.

를 사용하고 있다. 우리의 경우 동경 127도 30분에서 태양이 남중(정오 12시)하고 있는데, 동경 135도가 표준자오선이기 때문에 실제로 우리는 12시 30분을 정오로 사용하고 있는 셈이다.

날짜 변경선(international date line)은 왜 들쭉날쭉할까? 날짜 변경선은 1884년 만국지도회의에서 채택되었다. 날짜 변경선은 본초자오선이 결정된 다음에 정해진 것이기 때문에 그것이 태평양 가운데를 지난다는 것은 극히 우연한 일이다. 날짜 변경선을 180° 경선과 정확하게 일치시키지 않고 다소 들쭉날쭉하게 설정한 것은, 생활의 편리를 위해 정치적·사회적 배경이 같은 지역을 분리시킴으로써 일어날 수 있는 불편을 없애기 위해서였다.

시차적응은 어떻게 하는 것이 좋을까? 시차적응을 잘 하기 위해서는 도착지의 시간에 맞추어 행동하는 것이 좋다. 이를테면, 유럽을 가는데 유럽도착시간이 저녁 10시일 경우, 이때 비행기에서 어떻게 하면 좋을까? 만약 비행기에서 잠을 많이 잘 경우 도착해서 밤인데도 잠이 잘 오지 않을 것이다. 또한 유럽에서 밤이면 우리의 경우 낮이기 때문에 생체리듬상 저녁 10시지만 잠이 잘 오지 않는다. 그렇기 때문에 비행기에서 잠을 자지 않는 것이 유럽에서의 수면 활동에 도움을 준다. 비행기에서 잠을 잔다면 한국에서 출발하여 초기에 잠을 자는 것이 바람직하다. 도착시간이 아침 10시라면 그 반대로 하면 된다.

(2) 위도의 지리적 의미는?

남북으로 흐르는 강과 동서로 흐르는 강은 위도와 관련하여 어떤 의미가 있을까? 이를테면 미시시피강과 아마존강을 비교하여 생각해보자. 위도는 기후에 결정적인 영향을 줌으로써 지리적으로 매우 의미가 있다. 그러나 같은 위도라고 해서 같은 기후는 아니다. 위도의 간격이 넓을수록 다양한 기후가 나타난다고 할 수 있다. 다양한 기후는 다양한 생산물을 가져옴으로써 다양한 지역성을 갖게 된다.

우리나라의 길이가 삼천리라는 근거는 어떻게 해서 나온 것일까? 우리나라를 흔히 삼천리 반도 금수강산이라고 한다. 그래서 우리는 삼천리와 관련된 것[4]들이 많다. 우리나라의 위도의 길이는 10°(북위 33°에서 43°)이다. 위도 1°의 길이는 지구 둘레가 약 40,000km이기 때문에 이를 360°로 나누게 되면 약 111km 정도가 된

4) 삼천리 주유소, 삼천리 여행, 삼천리 자전거, 삼천리 산업, 삼천리 공인중개사, 삼천리 화원, 삼천리 음식점 등 수없이 많다.

다. 따라서 우리 국토의 거리가 약 1,110km가 됨으로써 약 3천리(1,200km)가 되는 것이다.

우리의 경우 천 리는 매우 먼 거리로 생각하나, 미국이나 중국과 같이 면적이 큰 나라에서 천 리는 먼 거리가 아니다. 따라서 우리의 천 리 길도 한 걸음부터라는 말은 미국이나 중국과 같은 나라에서는 상대적으로 먼 거리가 아니다.

3. 내가 어느 방향으로 가고 있는지를 어떻게 알 수 있을까요?

위치는 수리적 · 절대적 · 상대적이라는 관점에서 방위는 동서남북 등에 의해서 진술될 따름이다. 방위(direction)는 어원이 해가 뜨는(rise) 또는 동(east)쪽을 뜻하는 라틴어 orient에서 유래된 말로서 지도에서 주요한 지리적 방향을 가리키기 위해 표시된다. 지도에서 방위는 지도상의 어떤 사물 또는 장소가 다른 사물 또는 장소로부터 어떤 방향에 있는가를 알려준다. 즉, 방위는 어떤 지점을 기준으로 지표면상에 나타나는 방향이라 할 수 있다. 지표면상 북극성의 직하에 해당하는 방위를 북으로 하고 이에 따라 남, 동, 서 등의 방향이 결정된다. 이 4방위는 다시 8방위 또는 16방위로 세분한다. 같은 요령으로 지도상에서도 주어진 지점의 방위를 찾을 수 있다. 지도에서는 방위 표시에 의해 북쪽 방향을 찾을 수 있고 방위 표시가 없을 때는 일반적으로 지도상의 위쪽이 북이고, 오른쪽이 동, 왼쪽이 서, 아래가 남인 것이 일반화된 지도의 모습이다. 다음은 나침반 없이 지면상에서 방위를 찾는 다양한 방법이다.

1) 북극성을 이용하는 방법

캄캄한 밤에 길을 잃었다면 어떻게 해야 할까? 방향을 알 수 있는 나침반도 잃어버렸을 경우, 낮이라면 태양의 방향의 방향을 보고 대충 짐작하겠으나, 이럴 때는 하늘의 별을 보고 방향을 찾을 수 있다. 그중에서 이용하게 될 별이 북극성이다. 북극성은 북극점과 직선상의 거리에 있는 별이다. 붙박이별로 카시오페이아성(닻별)과 북두칠성 사이에 있는데 북두칠성의 끝에 있는 별의 4배 거리에 있다. 북극성은 북쪽 하늘에 나타나며 2등성이기 때문에 눈여겨 관찰해야 찾을 수 있다.

많은 별 중에서 북두칠성만큼 친숙한 별은 없다. 바로 북두칠성이 거의 매일 밤 북쪽 하늘에서 그 모습을 찾을 수 있는 주극성이기 때문이고, 어두운 별들이 많은 북쪽하늘에서 밝은 별들로 특별한 모양을 이루고 있기 때문이기도 하다. 이제 북두칠성을 포함한 큰곰자리에 대해 알아보자. 옛날에는 북두칠성의 사발에 해당하는 네 개의 별만을 곰으로 보기도 하였고, 이 사발부분을 수레로 보는 사람들도 있었으며, 고대 바빌로니아는 수레를 끄는 사람이나 소, 말 등으로 보기도 했다. 그런 생각을 가지고 다시 보면 그럴 듯하다. 큰곰자리는 하늘의 별자리들 중에서 모양이 아주 그럴 듯한 별자리의 하나이다.

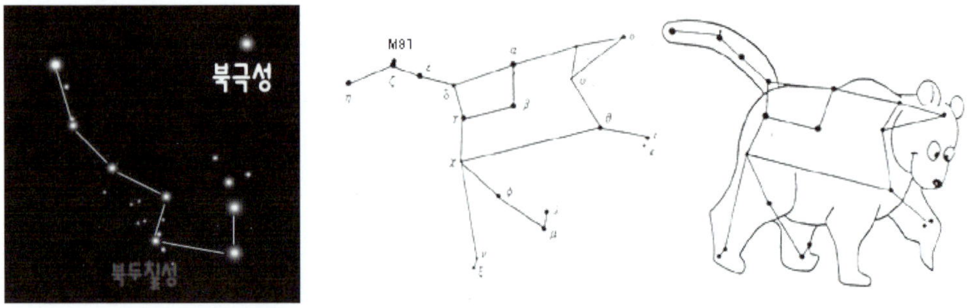

그림 5-5 **북극성**

2) 시계를 이용하는 방법

시계와 태양을 이용해서 어떻게 방향을 찾을 수 있을까? 북반구에서 시계의 시침을 태양 쪽으로 맞췄을 때 12시와 시침 중간 방향이 남쪽이 된다. 남반구에서는 시계의 12시 위치를 태양 쪽으로 맞췄을 때 시침과의 중간 방향이 북쪽이 된다.

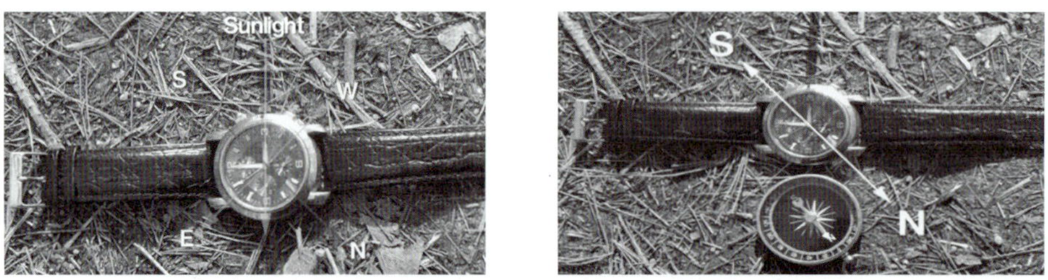

그림 5-6 **시계를 활용한 방향 찾기(북반구 기준)**

3) 그림자를 이용하는 방법

그림자를 이용하여 어떻게 방향을 찾을 수 있을까? 그림자의 이동 흔적을 이용한다. 먼저 양지에 막대를 세우고 막대의 그림자 끝에 표시한다. 그리고 시간 간격을 두면서 위 과정을 반복한다. 몇 개의 그림자 표시가 생기면 그 그림자 끝부분을 모두 이어 해가 뜨고 지는 방향인 동-서의 기준선을 알 수 있다. 이 기준선에 수직선을 그리면 정확한 북쪽 방향을 알 수 있다.

4) 나이테를 이용하는 방법

나이테로 어떻게 방향을 알 수 있을까? 밑기둥을 잘라낸 나무를 통해 방향을 알 수 있다. 나무 밑기둥에 나타난 나이테의 형태를 보아 나이테 사이가 좁은 곳은 북쪽, 넓은 곳은 남쪽이다. 나이테를 보고 방향을 알 수 있는 이유는 우리나라의 경우 나무의 남쪽을 향하고 있는 부분은 북쪽에 비해 보다 많은 양의 햇빛을 받아서 나무가 더 잘 자랐기 때문이다.

5) 가옥이나 묘지의 방향을 이용하는 방법

가옥이나 묘지로부터 방향을 알 수 있을까? 예로부터 우리나라는 풍수지리 사상의 영향과 보다 많은 햇빛을 받기 위해 집을 지을 때나 묘지를 쓸 때 남쪽을 향하도록 지었다. 따라서 대부분의 가옥이 향하고 있는 방향이 남쪽이라고 생각하면 될 것이다.

4. 땅의 여러 가지 정보를 어떻게 표현하며, 표현하는 원칙은 무엇일까요?

1) 많은 정보를 어떻게 표현할까요?

우리가 살고 있는 삶의 터전인 공간 속에는 수많은 정보(자연적 · 인문적 속성)들이 분포해 있다. 많고 복잡한 현실 공간의 정보를 지도상에 그대로 나타내기가 어렵다. 따라서 많은 공간 정보들을 단순화하여 기호(symbol)로 나타낸다. 지도는 사진과 비교하여 실제 모습을 기호화하여 나타낸다는 점이다. 공간 정보를 지도에 표현하는 일정한 약속을 기호라 한다. 지도 속에는 주변 환경에 대한 많은 공간 정보를 기호로 담아내고 있다. 기호의 모양은 특별한 뜻은 없으나 나타내고자 하는 공간 정보의 사상을 추상화해서 지도에 표시한 것이다. 각 기호가 나타내고 있는 사상은 범례에 나타나 있으나 범례가 없어도 알 수 있는 기호일수록 좋은 기호라 할 수 있고, 기호는 작고 분명해야 하며 그리기 쉬워야 한다.

2) 기호를 표현할 때 원칙은 무엇일까요?

기호를 지도상에 표현할 때 관련된 원칙을 살펴보면 표 5-2와 같다.

표 5-2 지도의 기호 표현 원칙

기 호	기호의 색
• 단순할 것 • 확실할 것 • 작을 것 • 그리기 쉬울 것 • 설명이 없어도 알아볼 수 있을 것	• 흑색: 문화 또는 인공 지물 • 청색: 물과 관련된 사상 • 녹색: 식물관계 • 갈색: 지형 기복 • 적(갈)색: 주요 도로, 시가지

지도 속의 기호는 배우는 것이 아니라 기호를 통해 공간을 해석하는 것이기 때문에 기호가 필요하다. 그런데 실제의 축척대로 표현하면 각종 기호들은 지나치게 작게 표현되는 경우가 있으며, 때에 따라 뚜렷하게 나타내어야 할 필요도 있다. 이럴 경우에는 축척에 관계없이 다소 과장하여도 무방하다. 아울러 기호로 나타낸다 하여 중요하지 않은 대상물까지 나타낼 필요는 없으며, 생략하여도 무방하다. 기호의 위치는 기호의 중심선이나 중심점이 바로 오도록 위치시켜야 한다. 지도에서는 색깔에 따라 다른 의미를 나타낸다. 빨간색은 빛(열)과 관련된 것을 의미하는 것으로, 주택지, 여행지, 도로 및 해로의 기호에 쓰인다. 하늘색은 물(바다, 강, 호수 등)과 관련된 장소 중 깊이가 얕은 곳에 쓰인다. 파란색은 항공로와 물과 관련된 장소 중 깊이가 깊은 곳에 쓰인다. 갈색은 산, 고원처럼 지형이 높은 곳을 나타내며 고도가 높아질수록 색이 짙어진다. 노란색은 지형이 비교적 낮은 곳에 쓰이며, 고도가 높아질수록 색깔이 진해진다. 녹색은 들판과 같이 지형이 아주 낮은 곳에 쓰인다. 마지막으로 검정색은 관공서, 건축물, 산, 철로 등을 표현할 때 쓰인다.

※ 지도에 나타난 약속

지도를 구성하는 다양한 요소들 중에서도 방위, 축척, 등고선은 핵심이 되는 것으로, 이에 대한 이해가 반드시 이루어져야 한다. 방위표는 방위를 나타내는 표식이나 그런 표식이 그려져 있는 표를 말한다. 축척은 실제의 거리를 일정한 비율로 줄인 정도를 말하며 축척이 작은 지도는 넓은 지역을 살필 수 있고, 축척이 큰 지도는 자세하게 나타낼 수 있다. 등고선은 땅의 높낮이를 표시하기 위해서 사용한다. 등고선을 통해 지형도는 경사가 급한 지역과 완만한 지역을 구분할 수 있으며, 능선과 계곡 같은 지형의 기복을 확인할 수 있다.

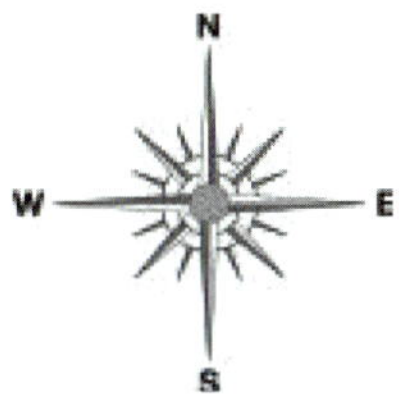

방위표

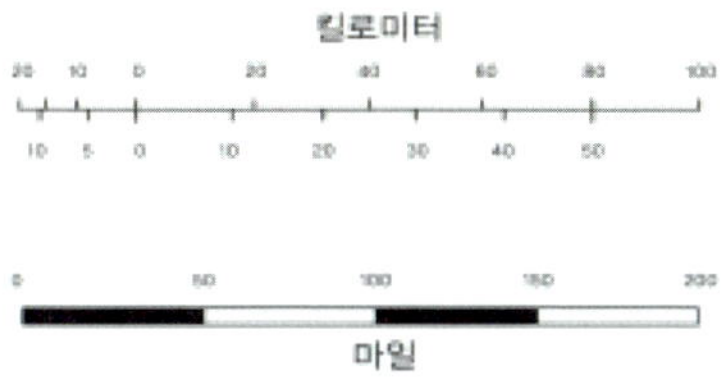

축척

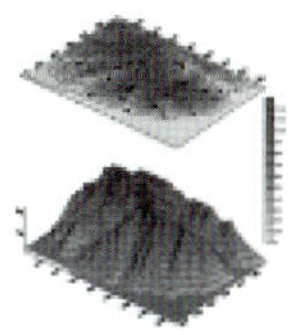
등고선

5. 땅의 높낮이는 어떻게 표현할까요? 그렇다면 땅은 어떻게 입체적으로 표현할까요?

지표의 기복(relief)을 지도에 표시하는 방법에는 어떤 것이 있을까? 등고선식, 음영식, 우모식, 채단식 등이 있다. 음영식은 지형을 음영으로 표시하는 방법이고, 우모식은 등고선에 직각인 짧은 털과 같은 선으로 표시하는 방법이다. 한편 등고선식만으로 고저가 확실하지 않으므로 등고선 사이마다 채색한 채단식이 있다. 채단식은 높이에 따라 색에 변화를 주어 본래의 지형에 가까운 감을 주기 때문에 지도책이나 벽지도에 가장 많이 사용되고 있다.

이상의 음영식, 채단식, 우모식 등은 주로 소축척 지도에 많이 사용되는 방법이며, 지형을 시각적으로 표시하기에는 적합한 방법이나 주어진 지점의 정확한 높이를 알 수 없다는 단점이 있다. 한편 등고선식은 지형을 상세히 나타내는 방법으로 대축척 지도에 많이 사용된다.

등고선[5])은 해면으로부터 같은 높이[6])의 지점을 연결한 선이며, 선 하나하나는 단순한 높이를 나타내나 전체적으로는 지형을 표시한다. 이러한 등고선의 형태는 지형에 따라 다르다. 등고선 간격이 조밀하게 접할수록 경사가 급한 지형이고 넓어질수록 경사가 완만한 것이다. 이에 따라 평면에서는 등고선이 잘 나타나지 않으나 절벽에서는 여러 개의 등고선이 겹치게 된다. 또 골짜기에서는 등고선이 상향곡선, 산의 능선에서는 하향곡선으로 나타난다.

초등학교 3학년에서는 가상적인 지형의 높낮이를 여러 색깔로만 나타내고 있으나, 4학년에서는 지표의 기복 표현 방법이 구체화된다. 땅의 높낮이와 바다의 깊이는 등고선이나 등심선, 색깔 등으로 나타내며, 지도에서는 평야와 같이 땅의 높이가 낮은 곳은 초록색으로 나타내고, 점점 높아짐에 따라 노랑, 주황, 고동색으로 나타낸다고 되어 있다. 또한 등고선은 바다의 수면을 기준으로 같은 높이를 선으로 나타낸 것으로 등고선을 보고 높고 낮음뿐만 아니라 땅의 모양도 알 수 있으며, 바다나 호수, 강의 파란색으로 농도에 따라 얕고 깊음을 알 수 있다. 이를 바탕으로 고학년으로 갈수록 지형도를 바탕으로 지역의 특색과 인간생활과의 관계를 파악하게 한다.

---

5) 등고선의 종류는 계곡선, 주곡선, 간곡선, 조곡선의 4가지가 있으나 계곡선과 주곡선이 주로 이용되고 있다. 가장 기본적인 등고선은 주곡선이며, 1 : 50,000 지도에서는 20m, 1 : 25,000에서는 10m마다 표현한다. 계곡선은 높이를 쉽게 계산할 수 있도록 5번째의 주곡선을 굵게 표시한 선이다. 지도상에서 계곡선이 100m 간격으로 표현되어 있으면 축척은 1 : 50,000이다. 간곡선과 조곡선은 주곡선 사이의 간격이 너무 넓어져서 그 사이의 지형 기복을 자세히 나타낼 필요가 있을 때 사용되며 보통 점선으로 표시한다.

6) 우리는 산의 높이를 말할 때 해발이란 말을 사용한다. 그냥 산의 높이가 2,750m라 한다면 해발 2,750m란 뜻이다. 단지 해발이란 말을 생략한 것이다. 해발이란 바닷물로부터 높이를 잰다는 뜻의 한자어 해발(海拔)이다. 즉, 바다 해(海)자에 시작할 발(拔)자이다. 해발은 세계 공통으로 높이를 재는 기준인데, 우리나라에서는 인천 앞바다의 바닷물 높이를 기준으로 삼고 있다. 그런데 바닷물도 높이가 일정하지 않아 밀물 때와 썰물 때의 높이가 다르다. 인천 앞바다의 밀물 때와 썰물 때의 바닷물 높이를 평균을 구해 그 평균을 0미터로 정한다. 그러나 매번 바닷물의 평균 높이를 재는 것은 불편한 일이므로 인천의 인하공업전문대학 교정에 '대한민국 수준원점'이라는 것을 설치하고, 이를 기준으로 하여 높이를 재고 있다. 그 수준원점의 높이는 바닷물 평균 높이로부터 26.6871m에 있다. 수준점(⊡)은 해발고도 측량의 기준점이고, 표고점(X)은 해발고도 표시점이며, 삼각점(⚠)은 삼각측량의 기준점이다.

4 지도를 어떻게 그릴까요?[7)]

1. 그림지도는 어떻게 그릴까요? 실제지도와 어떻게 다른가요?

초등학교에서의 지도학습은 그림지도를 통해 자기가 살고 있는 지역의 자연·인문 현상을 바르게 이해시키는 학습이다. 그림지도는 사진으로 나타나는 지역의 여러 가지 사실들 중에서 필요한 것만 골라서 간단한 그림이나 기호로 평면상에 나타내는 것으로서, 그림지도를 통하여 축척, 방위, 기호와 같은 지도의 기초 지식[8)]을 쌓게 하고, 이를 통하여 지도 읽기, 지도 그리기와 같은 기능을 기르도록 하는 것이 중요하다.

다음은 2015 개정 교육과정에 근거한 초등학교 3학년 1학기 교과서 1단원 우리 고장의 모습에 제시된 심상지도 그리기 활동을 차례대로 제시한 것이다.

① 우리 고장의 모습을 그린 그림을 보고 이야기해 봅시다. - 생각 나누기
② 이 단원을 살펴보고 떠오르는 것을 자유롭게 써 봅시다. - 생각 그물 그리기
③ 우리 고장의 여러 장소를 떠올려보고 이야기해 봅시다. - 생각 나누기
④ 머릿속에 떠오르는 우리 고장의 모습을 그려 봅시다. - 심상지도 그리기
⑤ 친구들과 함께 우리 고장의 장소 게시판을 만들어 봅시다. - 생각 나누기
⑥ 머릿속에 떠오르는 장소를 중심으로 우리 고장의 모습을 그려 봅시다. - 심상지도 그리기

교과서에서는 학생들이 1차적으로 그림으로 나타내보도록 활동을 제시하고, 2차적으로 다시 지도를 그릴 수 있도록 지도한다. 이 과정에서 학생들은 충분히 의견을 나눌 수 있도록 생각을 나누고 게시판에 전시하는 활동 등을 거친다. 이후에는 위성지도와 같은 디지털 지도를 통해 실제 모습을 비교하는 활동이 이어지며, 지도를 보는 방법에 대해서도 간략하게 익힌다.

---

7) 이 장에서 지도 그리기는 지도화(mapping) 또는 작도와 같은 개념으로 사용한다.
8) 이를 위해 초등학교에서 그림지도를 그릴 때 백지와 모눈종이를 따로 주고 그려보자. 그러면 학습자들이 그리는 태도는 달라질 것이다. 모눈종이에 그릴 때는 백지에 그릴 때보다 위치(주로 관계적 위치)와 관련하여 더 고민하게 된다. 이 고민을 통해서 그리고자 하는 공간의 특성을 보다 정확히 이해하게 된다. 이후 위치와 방향을 서술식으로 질의응답하거나 선으로 표시함으로써 위치감과 이를 통한 공간감을 보다 정확히 이해할 수 있게 된다.

그림 5-7과 그림 5-8은 초등학생들이 자신의 학교를 그린 약도이다. 전자는 웹기반 GIS에 의한 지도를 확인하기 전에 학습자가 학교를 그린 심상지도이고, 후자는 그림 5-9와 같은 웹기반 GIS에 의한 지도를 확인한 후 그린 그림지도이다. 웹기반 GIS는 학습자의 지도에 대한 인지구조와 오개념을 스스로 알 수 있도록 함으로써 자기 주도적 지도학습에 좋다.

부산 월내초등학교 학생의 약도(3학년 O반 김OO 학생의 작품)

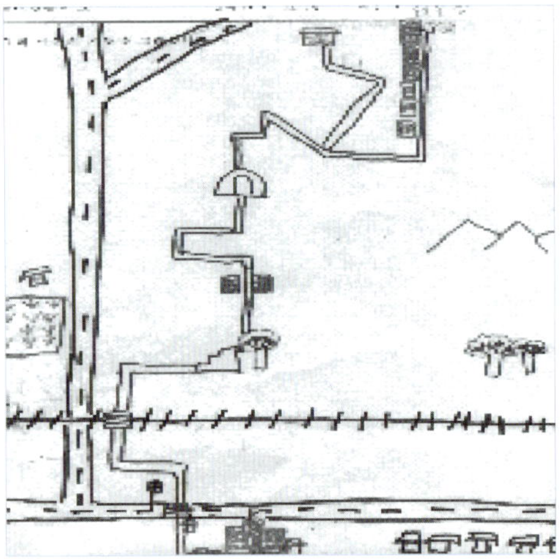

그림 5-7 웹기반 학습 이전의 심상지도

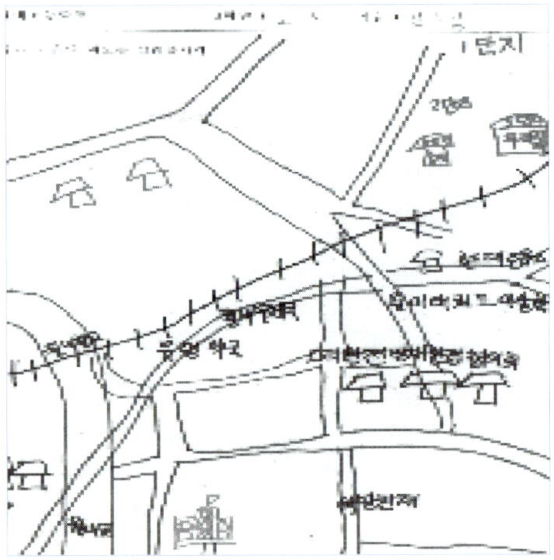

그림 5-8 웹기반 학습 이후의 그림지도

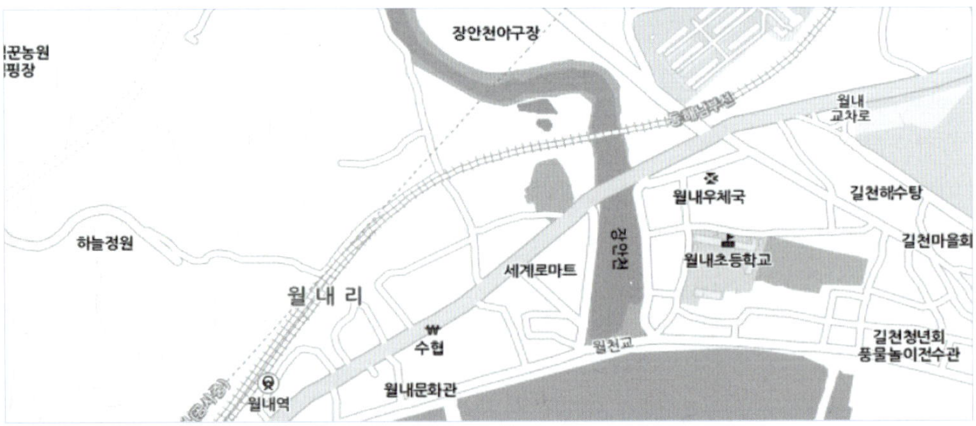

그림 5-9 웹상의 우리 고장 지도 모습

2. 심상지도(mental map)를 통해 무엇을 알 수 있을까요?

1) 심상지도란?

빌린게(Billinge, 1986)는 심상지도란 넓은 의미로 인간이 주변 공간 또는 장소에 대해서 마음속에 가지고 있는 이미지 내지 지도라고 하였다. 다운즈 외(Downs & Stea, 1977; Sanders & Porter, 1974)는 우리 마음속에 간직하고 있는 지도라 하였고, 투안(Tuan)은 인간이 마음속에 가지고 있는 장소에 대한 지도학적 표현이며, 감각적 경험과는 관계가 먼 특수한 형태의 이미지로서 마음속에 이미지를 연구하는 데 사용되는 하나의 수단이라고 주장한다.

심상지도의 개념은 행태주의 접근방법을 이용하는 환경지각에 관련된 분야에서 사용되었다. 심상지도의 개념이 처음으로 사용된 것은 울드릿지(Wooldrige, 1956)가 농부의 토지사용 결정에 영향을 미치는 환경지각을 기술하면서부터라고 알려져 있다. 그러나 이와 유사한 개념이 이미 트로우브릿지(Trowbride, 1913)의 상상도(imaginary map), 톨만(Tolman, 1948)의 인지지도(cognitive map), 할로웰(Hallowell, 1955)의 심상지도(mental map) 연구에서도 나타난다. 한편 지각연구의 구조적 접근방법으로 분류되는 린치(Lynch, 1960)의 연구에서는 스케치 지도(sketch map)를 사용하여 도시의 이미지를 연구하였으며, 이의 영향으로 공간지각 연구에서는 스케치 지도가 많이 사용되고 있다.

심상지도의 연구가 1960년대 후반과 1970년대 전반에 걸쳐 지리학에서 다양하게 연구된 것은 굴드(Gould, 1966)의 심상지도 연구이다. 굴드는 인간의 공간행위에 대한 구조, 패턴 및 과정을 이해하기 위해서는 인간이 공간에 대하여 가지는 이미지를 연구해야 한다고 주장하였고, 심상지도는 바로 이러한 정신적 이미지를 분석하기 위하여 제안된 것이다. 그 결과 나타난 굴드의 심상지도는 인간이 주변공간에 대해서 가지는 선호 및 정보를 집단화하여 표시한 일종의 지도(화)이다. 결론적으로 심상지도는 인간이 마음속에 갖고 있는 공간 또는 장소에 대한 지도학적 표현으로 볼 수 있다.

2) 심상지도를 어떻게 그리고, 해석할 것인가요?

심상지도는 지도의 그리기와 해석의 두 단계로서 구분할 수 있다. 첫 번째 단계인 지도의 그리기는 연구대상 집단의 개인에게 연구목적에 따라 장소에 대한 선호를 택하게 하는 자료수집 과정과 이 자료를 분석하고 지도화하는 과정으로 이루어진다. 두 번째 단계인 해석 단계는 작성된 심상지도를 분석하여 연구 집단의 공간에 대한 선호 또는 이미지를 분석하는 단계이다.

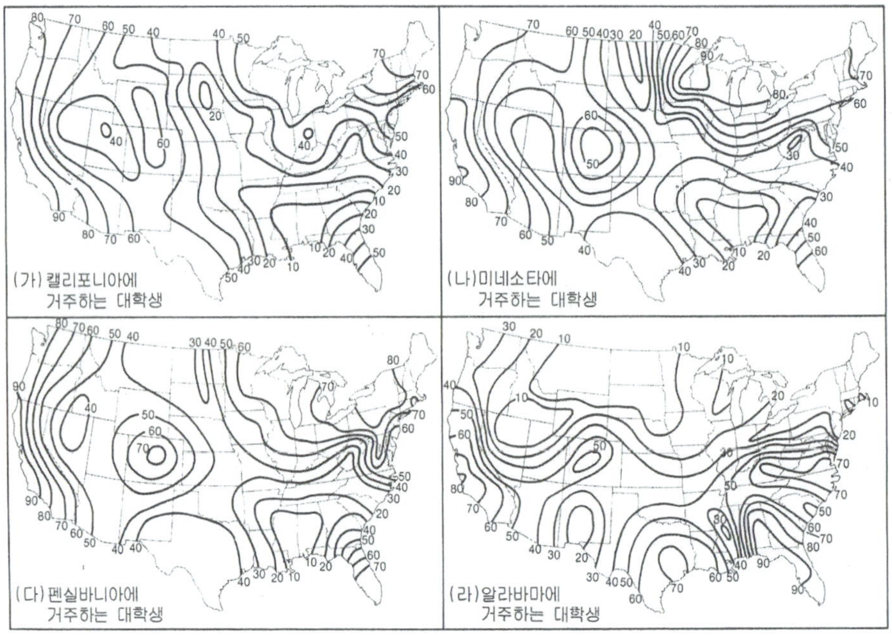

출처: Gould P. and R. White(1974).

그림 5-10 미국 대학생들의 거주지 선호도에 대한 심상지도

학습자에게 단순히 어떤 장소에 대한 약도를 그리게 함으로써 장소에 대한 인지구조를 파악할 수 있다. 지도 그리기에서 자료수집 과정은 일련의 도시 또는 지역의 목록을 제시한 후 "만약 거주지를 자유로이 선택할 수 있다면 당신은 어디에 살기를 원하나요? 그 순서대로 적으세요"와 같이 설문을 통하여 수집할 수 있다. 수집된 자료 분석은 굴드의 다변량 분석기법의 하나인 주성분 분석에 의하여 이루어질 수 있으며, 지도화는 각 지역이 획득한 성분점수에 대한 등치선도를 그림으로써 가능하다. 그림 5-10은 굴드와 화이트(Gould P. & R. White)가 1960년대 중반에 미국의 4개 대학에 다니고 있는 대학생들을 대상으로 미국 48개 주 가운데 가장 살기 좋은 지역부터 순서화하도록 하는 거주지 선호조사한 결과이다. 수치가 높은 곳은 살기를 원하는 지역이고, 낮은 곳은 살기를 원치 않는 지역으로 지도상에 표현하였다. 4지도를 통해 남부의 학생들은 북부 지역을 북부의 학생들은 남부 지역에 대해 낮은 선호도를 나타내고 있다. 그러나 캘리포니아주나 콜로라도주에 대해서는 모든 학생이 높은 선호도를 나타내고 있다. 이러한 유형의 지도는 인터뷰나 설문지에 의해 수집한 자료를 수치화하여 도면에 기입하거거나 또 다른 방법으로는 주민들에게 살고 있는 지역의 지도를 그리도록 하는 방법이다.

3) 각자의 심상지도를 그려보고, 그린 심상지도를 해석해 봅시다.

우리들 머릿속에 있는 지도 정보를 어떻게 지도로 표현할 수 있을까? 예를 들면, 자기 집과 학교의 약도를 전혀 모르는 사람이 혼자서 찾아올 수 있도록 지도를 그려보자. 각자가 부산의 16구(군)별 선호하는 정도를 지도로 표현해보자. 각 구(군)별로 선호하는 정도는 10점 만점을 기준으로 점수를 부여하고 통계청 사이트(https://sgis.kostat.go.kr/statexp/index.vw) GIS를 이용하여 단계구분도를 그려보고 해석해 보자(다음 쪽의 심상지도 그리기 활동). 이번에는 옆사람이 그린 지도를 가지고 해석해보자. 그리고 발표해보자. 앞서 그린 지도를 가지고 지도 속에 나타난 사람의 마음을 해석해보자.

심상지도는 개인의 이미지뿐만 아니라 집단 또는 집합적 이미지를 하나의 지도에 종합적으로 나타낸다. 또한 심상지도는 대부분의 지각 또는 인지연구, 특히 스케치 지도를 사용하는 연구에서 지도가 가지는 특성인 한 장소와 다른 장소 선호를 나타내고, 나아가 지역에 대한 이미지를 찾아내어 인간의 행동을 예측할 수 있다. 누구도 완벽하고 정확한 지도를 그릴 수 없지만 논리적으로는 자신이 가장 잘 아는 장소를 더 정확하게 그릴 수 있고, 싫어하거나 잘 모르는 장소는 상대적으로 부족하게 그릴 것이다.[9]

9) 심상지도 해석과 관련하여 랜드마크(landmark)는 자신과 관련이 있는 것을 주로 표현한다. 연령에 따라 자기중심적인 데서 타자를 향하게 된다.

심상지도 그리기

1. 자기 집과 학교의 약도를 잘 모르는 사람이 찾아올 수 있도록 각각 그려보자.

2. 부산의 구별 선호하는 정도를 10점 만점을 기준으로 구별 점수를 부여하고 통계청 GIS를 이용하여 단계구분도를 그려서 해석해보자.

3. 어떻게 지도화(mapping)할까요?

1) 왜 지도화해야 하나요?

지도화 또는 작도란 지리적 사실 또는 개념(주제)을 지도로 표시하는 것을 뜻한다. 지리적 지식을 지도화함으로써 지도의 해석이 더욱 용이해지고 학습의 효과를 높일 수 있을 뿐만 아니라, 간단히 실측하여 지도를 만들어 보는 것도 지도학습의 중요한 과제이다. 지도화는 해당지역의 지리적 현상과 관련하여 생각하기 쉽다. 예를 들면, 그 주제와 관련하여 자연 및 인문 현상과 어떤 관계에 있는지를 쉽게 시각화해 준다.

2) 각종 통계를 활용한 통계지도에는 어떤 것이 있나요?

지도의 윤곽을 그린 후에는 통계자료를 종류별로 지도화할 수 있어야 한다. 각종 통계를 활용하여 만든 지도를 살펴보면 다음과 같다(그림 5-11 참조).

- 점묘도: 일정한 단위의 통계량을 점으로 표현(인구, 취락, 농업, 생산물 등의 지역적 분포)
- 등치선도: 같은 통계치를 갖는 지점들을 선으로 연결하여 표현(해발고도, 수심, 기온 등의 분포: 등고선, 등온선, 등압선 등)
- 단계구분도: 통계치를 몇 단계로 구분하여 각 단계마다 색이나 농도를 다르게 하여 나타내는 방법, 비율을 표현할 경우에 많이 사용(강수량의 분포, 경지율의 비교, 인구 밀도 등)
- 도형표현도: 통계치의 크기나 비율을 입체도형, 막대, 원 등을 이용하여 표현(도별 쌀 생산량, 지역별 IT 산업 종사자 수 등)
- 유선도: 선의 방향과 굵기를 이용하여 사람이나 물자의 이동 방향과 양을 표현(인구의 이동, 물자의 흐름 등을 표현)

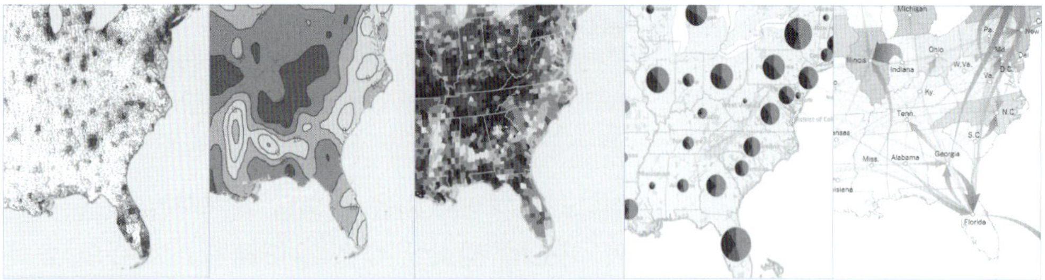

점묘도 등치선도 단계구분도 도형표현도 유선도

그림 5-11 **기존 통계지도의 종류**

최근 데이터의 시각화 기술의 발달로 기존의 통계지도 이외에도 다양한 형식의 시각화 지도가 등장하고 있다.

- 카토그램(왜상 통계지도): 지도의 변형을 통해 통계 자료의 특징을 표현하는 방법, 실제 형태를 많이 왜곡한다. 이 지도는 통계값이 크면 국가나 지역이 크게 나타나고 반대는 작게 나타난다.
- 히트맵(heat map): 열을 뜻하는 히트(heat)와 지도를 뜻하는 맵(map)을 결합시킨 단어로, 색상으로 표현할 수 있는 다양한 정보를 일정한 이미지 위에 열 분포 형태의 시각화 그래픽으로 출력하는 것이 특징이다.

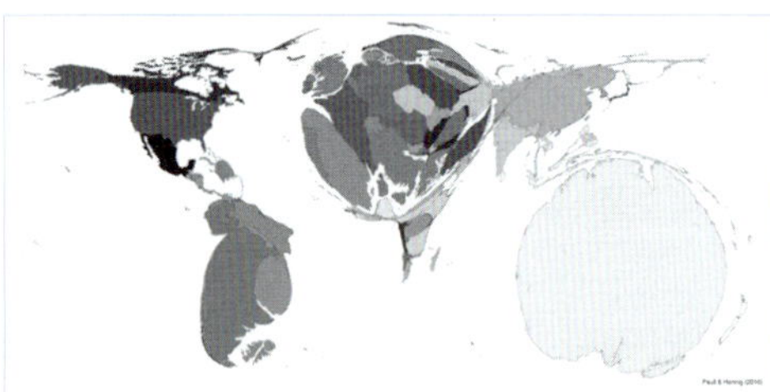

그림 5-12 **카토그램(왜상 통계지도)**

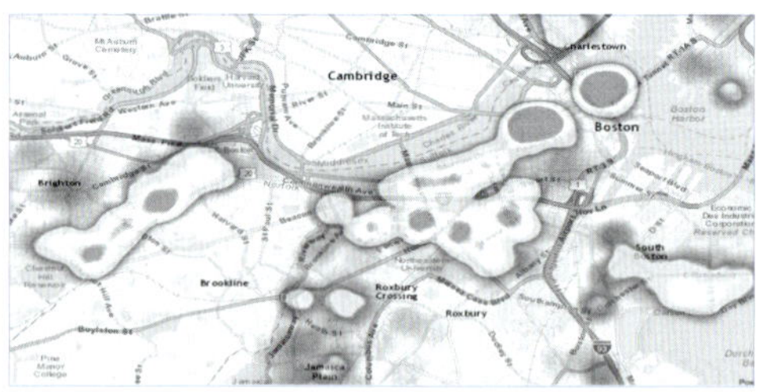

그림 5-13 **히트맵**

통계지도 외에도 답사결과 또는 학습하고자 하는 내용을 기호를 사용하여 지도화하거나 어떤 지역에 대한 모형도를 만들 수 있어야 한다. 이런 모든 지도에 있어서 한 지도 내에 그려지는 내용이 너무 많거나 복잡하면 지도로서의 효과가 감소되므로 한 지도에 표시해야 할 주제를 선택해야 한다. 지도에 그려질 내용이 복잡할 때는 내용의 일부를 다른 지도에 따로 그리는 것이 효과적이다.

3) 각종 약지도를 그려보는 것은 어떤 의미가 있을까요?

지도를 그릴 때는 우선 지도의 윤곽의 특징을 잘 잡아서 그려야 한다. 약지도(약도) 속에는 위치개념을 포함하여 지리적인 정보가 많이 들어 있어서 해당 지역의 특성을 개략적으로 파악할 수 있다. 약지도를 그리는 방법에는 경 · 위선 등의 기선을 그리고 형태의 특징을 그리는 기선법, 어떤 물체의 모양에 맞추어 그리는 형상법, 그리고 원이나 삼각형, 사각형 등을 그리는 기하학적 방법 등이 있다. 향토, 우리나라 및 세계지도의 약지도를 그리는 것은 작도의 가장 초보적인 단계라 할 수 있다.

5 첨단정보통신 시대 아날로그 지형도는 우리에게 어떤 의미가 있을까요?

1. 왜 지형도가 중요할까요?

평면적으로 작성된 일반지도에 비하여 지형도는 등고선을 통하여 평면적인 면을 입체화시킨 것으로, 산골짜기의 고저, 지표면의 기복, 여러 가지 모양으로 변형된 지형의 형태, 수목의 분포 상태까지 자세히 표현되어 있어 야외 활동 및 등산에 유용하다.

일반적으로 지도라고 하는 것은 대부분 지형도를 일컫는다. 지형도는 지물(地物), 지모(地貌)의 위치와 수목 경지 · 지표 식생과 피복 상태, 지명과 행정 경계 등 자연 및 인문에 대한 제반 사회적 사상이 상세히 표현되어 있어 국가 기본도는 물론 다른 목적으로 쓰이는 지도 제작의 기초가 된다. 또한 지형도는 정밀한 측량에 의하여 작성된 실측도로서 지표면에 기준점인 삼각점, 수준점을 정하여 위치, 거리, 고도를 평판 또는 항공사진 측량에 의하여 기본 원도를 만든다.

2. 우리나라에서 지형도은 언제, 어떻게 만들어졌을까요?

1) 김정호의 대동여지도는 지형도인가요?

대동여지도는 조선시대의 대표적 지형도라 할 정도로 다양한 내용을 포함하고 있다. 포함된 내용으로 첫째, 지도에서 중요하게 다루는 지형, 교통, 취락의 요소를 포함하고 있다. 둘째, 산줄기, 물줄기를 사실적으로 그려 넣어 지표 기복감을 충분히 전달하고 있다. 셋째, 현재의 지형도와 유사한 그림기호와 범례를 제시하고 있다. 현재에 비해 소축척(10리의 기준에 따라 1 : 160,000으로 보는 입장과 1 : 216,000으로 보는 입장이 존재) 지도이다.

2) 현재의 지형도는 언제 만들어졌나요?

일본의 한반도 침략을 위해 지형도를 제작하였다. 지형도 제작을 위해 토지조사사업을 시작하였는데, 1911년 일본 육군 측지부에 의해 본격 추진하여 한국 전역을 측량하였다. 1914~1918년에는 평판측량에 의해 한국 전 지역을 포괄하는 1 : 50,000 지형도 722개를 제작하였다.

해방 후 미군정청에 의해 지형도를 제작하였다.

① 일본으로부터 지형도 제작 인수→1948년 우리 정부로 이관
② 미군자원으로 '군'이 지형도 제작 사업추진, 육군본부 직속 측지감실에서 관장
③ 1957년: 국방부 산하 지리연구소 창설, 최초의 측지기관
④ 1960년: 국방지도의 중요성 증대: 연대규모 육군 측지부대 창설, 기능 확대
⑤ 1961년: 국립건설연구소, 건설부 산하 기관으로 발족, 측지사업전담
⑥ 1966년: 한화협동항공사진측량사업의 협정 체결로 1967년부터 1 : 25,000 지도 편집 및 제작
⑦ 국립건설연구소→국립지리원으로 개편/기구 확대

3) 앞으로 지형도는 어떤 형태로 발전할까요?

컴퓨터가 생활화되면서 컴퓨터로 처리할 수 있는 보다 편리하고 다양한 기능을 갖는 디지털지도(digital map, 수치지도)가 제작되고 있다. 수치지도는 일반화되어 지형도 이용에 혁신을 불러일으키고 있다. 국립지리원은 1980년대 중반부터 지도 자동제작을 추진하였으며, 이러한 경험을 축적하여 「기본계획」에 의거, 수치지도 제작 사업을 본격적으로 착수하였다. 이 과정에서 국립지리원은 우선적으로 1/1,000, 1/5,000, 1/25,000 축척의 수치 지형도를 제작하였다. 이후 가스, 통신, 전력, 상·하수도, 송유관, 지역난방 등 지하시설물을 효율적으로 관리하기 위해 지하시설물관리체계 개발 시범사업을 통하여 지하시설물도 작성 작업규칙을 완성하였다. 이외에도 국토이용계획도, 지형·지번도, 토지이용현황도, 도시계획도, 행정구역도, 도로망도 등 6개 주제도 제작 사업을 추진하였다.

수치지도는 내용면에서 일반지도와 같다. 단지 일반지도가 종이에 인쇄된 것이라면 수치지도는 컴퓨터 기록장치에 이들 내용을 수록했다는 것이 다를 뿐이다. 수치지도는 각종 정보를 계량적으로 분석하고 필요한 정보들을 짧은 시간 내에 통합·분리하여 사용할 수 있다는 큰 장점이 있다. 물론 수치지도는 프린터로 출력하면 종이지도와 똑같이 사용할 수 있다. 앞으로 3D 프린터가 상용화되면 수치지도 이용의 새로운 차원을 열어갈 것이다.

3. 지형도는 어떻게 제작될까요?[10)]

현재 지형도 편집 및 지도원도 제도의 과정은 컴퓨터를 통하여 일괄적으로 처리하고 있다.

10) 지형도 제작을 위한 과정은 국토지리정보원 내 지도제작 사이트(www.ngii.go.kr/kor/contents/contentsView.do?rbsIdx=116#none)와 국가정보포털 사이트(http://www.nsdi.go.kr/lxportal/?menuno=4065#3)에 자세히 안내되어 있다. 다만 여기서 지형도가 제작되는 과정에서 어떻게 지형을 측량하여 구체적으로 등고선을 그리는가에 대해서도 알아 둘 필요가 있다. 지형도를 이용하여 우리지역의 모형도를 만들어 보거나 지형도의 단면도를 가지고 등고선을 또한 그릴 수 있어야 한다.

1) 측지 기준점 측량

- 정밀삼각측량 및 수준측량 방법에 의해 측지기준점의 평면위치 결정(경도, 위도, 직각좌표, 표고)
- 전 국토에 삼각망은 약 3km, 수준망은 약 2km 간격으로 측지망 구성
- 측량성과는 지도제작 및 지적 측량
- 국토개발을 위한 공공측량 등 모든 측량의 기준으로 사용

2) 항공사진[11)] 촬영

- 필요한 지도의 축척, 사용목적, 제작지역 등을 고려하여 촬영계획 수립
- 계획된 비행선을 따라 필요한 축척으로 촬영
- 비행방향으로 60% 중복 촬영 · 인접방향으로 30% 중복촬영

3) 항공사진 제작

- 항공사진 촬영성과인 음화필름(negative)에서 양화필름(positive) 및 밀착사진, 확대사진 제작

4) 지상 기준점 측량

- 세부도화에 필요한 평면 및 표고 기준점의 좌표를 현지에서 직접 관측
- 평면기준점 좌표(X, Y): 항공사진/모델당 4점을 선정하여 삼각측량 또는 다각측량 방법으로 X, Y 좌표 산출
- 표고기준점 좌표(Z): 항공사진 1모델 6점을 선정하여 수준측량 방법으로 Z좌표 산출

---

11) 항공사진 판독과 매직아이 원리: 매직아이는 두 눈의 초점을 각각 달리하여 사물을 보도록 하는 원리이다. 지리학에서는 두 눈의 초점을 달리하여 항공사진을 보는 방법이 일찍이 통용되고 있다. 특수렌즈를 갖고 있는 카메라를 이용하여 비행 중에 같은 지역을 중복시키며 촬영한 사진을 항공사진이라 한다. 같은 부분을 촬영한 항공사진 2장을 좌우에 놓고 두 눈의 초점을 달리하여 쳐다보면 평면인 항공사진이 입체적인 모습으로 보이게 된다.

5) 세부도화

- 항공사진상에 나타난 지형, 지물의 영상을 지상 기준점 측량 성과 및 도화기를 사용하여 평면도면으로 작성

6) 지리 조사

- 항공사진 분석: 교량, 건물, 산림, 하천 등 항공사진상에서 분석할 수 있는 모든 사항을 분석
- 현지조사: 항공사진 분석사항의 현재 확인 및 기타 지도제작에 필요한 모든 사항을 조사, 기록

7) 지도 편집

- 도화원도, 항공사진, 지리조사 성과를 종합적으로 분석, 취합하여 지도 편집도 작성
- 지도도식 규정 적용 / 도곽의 구성 / 기준점 투영 / 난외주기
- 일반화 / 상징화 / 과장화

8) 지도원도 제작

각 지형, 지물의 표시색별로 색분리 제도

- 먹색판: 도곽, 좌표, 인공지물, 지명 등
- 갈색판: 등고선, 표고수치, 제방 등
- 청색판: 수애선(水涯線), 하천, 호수, 강 명칭 등
- 적색판: 시가지, 포장도로 등

9) 지도 인쇄

- 색분리 제도한 지도원도를 사용하여 색도별 인쇄
- 인쇄과정: 판연마 → 감광액도포 → 건조(차광) → 빛쪼임 → 현상 및 세척 → 제판완성 → 색도별 인쇄

10) 지도 보급

정부대행 지도판매업소를 통하여 국민에게 지도 공급

4. 지형도 속에 나타난 정보를 읽어보고 정보를 활용하여 질문하고 토의해 봅시다(지형도 실습)

그림 5-14의 지형도를 보고 의문이 나는 점을 질문해보자. 지리적 사고력 신장을 위한 질문(지리적 개념과 관련된 질문)을 해보자.

- 지형도 관련 실습 준비물: 항공사진, 위성사진, 위성지도, 커비미터, 플라너미터, 스트레오스코프 등

그림 5-14 김해시 1 : 50,000 지형도

1) 환경 관련 사고

- 이 지역 사람들은 주로 어떤 환경에 영향을 많이 받으며 살고 있는가?
  다시 말해 환경이 이 지역사람들에 어떤 영향을 미쳐왔는가?
  앞으로 어떤 영향을 미칠 것인가?
- 이 지역에서 발생할 가능성이 큰 환경오염원은 무엇일까?
  환경오염원의 범위를 웹기반 디지털지도를 활용하여 측정해보자(유역면적).
- 환경오염을 줄일 수 있는 방안은 무엇일까?
- 이 지역의 사람들을 환경을 어떻게 활용하고 있는가? 이 지역의 사람들은 과거에 어떻게 살아 왔으며, 미래에 어떻게 살아갈 것 같은가?

2) 지역 관련 사고

- 지형도에서 인간과 환경의 인식 결과로 인식된 지명이 있는가? 지명을 환경과 관련하여 설명해보라.
- 지형도에 나타난 정보를 활용하고 추론하여 지역의 자연환경의 특성을 말해보라(지형, 기후, 식생, 토양 등).
- 이 지역의 보편성과 특수성을 이분법적으로 설명하지 말고 보편성 속에서 특수성 속에서 보편성을 설명해보라.

3) 공간 관련 사고

- 위치와 관련하여 지형도상에 나타난 특성이 무엇인지를 설명해보라.
  이 지형도상에서 중심은 어디이며 주변과 어떤 상호작용을 하고 있는가?
- 거리, 접근성, 위치, 입지, 밀도, 흐름, 상호작용 등의 공간 관련 요소를 활용하여 질문은 만들어보라. 그리고 설명해보라.
- 이 지역에 어떤 것을 유치 내지 입지시키면 좋을 것인지 그 이유와 함께 말해보라.
- 앞으로 이 지역의 미래 도시공간계획을 한다면 어떻게 할 것인지 말해보라.

6 지도는 사회과 교육과정에 어떻게 반영되어 있을까요?

1. 2015 개정 교육과정에서 지도와 관련된 내용에는 무엇이 있을까요?

2015 개정 사회과 교육과정에서는 지도를 적극적으로 사용하여 표 5-3과 같이 성취기준에 도달할 수 있도록 제시하고 있다.

표 5-3 2015 개정 교육과정의 지도 관련 주제 및 성취기준

학년	대주제	중주제	지도 관련 성취기준
3, 4 학년	1. 우리가 살아가는 곳	① 우리 고장의 모습	[4사01-01] 우리 마을 또는 고장의 모습을 자유롭게 그려 보고, 서로 비교하여 공통점과 차이점을 찾아 고장에 대한 서로 다른 장소감을 탐색한다. [4사01-02] 디지털 영상 지도 등을 활용하여 주요 지형지물들의 위치를 파악하고, 백지도에 다시 배치하는 활동을 통하여 마을 또는 고장의 실제 모습을 익힌다.
	3. 우리 지역의 어제와 오늘	① 지역의 위치와 특성	[4사03-01] 지도의 기본 요소에 대한 이해를 바탕으로 하여 우리 지역 지도에 나타난 지리 정보를 실제 생활에 활용한다.
5, 6 학년	7. 세계의 여러 나라들	① 지구, 대륙, 그리고 국가들	[6사07-01] 세계지도, 지구본을 비롯한 다양한 형태의 공간 자료에 대한 기초적인 내용과 활용 방법을 알고, 이를 실제 생활에 활용한다.

표 5-3의 교육과정의 성취기준에 대한 해설을 보면 다음과 같다.

- [4사01-01]에서는 학생 각자가 작성한 심상지도를 비교하여 고장에 대한 서로 다른 생각을 공유하도록 한다.
- [4사01-02]에서는 디지털 영상지도 등을 활용하여 산, 강이나 바다, 간선도로, 학교, 건물 등 랜드마크 역할을 할 수 있는 고장 내 주요 지형지물의 위치를 인식하고, 백지도에 재배치하는 학습을 통해 고장의 실제 모습을 익히도록 한다.
- [4사03-01]에서는 지도의 기본 요소(방위표, 기호와 범례, 축척, 등고선)에 대한 기초적인 이해를 바탕으로 하여 지도 읽기 능력을 기르고, 이를 실제 생활에 활용할 수 있는 능력을 배양하도록 한다.

- [6사07-01]에서는 세계지도, 지구본, 디지털 공간 영상 정보 등 다양한 공간 표현물의 특성을 이해하고 그것을 활용하여 세계에 대한 기초적인 지리 정보를 얻을 수 있는 능력을 배양하도록 한다.

2. 공간확대적 지도제시 방안은 문제가 없나요?

교육과정은 심상지도, 디지털 영상지도, 백지도, 지도에 대한 기초 지식, 세계지도, 지구본 순서로 제시되고 있는 것을 알 수 있다. 지도의 활용은 간단히 말해 공간 확대법에 따라 배열되어 있다고 볼 수 있다. 그러나 오늘날 교통, 통신의 발달로 인한 시공간 제약의 축소는 공간 확대법적 내용체계에 많은 혼란을 주고 있다. 이뿐만 아니라 여러 선진국에서 지도를 공간 확대법적으로 제시하고 있지 않으며, 세계지도, 지구의 등을 자기가 사는 고장이나 지역을 학습할 때 함께 활용하고 있다는 것이다.

지도학습은 반드시 학습하고자 하는 해당 지역규모보다 상위인 세계, 대륙, 국가 등을 먼저 확인하고 난 후, 해당 지역을 학습하는 것이 바람직하다. 인간의 의식은 통합된 전체이기 때문에 해당 지역은 지구라는 전체 속에서 유기적으로 연결되기 때문에, 전체를 파악하기 위해서는 부분 부분을 따로 파악해서는 안된다. 지도는 먼저 숲을 보고 나무를 판단해야 한다. 지도는 부분의 합을 통해 전체에 도달하는 것이 아니라 전체를 통해 부분을 유기적으로 볼 수 있게 함으로써 전체는 부분의 합 이상(wholism)이다.

사실 고학년 학생의 경우 내 고장 주위의 인지요소는 잘 모르고 국내보다는 외국의 명승지나 지리적 사항을 더 많이 알고 있다는 사실을 간과해서는 안 된다.

3. 효과적인 지도학습을 위한 개선방안에는 무엇이 있을까요?

효과적인 지도학습을 통해 학생들은 궁극적으로 지역(공간)적 특성을 파악하고 이해하고 있으므로 다음과 같은 점을 감안할 필요가 있다.

첫째, 사회과 대부분의 수업 과정에서 각종 지도 활용의 기회를 늘려 학생으로 하여금 지도에 대한 친밀감을 갖도록 해야 한다. ① 지도 활용은 사회과의 학습 지도 전 단계에서 적절하게 활용하면 각기 다른 교육적 효과를 높일 수도 있다. 도입단계에서 사용하면 문제의식을 높일 수 있으며, 전개단계에 사용하면 사회사상의 이해와 문제해결을 용이하게 하고, 종결단계에서 사용하면 학습의 요약정리나 경험 확대에 도움을 준다. 따라서 지도는 지도 공부 단원에서만 지도할 것이 아니라 지리영역학습 전단원은 물론 사회과 타 분야의 수업 과정까지 확산되어야 한다. 그러기 위해서는 교사의 지도학습에 대한 관심과 사회과 각 분야에서 특색 있는 지도 활용 방안을 연구해 봐야 할 것이다. ② 사회과 부도의 활용은 추상적 설명이나 이해에 그치기 쉬운 학습을 구체화하고 사회적 현상을 비교적 정확하고 주의 깊게 관찰할 수 있게 한다. 아울러 지도는 사회 현상 간에 관계를 인간이 어떻게 자연환경에 적응하고 이용해 왔는가를 보다 생생하게 이해할 수 있도록 한다. 또한 시각 언어로서 짧은 시간에 많은 것을 비교 가능케 하며 학습 효과에 대한 장기화, 지적 호기심의 유발, 학습 내용의 정리 도구로서의 효과 등을 들 수 있다. ③ 지도 관련 수업시간에만 지도를 활용하지 말고 일상적으로 일어나는 삶과 연계하여 지도를 활용하는 것이 필요하다.

둘째, 학생의 인지발달단계를 잘 감안하여 지도하여야 한다. 학생의 인지발달단계에 맞추어 지도를 활용할 때 학생의 지도인식능력 및 활용능력이 신장될 것이다.

셋째, 지도 관련 수업이 제대로 운영되기 위해서는 특별실과 자료가 필요하다. ① 지도 관련 수업을 잘 할 수 있도록 각종 자료와 기구들을 평상시에도 보고 만지면서 활용할 수 있도록 해야 한다. ② 미국이나 선진국 같은 경우는 학교 수업에 필요한 교수·학습 자료가 아주 잘 갖추어져 있다. 지도관련 활동학습이나 조작활동에 필요한 자료나 동영상 자료 등들을 제작하고 대여해주는 곳이 있으면 많은 도움이 될 것이다. ③ 지도 수업 시 관련 시청각 자료를 함께 활용하는 것이 학습효과를 높일 수 있다. 지도는 실제 가보지 못한 지역의 특성을 파악하는 데 유용하나, 시청각 자료인 슬라이드, 사진, 디지털 영상 지도, VTR 등을 함께 사용함으로써 학습의 이해를 높일 수 있다.

넷째, 웹기반 GIS를 적극적으로 활용할 필요성이 있다. 최근 웹기반 수업으로서 웹기반 GIS는 쌍방향의 상호작용을 할 수 있는 의사소통의 공간으로 교수-학습에 강력하게 활용할 수 있는 교육매체요, 도구요, 정보원으로 등장하고 있다. 웹기반 GIS는 방대한 지표공간에 대한 자료들을 저장하고 있으며, 뿐만 아니라 필요시 학습자(클라이언트)가 질의만 하면 즉시로 관련 자료를 분석함으로써 웹상에서 상호작용 증진을 통해 학습하기에 유용하다. 이를 사회문제해결에 활용할 수 있도록 GIS를 교육과정 개발 시 체계적으로 포함할 수 있도록 연구해야 할 것이다.

다섯째, 지도를 실생활과 관련하여 연구하는 동아리(학교 중심이나 지역 중심)가 운영되어야 할 것이다. 학교를 중심으로 한다든지 지역교육청 단위를 중심으로 해서 동아리가 활성화된다면, 이를 통해 지도와 지도를 활용한 다양한 교수·학습방법의 적용, 학습자료 등을 공유함으로써 내실이 갖춰진 지도수업이 될 것이다.

지도 관련 웹사이트

http://www.ngii.go.kr/child/contents/contentsView.do?rbsIdx=45 어린이 지도 여행
http://www.americanhistory.or.kr/book/state/s-frame.htm 미국 주와 지도
http://www.roadplus.co.kr/page.do?mCode=A010010 스마트 교통센터, 교통지도
http://map.naver.com/ 네이버 지도
http://map.daum.net/ 다음 지도
http://map.google.com/ 구글 지도

생각해 볼거리

1. 지도의 분류에 따른 종류를 설명해 봅시다.

2. 지도에서 발생하는 오개념과 그 원인을 설명해 봅시다.

3. 특정 주제를 가지고 심상지도를 그려보고, 해석해 봅시다.

4. 나침반이 없을 때 방위를 찾는 방법을 말해 봅시다.

5. 지도학습에서의 주요 개념을 말해 봅시다.

6. 우리나라의 표준자오선이 우리나라를 통과하지 않는 이유를 설명해 봅시다.

7. 우리 지역의 지형도에 선을 그어 단면도를 만들고, 단면도를 가지고 등고선을 그려 봅시다.

CHAPTER

06

지도(2):
지도가 우리의 미래를 만든다.

빅데이터 시대의 데이터는 원유와 마찬가지로 21세기 국가와 기업의 경쟁력을 좌우한다. 원유라는 자원은 고갈되는 유한자원이지만, 데이터라는 자원은 오히려 시간이 지날수록 자원이 증가하는 무한자원으로 갈수록 부를 창출할 수 있다. 지구상에 존재하는 데이터의 80%가 공간 정보를 담고 있으며, 과학기술의 발전과 함께 이 비율이 지속적으로 증가하고 있는 추세이다. 특히 사물인터넷(IoT)이 발전한 만물인터넷(IoE)[1] 세상을 통해 사람, 제품, 위치 등에 연결된 수백억 개 이상의 디바이스에서 막대한 양의 공간정보가 포함된 데이터를 통해 데이터 생산을 폭증시킨다. 따라서 이러한 공간 정보의 활용도는 갈수록 높아질 것이며, 지도는 이를 위한 이상적인 수단이라 할 수 있다. 이를 위해서는 단순히 데이터를 모으기만 한다고 되는 것이 아니라 데이터 속에서 의미를 추출할 수 있어야 한다. 데이터와 제품, 서비스와의 융합 그리고 이를 통한 정보의 활용은 바로 4차 산업혁명에서 추구하는 것이다.

4차 산업혁명의 기본이라 할 수 있는 빅데이터에 있어서 핵심적인 과제는 데이터의 수집이 아니라 데이터의 활용이다. 이는 데이터 자체가 답을 알려주는 것이 아니라 데이터 안에서 추출할 수 있는 유의미한 정보에서 답을 얻는 것을 의미한다. GIS(Geographic Information System)는 데이터를 지도로 볼 수 있는 도구로서 공간정보를 분석하여 의사결정에 필요한 공간 관계를 판단할 수 있게 도움을 준다. 아울러 GIS는 위치정보를 활용해 세상을 디지털 트윈(digital twin)[2]으로 만들어 시뮬

1) 다양한 분야에서 사물을 네트워크로 연결해 정보를 공유하는 사물인터넷(IoT, Internet of Things)에서 한 단계 더 발전한 형태인 만물인터넷(IoE, Internet of Everything)은 사물 간의 연결뿐만 아니라 데이터, 클라우드, 모바일 등 모든 것을 연결한다는 맥락을 말한다.

레이션을 실행함으로써 미래를 예측하고 대비하는 데 활용할 수 있으며, 궁극적으로 데이터 기반의 보다 정교한 의사결정을 할 수 있는 토대를 제공한다.

시대적 변화와 함께 GIS의 중요성은 증가하고 있으며, 우리나라도 1995년 국가 GIS 사업이 시작된 이후 많은 공간 데이터가 구축되었고, 로케이션 인텔리전스(location intelligence)가 대부분의 사업 전략의 핵심 부분을 차지하면서 그 중요성은 날이 갈수록 높아지고 있다. 그러나 GIS를 위한 교육환경이 매우 양호해졌음에도 불구하고 교육현장에서는 GIS에 대한 인식 및 태도가 매우 소극적이다.

그렇다면 지도의 활용이 많은 사회과 현장에서는 GIS를 어떻게 다루는 것이 좋을까? 이 장에서는 GIS에 대한 간단한 개념과 수업에 활용하는 구체적인 방법, 그리고 수업에 필요한 GIS 프로그램을 직접 조작하는 방법에 대해 간단히 익혀보는 과정에서 GIS를 이해하는 기회를 갖고자 한다.

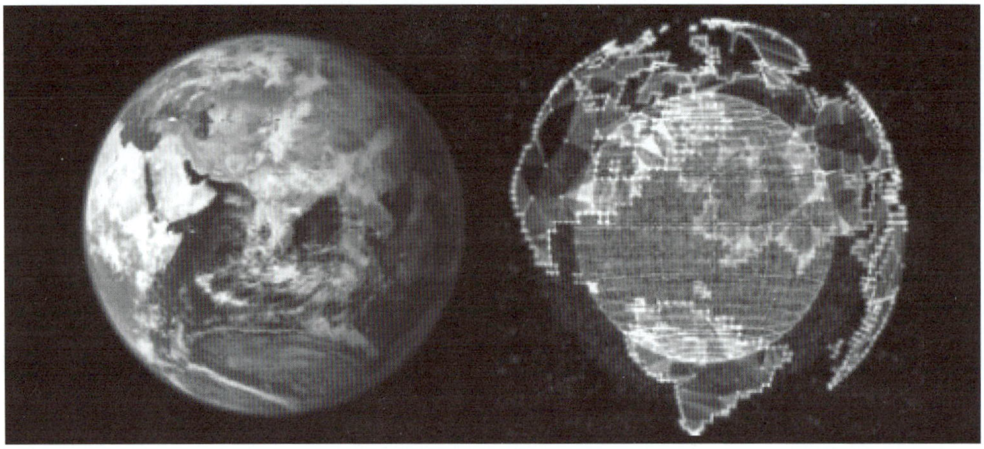

그림 6-1 GIS에 따른 디지털 트윈 세상

2) 디지털 트윈, 즉 디지털 쌍둥이는 디지털(가상)에 아날로그(현실) 사물의 복제품을 생성시키는 기술을 의미한다. 디지털 쌍둥이는 가상 세계에서 현실을 미리 체험함으로써 현실의 생산효율성을 증가시킬 목적을 갖고 있다. 20세기엔 똑같은 모양의 단일 모델만 수십만 대 찍어냈던 일명 '포드(Ford)' 공정이 대세였다면, 21세기 기업은 정반대로 다양성을 앞세운 소비자 기호에 맞게, 그러면서도 대량 생산 공정으로 그걸 제대로 공급하려는 '신개념 생장(生長)형 공정'이다. 디지털 트윈은 단가가 비싼 제품 혹은 생산·사용 현장이 멀고 접근하기 어려운 제품의 경우 그 효과가 더 높아진다. 대표적인 예가 풍력 발전에 쓰이는 풍차다. 풍차는 대당 제작 단가도 높을뿐더러 기후 등 주변 환경에 맞춰 제대로 설치해야 하는 까다로운 제품이다(삼성전자뉴스룸, 2016).

1 GIS에 대해 기초적으로 알아야 할 것에는 무엇이 있나요?

1. GIS를 어떻게 정의할 수 있나요?

지리정보시스템(Geographic Information System, GIS)은 지리학 분야와 마찬가지로 많은 기술, 방법, 분야들의 결합으로 이루어지며, 그만큼 정의, 개념, 구현이 다양하다. 초창기 컴퓨터 기술 및 전자지도 제작방식의 발전 등에 의해 활성화된 GIS는 지도제작 성격이 강하였다. 그러나 이후 정보기술 분야의 발전된 기술이 GIS 분야에 적용되기 시작하면서 GIS 성격과 모습이 달라졌다. 즉, 최근 정보기술 분야의 발전은 대규모 데이터베이스 기술로서의 DBMS(database management system) 기술, 인터넷 등을 중심으로 한 네트워크 기술 발전, 컴포넌트 형태의 기술 발전, 클라이언트/서버 등으로 인한 다중 사용자 환경 등이 보편화되고 있으며, 이러한 주요한 기술 및 방법이 GIS 분야에 적용되고 있다. 또한 GIS의 사용목적 및 용도를 어디에 두느냐에 따라 전문가 중심의 GIS, 일반 사용자를 위한 GIS 등이 있다. 따라서 GIS를 보는 관점에 따라 다음과 같이 정의할 수 있다.

첫째, GIS를 정보시스템(information system)으로 보는 관점이다. 이 관점은 주어진 목표에 도달하기 위해 던진 특정 질문에 대한 해답을 찾아주는 시스템으로 보는 것이다. 이 시스템은 기계적인 하드웨어와 프로그램적인 소프트웨어를 모두 포함한 것으로, 지표면에 존재하는 데이터를 유의미한 정보로 변형하기 위한 일련의 과정으로 본다(Ducker, 1979; Smith et al. 1987; Star & Estes., 1990). 둘째, GIS를 정보과학(information science)으로 보는 관점(Goodchild, 1992)이다. 즉, GIS는 지리 데이터를 가공하여 유의미한 정보로 창출해내는 학문이라는 것이다. 이 관점은 GIS를 세계와 인간의 관계를 기술・설명함으로써 실세계를 이해하는 데 도움을 준다는 입장을 취하고 있다. 셋째, GIS를 정보연구(information studies)로 보는 관점이다. 이 관점은 지리정보의 사회적 활용에 대한 많은 관심을 기울이고 있다. GIStudies는 포스트모더니즘 사고의 반영으로 기존에 존재하던 GIS를 기계적인 측면에서만 활용하던 점을 비판하고, 사회적 활용에 대한 고찰을 유도한다. 이외에도 GIS를 단순히 도구상자(toolbox)로 여긴다는 관점 등이 존재한다.

이처럼 GIS에 대한 관점에 따라 지리 정보(geographic data)를 구축, 유지관리, 편집, 분석 및 프로세싱, 디스플레이 및 출력 등의 과정을 통해 지리정보의 전산화라는 의미에서, 고품질의 공간 정보를 얻는 측면, 나아가 인간의 삶의 문제를 합리적으로 해결하기 위한 공간 의사결정을 위한 도구로서 사용되고 있다. 그러나 이와 같은 세 관점은 독립된 관계가 아니라 상호연관성이 매우 높으며 서로 영향을 주기도 한다(Longley et al., 2011)는 점을 기억해야 할 것이다.

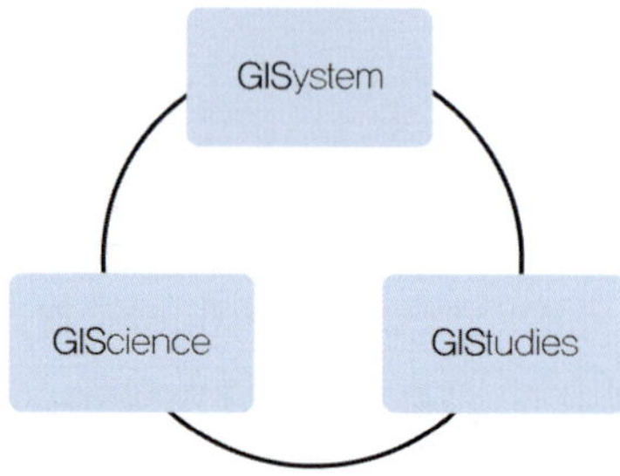

그림 6-2 GIS에 대한 세 가지 관점의 상호연관성

이러한 측면을 종합하여 볼 때 'GIS는 다양한 지리정보를 구축, 유지관리, 편집, 분석 및 프로세싱, 디스플레이 및 출력 등의 과정을 통하여, 사용자가 공간 정보를 얻는 동시에 공간 의사결정에 도움을 주는 시스템'이라고 할 수 있다.

2. GIS는 어떻게 구성되어 있나요?

GIS는 매우 다양한 분야에서 사용되고 있으며, 각 분야 및 시스템 성격에 맞는 구성요소를 가지고 있다. 여기서는 GIS 분야를 구성하는 주요 4가지 구성요소인 데이터, 소프트웨어, 하드웨어, 인적 자원에 대해 살펴보기로 한다.

1) 데이터

GIS 구성요소 중 데이터는 매우 중요하면서 핵심적인 요소이다. 실제로 GIS 시스템 구축 및 과제 수행 시 데이터와 관련된 부분은 70~80%까지 차지할 정도로 많은 비중을 차지하고 있는 것이 현실이다. GIS 분야는 다른 분야와는 달리 다양한 기능 구현을 위한 다양한 GIS 소프트웨어 및 데이터를 가지고 있으며, 아직 정보 분야의 표준화 추세보다는 더딘 표준화 경향을 보이고 있다. 따라서 다양한

GIS 소프트웨어에 따라 다양한 데이터 모델 및 아키텍쳐를 가지며, 이에 따른 다양한 데이터 유형을 가지고 있다. 각 데이터 유형마다 입력 방식 및 아키텍쳐가 다르며, 구축된 데이터 유형에 따라 처리·분석되는 방식이 다양하다.

GIS 분야에서 사용되는 데이터를 GIS 데이터 또는 지리 데이터(geographic data)라 하며, 이 데이터는 공간 데이터(spatial data)와 속성 데이터(attribute data)로 구성되어 있다. 현재 GIS 분야에서 중요시되는 부분은 공간 데이터 부분인데, 왜냐하면 속성 데이터 부분은 이미 정보 분야에서 기존에 구축되어 있는 것이 많이 있으며, 또한 구축방식이 상대적으로 쉽기 때문에 그다지 많은 기술이 요구되지 않는다. 상대적으로 공간 데이터 부분은 다양한 데이터 유형에 따라 세분화되며, 이들 데이터 특성에 따라 분석 또는 처리과정이 달라지며, 이에 의거한 결과도 다르게 나올 수 있기 때문에 매우 중요하게 다루어지고 있다. 공간 데이터(spatial data)는 크게 벡터 데이터(vector data)와 래스터 데이터(raster data)로 구성된다(그림 6-3 참조).

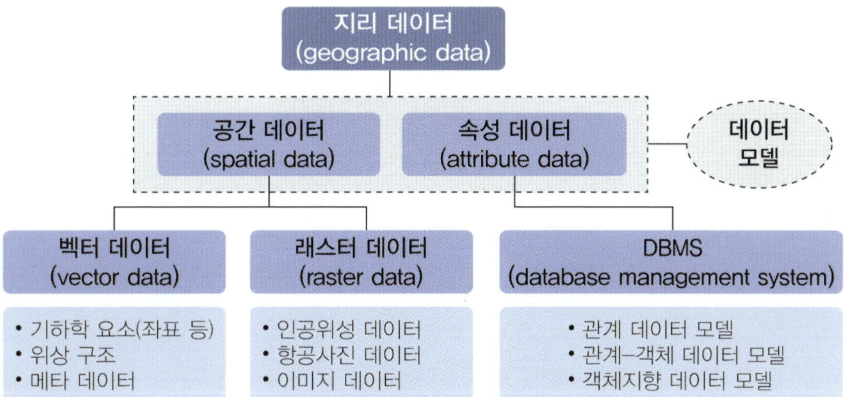

그림 6-3 GIS 데이터 구성

(1) 벡터 데이터 유형

벡터 데이터(vector data)는 공간 데이터를 표현하는 주요 두 가지 방식 중 하나로, 실세계 공간형상을 점, 선, 면인 0, 1, 2차원 공간형상(spatial feature)으로 표현한다. 실제 구축되는 공간 데이터의 많은 부분이 이 벡터 데이터의 유형을 띤다. 이와 같은 데이터 유형은 0, 1, 2차원 공간형상별로 관련 데이터를 구축하게 되며, 그 종류에는 기하학 정보, 위상구조 정보, 메타데이터가 존재한다.

첫째, 기하학(geometric) 정보는 점, 선, 면의 데이터를 구성하는 가장 기본적인 정보로서, 점의 경우에는 (x, y)로, 선의 경우는 연결된 점들의 집합인 (x1, y1), (x2, y2), ... (xn, yn)으로, 면의 경우는 면의 내부를 확인하는 참조점으로 구성된다.

둘째, 위상구조(topology) 정보는 GIS 데이터의 필수 요소는 아니지만, 공간분석을 위해서는 필수적이다. 위상구조란 점, 선, 면들의 공간 관계(spatial relationship)를 말하여 다양한 공간 형상들 간에 공간 관계 정보를 인접성(adjacency), 연속성(continuity), 영역성(area definition) 등으로 제공하고 있다. 어떤 지역을 기준으로 왼쪽에 하나의 도로가 있는 경우를 가정했을 때, 오른쪽에는 어떤 지역이 있는지에 대한 정보가 인접성이며, 하나의 도로가 끝나는 지점에 다른 어떤 도로가 연결되는지 도로의 시작점과 끝나는 점이 어디인지를 알려주는 정보가 연속성이다. 또한 사용자 눈에는 폐합된 영역으로 보이지만 이것이 폐합된 선인지 아니면 영역인지 1, 2차원의 구분을 해주는 정보가 영역성이다. 이들 위상구조 정보를 통해 도로에 인접한 빌딩을 찾고 한 지점에서 도로를 따라 다른 목적지까지의 최단 거리를 산출하며, 상류에서 하류에 이르는 연결 지류를 찾아내는 등의 공간 분석이 가능하다.

셋째, 메타데이터(metadata)는 필수 요소는 아니지만, 존재함으로써 많은 유용성을 가지고 있다. 메타데이터는 최근에 나타나는 개념으로서, 실제 데이터는 아니지만 데이터에 대한 유용한 정보를 목록화하여 제공함으로써 사용자가 데이터를 획득하고 사용하는 데 도움을 준다.

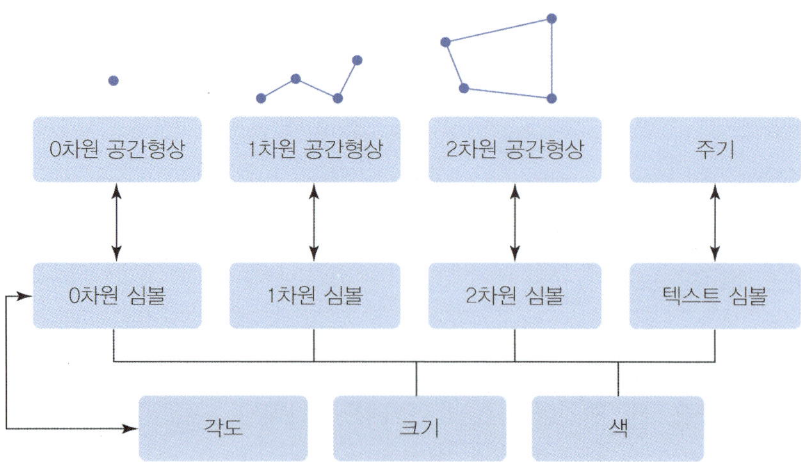

그림 6-4 벡터 데이터의 기호 표현 관계

이렇게 구축된 벡터 데이터는 기호화 과정을 거쳐 다양한 방식으로 표현된다. 벡터 데이터는 연결되어 구축된 속성 데이터를 참조하여 이를 효과적인 기호로 지도화하는데, 0, 1, 2차원 공간형상에 적합한 기호를 각도, 크기, 색 등을 다양하게 적용하여 표현할 수 있다. 이외에 주기(annotation)로서 지도상에 텍스트로 표현하고자 하는 지점에 텍스트를 지정하여 보다 효율적인 지도 표현을 할 수 있다.

(2) 래스터 데이터 유형

0, 1, 2차원으로 데이터를 정의, 저장하는 벡터 데이터 유형과는 달리, 래스터 데이터 유형은 실세계 공간형상을 일련의 셀(cell)들의 집합으로 정의하고 있다. 즉, 격자형의 영역에서 x, y축을 따라 일련의 셀들이 존재하며, 각 셀들이 속성값(value)을 가지므로, 이들 값에 따라 셀들을 분류하거나 다양하게 표현할 수 있다. 각 셀들의 크기에 따라 데이터의 해상도와 저장 크기가 달라지는데, 셀 크기가 작으면 작을수록 보다 정밀한 공간형상을 잘 표현할 수 있다.

대표적인 래스터 데이터 유형으로는 인공위성에 의한 이미지, 항공사진에 의한 이미지 등이 있으며, 스캐닝을 통해 얻어진 이미지 데이터를 좌표정보를 가진 이미지(georeferenced image)로 바꿈으로써 얻어질 수 있다. 래스터 데이터 유형을 이용하여 다양한 데이터 분석 등이 가능하며, 3차원 등과 같은 입체적인 지도 디스플레이 등도 가능하다(그림 6-5 참조).

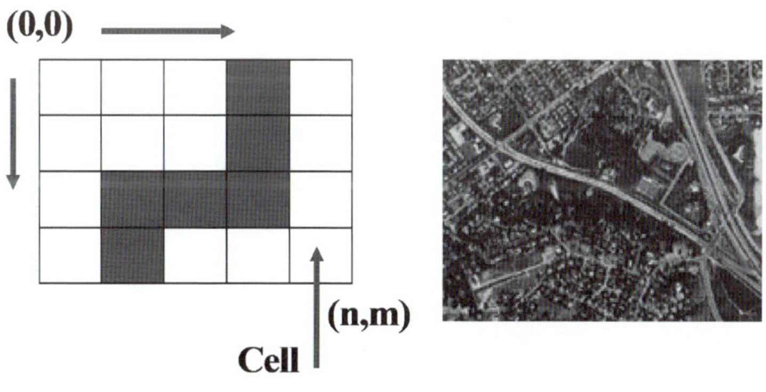

그림 6-5 래스터 데이터 유형

2) 소프트웨어

GIS의 주요 구성요소 중 소프트웨어는 데이터와 함께 핵심 요소로 기능하고 있다. 즉, GIS 데이터의 구축, 조작뿐만 아니라 GIS에서 수행하는 대부분의 작업을 소프트웨어를 거치지 않고는 어려울 만큼 대부분의 기능을 여기서 수행하고 있다. 또한 다양한 GIS 소프트웨어에서 지원하는 데이터 모델 및 아키텍쳐에 따라 다양한 데이터 등이 가능하므로, 소프트웨어와 데이터는 매우 밀접한 관계를 가진다. 현재 GIS 소프트웨어의 종류는 약 3,000여 종류가 있으며 운영체제(O.S.), 하드웨어, 기능, 용도 등에서 매우 다양하게 구성되어 있으며, 다음 항목을 중심으로 살펴보고자 한다.

표 6-1 소프트웨어 주요 기능

소프트웨어 주요 기능 유형	주요 기능
데이터 입력(구축)	• 공간 데이터 입력: 디지타이징, 스캐닝, 데이터 변환 등 • 속성 데이터 입력: 키보드 입력, 데이터 변환 등 • 데이터 통합: 연속 도면 통합, 레이어 통합, 좌표체계 통합 등 • 구조화 편집: 데이터 오류 편집, Generalization 등
데이터 유지관리	• 시간 추이별 유지관리 • 트랜잭션 관리: 데이터 무결성 유지 • 다중 사용자 관리
데이터 조작	• 데이터 질의 및 검색: 공간 검색, 속성 검색 등 • 데이터 분류 • 좌표체계 적용 및 조작
공간 분석	• 다양한 공간 분석 적용: 입지선정, 하계망 분석, 최적 · 최단거리 산출, 가시권 분석 등
공간 모델링 및 시뮬레이션	• 상권 분석, 하천 분석, 교통 분석, 환경 분석 등
디스플레이 및 출력	• 다양한 기호화 기능을 이용한 디스플레이 • 모니터상의 디스플레이: GIS 시스템상의 디스플레이 • 플로터, 프린터를 이용한 지도 출력: 결과 출력

3) 하드웨어

하드웨어는 GIS 구현을 위한 기본 토대로서 소프트웨어가 운용되며 데이터가 구축, 저장, 프로세스가 수행되는 장치이다. 하드웨어의 범주에는 데스크톱 PC, 워크스테이션과 같은 전산기뿐만 아니라 디지타이저, 스캐너, 플로터 등의 입·출력 장비를 포함하고 있다. 최근 컴퓨터 기술의 발전으로 하드웨어 장비 비용이 낮아지는 동시에 성능은 매우 향상되어 일반 사용자들이 보다 쉽게 접근하고 있다. 입력 장비로는 디지타이저와 스캐너 등이 사용되며, 이외에도 컴퓨터를 통합 키보드 입력이나 마우스를 이용한 모니터상의 입력 등이 가능하다. 디지타이저와 스캐너 등은 입력 도면의 크기(예: A4, A0 등)와 해상도(resolution), 처리 속도 등의 측면에서 비용이나 성능이 결정되는 경향을 가지며, 플로터 및 프린터 등의 출력 장비도 출력 도면 크기, 해상도, 처리속도 등에서 차이를 가진다.

컴퓨터는 운영체제에 따라 GIS 시스템이 구현되는데, DOS, Windows 환경은 데스크톱에서 운영되며, UNIX는 워크스테이션에서 구현된다. 따라서 각 운영체제를 지원하는 소프트웨어가 사용자에게 제공된다. 현재 UNIX는 기존의 하드웨어 제공회사마다 다양한 운영체제(ULTRIX, AIX, VAX, SOLARIS)를 지원하였으나, 최근에는 서로의 통합을 위하여 CDE(Common Development Environment)로서의 표준을 적용하고 있으며, 데스크톱 측면에서는 Windows와 Unix가 점점 중요한 비중을 차지하는데, 이 중 Windows는 운영체제 중 사실상의 표준으로 자리잡아가고 있으며, 이 환경에서 수많은 사용자 간의 네트워크를 구축하여 이들 환경에서 GIS를 구현할 수 있게 되므로 점점 비중이 커지고 있다.

4) 인적 자원

GIS에서 중요한 요소 중의 하나는 인적 자원이다. 단순히 GIS 사용자로서의 인적 자원이 아니라 복잡하고 거대해지는 GIS 시스템에서 역할을 수행하는 다양한 인적 자원의 결합을 통해 비로소 효율적인 GIS 구현이 가능해진다. GIS는 하나의 학문영역에 걸친 시스템이 아니라 다양한 학문의 복합체이기 때문에 어느 한 분야의 전문가라 할지라도 모든 영역을 구현하는 GIS 분야의 전문가가 될 수는 없다. 그러므로 GIS를 효율적으로 운영하기 위해서는 GIS 운영의 대상이 되는 업무의 전문가와 GIS 개발 전문가가 짝을 이루어 GIS를 운영해야 좋은 결과를 얻을 수 있다. GIS의 인적 자원은 시스템 구축, 유지관리, 활용이라는 단계를 통해 데이터 제작자, 시스템 관리자, 프로그래머, 시스템 엔지니어, 사용자 등 다양한 역할을 수행하는 인적 자원의 결합이 요구된다. 각 역할을 수행하는 인적 자원은 각 과정에서 요구되는 수준의 숙련도에 따라 낮은 수준에서 높은 수준으로 범주화될 수 있다. 또한 GIS 시스템이 적용되는 분야별 구성은 지리학, 환경, 교통, 통신, 토목, 비즈니스 분야 등에 종사하는 인적 자원을 유형화할 수 있다. 현재 국내 GIS 기술 수준은 미국, 호주, 캐나다, 영국 등 GIS 분야의 선진국에 비해 떨어져 있는 것이 사실이다. 1980년 후반에 시작되어 1990년 전반기에 활성화되기 시작한 국내 GIS 분야는 1995년 국가 차원의 GIS 사업이 촉발되어 급격히 발전하고 있다. 이러한 일환으로 GIS 관련 전문가 및 기술 인력 양성을 수행하고 있으며, 스마트시티 플랫폼, 암 환자 GIS 구축 등 다각적으로 활용하기 위한 노력을 하고 있는 상황이다.

3. GIS는 어떤 특성을 가지고 있을까요?

GIS는 관점에 따라 다양한 특성을 가지고 있는데, 주요한 특성 몇 가지를 소개하면 다음과 같다.

1) 효율적인 수치지도(digital map) 제작

GIS의 초창기 발전은 종이지도 제작방식에서 새로운 지도 제작방식을 탐구하게 되면서 이루어졌다. 즉 종이지도 제작방식에서 발생하는 여러 가지 문제점을 해결하기 위해서 그 당시 발전되고 있는 컴퓨터 기술 및 지도제작 소프트웨어 개발 등을 적용함으로써 보다 효율적인 지도제작이 가능해졌다. 디지타이저, 스캐너 등의 입력 장비는 손쉽게 지도제작에 이용할 수 있으며, 한 번 구축된 수치지도를 다양한 기호 표현방식을 통해 즉각적으로 디스플레이할 수 있다. 또한 다양한 지도를 플로터, 프린터 등의 출력 장비는 손쉽게 지도출력을 가능하게 함으로써, 기존에 수동방식의 지도제작방식에 소요되는 인력, 시간, 비용을 획기적으로 절감하는 동시에 지도의 내용 및 활용을 한 단계 높였다.

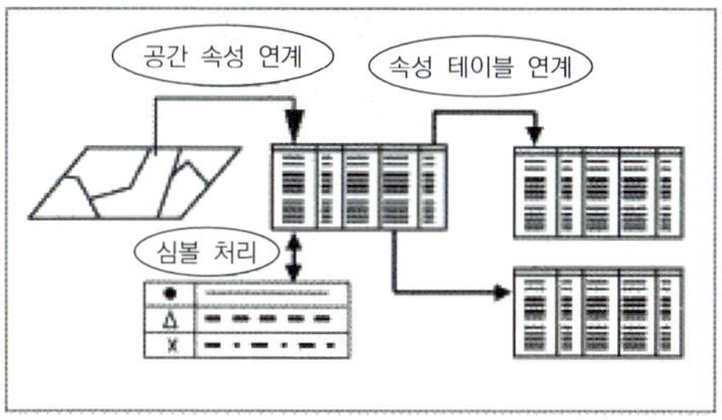

그림 6-6 **실세계 공간형상의 추상화**

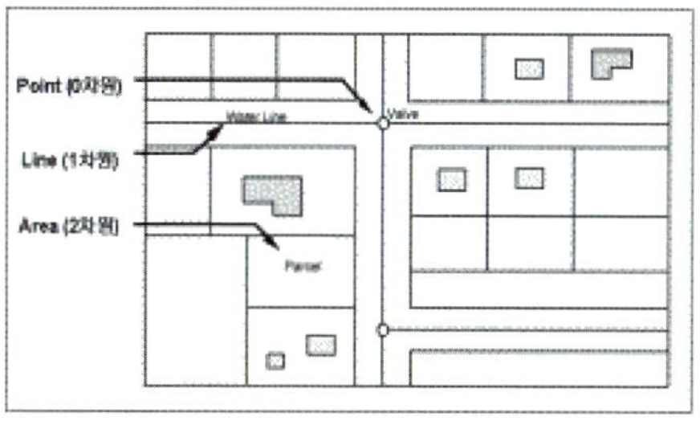

그림 6-7 **GIS 데이터 저장방식**

2) 효율적인 공간 데이터 모델 적용

GIS 분야는 단순 이미지 처리 분야나 CAD 분야와는 목적, 절차, 내용 측면 등에서 차별성을 가진다. 사용자의 시각에는 동일하게 보이는 지도도 단순히 지도 스캐닝을 한 데이터 또는 CAD 프로그램을 통해 제작된 결과와 GIS 데이터와는 데이터 모델, 아키텍쳐, 구성 내용 등이 매우 다르다. GIS는 단순한 지도 디스플레이를 목적으로 하지 않으며, 다양한 공간 및 속성 데이터들의 결합을 통해 고품질의 공간 정보 획득을 목표로 한다. 동일한 공간 영역에 토지, 행정구역, 도로, 지질 등 다양한 주제도의 다각적 디스플레이가 가능하며, 이들 다양한 데이터를 토대로 공간분석을 통해 단편적 시각으로 얻기 어려운 공간 맥락적 정보를 추출할 수 있으며, 공간 모델링을 통해 고차원의 공간 지식을 얻게 되므로 단순한 공간 데이터로서의 이미지나 CAD 데이터와는 차별화된다. 이렇게 구현되는 GIS 분야에서는 실세계의 다양한 공간형상들을 어떻게 효과적으로 수치화(digital)할 것인지가 매우 중요하다. 일반적으로 이러한 과정에서 적합한 공간 데이터 모델이 사용되며, 빌딩, 도로, 행정구역 등 실세계의 다양한 공간형상들은 각각 0, 1, 2차원 등의 공간형상으로 구현된다.

3) 다양하면서도 강력한 공간 분석 기능

GIS는 단순한 지도제작 및 디스플레이를 지향하지 않으며, 수치화된 공간 데이터 제공보다는 여러 프로세스를 거쳐 결과로 생성되는 고품질의 공간 정보 제공을 목적으로 한다. 따라서 중간 과정으로서 다양한 공간 분석 등이 사용되는데, 이는 사용자의 목적, 용도에 따라 적합한 GIS 데이터가 적용된다. 또한 적합한 공간 분석 방식 등이 적용되며, 최종적으로 결과로서의 공간 정보를 효율적으로 표현하는 방식 등이 결정된다. 현재 GIS를 통해 여러 후보지역 중에서 다양한 요인을 고려한 입지분석, 수계 및 하천을 자동적으로 산출해주는 하천 분석, 교통 분야에서 출발지와 목적지 간에 최단 거리 및 최적 거리를 산출해주는 경로 분석, 한 지점에서 주변 지역의 가시권(area of visibility)을 산출해주는 가시권 분석, 환경오염 원인을 산출하는 환경 분석, 한 상권 산출 및 수요를 예측하는 상권분석 등 다양한 분석 등이 적용 가능하다.

4) 다양한 데이터 유형들의 통합 및 표현

GIS는 핵심이 되는 공간 데이터와 속성 데이터를 사용할 뿐만 아니라 이외에도 다양한 데이터 유형을 통합하여 사용 가능하다. GIS 발전 초기에는 공간 데이터를 중심으로 지도의 디스플레이 및 간단한 조작 기능이 구현되었으나, 기술 발전을 통해 정보기술 분야와의 통합을 통해 다양한 데이터 유형과의 통합이 가능해졌다. 즉 공간 및 속성 데이터뿐만 아니라 엑셀(Excel) 등의 스프레드시트 유형의 데이터를 사용할 수 있으며, GPS 등 실시간으로 생성되는 데이터를 직접 받아들일 수 있게 되었다. 또한 소리 데이터, 동영상 데이터 등을 통합하여 GIS 시스템 구현이 가능하게 되었다. 나아가 3차원 기술이 발전하여 단순히 3차원 디스플레이를 하는 3D 분야와 차별되어 GIS의 분석 기능을 3차원 디스플레이 기능과 통합하여 구현하고 있다.

4. GIS는 어떻게 발전해왔을까요?

GIS의 시작은 1960년대 캐나다의 CGIS(Canadian GIS)가 대표적이다. CGIS는 자원관리를 위해 개발되어 각국에 보급되었다. 초기의 GIS는 주로 격자방식 위주의 자료처리를 위한 시스템으로서 활용되었다. 당시 GIS의 사용은 정부기관에 한정되었으며, 고가의 컴퓨터 설비로 GIS 보급의 문제점이 대두되었다.

1970년대 이르러 컴퓨터 기술과 그래픽 처리기술의 발달은 GIS 환경에 큰 변화를 가져왔다. GIS 전문회사가 출현하였으며 활용분야 역시 격자방식 위주의 자원관리와 환경관리에서 벡터방식 위주의 토지나 공공시설의 관리로 확대되었다. 여러 기관에서는 시범적인 개발계획을 수행하여 점차 GIS의 필요성에 대한 인식이 확대되었다.

이후 1980년대에는 개발도상국의 GIS 도입과 구축이 활발히 진행되면서 GIS는 급성장하게 되었다. 기술적으로도 크게 발달하여 위성정보의 구축이 가능하게 되었으며, GIS 데이터베이스 기술 역시 함께 발전을 하였다. GIS 프로그램의 모듈화를 통한 GIS 상품의 다용도화가 급진전되었으며, 전반적인 컴퓨터 하드웨어 가격 하락에 따른 워크스테이션 도입으로 GIS의 보급이 더욱 활성화되었다.

1990년대에는 컴퓨터 하드웨어의 급성장으로 인하여 개인 컴퓨터에 의한 GIS 보급이 가능하게 되었다. 아울러 멀티미디어 기술의 발달과 다양한 형태의 정보제공에 따라 GIS의 효용성이 크게 향상되었으며, 정보산업분야의 GIS 활용도도 증가되었다. 또한 분산형 데이터베이스의 발달로 경제적인 공간 데이터베이스의 구축과 운용이 가능하게 되어 보다 범조직체 내의 구성이나 외부 기관과의 연계를 통한 광범위한 운용체계로 발전하였다. 범세계적인 GIS 자료의 공동 사용을 위한 노력과 함께 GIS 자료로의 호환성을 극대화하기 위한 표준화 작업도 함께 진행되었다.

참여와 공유, 개발을 모토로 하는 웹2.0[3])과 함께 표준 포맷 및 응용 프로그램 인터페이스가 공개되면서 웹 브라우저로 사용자가 쉽고 편리하게 위치정보를 활용할 수 있는 새로운 GIS 패러다임이 등장하였다. 위성사진과 지도를 합쳐 보여주는 지도서비스, 지구상의 어느 곳이든 이동하여 위성 이미지, 지도, 지형, 3차원 건물을 볼 수 있는 서비스까지 오늘날 사용자의 편의에 따라 검색하고, 2차원, 3차원의 공간 정보 웹 서비스를 제공받을 수 있게 되었다.

특히 빅데이터 시대, 빅데이터에 있어 문제는 데이터의 활용이다. 데이터는 답이 아니며, 중요한 것은 데이터 안에 있는 정보이다. GIS를 통해 우리는 데이터를 지도로 볼 수 있고, 공간 정보 분석으로 실제로 문제를 일으키는 공간 관계를 이해할 수 있다(Bruce Wong, General Motors). 서로 연결돼 있고 유동적인 세상에서 '위치'는 모든 것을 아우르는 공통 기준점이다. GIS 맵핑 및 공간 분석 소프트웨어를 통해 '위치'는 소비자의 구매 습관부터 자산의 이동까지 모든 것에 대한 데이터

3) 웹1.0은 웹을 통해 데이터를 얻는 1차원적인 방식이라면 웹2.0은 1.0에서 참여를 유도했으며, 웹3.0은 사용자가 원하는 데이터만을 주는 것이 아닌 시스템 자체에서 더 나은 데이터를 줌으로써 효율성을 극대화하고 있다. 최근 웹4.0은 컴퓨터가 사람이 되는 시대이다. 웹4.0 시대는 인간이 기술의 연장으로 업그레이드되면서 언제나 온라인과 연결(always-on)되어 웹과 대화하는 것을 목표로 하고 있다.

컨텍스트(맥락)를 찾아낸다. GIS는 정적 스프레드시트를 인터랙티브한 실시간 지도 및 대시보드로 변환시켜 데이터를 디지털로 구현하고, 세상을 디지털트윈으로 만들어 미래를 예측하고 대응하는 데 활용되고 있다(esri Korea). GIS 소프트웨어 기업 에스리가 매년 주최하는 GIS 업계 최대 규모 행사인 2018 에스리 유저컨퍼런스(Esri User Conference)가 미국 캘리포니아 주 샌디에이고에서 개최되었다. 여기서 4차 산업혁명 핵심기술인 머신러닝, 인공지능(AI)과 결합한 ArcGIS 플랫폼 등 새로운 기술을 선보였다.

2 GIS는 어떻게 활용하고 있나요?

1. GIS는 어떤 분야에서 활용하고 있나요?

GIS가 활용되는 분야는 표 6-2와 같이 거의 모든 분야라고 해도 과언이 아닐 것이다. 간략히 살펴보면 국토·지역·도시계획과 같은 계획 분야, 토지 자원·광물 자원·수 자원 관리 등의 자원 관리 분야, 운송망 계획, 최적 운행 노선 선택 등에 관련된 교통 분야, 환경 자원의 분석, 환경 자원의 관리, 환경 감시, 공원 부지 선정 및 계획 등의 환경 분야, 부대 위치 선정, 지세 분석, 진술모의 훈련 등의 국방 분야, 도로 및 상·하수도, 각종 배관 및 배선 관리, 주요 시설물의 입지 선정에 관여하는 시설물 관리 분야, 지형도, 각종 주제도를 제작하는 지도 제작 분야 등이 있으며, 사회 안전 분야, 토목·지질 분야, 경제 분야 등 수많은 곳에서 GIS가 이용되고 있다.

최근에는 교육 분야에서의 활용이 강조되고 있다. 미국의 지리교과에 있어서 K－12 교육 프로그램의 일환으로 GIS를 교육과정에 포함시키고자 하고 있으며, 구체적으로 GIS을 실제 수업에 많이 활용하고 있다. 최근 구성주의 수업과 관련하여 케이퍼(T.A. Keiper, 1999)는 초등학교의 실제적 문제를 해결하기 위해 해당 지역 관련 자료를 사용할 수 있어서 구성주의 수업을 위한 일환으로서 GIS를 언급하고 있다. 뿐만 아니라 GIS는 시대의 특성에 맞게 STEAM(Science, Technology, Engineering, Arts, Mathematics) 수업을 위한 도구로 강력하게 활용할 필요가 있다.

표 6-2 GIS 활용분야 예시

Agricultural Economics	Farm &Ranch Management	Plant Science
Agricultural Engineering	Fisheries	Political Science
Agronomy	Forestry	Psychology
Animal Science	Geochemistry	Public Administration
Anthropology	Geographic Information Science	Public Health
Applied Physics	Geography	Public Health &Medicine
Archaeology	Geology	Quaternary Research
Architecture	Geomatics (Surveying)	Range Management
Area Studies	Geosciences	Real Estate Law
Based Management	Government	Real Estate Management
Battlefield Management	Government Documents Library	Redistricting Law
Biostatistics	Health Care Management	Reference Librarian
Botany	Historical Preservation	Regional Planning
Business Administration	History	Regional Science
Chemical Engineering	Hydrology	Religion
City Planning	Industrial Engineering	Retail Management
Civil Engineering	International Studies	Science Education
Classical Studies	Journalism	Secondary Education
Climatology	Journalism and Communication	Seismology Research
Coastal Studies	Jurisdictional Law	Sociology
Communications	Landscape Architecture	Software Engineering
Computer Science	Linguistics	Soil Science
Conservation Biology	Map &Imagery Library	Technical Education
Criminal Justice	Marine Biology	Telecommunications
Decision Support Systems	Marketing	Transportation Engineering
Demography	Mechanical Engineering	Transportation Fleet Mgt.
Earth Science	Meteorology	Travel &Tourism
Ecology	Military Supply &Logistics	Urban Design
Economics	Natural Resources Management	Urban Planning
Electrical Engineering	Natural Sciences	Veterinary Science
Entomology	Oceanography	Water Resources Management
Environmental Design	Operations Research	Weed Science
Environmental Engineering	Paleontology	Wildlife Management
Environmental Health	Pedology	Zoology
Epidemiology	Pest Management	

2. GIS와 GPS, RS는 어떻게 결합될까요?

1) GIS와 GPS의 결합

전(全) 지구 위치 파악 시스템(GPS, global positioning system)는 고위도 인공위성에서 얻어진 정보를 지상의 수신소로 신호를 보내면 수신국에서 경·위도의 위치를 알려주는 체계이다. 이러한 GPS에서 수신된 정보를 GIS와 결합하여 실시간 항공·항해 시 위치 정보를 얻을 수 있으며, 자동차의 내비게이션과 핸드폰 등의 위치 정보 서비스에도 사용하고 있다.

2) GIS와 RS(remote sensing)의 결합

원격탐사(RS, remote sensing)는 1960년대 사진측량, 사진판독, 사진지질 등을 종합하는 의미로 등장하였다. 또한 멀리 떨어진 대상물을 조사하는 기술(원격탐사, 원격탐지, 원격측정)을 의미한다. RS는 목표물에서 반사 또는 복사하는 각종 전자파(중력, 자력 등 포함)를 감지하여 물리적 특성을 측정하는 기술을 통해 현상의 식별, 분류, 판독 및 분석을 실행하며, 물체에서 반사 또는 복사되는 전자파의 고유성에 착안하여 전자파로 관측된 물체를 식별하거나 환경조건을 파악한다.

RS는 감지기 각종 전자파 등의 수신장치(카메라, 스캐너) 등과 같은 감지기(sensor), 감지기를 탑재하는 곳(항공기, 인공위성 등)인 탑재기(platform) 그리고 컴퓨터에 의한 자료처리 또는 육안에 의한 화상판독을 담당하는 화상처리시스템(image processing system) 등으로 구성된다.

이러한 RS는 주로 육지와 해양에 대한 정보수집(암석분포, 지질구조, 해수면 고도, 오염, 플랑크톤 분포, 해면온도 등), 지구 규모의 환경변동 감시, 토지의 이용과 개발, 식생의 변화 감시, 환경변화 파악, 대기조성 변화(CO_2, O_3 등), 기상현상 해석 등에 이용된다.

그림 6-8은 원격탐사에 의한 자료수집에서 응용까지의 과정을 도식화한 것이다.

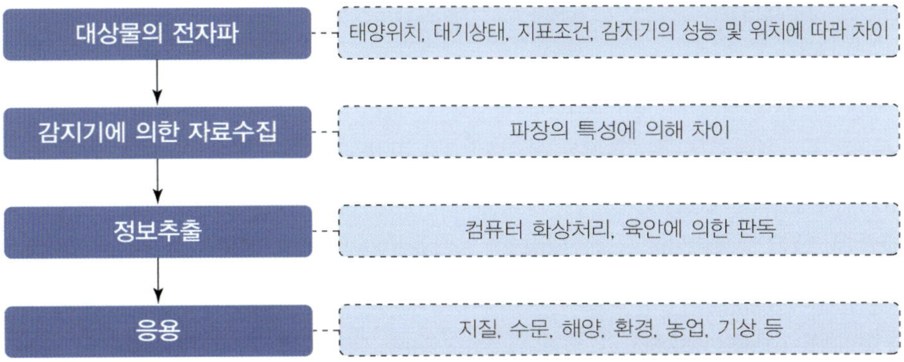

그림 6-8 원격탐사에 의한 자료수집에서 응용까지의 과정

그림 6-9는 GIS와 RS(remote sensing)를 결합하여 위성영상지도를 어떻게 제작하는 것인지를 도식화한 것이다.

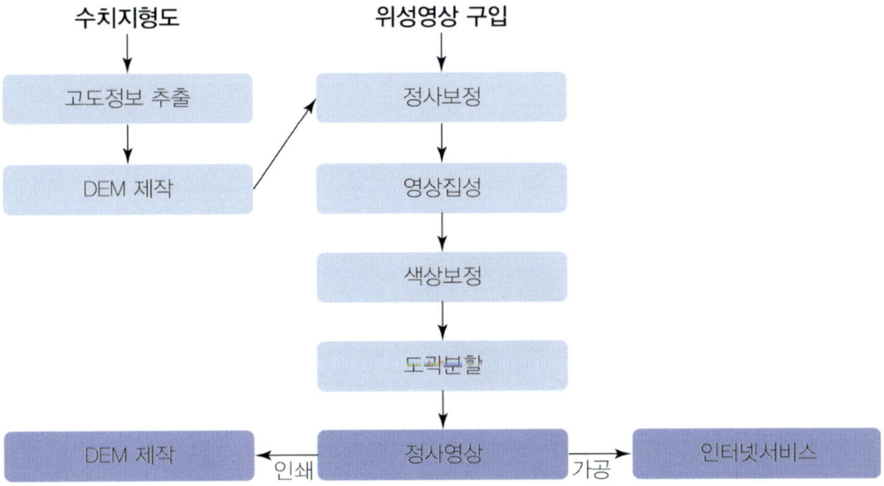

그림 6-9 위성영상지도의 제작과정

3. GIS와 웹(웹기반 GIS)은 어떻게 결합될까요?

GIS를 웹에서 사용할 수 있도록 한 것이 웹기반 GIS이다. 지표에 관한 엄청난 정보를 갖고 있는 GIS를 웹에서 활용할 수 있게 되면서 공간(지역)과 관련된 문제를 해결하고 삶의 질을 한 차원 높이는 계기가 되었다. 안타까운 점은 오늘날 많은 사람이 웹기반 GIS을 통해 활용할 수 있는 어떤 정보가 있는지, 정보를 활용하더라도 이것이 웹기반 GIS을 통해 제공되고 있다는 사실을 잘 모르고 있다는 점이다(Christian Harder, 1998). 인터넷이 등장하고 대중화되면서 웹1.0에서 웹2.0, 웹3.0을 지나 웹4.0이 등장하였다. 이러한 웹의 발전 과정에서 시맨틱 웹이 등장하게 되었다. 시맨틱 웹이 GIS와 접목되어 시맨틱 GIS가 등장하게 되었다. 기존 GIS시스템에서는 사용자들이 국한된 정보만을 제공받아 왔지만 웹이 발전하고 수많은 콘텐츠가 생성되면서 웹의 데이터를 GIS와 연결시켜서 사용자에게 풍부한 정보를 제공할 수 있는 시스템이 연구, 개발되고 있다(송원용 외, 2008). 그림 6-10은 웹기반 GIS의 활용할 수 있는 기능을 도식으로 나타낸 것으로 이외에도 얼마든지 다양하게 활용할 수 있을 것이다.

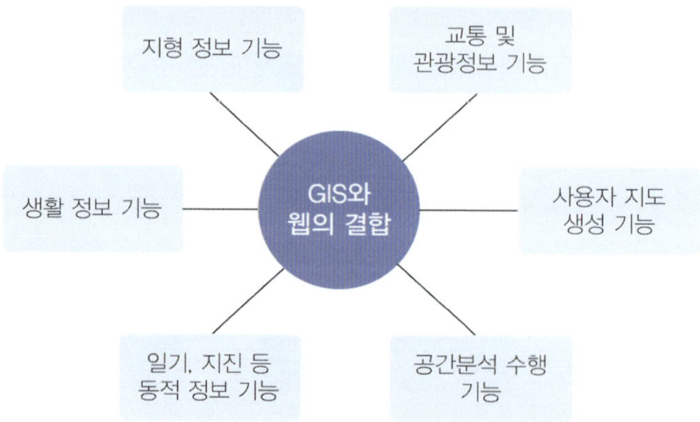

그림 6-10 웹기반 GIS의 활용 기능

1) 지형 정보 기능

현재 우리의 삶은 우주공간의 인공위성의 적극적 활용에 의해 과거의 삶과 또 다른 차원의 삶을 영위하고 있다. 인공위성에 의한 지구촌 구석구석의 지표 공간

정보를 효율적으로 탐사하는 원격탐사(RS)와 GIS의 결합에 의해 우리가 살고 있는 지역의 모습을 인공위성영상지도 및 수치지도와 함께 해당 지역을 입체적으로 볼 수 있다. 따라서 어떤 지역의 땅 모습을 아는 기초적 자료로 활용할 수 있다. 뿐만 아니라 도시를 3D로 표현함으로써 디지털 시대의 모습을 파악하게 한다.

2) 생활정보 기능

새로 이동한 지역의 은행, 증권회사, 주유소, 마트나 백화점, 의료기관, 공공기관 등을 찾고 싶을 때 해당 서비스 기관을 클릭하여, 현재 위치를 입력하면 근접한 가맹점들과 상세 정보를 지도와 함께 안내받을 수 있다. 또한 지리정보의 상업적 유용성을 인식한 기업들은 이러한 지리정보를 서비스하면서 많은 이윤을 얻을 수 있으며, 이들의 분포를 알 수 있기 때문에 어떻게 분포하는가? 얼마만큼 분포하는가? 왜 이렇게 분포하는가? 등의 분포와 관련한 사고력을 길러줄 수 있다.

3) 교통 및 여행정보 기능

국내에서도 driving direction(최단 경로 찾기) 웹사이트를 활용하여 실생활에 활용하면 매우 유용하다. 최단 경로 찾기는 출발지와 도착지를 입력하면 자동차 내비게이션과 같이 지도상에 최단 경로를 찾아 준다. 그리고 웹 교통 지도는 도로의 센서로부터 얻은 교통량 정보를 실시간으로 제공하여 도로의 상태를 알 수 있게 해줌으로써 교통체증을 완화시켜 줄 수 있다. 이외에도 지하철 노선과 지하철 역, 버스 노선 등 다양한 정보를 제공하고 있으며, 여행에 필요한 지역의 많은 정보를 제공하고 있다.

4) 일기, 지진 등 동적 정보 기능

시간의 경과에 따른 지리 정보의 변화는 지도를 자주 갱신하면 가능하다. 가령 기상상태의 변화를 위성영상을 통해 날씨의 변화과정을 파악할 수 있다. 이외에도 교통량, 지진 발생 빈도 등 자동으로 이미지를 갱신하는 스크립트가 존재하고, 이전의 이미지를 볼 수 있도록 이미지의 목록을 제시해 준다.

5) 사용자 지도 생성 기능

웹기반 GIS는 사용자와 대화식으로 내용을 조작할 수 있다는 점에서 삶의 질을 높일 수 있는 강력한 커뮤니케이션의 도구이다. 사용자가 원하는 지도에 대한 명령을 웹 서버에 내리면 웹 서버는 질의에 따른 응답으로 지도를 만들어 이미지(gif, jpeg)로 변환한 후 html 문서나 Java 애플리케이션으로 만들어 제공한다. 예를 들면, 자신의 집을 웹기반 지도상에서 푯말 달기 같은 것을 넣어서 표시할 수 있다.

6) 공간분석 수행 기능

공간분석을 수행하는 애플리케이션은 사용자의 요구에 따른 지도를 제작할 뿐만 아니라 지리적 관계를 분석해 준다. 예를 들어, 공항 - 호텔 간 거리, 사무실 1km 이내의 저렴한 가격의 레스토랑 수, 컨벤션센터에서 해변까지의 가장 빠른 길 등을 분석한다. 나아가 웹기반 GIS와 상호작용을 통해 사용자의 요구에 의한 각종 지도를 생성시킬 수 있을 뿐만 아니라 사용자 요구에 따른 공간분석을 수행하여 의사결정이나 문제해결에 필요한 정보를 얻을 수 있다.

3 GIS를 사용하여 어떻게 삶의 문제를 해결할 수 있을까요?

1. GIS를 사용할 수 있는 소프트웨어에는 어떤 것이 있을까요?

GIS 소프트웨어 분야는 일반적인 환경 변화의 큰 흐름과 맥락을 같이한다. 데스크톱 GIS를 시작으로 서버 GIS, 모바일 GIS 등으로 기술의 발전이 이루어졌으며,[4] 각 분야별로 활용 가능한 특색 있는 GIS 소프트웨어가 다양하게 개발되었다.

4) 국토교통부(2017)는 GIS 기술의 유형을 10가지(프로페셔널 GIS, 엔터프라이즈 GIS, 데스크톱 GIS, 컴포넌트 GIS, 3차원 GIS, 웹 GIS, 모바일 GIS, 클라우드 GIS, 증강현실 GIS, 오픈소스 GIS)로 나누었다.

1) 데스크톱 GIS

GIS 소프트웨어의 가장 기본적인 형식은 데스크톱 GIS 소프트웨어로 독립실행형 소프트웨어라고 한다. 데스크톱 GIS 소프트웨어를 제작하는 대표적인 회사로는 ESRI가 있으며, 그 외에도 Autodesk, ERDAS, MapInfo, Intergraph 등이 데스크톱 GIS 형식의 제품을 제공하고 있다. 이와 같은 데스크톱 GIS 소프트웨어는 주로 데이터 처리, 분석 및 표현 기능을 맡는다. 다음은 데스크톱 GIS를 제공하는 회사별 소프트웨어의 명칭과 특징을 간단히 정리한 것이다.

(1) ESRI(http://www.esri.com)

- ArcGIS Desktop: ESRI사의 데스크톱 GIS의 대표적인 제품으로 공간 데이터를 편집, 분석, 표현을 위한 다양한 지도 제작이 가능하다.
- ArcGIS Engine: 데스크톱 GIS 애플리케이션 개발을 위한 개발환경을 제공하며, GIS 컴포넌트와 개발자를 위한 자원을 제공한다.

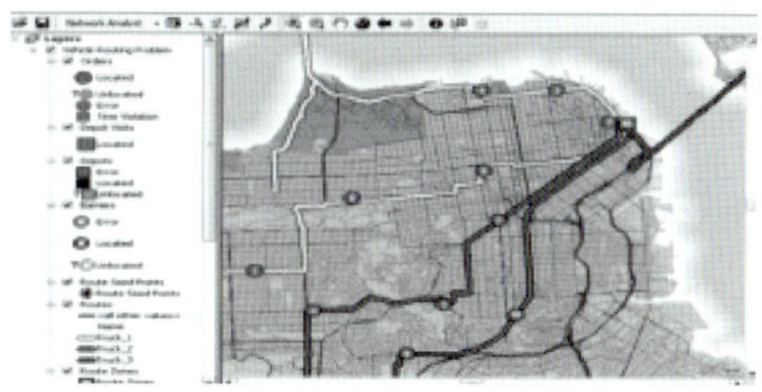

그림 6-11 ArcGIS Desktop(좌), ArcGIS Engine(우)

(2) Autodesk(http://usa.autodesk.com)

- AutoCAD Map 3D: 공간 데이터 제작, 관리 기능을 위한 3D 매핑 소프트웨어이다. CAD와 GIS를 접목하여 AutoCad 소프트웨어 도구를 직접 이용한다.
- Autodesk Civil 3D: 토목, 교통, 환경 프로젝트에 대한 조사·설계·분석한다.

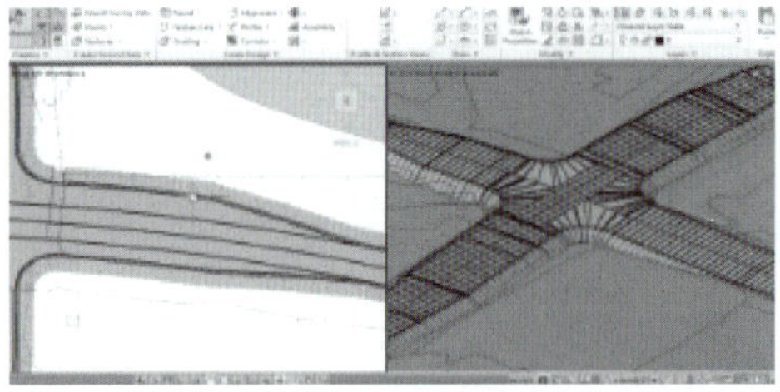

그림 6-12 AutoCAD Map 3D(좌), Autodesk Civil 3D(우)

(3) ERDAS(http://www.erdas.com)

- Imagine: 원격탐사 영상 생성, 관리, 분석의 기능을 제공한다.
- ER Mapper: 고급 영상을 처리하고 압축하는 기능을 제공한다. 또한 석유, 가스, 광물 등과 같은 에너지 자원 탐사 분야에 활용하여 영상 데이터의 시각화, 영상 개선 및 조합 등의 기능을 수행한다.

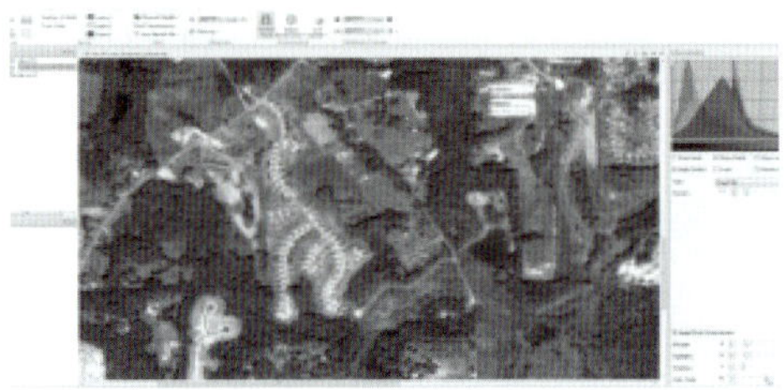

그림 6-13 Imagine(좌), ER Mapper(우)

(4) MapInfo(http://www.pbinsight.com)

- MapInfo Professional: MS 윈도우 기반의 매핑 및 공간분석을 수행한다.
- MapX: 애플리케이션 개발을 위한 ActiveX 컴포넌트로서 효율적인 매핑이 가능하며, 개발이 빠르다는 특징이 있다.

그림 6-14 MapInfo Professional(좌), MapX(우)

2) 서버(웹) GIS

서버(웹) GIS 소프트웨어는 데스크톱 GIS와 유사하지만 웹 지도를 사용하고, 데이터 저장 및 알고리즘 등의 데이터 수집과 지리 데이터의 처리적 측면을 강조한다는 특징이 있다. 또한 클라이언트/서버 형식의 GIS 소프트웨어로 웹지도 서비스를 위한 Web Map Server와 GIS 애플리케이션의 사용자 개발을 위한 오픈소스를 공개하는 GIS 개발환경 등이 있다.

(1) ESRI(http://www.esri.com)

- ArcGIS Explorer: 무료로 다운로드가 가능하며, 클라이언트 소프트웨어에 해당한다. ESRI사에서 호스팅하고 있는 데이터에 접근 가능하고 자신의 로컬 데이터와 결합하여 매핑 및 분석을 실행한다.
- ArcGIS Online: 웹 서비스 형식으로 2D 맵과 3D 글로브(globe), 각종 레이어 데이터를 공유 및 이용 가능하다.

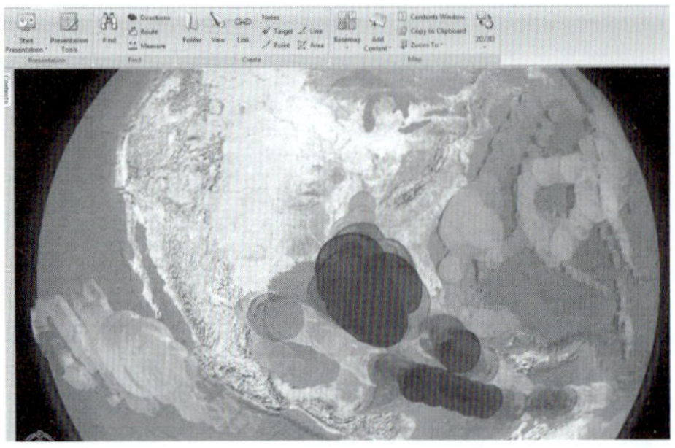

그림 6-15 ArcGIS Explorer(좌), ArcGIS Online(우)

(2) Autodesk(http://usa.autodesk.com)

- MapGuide Enterprise: 웹 매핑 애플리케이션 및 공간 정보의 제공을 위한 플랫폼이다.

(3) MapInfo(http://www.pbinsight.com)

- Map Xtreme: GIS 및 매핑 애플리케이션 개발을 지원하기 위한 소프트웨어 개발 키트를 제공한다.

(4) Intergraph(http://www.intergraph.com)

- GeoMedia Web Map: GIS 웹 서비스 및 웹 사이트 개발을 위한 서버 솔루션으로 공간 데이터 접근과 공간분석, 지도 생성이 가능하다.

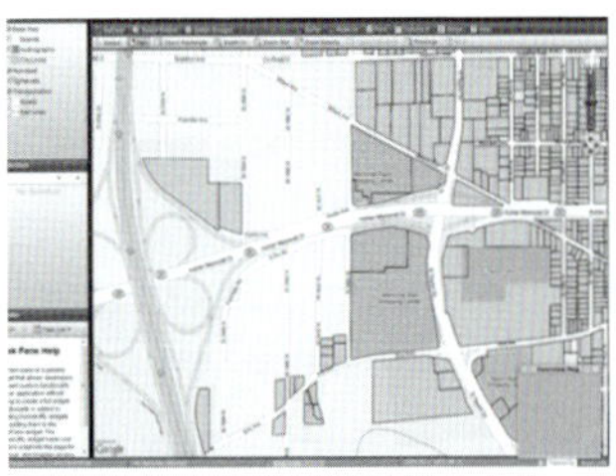
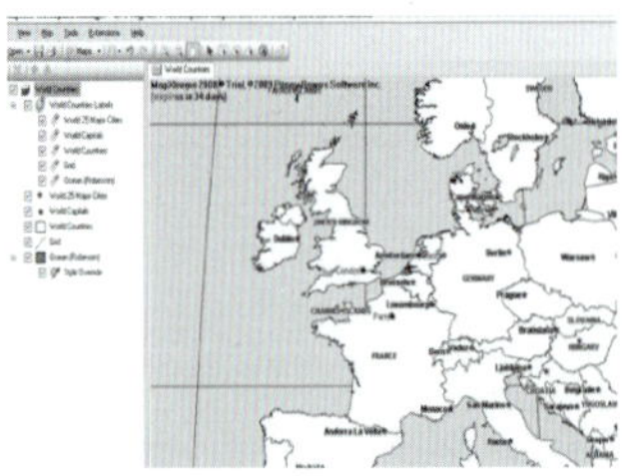
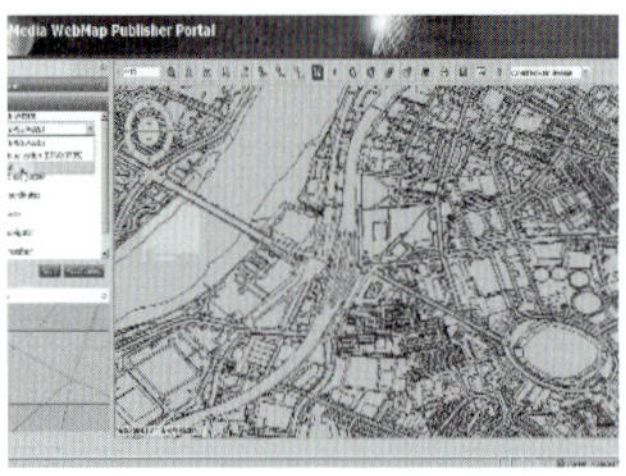

그림 6-16 MapGuide Enterprise(좌), Map Xtreme(중), GeoMedia Web Map(우)

3) 모바일 GIS

모바일 GIS는 모바일 기기(핸드폰, PDA, 노트북 등)를 가진 이동하는 사용자가 GIS 정보를 기반으로 자신이 원하는 위치정보, 매핑 등 다양한 부가정보를 온라인 또는 오프라인 환경에서 주고받을 수 있도록 하는 소프트웨어이다. 모바일 GIS는 독립적으로 존재하지 않고, 앞서 소개한 데스크톱 GIS, 서버(웹) GIS와 함께 연동되어 작동한다.

2. GIS 소프트웨어를 직접 체험해볼 수 있을까요?

여기에서는 ESRI사에서 개발한 웹 GIS 소프트웨어인 ArcGIS Online을 간단히 체험하고자 한다. 웹 GIS의 경우 따로 설치할 필요가 없으며, 접근성이 좋다는 장점이 있다. 그러나 ArcGIS가 가장 널리 사용되는 GIS가 소프트웨어이지만, 가장 사용하기 쉽고 교육적으로 적합하다는 뜻은 아니기 때문에 가급적 다양한 GIS 소프트웨어를 접하고 본인에게 필요한 소프트웨어를 찾는 노력이 필요할 것이다.

특히 교육에서는 국내의 지리정보를 간단히 정리하기 위해서는 통계청의 통계지리정보서비스(SGIS)나 국토지리정보원의 국토정보맵 등과 같은 국내의 웹 GIS 소프트웨어 사용이 효과적이다. 또한 해당 사이트에는 사용방법을 간단하게 익힐 수 있도록 도움을 주고 있기 때문에 스스로 이를 체험해볼 수 있다.

1) ArcGIS Online 입문

ArcGIS Online은 해당 인터넷 사이트(http://www.arcgis.com)에서 웹 브라우저 및 모바일 장치를 통해 ArcGIS Online에 접근할 수 있다. 또한 ArcGIS 앱을 포함하여 다른 컴포넌트를 통해 직접 접근하는 것이 가능하다. 그림 6-17은 ArcGIS Online을 시작하면 나오는 사이트 탭의 기본 구성이며, 자세한 내용은 다음과 같다.

그림 6-17 ArcGIS Online 사이트 탭 기본 구성

- 홈(Home): 계정에 연결된 기관 정보를 확인함
- 갤러리(Gallery): 기관에서 제작한 맵이나 레이어, 씬, 앱 등을 열람할 수 있으며, ESRI에서 제공하는 지도(Living Atlas of the World)를 활용하는 것이 가능함
- 맵(Map): 맵을 제작하는 곳으로 웹맵(Web Map) 형태로 저장 및 공유가 가능함
- 씬(Scene): 3D 레이어를 시각화하고 수정하며, 장소 검색, 베이스맵 설정은 물론 시간대에 따른 태양의 밝기도 조절 가능함
- 그룹(Group): 내가 속한 그룹과 추천 그룹, 내 기관의 그룹을 확인 가능함
- 콘텐츠(Content): ArcGIS Online에서 제작한 콘텐츠가 저장된 곳
- 기관(Organization): 연결된 기관과 기관 내에 속한 구성원을 확인함

2) ArcGIS Online 기본

(1) 맵(Map) 체험해보기

사이트 탭에서 선택할 수 있는 맵을 클릭하면 2D 맵을 만들고 레이어를 추가할 수 있는 웹 맵 화면으로 이동하게 된다. 이곳에서는 원하는 레이어를 추가하기 위해 [추가] 버튼을 통해 ESRI에서 제공하는 생동감 있는 지도 레이어, 웹 검색, 파일 검색 등이 가능하며, [맵 노트 추가] 버튼을 통해 특정 위치에 그림을 그리거나 표시하는 것이 가능하다.

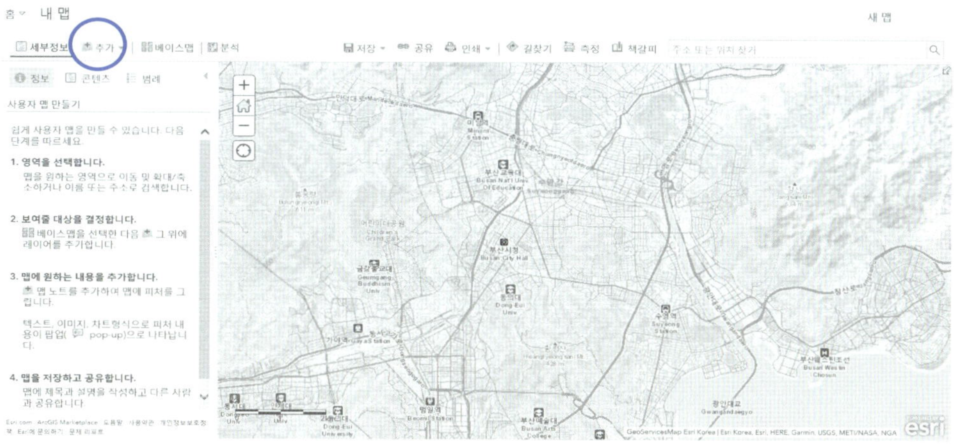

그림 6-18 ArcGIS Online의 맵(Map) 화면

(2) 씬(Scene) 체험해보기

사이트 탭에서 선택할 수 있는 씬을 클릭하면, 레이어를 3D 지구 위에서 시각화해 주는 뷰어로 이동하게 된다. 이곳에서는 웹 맵과 마찬가지로 베이스맵을 자유롭게 변경할 수 있으며, 화면 왼쪽 상단의 [씬 수정] 버튼을 누르고 원하는 화면에서 [+캡처 슬라이드] 버튼을 눌러 슬라이드에 이름을 지정하면 3D 레이어를 활용한 슬라이드 제작이 가능하다.

그림 6-19 ArcGIS Online의 씬(Scene) 화면

3) ArcGIS Online 실전

본격적으로 ArcGIS Online을 사용해서 다음과 같은 질문에 대한 대답을 찾아보자.

Q. 지진이 발생하는 위치와 대륙의 경계는 상관관계가 있을까?

해당 대답을 찾기 위해서는 '지진이 발생하는 위치'와 관련된 레이어 그리고 '대륙의 경계'를 나타내는 레이어가 필요하다. 이를 위해서 먼저 [추가]-[레이어 검색] 버튼을 누르고, ArcGIS Online에서 지진을 뜻하는 earthquake를 검색한다. 이후 검색되어 나온 레이어 중에서 가장 위에 나온 레이어를 맵에 추가한다.

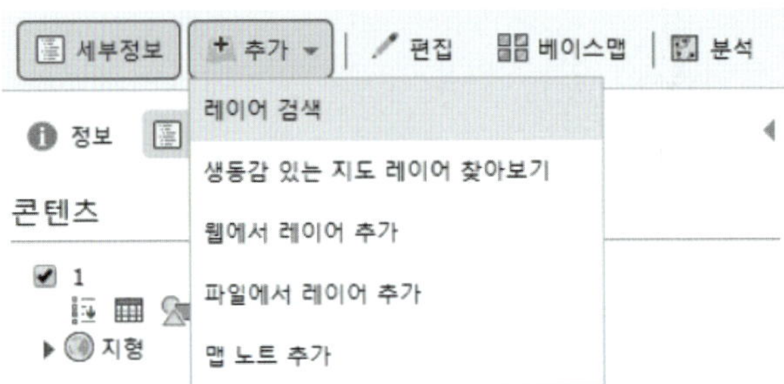

그림 6-20 ArcGIS Online 실전 연습화면①

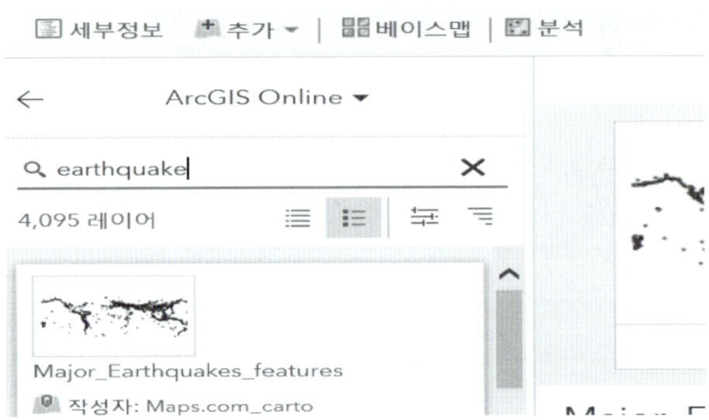

그림 6-21 ArcGIS Online 실전 연습화면②

다음으로 처음 단계와 마찬가지로 [레이어 검색]에서 판의 경계를 뜻하는 tectonics를 검색한 결과 레이어를 맵에 추가한다. 이 과정에서 필요에 따라 [베이스맵]을 클릭하여 원하는 설정으로 바꾸어 자료를 선명하게 보는 것이 가능하다.

끝으로 그림 6-22와 같은 화면을 확인하며, 지진과 판의 경계 사이에는 상관관계가 있다는 결론을 내릴 수 있다.

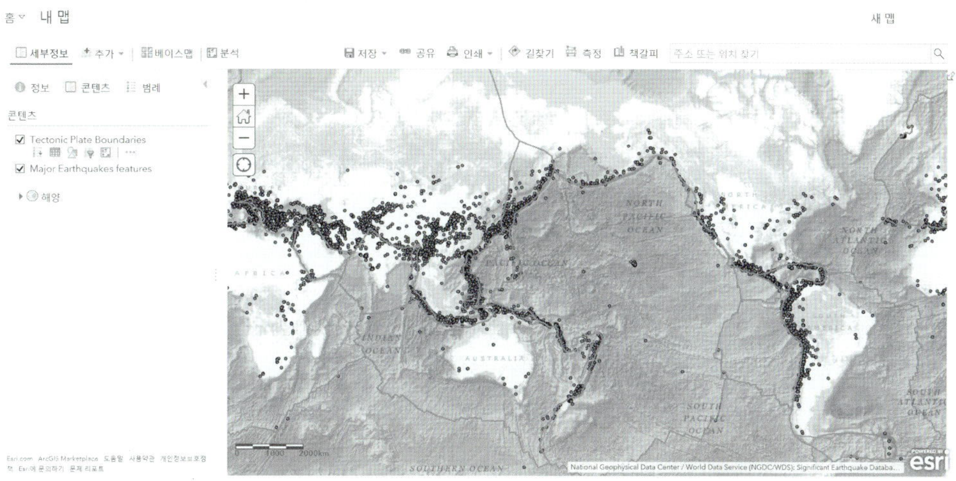

그림 6-22 ArcGIS Online 실전의 결과 화면

1. ArcGIS Online에서 특정 지역을 대상으로 특정 자연재해(홍수, 가뭄 등)와 지형이 어떤 관계에 있는지를 찾아 봅시다.

2. 문제 1에서 나타난 관계의 이론적 배경을 조사하여 분석해봅시다.

4 GIS는 사회과 교육과정에 어떻게 적용할 수 있을까요?

지도학습은 지리영역뿐만 아니라 교육의 전반적인 부분에서 사용 가능한 매체이다. 특히 도해력은 교수·학습 방법에서 꾸준히 관심을 받아왔으며, 교육 현장에서는 시각화 자료의 활용이 강조되고 있다. 즉, 지도학습은 지리영역뿐만 아니라 사회과 전체의 목표달성을 위한 매개체로서 중요한 역할을 수행할 수 있는 것이다.

2015 개정 사회과 교육과정은 지식 정보 사회가 요구하는 사회과 교과 역량을 기를 수 있는 교과서를 추구하고 있다. 이중에서도 정보활용능력은 다양한 자료와 테크놀로지를 활용하는 능력을 의미하는데, GIS는 지리적 정보를 수집, 해석, 활용, 창조할 수 있는 모든 기능을 갖춘 도구이다. 뿐만 아니라 시대에 적합한 융복합의 강력한 도구로서 역할을 할 수 있을 것이다.

표 6-3 사회과 교과 역량의 하위 요소

교과 역량	의 미	하위 요소
창의적 사고력	새롭고 가치 있는 아이디어를 생성하는 능력	• 사회적 문제 상황에 직면하여 사태를 새로운 시각으로 바라보는 것 • 문제를 다양한 관점에서 보는 것 • 문제를 명료화하거나 재정의하는 것
비판적 사고력	사태를 분석적으로 평가하는 능력	• 사물, 상황, 지식 등의 신뢰성, 정확성, 진위 여부 등을 평가하는 정신적 능력 • 논리적 일관성과 논증의 타당성을 판단하는 능력
문제해결력 및 의사결정력	다양한 사회적 문제를 해결하기 위해 합리적으로 결정하는 능력	• 사회현상과 문제를 탐구하고 선택 가능한 대안 중 가장 적절한 해결책을 선택하는 능력 • 문제해결을 위해 최적의 방안을 도출하는 과정 전반을 평가하는 능력
의사소통 및 협업 능력	자신의 견해를 분명하게 표현하고 타인과 효과적으로 상호작용하는 능력	• 자신의 관점을 효과적으로 표현하는 능력 • 상대방의 의견을 수용하고 상호작용하는 능력 • 타인을 존중하며 협력하는 능력
정보활용능력	다양한 자료와 테크놀로지를 활용하여 정보를 수집, 해석, 활용, 창조할 수 있는 능력	• 문제해결을 위해 필요한 지도, 사진, 그래프와 같은 자료로부터 정보를 취득, 평가, 활용하고 창출하는 능력 • 미디어를 비판적으로 이해하고 창조적으로 활용하는 능력 • 정보의 창출과 활용에 있어서의 윤리 준수

2015 개정 교육과정에서는 사회적 문제를 합리적으로 해결하기 위하여 다양한 영역의 지식과 정보를 처리하고 활용할 수 있는 역량을 강조하고 있다. 새롭게 변화하는 사회현상을 활용하여 지리적 핵심 주제를 지도하는 데 도움을 받을 수 있다. 구체적인 활용 방안으로는 팔라디노(Palladino, 1994)가 미국 지리교육지침의 5가지 핵심 주제를 대상으로 정리한 내용을 활용할 수 있다. 그 내용은 표 6-3과 같다(김종근, 2000).

표 6-4 미국 지리교육지침의 5가지 핵심 주제 활용 시 GIS의 활용

5가지 주제	GIS의 활용
위치	• 지표상 위치를 GIS로 디스플레이 • 확대, 축소를 통한 다양한 스케일 제공으로 상대적 위치 파악 • 다양한 시각적 효과 • 거리, 면적, 좌표체계 등의 위치참조 체계 중요성 인식
장소	• 레이어 조합으로 장소의 특성 파악 • 레이어 중첩으로 특정 위치의 특성 파악
장소 내에서의 관계	• 모델을 통해 시각화 가능
이동	• 이동의 흐름 표시 기능
지역	• GIS의 면 자료: 동일한 속성 • 지역 경계 개념: 다양한 속성의 레이어 중첩 • 퍼지경계선으로 연속적인 변화와 불연속적인 변화 감지

GIS 관련 웹사이트

http://www.nsdi.go.kr/ 국가공간 정보포털
https://egis.me.go.kr/main.do 환경공간 정보서비스
http://www.khoa.go.kr/kcom/cnt/selectContentsPage.do?cntId=31501060
국립해양조사원, 해양GIS 제공
http://map.naver.com/ 네이버 지도
http://map.daum.net/ 다음 지도
http://map.google.com/ 구글 지도

생각해 볼거리

1. GIS의 정의에 대한 여러 가지 관점을 논의해 봅시다.

2. GIS를 구성하는 요소를 말해 봅시다.

3. 데이터의 유형을 간단히 분류해 봅시다.

4. GIS의 활용 분야를 말해 봅시다. 그리고 GIS와 location intelligence를 결합한 새로운 교육상품을 만들어 봅시다.

5. 웹기반 GIS를 활용하여 삶의 문제, 교육문제를 해결해 봅시다.

6. 웹기반 GIS를 활용하여 융복합교육으로서 스팀(STEAM)교육 방안을 논의해 봅시다.

CHAPTER 07

지리답사:

지리답사(여행)는 우리의 생각과 편견을 바꾸어 우리를 새롭게 한다.

백문(百聞)이 불여일견(不如一見)이라는 말 보다, 백견(百見)이 불여일행(不如一行)이라는 말이 더 적극적이다. 전자는 백 번 듣는 것보다 한 번 보는 것이 더 낫다는 뜻이며, 후자는 백 번 보는 것보다는 한 번 몸소 행동하는 것이 더 낫다는 뜻이다. 다시 말해, 직접 행동하여 느낄 수 있는 학습방법이 가장 효과적이라는 것을 의미한다.

지리답사는 교실 밖에서 직접 보고, 듣고, 느끼면서 이루어지는 학습을 지칭하는 말로 학교현장에서는 현장체험학습이라는 용어로 사용하기도 한다. 지리답사를 통한 학습방법은 학습자로 하여금 구체적인 장소의 체험, 탐방이라는 새로운 과정을 제공하여 입시 중심의 학교교육 방식을 탈피하고, 학생들의 창의적 체험활동을 강조한다. 결국 이러한 학습방법은 오늘날 개성, 자율성, 다양성 등을 중시하는 포스트모더니즘(postmodernism)을 반영한 교육 방식과 그 맥락을 함께 한다.

지리답사는 지리교육 연구의 중요한 방법 내지 기능으로 여러 학자들에 의해 연구되고 있으며, 그 관심도는 과학의 실험에 비유될 만큼 절대적이다(Bland et al., 1996; Foskett, 1999; Fuller, Rawlingson & Bevan, 2000; Nairn, Higgitt & Vanneste, 2000; Nundy, 1999; Pawson & Teather, 2002). 이러한 추세를 반영하여 우리나라에서도 국가 수준의 교육과정에서 현장견학, 체험 등의 중요성을 지속적으로 강조하고 있다. 그렇다면 지리교육에서 지리답사를 중요시 하는 이유는 무엇일까? 이에 대한 해답은 지리학의 학문적 특성에서 찾아볼 수 있다. 지리학은 공간 정보를 포함하는 실세계를 연구대상으로 하는 학문으로 '어디에(where)'에 있는가, '왜(why)' 거기에 있는가 하는 질문이 핵심을 이루고 있다. 이러한 질문에 대한 답은 지리답사를 통한 직접적이고 시각적인 확인 과정을 통해 대답을 얻을 수 있을 것이다.

특히 지리답사의 경험이 많은 교사는 실세계를 학생들에게 들려줌으로써 살아 있는 지식을 전달할 수 있다. 다음은 실제 수업을 가정하여 교사의 발문을 나타낸 것이다.

(지역의 문제점 수업 중)
A교사: 우리 지역은 바다가 접해 있기 때문에 다른 지역과는 다른 문제가 발생합니다. 다음 사진을 보며 어떤 문제가 있는지 함께 생각해 봅시다.
B교사: 주말에 선생님이 우리 지역의 바닷가에 가서 몇 가지 사진을 찍어왔어요. 어떤 생각이 떠오르는지 자유롭게 발표해 봅시다.

A교사는 관념적으로 존재하는 지식의 전달하고자 발문하였으며, B교사는 실제 경험한 지식을 전달하고자 발문하였다. 여행적 맥락을 가진 지리답사 활동은 전이 정도가 높은 지식을 전달할 수 있어서 이러한 경험은 교사의 교수에서 매우 중요하다. 따라서 교사의 경험에 따른 지식의 전이 정도에는 차이가 발생할 수밖에 없다. 특히 학습자 중심의 수업에서 학생들의 지리답사 과정은 교실 수업에서 습득한 내용을 직접 확인하는 과정뿐만 아니라 교과서가 전달할 수 없는 창의적인 체험학습으로 확장할 수 있다. 그렇다면 어떤 것이 올바른 지리답사이며, 어떻게 해야 지혜롭게 여행을 즐길 수 있을까? 이 장에서는 지리답사란 무엇이며, 왜 중요하며, 궁극적 목적과 목표는 무엇이며, 답사의 유형과 절차는 어떠한지에 대한 기초적인 지식을 살펴본다. 그리고 학교 현장에서 지리답사에 따른 문제점이 무엇이며, 그것을 해결하기 위한 방안을 살펴본다. 마지막으로 답사와 여행을 지리여행으로서 이번 장에서 살펴본다.

1 지리답사를 떠나기 전에 알아야 할 것에는 무엇이 있을까요?

1. 지리답사는 어떻게 정의할 수 있을까요?

지리답사란 교과서 속에서 학습하는 것이 아니라 실제 현장에서 보고, 생각하고, 느낀 것을 논리적·감동적·매력적으로 구성하여 설명하는 작업이다. 특히 가시적 경관을 통해 비가시적인 교훈을 찾아내는 지식구성과정으로 볼 수 있다. 이러한 작업을 통해 사회현상에 대한 이론적 지식을 사회현상에 대한 구체적 실천과 연결 지어 사회과 교수·학습의 과정에 도입함으로써 개인과 사회, 이론과 실천, 추상과 구체성 간의 대화를 가능하게 하여 학습자로 하여금 사회현상에 대한 올바른 시각을 형성하게 해주는 도구로 볼 수 있다.

즉, 지리답사란 학생 하나하나의 구체적이고 독자적이며 생생히 살아 있는 경험과 관련지어 자연현상이나 인문사회문화현상을 직접 관찰하거나 조사할 뿐만 아니라 분명한 의도(학습목표)를 가지고 학습하는 내용을 구조화하고 그 내용이 생성되는 맥락을 충분히 이해하여 그 결과를 다양한 방식으로 표현 및 기술하는 것을 의미한다.

> **지리답사와 관련된 유사개념**
>
> 지리답사에 해당하는 용어로는 현장학습, 현장견학, 수학여행, 소풍, 야외학습, 야외조사 등이 있으며, 영어로는 field work, field studies, field survey, field trip 등이 있다. 이러한 명칭은 사회과 수업이라는 측면에서 지리답사의 범주에 속하는 것은 현장학습, 현장견학과 야외학습과 조사 정도로 보는 것이 합당할 것이다.
> 이와 같은 내용을 자세히 살펴보면 현장견학(현장학습)은 학생들로 하여금 수용하도록 하는 설명식 수업에 가까운 것으로 '교실에서의 지리적 주제의 학습 → 현장에서의 관찰', 그리고 '정보의 기록 → 교실에서의 해석과 설명'이라는 수업 전개과정을 거친다. 답사(야외학습, 야외조사)는 탐구식 수업에 가까운 것으로 교실 수업이나 현장의 직접관찰에 의해 학습자가 주도하여 '문제제기(호기심) → 가설(호기심 예상하기)의 형성 → 자료의 수집 → 자료의 분석 → 가설 검증 과정 → 일반화'를 거친다.

2. 왜 지리답사가 중요하고 가치가 있을까요?

지리과 수업에 있어서 현장(장소)은 살아 있는 교과서라고 할 수 있다. 지리답사를 하여 살아 있는 현장과의 대화를 통해 의미 있는 지식을 구성할 수 있다. 지리답사는 그림 7-1과 같이 현장에서 지리적 시각화 내지 개념화를 통해 교사의 개념에서 학습자의 개념으로 지식구성의 전환을 말한다. 지리답사가 갖는 의의를 살펴보면 다음과 같다. 첫째, 살아 있는 사회현상을 생동감 있게 오감으로 체험할 수 있다. 둘째, 오감으로 체험한 사회현상을 자신의 삶과 관련하여 설명할 수 있다. 셋째, 사회현상에 대한 의문을 스스로 묻고 답할 수 있는 탐구능력을 기를 수 있다. 현장은 호기심과 답이 함께 공존하기 때문이다. 넷째, 교과와 관련되는 학습문제나 교과 이외의 학습문제까지도 해결할 수 있는 능력을 기를 수 있다는 점 등을 들 수 있다.

그림 7-1 지리 답사를 통한 현장의 지리적 시각화의 중요성

3. 지리답사의 목적과 목표는 무엇일까요?

지리답사는 지리학과 및 지리교육과에서 정기적으로 행하는 학술행사로 현장에서 답을 찾는 과정이자 행위이다. 지리답사의 목적은 일차적으로 교실에서 배운 지리적 사실, 개념 및 법칙 등을 확인하는 데 있다. 이때 파악할 가시적 경관이 무엇(what)이고, 그것은 어디(where)에 있으며, 어떻게(how), 얼마만큼(how much) 있는지, 왜(why) 그러한지, 그들의 관계는 어떠한지 등을 통해 보다 구체적이고 체계적인 이해, 설명, 해석을 하게 된다. 이차적으로 현장에서 생기는 호기심을 오감활동을 통해 확인하고, 느끼고, 냄새를 맡고, 대화하면서 새로운 지식을 창의적으로 구성하는 데 있다.

이러한 지리답사의 4가지 주요 목표는 다음과 같다. 첫째, 지도를 실제 경관과 관련하여 읽고 해석하는 능력(지도읽기와 해석하기)을 기르게 한다. 둘째, 현장에서 학습자료로 판단, 선정, 수집, 제작하기 위한 사진을 다룰 수 있는 능력(학습자료제작)을 기른다. 셋째, 답사 과정과 결과를 사회 교과서 내용과 연계하여 지도화할 수 있는 능력(지도화)을 기른다. 넷째, 답사를 통해 남이 보지 못한 삶에 의미 있는 지식을 구성할 수 있는 능력(나만의 의미 있는 지식 구성)을 육성하는 데 초점을 둔다.

지리답사를 통해 현장에서 자신의 언어, 학습자의 언어로 시각화할 수 있는 교수 · 학습용 지리사진을 제작하자.

사진은 어느 예술매체보다도 도구 종속적인 성격과 기본적인 원칙에 충실해야 한다. 사진은 과학성과 객관성을 기본으로 하지만 그것 자체로 구성되지 않는다. 사진은 기록성(사실성, 재현성)이라는 측면과 회화성(감수성, 예술성)이라는 측면의 복합이며, 사진지리학(Photogeography)은 이러한 사진의 기록성과 예술성을 지리학에 접목시켜 지표공간을 이해하려는 시도를 한다. 따라서 지리에서 사진은 지리적 정보(사실, 개념, 원리 등)를 담고 있는 것으로, 지리사진이 담고 있는 정보는 크게 지리적 현상을 나타내는 것과 지역성을 나타내는 것, 표본적 사물을 표시하는 것 등이 있다. 이러한 지리사진의 역할로는 문자와 언어로 표현할 수 없는 점을 명확하게 설명해주는 효과적인 시각 언어로서 역할, 간접경험을 제공해 주는 역할, 사진 속에 많은 정보를 담고 있는 데이터 뱅크(data bank)와 시각교재로서의 역할 등을 들 수 있다.

4. 지리답사의 유형에는 어떤 것이 있으며, 장단점이 무엇일까요?

지리답사는 크게 직접 지리답사와 간접 지리답사 그리고 이들의 중간적 성격의 사이버 지리답사로 나눌 수 있다. 지리답사를 유형에 따라 이동, 상호작용, 학습주체, 비용, 학습방법, 장 · 단점, 유의점 등과 관련하여 검토해보면 표 7-1과 같다.

직접 지리답사는 이동성이 크며 일대일 대면접촉이 이루어지기 때문에 상호작용이 다양하면서도 많이 일어난다. 학습자가 수업활동을 주도하며 교사의 즉각적인 통제가 어려운 수업상황이 나타난다. 상대적으로 시간, 경비, 위험도가 크다고 할 수 있다.

표 7-1 지리답사 유형에 따른 비교

유 형	직접 지리답사	간접 지리답사			사이버 지리답사
		시청각	문 헌	자원인사 초청	
이 동	있다	없다			있다(가상공간)
상호작용	많다	적다			많다
역 할	학습자 주도	교사 주도			학습자 주도
비 용	많다	적다			적다 (초기 비용 많다)
방 법	답사 장소를 직접 찾아가 조사함	신문, 그림, 녹음, 사진, 디지털 자료 등을 활용함	여러 가지 문헌조사을 활용함	관련 인사를 강사로 초청하여 학습함	검색엔진 및 원하는 인터넷 주소로 직접 이동
장 점	현장을 직접 체험할 수 있음	시간과 비용 절감		대행 경험 가능 시간과 비용 절감	다양한 정보검색 시간과 비용 절감
단 점	시간, 비용, 위험도가 큼	실제상황의 축소자료, 모형자료임	생동감 있는 자료가 되지 못함	초청 강사의 선정과 활용에 신중해야 함	현장감이 낮음
유의점	이동성이 크므로 즉각적인 통제가 어려움	현장감 있는 자료로 자기지식을 만들어야 함	사회 현장의 실제와 교실지식의 추상을 연계 재구성 필요	강사에 따른 다양한 수업 방법	학습자에 따라 컴퓨터 활용 능력 차이 감안

간접 지리답사는 이동성이 없으며 상호작용은 학습자를 중심으로 이루어진다. 그리고 수업활동에 있어서는 학습자가 주도적으로 참여하기는 하나 언제든지 교사의 통제가 가능한 수업환경을 가지고 있으며, 상대적으로 시간, 경비, 위험도가 적다고 할 수 있다. 간접 지리답사는 교실 내에서 시청각 기자재나 여러 가지 모형자료를 활용하여 교수학습 활동이 이루어지는 것을 의미한다.

사이버 지리답사는 실질적인 이동은 없으나 가상공간에서의 이동성은 거의 무한대이며, 필요한 웹사이트(website)에서 상호작용이 다양하게 일어난다. 교사는 조언자의 위치에 있으며 학습 활동은 학생의 능동적인 책임하에 이루어진다. 비용 면에서는 초기 정보 인프라 구축비용이 많이 소요되지만 한 번 구축되면 추가 비용이 적게 든다는 특성이 있다. 소규모 지역의 지형과 같은 답사의 경우 증강현실을 활용하면 기존 교과서가 가지고 있는 자료의 한계를 보완할 수 있을 것이다.

5. 직접 지리답사를 위한 절차는 어떻게 될까요?

효과적인 직접 지리답사를 위한 절차를 간략하게 살펴보면 그림 7-2와 같다. 각 단계별로 살펴보면 다음과 같다. 첫째, 지리답사의 목적과 목적에 맞는 내용을 선정하는 단계이다. 이 과정에서는 지리답사의 목적에 부합하는 내용인지에 대한 타당성을 검토하고 구체적인 내용을 선정한다. 둘째, 지리답사의 지역을 선정하는 단계이다. 답사가 이루어질 대상 지역을 선정하고 주제에 적합한 범위를 결정하여 현실적인 답사가 이루어질 수 있도록 하는 단계이다. 셋째, 지리답사를 통해 자료를 수집하는 단계이다. 자료 수집은 실내와 실외로 구분되는데, 전자의 경우에는 문헌, 통계, 지도, 사진, 신문 등을 이용하며, 자연 · 인문 자료 수집, 현지 조사 항목 및 경로도 작성 등이 이루어진다. 후자의 경우에는 실내 조사의 결과를 확인하기 위한 직접 조사가 이루어지는 단계로 관찰, 실측, 면담, 촬영, 설문지 조사 등이 이루어진다. 야외 활동 조사에서는 대축척 지도, 필기구, 기록장, 측량기기(축척자, 나침반, 경사계), 카메라, 녹음기 등과 같은 도구를 준비하여 답사에 필요한 자료를 수집할 수 있도록 한다. 넷째, 수집된 자료를 분석하는 단계이다. 이 과정에서는 직접 지리답사로 수집한 자료를 정리하며 유의미한 정보를 찾아낸다. 다섯째, 분석된 자료를 토대로 보고서를 작성하는 단계이다. 보고서를 작성할 시에는 자료의 정리 · 토론 · 종합 · 분석이 이루어지며, 핵심 사항을 추출하고 자료의 상호관계 체계화, 도표화 및 지도화가 이루어진다. 이 과정에서 지역의 특성을 밝히며 직접 지리답사에서 얻은 성과를 정리한다.

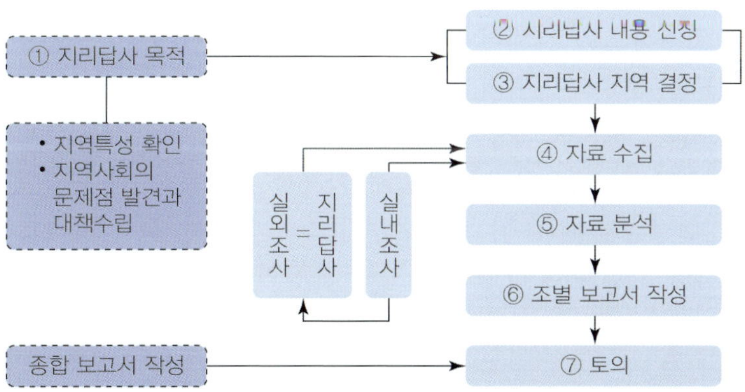

그림 7-2 **지리답사를 위한 절차**

2 지리답사를 운영하는 것에 따른 문제점과 그 해결방안은 무엇일까요?

1. 학생들은 지리답사를 어떻게 생각하고 있을까요?

저자는 지리답사의 실태를 알아보기 위하여 2009 개정 교육과정이 적용된 2017학년도에 ○○초등학교 4학년 학부모 102명과 학생 235명, 교사 10명을 대상으로 교실수업 개선활동과 관련해서 설문조사를 실시하였다. 지리답사 관련 항목의 응답 현황을 보면 교사들은 사회과 수업의 원활한 진행을 위해서 가정에서 학부모가 학생과 함께 지리답사를 실시해주기를 희망하였다. 따라서 학생들에게 부모님과 함께 또는 모둠별로 함께 하는 지리답사 활동으로 '부산의 자랑거리를 찾아 여행 안내지도 만들어보기', '항일운동과 관계 있는 부산의 유적 찾기', '방학 중 부모님과 시청, 법원, 박물관 중 1곳 견학하기'의 과제를 제시하였다.

현장에서는 4학년 지역화 사회 교재의 내용에 맞는 지리답사를 원하고 있어서 교재 내용에 맞는 과제를 제시하였다. 정보화 마인드가 능숙한 교사는 간접 지리답사 과제로 학교에서 진행하는 사회학습 내용에 맞는 사이트를 찾아가는 경로를 적어 주고 가정에서 열어 보도록 안내하고 있었다.

학생들은 어려워서 안 했으면 좋겠다는 숙제 6가지에서 지리답사가 포함되어 있었으며, 숙제하기 어려운 과목은 사회, 수학 순으로 응답했다. 또한 숙제할 때 학부모의 도움을 제일 많이 받는 과목도 사회였으며 부모님께 도와 달라고 말씀드리면 가장 귀찮아하는 숙제도 사회과라고 응답하였다. 지리답사 숙제는 직접 가서 보면서 조사하므로 자세히 알게 되었으며 실제로 보니까 생생하게 기억에 남고 많은 정보를 얻었으며 엄마, 아빠와 같이 가니까 좋았다고 하여 긍정적인 응답을 하였다. 힘든 점은 보고서 작성을 들고 있다.

학부모는 사회과 학습을 위해 지리답사 과제를 받아왔을 때 해결방법으로 인터넷 활용(45%), 현장답사(40%), 참고서(15%) 등으로 답하여 간접 지리답사를 선호하였다. 지리답사와 관련해서 학생의 보고서 작성의 어려움을 들고 있었다.

2. 지리답사의 문제점에는 어떤 것이 있을까요?

설문조사 결과에 의하면 지리답사가 현실적으로 사회과 학습에 훌륭한 방법이지만 이를 적용하는 데 있어서는 많은 문제점이 발생하였다. 지리답사관련 교사의 교재연구 의지부족, 학부모의 수동적 태도, 지리답사 방법의 안내 및 훈련 부족 등 부정적 요인은 비효율적인 학습 활동 뿐만 아니라 다음 5가지 문제점을 발견할 수 있었다.

- 문제점 ①: 내실 없는 일회성 행사 중심의 지리답사, 어떻게 하면 구경 또는 행사 중심으로 실시되는 지리답사에서 탈피하여 내실 있게 실시할 수 있을까?
- 문제점 ②: 가정학습과제로 부여되는 지리답사, 지리답사를 가정학습과제로서 어떻게 부과할까?
- 문제점 ③: 지리답사에 대한 학부모의 부정적 인식, 학부모의 지리답사에 대한 부정적 인식을 어떻게 긍정적으로 의식 전환을 할까?
- 문제점 ④: 지리답사에 대한 지식 부족, 답사에 관한 지식을 갖도록 하기 위한 사이버 학습방법을 해야 하지 않을까?
- 문제점 ⑤: 지리답사의 보고서 작성의 어려움, 답사 보고서 작성을 보다 쉽게 할 수 있는 방안은 없을까?

3. 지리답사 문제점을 해결할 수 있는 방안은 무엇일까요?

1) 문제점 ①의 해결방안

Q. 내실 없는 일회성 행사 중심의 지리답사, 어떻게 하면 구경 또는 행사 중심으로 실시되는 지리답사에서 탈피하여 내실 있게 실시할 수 있을까?

표 7-2 지리답사 운영 실태와 해결 방안

지리답사 운영 실태	해결 방안
지리답사가 사회과 학습에 유익하다는 것은 인식하고 있으나 교사의 교재연구 부족, 학부모의 덜 열린 마인드, 지리답사 방법의 안내 및 훈련 부족, 바쁜 업무로 인한 준비 부족 등으로 시행착오가 있으며 사후 정리가 부족함	• 동학년 교사의 공동 교재연구 및 협의 • 사전 답사 • 체계적인 사전지도, 활동 관점 안내, 사후 지도 • 마지막 단계의 교사의 정리활동

(1) 사전활동

• 동학년 연수를 통한 교재연구

교수·학습의 출발점은 계획이요, 교재연구가 선행되어야 계획이 바로 선다는 것은 주지의 사실이다. 학교현장에서 교과가 사회과만이 있는 것이 아니므로 교사 각자가 모든 과목을 교재연구한다는 것은 특별한 경우를 제외하고는 힘들고 사실상 있을 수 있는 일도 아니다. 그러므로 동학년 단위로 각자 연구 교과가 정해지면 사회과 연구 담당 교사는 사회과에 좀 더 깊이 교재연구를 하면서 지리답사에 관한 이론적 내용을 준비하고, 동학년 협의 시 문제 제기를 하여 제반 사항을 안내하고 다른 교사의 의견을 수렴하여 지리답사에 관한 실제적 활동(안내서, 관련 사이트 안내, 공공기관을 견학할 시 필요한 조치 등)을 추진하도록 한다.

지리답사를 위한 사회과 교사의 교재연구 방향을 생각해보면, 지리답사를 위한 지역의 환경은 지리학습의 소재로서 중요시된다. 그러나 지역의 환경소재는 잡다하게 펼쳐져 있으므로 이를 학습의 소재로 하려면 일정한 기준에 따라 시각화, 모델화, 정선하여 학생들이 사회적 사실과 현상을 과학적으로 탐구할 수 있도록 하는 방향에서 교재화해야 할 것이다. 지역의 제반 사실과 현상 또는 이의 복합 상태를 지리적 환경과의 관계로서 파악하여 관찰, 조사 등에 의하여 지역의 특색을 파악하고, 그 과정에서 관찰력이나 사고력 등의 지리적 능력을 육성한다는 두 가지 관점에서 접근해야 할 것이다.

이와 같은 두 가지 관점 내지 목적을 전제로 하여 지리적 영역의 지역학습은 다음과 같은 점을 유의하면서 학습되도록 해야 할 것이다.

첫째, 환경요소는 과학적 탐구가 가능하도록 내용을 정선해야 할 것이며, 지역성의 파악도 나열적인 관점에서 보다 지역의 입체적·관계적인 관점에서 이루어질 수 있도록 유의해야 할 것이다. 따라서 지리답사를 위한 지역요소는 기계적·병렬적으로 학습하기보다 특정의 과제(지역과제)를 중심으로 학습되도록 해야 할 것이다.

둘째, 환경을 보는 시각은 인간의 자연을 이용하고 극복하려는 노력, 즉 환경결정론과 환경가능론, 생태학적 관점 등에 입각하고 있어야 할 것이다.

셋째, 가시적인 경관에서 비가시적인 관계의 이해를 통하여 지역성을 파악하도록 해야 할 것이다.

(2) 체계적인 사전 지도, 활동관점 안내

가까운 거리는 답사 장소에 개인적으로 모이게 한다. 이때 모임 장소만 얘기하고 지형도상에 자신의 이동 장소를 표시해 보고, 이동 거리 계산과 방향, 주변 지형지물을 지리적으로 설명하게도 해본다.

- 답사 가기 전 주에 답사지역과 관련된 설명을 대략적으로 듣고, 답사지역과 관련된 비디오나 관련 자료를 본다.
- 답사 시작과 과정 중에 답사지역과 관련된 지도 및 나침반 사용법을 익히게 한다.
- 기록장이나 지도에 답사 내용이나 견학 시 보고, 듣고, 느낀 것을 반드시 기록하게 한다.
- 학생들이 직접 찾고, 보고, 느끼게 할 수 있도록 답사 주제에 따라 대상을 선정해준다.
- 학생들은 답사 대상을 통해 스스로 탐구질문을 통해 설명해보도록 한다.
- 답사 순서는 자연 관찰영역(바다, 강 등)에서 시작하여 인문영역(수도 사업소, 하수 종말 처리장 등)으로 확대하여 전체를 보는 안목을 느끼게 한다.
- 자연 관찰 영역과 인문관찰 영역이 연계성을 가지도록 한다.

(3) 사후지도

답사지역과 관련된 보고서 내지 감상문을 제출하도록 한다. 답사지역에서 보고, 느낀 것을 설명하고, 보고서 작성 시 종합적(지리영역에서는 자연지리와 인문지리를 엮어서, 또는 서로 다른 영역인 지리와 역사, 지리와 공민, 지리와 역사와 공민을 엮어서)으로 보면서도 각 지식 요소들을 교실에서 학습한 추상적인 학습내용과 연결하여 구체적으로 인지하도록 지도한다. 답사지역과 관련하여 사진, 그림지도 등을 보고 이들 지역의 지리적 특징을 설명해 보도록 하고, 답사지역에서 듣고, 배운 내용을 바탕으로 행동의 변화를 기록하여 제출하도록 한다. 예를 들면, 하수 종말 처리장, 쓰레기 매립장, 수도 사업소 등을 견학한 후 환경에 대해 앞으로 실천해야 할 내용 등을 정리해보게 하는 것도 좋은 방법이다.

또한 답사지역과 비슷한 지역의 자료(그림, 사진, 지도)를 제시하고 지리적으로 설명하도록 하여 지리적 사고방식과 안목의 향상 여부를 체크한다.

2) 문제점 ②의 해결방안

Q. 가정학습과제로 부여되는 지리답사, 지리답사를 가정학습과제로서 어떻게 부과할까?

표 7-3 지리답사 운영 실태와 해결 방안

지리답사 운영 실태	해결 방안
학습할 때가 거의 다 되어서 지리답사 과제를 제시하거나 내용 및 방법의 명확한 제시 없이 과제를 부여하거나 관련된 자료를 준비하도록 하여 학부모의 민원을 사는 사례가 있음	• 동학년 교사의 공동 교재연구 및 협의 • 제시할 가정 학습과제로 선정 • 과제에 대한 충분한 안내(예, 가정통신문) • 충분한 기간을 줄 것

사회과에서 교사가 인솔하여 실시하는 직접지리답사의 필요성은 아주 높으나 학교 주도로 모든 곳을 다 견학한다는 것은 불가능하다. 그래서 학부모의 도움을 받는 것도 좋은 해결방법이다. 이에 따라 장기과제로 현장견학을 계획성 있게 제시함으로써 학습지도에 충실을 기할 수 있다. 또한 현장견학에서 여러 자료를 수집하고 분류하여 학습에 활용할 필요성이 있으므로, 일정한 주제를 제시해주고 주제별로 자료를 모아 스크랩하고 학습에 활용할 수 있도록 가정과제가 충분히 안내되어야 한다.

지리답사 과제를 부모님과 함께 하는 장기과제로 제시할 때의 독립된 가정통신문 형식으로 제시할 수도 있고, 간단한 집 주위 혹은 가까운 지역의 경우에는 주 학습계획안의 가정통신란을 활용해보는 것도 좋다.

3) 문제점 ③의 해결방안

Q. 지리답사에 대한 학부모의 부정적 인식, 학부모의 지리답사에 대한 부정적 인식을 어떻게 긍정적으로 의식 전환을 할까?

표 7-4 학교현장 운영 실태와 해결 방안

학교현장 운영 실태	해결 방안
지리답사가 올바르게 정착되려면 가정과의 적절한 연계가 이루어져 자리 잡아야 하는데, 아직 홍보의 부족으로 시간과 금전 등이 수반되는 지리답사에 대한 저항감이 있음. 이 때문에 학교현장에서는 지리답사의 필요성에 대해 문의하는 민원이 접수되고 있음	• 새로운 교육과정에 대한 학부모 연수 강화 • 지리답사 과제에 대한 명확한 안내 • 충분한 기간을 줄 것

요즘의 학부모는 교육 수준이나 의식 수준이 상당히 높은 편이다. 따라서 학교의 교육활동에 거는 기대 또한 높다. 그러나 그들의 의식 수준을 한 걸음 뒤에서 바라보면 사람의 얼굴 생김만큼이나 다양하다.

학교교육 활동을 지원하는 지원자의 입장이 있는가 하면, 여건이 충분함에도 불구하고 방과 후 자녀의 돌보는 일은 학원에 맡기려 하거나 시간적으로 직접 아이에게 투자를 해야 하는 것을 꺼리는 방관자의 입장도 있다.

(1) 새로운 교육과정에 대한 학부모 연수 강화

부모들이 자라던 시절 획일적이고 암기식으로 이루어지던 사회과 학습방법을 자녀에게도 은연중에 적용하고 있는 부모, 문헌조사학습 과제를 내면 아이의 눈높이보다는 주제에 대해 자신들이 알고 있는 상식 내지는 지식을 총동원하여 어렵게 과제 내용을 구성하게 하는 부모 등 여러 유형을 볼 수 있다. 즉, 물고기 잡는 방법보다는 물고기를 잡아주는 쪽에 더 많이 비중이 높음을 볼 수 있다. 2015 개정 교육과정은 지향하는 가치는 지극히 옳으나, 교육과정 급격한 변천 과정을 고려할 때 정상적으로 운영되려면 학교의 노력뿐만 아니라 교원, 학부모, 사회 모두의 일대 의식 전환이 있어야 한다. 지식은 학습자의 주관적인 사유에 기반한 구성주의에 의해 지리답사의 상보적인 역할, 심화·보충의 수준별 교육과정에 대한 바른 이해, 학생의 자기 주도적 학습능력을 기르게 하는 부모의 역할, 성적만을 중요시하는 생각의 변환 등에 관하여 학교 단위 혹은 학년 단위로 학부모 연수가 이루어져야 한다.

(2) 지리답사 과제에 대한 명확한 안내

장기과제로 지리답사를 계획성 있게 제시하고 시간적인 여유를 충분히 주어야 한다. 1주일도 채 되지 않는 동안에 과제를 내어 학생과 학부모를 다급하게 만들거나 무작정 어디를 다녀오라고 하는 식의 무계획적인 과제 제시는 지양해야 한다. 또한 결손가정이나 학부모가 바쁜 경우에는 사이버 지리답사로 대체 가능하도록 계획할 필요가 있다.

4) 문제점 ④의 해결방안

> Q. 지리답사에 대한 지식 부족, 답사에 관한 지식을 갖도록 하기 위한 사이버 학습방법을 해야 하지 않을까?

표 7-5 학교현장 운영 실태와 해결 방안

학교현장 운영 실태	해결 방안
교과관련 ICT 소양교육이 충분히 이루어지지 않은 상태에서 수업이 진행되기도 함. 해당 사이트에 대한 충분한 안내 없이 과제를 내어주어 과제해결을 힘들게 하여 학생이 흥미를 잃게 만들어 사회과 수업은 어렵다는 인식을 만들기도 함	• 사회과 관련 ICT 소양교육 강화 • 동학년 단위의 사전 교재연구로 학습사이트(know where)의 충분한 안내 • 인터넷 사이트의 조사 내용 중 어려운 내용은 국어사전이나 학습사전을 찾아가면서 자기 주도적 학습을 하도록 안내 • 학생의 컴퓨터 활용능력을 감안한 조사 모둠을 편성

학년이 올라가고 학습대상 지역이 확대되면서 직접 가기보다는 간접지리답사를 해야 할 경우가 있다. 사이버 지리답사는 실질적인 이동은 없으나 가상공간에서의 이동성은 거의 무한대이며, 웹사이트에서 상호작용이 다양하게 일어난다. 교사는 조언자의 위치에 있으며 학습 활동은 학생의 능동적인 책임하에 이루어지며 지리답사는 기존의 지리답사가 지니고 있던 시·공간적인 제약을 극복하게도 해준다.

(1) 관련 ICT소양교육 강화

ICT소양교육이 잘 이루어졌을 때 ICT활용교육은 잘 된다. 재량활동 시간, 아침 시간 등을 활용하여 지리답사 관련 ICT소양교육이 충분히 이루어지도록 해야 한다. WBI(web based instruction)의 이점, 우리 생활에서 웹을 활용할 때의 편리한 점 등을 충분히 안내하여 학생들의 자발적인 동기유발을 끌어내야 한다. 즉, 사회과 교실 안·밖에서 학생들은 웹사이트를 찾아 나섬으로써 비교적 짧은 시간에 지역적 한계를 초월하여 많은 정보를 얻을 수 있다. 예를 들어, 국회가 하는 일을 알기 위해서는 국회 웹사이트에서 국회의 조직과 하는 일 그리고 사진 등을 볼 수 있고 출력할 수도 있다. 이러한 사이트의 이동, 검색엔진(포털 사이트)의 이용방법, 원하는 인터넷 주소로 직접 이동하는 방법 등을 교과지도와 더불어 병행해야 한다.

(2) Know-Where 강조

초등학교 고학년 단계가 되면 인터넷 검색을 통한 WBI 수업이 본격적으로 시작될 수 있다. Know-How도 중요하지만 정보와 지식의 탐색과 생성이 주요 활동이 된 현대에서는 Know-Where의 개념이 무척 중요하며, 빠른 시간 내에 찾아 들어가서 적합한 정보를 검색할 수 있어야 한다. 처음에 교사가 검색해 들어가는 길과 방법을 자세히 안내하고 Know-Where를 반복해서 강조하고, 감각을 익히는 데서 사실을 파악하고 개념을 형성하게 된다. 뿐만 아니라 교실에서 배운 법칙, 개념을 확인시키거나, 현지의 분포 패턴을 해석할 수도 있을 것이다. 특히 찾고자 하는 것인 무엇(what)이고, 그것은 어디(where)에 있으며, 어떻게(how), 얼마만큼(how much), 왜(why) 그러한지, 그들의 관계는 어떠한지 등을 통해 직접 지리답사와 마찬가지로 보다 구체적이고 체계적인 지리답사를 사이버 공간에서 하게 된다.

또한 조사하다가 내용이 어려울 때는 교사나 부모에게 묻거나 국어사전을 옆에 두고 어려운 어휘의 뜻을 찾아가며 내용을 이해하거나 어려운 사실이나 개념은 학습사전을 참조해 가면서 하게 하여 자기주도적인 학습능력도 기를 수 있다.

(3) 학생의 컴퓨터 활용능력 차를 감안한 모둠 편성과 과제 부과

일반 학습능력과 마찬가지로 컴퓨터 활용능력도 개인차가 있게 마련이다. 사이버 과제를 모둠별로 부과할 때는 학생의 컴퓨터 활용능력 차를 감안하여 모둠을 이질집단으로 편성하고, 모둠 내에서 협의하여 정보검색, 한글 편집, 발표, 필요한 정보 선별, 사회 등 각자 역할을 부여하여 모둠 협동학습이 이루어지게 해야 한다.

(4) 문제해결 기능을 지도하고 충실하게 따른다.

직접 지리답사와 마찬가지로 사이버 지리답사에서도 보지 않았던 것, 생각하지 못했던 것들에 대해서 의문이 생긴다. 이렇게 생긴 호기심이나 의문을 다음 다섯 가지 기능을 통해 풀어야 한다.

- 질문하기(asking question)
- 정보얻기(acquiring information)
- 정보를 조직하기(organizing information)
- 정보를 분석하기(analyzing information)
- 지리적 질문에 대답하기(answering questions)

5) 문제점 ⑤의 해결방안

Q. 지리답사의 보고서 작성의 어려움, 답사 보고서 작성을 보다 쉽게 할 수 있는 방안은 없을까?

지리답사의 사후활동 단계에서 보고서 작성 과정은 지리답사에서의 조사 결과에 대한 미비점을 보충하고 학습과정을 반성함으로써 학습의 성과를 높일 수 있다.

표 7-6 학교현장 운영 실태와 해결 방안

학교현장 운영 실태	해결 방안
가정 과제를 제시했을 때 학교현장에서 학생의 학습은 생생하게 잘 이루어지나 그 결과의 정리에 있어서는 학생, 학부모 모두 어려워하고 어떻게 구체화시켜 작성해야 하는지 난감하고 힘들어하여 지리답사는 힘들고 귀찮다는 인식을 만들기도 함	• 사진 활용 방안 안내 • 무엇이(what), 어디(where)에 있으며, 어떻게(how), 얼마만큼(how much), 왜(why), 그 관계가 나타나게 작성하게 함 • 여러 가지 표현양식을 안내하고 자신에게 적합한 방법으로 하게 함 • 표, 도표, 지도작성 및 해석 기능 기르기

- 답사지역의 사진을 활용하여 작성하고 지리적 특징을 설명하도록 한다. 사진은 살아 있는 사회현상의 모습을 보여 줌으로써 간접경험을 확대시킬 수 있는 시각자료의 대표적인 것으로서 학생이 가장 손쉽게 이용할 수 있고, 제작비도 싸게 들며, 추상적인 아이디어를 구체적인 형태로 표현해주어 이해하기 힘든 개념이나 사회적 사상들을 설명할 때 유용하다. 그러므로 지리답사 시에 기록하고 싶은 내용, 조사해야 하는 대상에 대해 사진을 찍게 하고 사진을 적당하게 배치하고 설명을 써서 보고서를 완성하게 한다.
- 견학하면서 보고 듣거나 기록한 것을 토대로 자유롭게 발표하도록 한다.
- 견학하면서 구해온 안내서, 책자, 통계자료 등을 활용하여 견학보고서를 작성한다.
- 보고서 작성을 위해서 표, 도표, 지도를 작성하고 읽고, 해석할 줄 알아야 하므로 사전에 지도한다.
- 답사내용을 그림지도로 표현하고 이들 지역의 지리적 특징을 적어서 작성한다.
- 답사 중 듣고, 보고, 느낀 점도 적을 수 있게 한다.
- 이상의 견학보고서 작성요령을 발표 자료를 통해서 자세히 안내해주고 장기과제로 내어주었을 때는 보고서 작성요령을 가정에도 인쇄자료로 안내한다.

3 지구화 시대, 지리답사의 일환으로 여행을 현명하게 할 수 있는 방법은 무엇일까요?

현대의 비즈니스맨과 여행자를 새 시대의 방랑자로 정의하였고, 앨빈 토플러(Alvin Toffler)는 미래의 혁신적인 사업은 제조품이나 일반 서비스가 아닌 경험을 파는 사업일 것으로 예상하였다. 세계여행협회(world tourism organization)에서는 여행 산업은 21세기에 들어서 지구 차원의 산업부문별 비교에서 연간 교역량에 있어서 석유관련 산업을 제치고 1위로 부상할 것으로 보고하였다.

오늘날 여행은 이동을 기저로 인간의 삶의 질을 높이고, 삶의 활력과 재창조를 하게 하며, 나아가 직접적인 여행경험에 의한 지역의 문화, 역사이해를 돕는 데 크게 기여하고 있다. 이러한 여행 활동이 잘 이루어지기 위해서는 여행주체(여행객), 여행객체(여행자원), 여행매체(여행사업)와 같은 3가지 기본적 구성요소가 잘 조화를 이루어야 한다. 다시 말해 여행은 누가(주체), 어디서, 무엇을(객체), 어떻게(매체) 여행할 것인가를 종합적으로 고려해야 하는 것이다.

먼저 여행이란 무엇이며, 여행의 주체로서 여행객은 어떠한 자세를 가져야 하는가, 특히 국제여행을 위해 준비는 어떻게 해야 할 것인가, 다음으로 여행객체인 여행대상으로서 여행자원을 어떻게 여행할 것인가를 계통지리학적 접근에 의한 주제별 여행 자원과 지역지리학적 접근에 의한 지역별 여행 자원을 나누어 살펴볼 수 있다. 마지막으로 여행의 주체(여행객)가 여행객체(여행대상)를 잘 여행할 수 있는 매체인 여행서비스와 시설에는 어떤 것이 있으며, 이러한 3자를 통해 여행을 잘할 수 있는 정보를 어떻게 획득할 것인가에 대해 살펴볼 필요가 있다.

1. 여행이란 말의 어원은 어디에서 나왔나요?

여행(旅行)이란 말의 어원을 동·서양으로 나누어 살펴보면, 먼저 동양에서 여행이라는 말은 고대 중국 주나라의 역경(易經) 가운데 '관국지광, 이용빈우왕(觀國之光, 利用賓于王)'에서 관국지광, 즉 나라의 빛을 본다는 뜻으로 다른 나라의 토지, 제도, 풍속, 제도, 문물 등을 관찰하는 것을 의미한다. 서양에서의 여행은 독일어의 Fremdenverkehr, 영어의 tourism 또는 tourist, sightseeing, travel, movement 등에 해당하는 말로 외래자, 여행자의 이동을 의미한다. 원래 여행(tourism)은 사람들의 일시적인 이동을 의미하는 tour에서 파생된 말로 라틴어의 tornus(돌다, 순회하다)에서 유래한다. 여행(travel)이라는 단어의 어원은 고대 프랑스 단어인 '일하다'라는 의미를 가진 'travail'에서 기원한 것으로 본다. 영어에서는 여전히 '고생, 고역'이라는 뜻을 가진 'travail'이라는 단어가 사용되고 있는데, 이를 통해 진정한 의미의 여행을 하는 것은 쉽지 않다는 사실을 생각해볼 수 있다. 참고로 우리 국어사전에서는 여행은 '다른 나라의 문물과 제도를 시찰함', '다른 지방이나 다른 나라의 아름다운 풍광, 풍습 등을 구경하여 유람함'이라 설명하고 있다.

2. 여행은 무엇이라고 할 수 있을까요?

여행은 인간이 유람을 목적으로 다른 고장이나 다른 나라에 가는 일 등을 말한다. 예를 들어, 여행은 상대적으로 먼 거리에 있는 지역 간 사람들의 이동을 말하는 것이다. 결론적으로 여행을 정의하면 생활환경의 변화를 바라는 인간(여행주체)이 기본적 욕구 충족과 보다 나은 질적 생활향상을 추구하기 위하여 일상생활을 떠나 반드시 다시 돌아올 예정(1년 이내)으로 타 지역의 유무형 여행 자원(여행객체)을 보고, 듣고, 생각하면서 즐거움을 맛보는 경제·사회·문화적 행위이며, 나아가 이러한 행위로 파생되는 사회현상의 총체라고 할 수 있다. 여행은 이동을 기저로 오감으로 기행하기 때문에 눈으로 하는 여행이 아니라 오감으로 하는 여행, 감성여행, 체험여행이다. 지역의 규모에 따라 향토여행, 국토여행, 해외여행, 세계여행으로 나누어 볼 수 있다.

따라서 여행은 인간의 시·공간적인 이동을 기저로 하는 자유 선택적인 여가활동의 일종인 것이다(표 7-7 참조). 여가란 하루 24시간의 생활시간에서 생리적 필요시간(수면, 식사 등), 사회적 구속 또는 의무시간(직업, 통학, 가사 노동 등)을 뺀 나머지 시간에 자기향상을 위해 쓰이는 자유 선택적인 활동시간이다. 여가는 놀이, 레크리에이션, 위락, 여행, 게임, 스포츠, 휴양 등의 하위개념을 포괄하는 상위개념이다. 레크리에이션은 여가를 위한 행동이고, 여행은 여가를 위한 이동이라 할 수 있다(그림 7-3 참조).

근대 이전까지는 교통수단이 발달하지 않아 여행에 많은 시간과 비용이 소요되었고 자연재해나 범죄자의 습격과 같은 위험성이 높았던 데다 여행에 제도적인 제한을 가하는 경우도 많았기 때문에, 일반인들이 장거리 여행을 하기란 쉬운 일이 아니었다(정치영, 2013; Jansen, 1994; Wolfe, 2015). 그러나 19세기 말 교통수단의 비약적인 발달을 시작으로 여행은 급속도로 대중화되기 시작하였다.

표 7-7 여행의 정의에서 나타난 특징

특 징	내 용
장소	여행 행위는 여행객의 주거지나 직장 이외의 다른 지역에서 발생 (여행이 일상생활권을 벗어나 타 지역에서 이루어진다는 장소적인 전제)
방향	여행은 여러 목적지로의 이동과 체재로 시작되고 여행이 종료되면 반드시 원래의 주거지로 돌아옴
활동	여행에는 목적지로의 이동행위, 목적지에서의 체재행위, 휴식 및 오락행위 등 여러 활동이 포함
기간	목적지로의 이동 및 체재는 일시적이고 단기적임 (영주목적의 장기적 인구이동, 계절적 · 일시적인 노동인구의 이동 등은 여행에서 제외)
성격	여행은 여가활동이다. 순수한 위락여행 및 사업여행으로 구분 (여행지나 체재지에서의 보수를 얻기 위한 활동은 여행에서 제외)

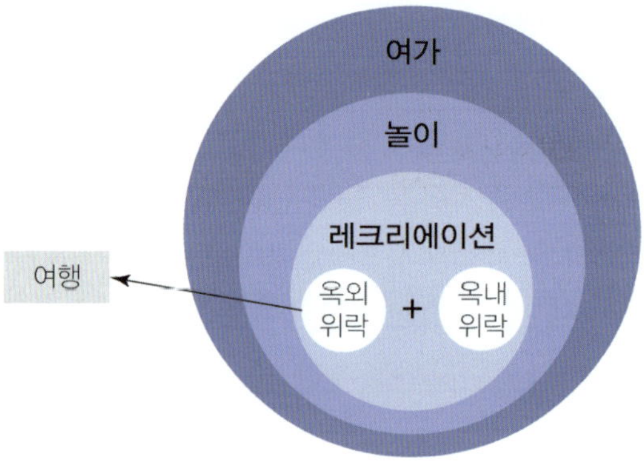

그림 7-3 여가, 놀이, 위락, 여행 간의 관계

3. 여행의 종류에는 어떤 것이 있을까요?

여행은 공간적 이동범위에 따라 크게 국제여행(international tourism)과 국내여행(domestic tourism)으로 분류된다. 국내여행은 여행자의 이동 공간이 자국의 영토 내에서 이루어지는 여행현상이고, 국제여행은 국외, 외래, 외국인 국외여행을 모두 포함하며, 여행자의 이동 공간이 특정국의 국경을 넘어 이루어지는 여행현상이다. 이에 대한 분류는 표 7-8을 통해 살펴볼 수 있다.

표 7-8 **국적과 국경에 의한 여행의 종류**

국경 / 국적	국 내	국 외
내국인 국적	국내여행(domestic tourism)	해외여행(outbound tourism)
외국인 국적	방한여행(inbound tourism)	외국인 국외여행(overseas tourism)

국제여행은 역외여행(inter-regional tourism)과 역내여행(intra-regional tourism), 내국인의 해외여행(outbound tourism), 외국인의 방한여행(inbound tourism)으로 나뉘는데, 역내여행(intra-regional tourism)은 특정 지역에 속해 있는 여행자가 그 지역 내의 다른 국가로 이동하는 여행형태이고, 역외여행(inter-regional tourism)은 특정 지역 내 속해 있는 국가의 여행자가 다른 지역 내 다른 국가로 이동하는 여행형태이다. 예를 들어, 역내여행의 경우에는 한국인이 아시아 지역의 일본이나 중국을 여행하는 행위이고, 역외여행의 경우에는 한국여행객이 유럽국가나 미주지역의 국가를 여행하는 행위라 할 수 있다.

4. 여행에서 꼭 갖추어야 할 기본요소에는 어떤 것이 있을까요?

여행이 인간의 이동을 기저로 이루어지기 때문에 여행활동이 성립하기 위해서는 여행주체(여행객), 여행객체(여행자원), 여행매체와 같은 3가지 기본적 구성요소가 갖추어져야 하며, 이들의 관계는 그림 7-4, 그림 7-5와 같다.

그림 7-4 **여행구조의 2체계론**

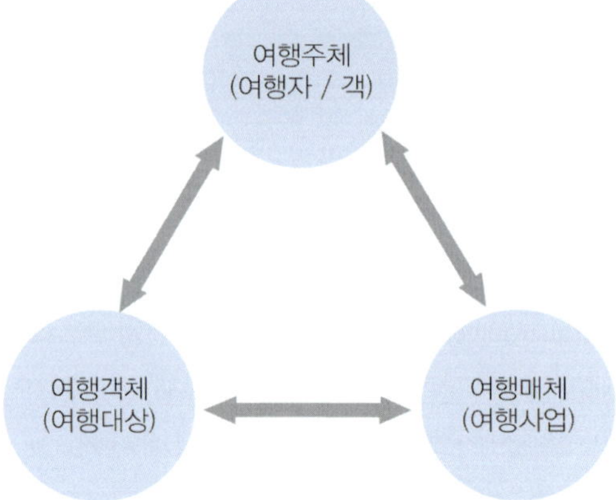

그림 7-5 베르네커(Bernecker, 1962)의 여행구조의 3체계론

세 가지 구성요소를 잘 파악하고, 잘 준비한다면 여행을 잘 오감으로 체험할 수 있을 것이고, 잘 오감으로 체험할 수 있는 만큼 여행을 통해 의미 있는 지식을 구성할 수 있을 것이고, 의미 있는 지식을 구성한만큼 삶의 보람과 질이 높아질 것이다.

1) 여행의 주체로서 여행객은 무엇을 준비하고 어떻게 여행을 해야 하나요?

여행의 주체로서 여행객은 그 행위에 따라 자기 나라의 위상이 올라갔다 내려갔다 할 정도로 중요하기 때문에 민간 외교관, 국가홍보 대사라 할 수 있다. 따라서 국제여행 시 준비할 서류와 알아두어야 할 기본 상식을 갖추어야 한다.

기본적인 서류로는 여권, 비자 등 그 외에도 필요에 따라 국제학생증, 국제 운전 면허증, Eurail pass, JR pass 등을 준비하면 좋다. 출국 전 준비물(여행용 가방, 휴대용 가방, 여행용품, 지형도, 여행지 안내 지도, 여행국 가이드북, 항공권, 신용카드와 여권의 영문 성명 일치, 환전, 기념품 등)도 잘 챙겨야 한다. 해외여행 시 여행객이 갖추어야 할 기본 절차인 출입국 절차를 비롯하여 공항, 기내, 호텔, 식당, 여행 중, 쇼핑할 때, 외출할 때 예의를 갖추어야 한다.

올바른 여행을 위한 여행객의 5단계 활동 단계를 제시하면 다음과 같다.

① 기대와 계획단계(anticipation/planning phase): 이 단계에서 준비한 만큼 볼 수 있고, 오감한 만큼 의미 있게 구성할 수 있고, 구성한 만큼 삶의 질이 향상

된다. 또한 준비한 만큼 시간, 돈, 노력 등을 절약할 수 있을 뿐만 아니라 여행의 효과와 만족도도 높일 수 있다. 준비물로는 관련 서류(여권, 비자, 사진 2매 등), 준비물(옷, 세면도구, 의약품 등), 여행지 정보 수집물 등이 있다.

② 목적지로의 이동단계(travel to the site phase): 국제여행에 있어서는 국가 간의 경계를 넘을 때, 주로 항공기를 이용하나, 선박이나 육상교통로도 이용한다.

③ 현지 경험단계(on-site activity phase): 목적한 여행지에서 여행활동을 하는 단계이다. 항공을 이용한 국제여행에 있어서는 공항에 도착하여 입국절차를 밟고, 여행을 통해 현지 생활을 경험한다.

④ 거주지로의 귀환단계(return travel phase): 여행을 다녀온 후 입국절차를 밟는 단계이다.

⑤ 회상단계(recollection phase): 여행이 끝난 후, 여행경험을 회상하는 단계로서 경험에 대한 욕구충족과 만족도 등을 회상한다.

2) 여행의 객체으로서 여행자원을 어떻게 활용하여 여행하는 것이 좋은가요?

여행자원(tourism resources)은 여행객에게 여행욕구 내지 동기를 충족시켜 줄 수 있는 유·무형의 모든 여행대상을 말한다. 여행자원의 여행 방법으로는 지역별 여행과 주제별 여행이 있으며, 전자는 특성 있는 지역을 종합적으로 여행하는 것이다. 후자는 주제와 관계 있는 지역을 여행하는 것으로 테마여행이라 불리기도 한다. 국제여행의 경우에는 현실적 여건을 감안할 때 여행 시 지역별 여행자원과 주제별 여행자원을 겸해서 하게 되는 것이 융복합시대에 적절한 것이다.

여행지 선정 tip

여행지를 선정할 때는 지역적인 특성을 고려하여 우리나라의 겨울철에는 우리와 기후가 반대인 남반구의 호주나 뉴질랜드로 가는 것이 바람직하다. 특히 북유럽의 경우는 겨울철(장야현상) 보다 여름철(백야현상)이 상대적으로 좋다. 다음은 계절별 추천 여행지이다.

- 겨울철: 남반구(호주, 뉴질랜드), 열대지역, 남극(1년 중 최적기), 동남아(태국, 필리핀 등)
- 여름철: 북유럽, 영국, 몽골 등
- 가을철: 이탈리아, 프랑스, 독일, 스위스 등

3) 여행의 매체로서 여행정보를 어떻게 활용하여 여행하는 것이 좋은가요?

여행매체는 여행객이 여행활동을 잘 할 수 있도록 해주는 여행사업이다. 여행사업은 서비스와 재(財)로 나눌 수 있다. 여행서비스로는 여행안내와 알선, 여행정보를 제공하는 여행사, 여행재로는 숙박시설, 교통시설, 여행상품 등이 있다. 특히, 웹기반 여행사는 다양한 여행 정보와 서비스를 받을 수 있는 강점을 갖고 있다.

전 세계 온라인 및 모바일 숙박 공유 사이트(한국비앤비)를 잘 활용할 필요가 있다. 여행 공유 문화 서비스를 제공하는 에어비앤비(Airbnb)는 2008년 8월 시작된 세계 최대의 숙박 공유 서비스이다. 자신의 방이나 집, 별장 등 사람이 지낼 수 있는 모든 공간을 임대해주고 있다. 개인이 소유하고 있지만 활용하지 않는 재화를 대여하거나 교환해 부가가치를 창출하는 공유경제활동 방식이다.

표 7-9 기획재정부가 발표한 '공유경제'의 주요 분야와 글로벌 대표 기업

주요분야		서비스 제공 이용 방식	주요 글로벌 기업
숙박		빈집, 빈방의 숙박공유, 플랫폼에 정보 제공	에어비앤비(Airbnb)
교통	차량공유	모바일 기반 무인렌트업, 시간단위 대여・이용	집카(Zipcar), 씨티카셰어(Citycarshare)
	승차공유	비상업용 자동차를 이용한 유상 운송	우버(Uber), 리프트(Lyft)
금융 (크라우드 펀딩)	증권형	펀딩 대가로 지분 취득, 배당수익 등 수취	고펀드미(GoFundMe), 킥스타터(KickStarter)
	대출형	펀딩 대가로 약정된 금리・원금 수령(P2P 대출)	
	기부형	기부금 및 개인적인 프로젝트 자금 모집	이퀴티넷(EquityNet), 크라우드큐브(CrowdCube)
	보상형	펀딩 대가를 물품으로 수령(사진 판매)	렌딩클럽(Lendingclub), 조파(Zopa)
공간		매장, 회의실, 주차장 등을 공동 이용	리퀴드스페이스(LiquidSpace), 저스트파크(JustPark)
재능		노동(청소, 수리 등), 지식・경험 공유	태스크래빗(Taskrabbit), 핸디(Handy)

최근 여행 객체와 여행 매체를 관광국가들이 잘 못 관리함으로써 문제점을 노출시키고 있는 것이 오버투어리즘(over tourism)이다. 오버투어리즘은 관광지, 관광서비스 등 곳곳에 수용력을 초과하여 관광객이 유입되는 현상을 의미한다. 관광객 수의 증가로 인해 사회적 문제가 확대되면서 최근 들어 그 의미가 많이 부각되는 양상을 나타내고 있다. 오버투어리즘으로 인해 반(反)관광에 대한 정서가 확대되는 등 여러 부작용으로 유럽국가를 비롯하여 아시아 여러 나라에서 오버투어

리즘과 관련한 우려와 함께 각 정부의 체계적인 관리와 실효성 있는 대책이 요구되고 있는 실정이다(손식욱 외, 2018).

4 지리답사는 사회과 교육과정에 어떻게 반영되어 있을까요?

미래사회가 요구하는 창의융합형 인재 양성을 위한 2015 개정 사회과 교육과정은 지식의 구조에서 가장 기초가 되는 사실의 원천은 경험, 견학이나 실험 등이 된다는 것이다. 그러므로 구체적 조작기에 있는 초등학교에서의 사실학습은 경험에 기초하여 사실을 암기시키기보다 사실이라고 믿게 하는 근거와 자료를 관찰이나 경험, 지각, 오관을 통해 학습할 수 있도록 해주어야 할 것이라는 방향을 제시한다.

1. 지리답사는 교과서 속에 어떻게 나타날까요?

1) 3, 4학년 답사 관련 내용

초등학교 사회과 3, 4학년 교육과정 내용의 개관과 단원별 내용의 구성을 통하여 답사 관련 내용을 정리하여 보면 표 7-10과 같다.

표 7-10 3, 4학년 지리답사 관련 내용

대주제	중주제	현장학습 관련 내용
1. 우리가 살아가는 곳	① 우리 고장의 모습 ② 우리가 알아보는 고장 이야기 ③ 교통과 통신 수단의 변화	• 마을 탐험하기 • 문화원 답사하기 • 지하철역, 버스정류장
2. 우리가 살아가는 모습	① 환경에 따라 다른 삶의 모습 ② 시대마다 다른 삶의 모습	• 자연 이용 모습 관찰하기 • 산업 현장, 부모님 직장 견학하기 • 민속촌, 박물관 답사하기
3. 우리 지역의 어제와 오늘	① 지역의 위치와 특성 ② 우리가 알아보는 지역의 역사 ③ 지역의 공공 기관과 주민 참여	• 지역 중심지를 찾고 답사하기 • 박물관 답사하기 • 고장의 기관, 단체 방문하기
4. 다양한 삶의 모습과 변화	② 필요한 것의 생산과 교환	• 여러 종류의 시장(전통시장, 상설시장, 백화점, 할인매장 등) 견학하기 • 인터넷으로 장보기

2) 5, 6학년의 답사 관련 내용

5, 6학년의 내용도 지역 확대의 원칙에 따라 우리나라를 범위로 하여 각기 다른 측면에서 학습되어야 할 내용들로 구성되어 있다. 국토 환경의 특징과 변화를 다루며, 선사시대를 시작으로 조선 전기까지의 관련 인물, 주요 사건, 정치, 경제 등을 배우게 된다. 따라서 5학년의 내용은 전체적으로 다양한 학문 영역의 관점을 가지고 접근해야 할 내용이다. 현장학습 관련 내용으로는 기상청, 지방 의회, 법원, 경찰청 견학 그리고 4학년에 이어서 가까운 지역인 경주의 유적지 견학을 통해 역사적 체험을 할 수 있다.

6학년에서는 우리나라와 지구촌의 관계, 우리나라의 역사적 인물과 주요 사건, 정치, 경제를 중심으로 구성되어 있다. 따라서 이러한 세계화 시대적 변화를 반영한 장소와 역사적 의미가 있는 관련 문화재에 대한 현장학습이 이루어질 수 있어야 한다. 가까운 곳의 현장학습으로는 지역의 성곽, 항일운동의 거리 등을 들 수 있고, 수학여행 등을 통하여 법원, 국회의사당 등의 견학 계획을 사전에 수립하여 다른 지역, 특히 수도권 지역의 역사 현장을 체험할 수 있도록 하는 것이 바람직하다.

다음은 부산을 기준으로 2015 개정 교육과정에 따른 사회과 6학년 단원별 추천 현장학습 활동이다.

① 『조선사회의 새로운 움직임』: 지역의 성곽(동래읍성) 방문, 조선시대 흔적 찾아보기
② 『근대국가 수립을 위한 노력과 민족 운동』: 국난 극복의 현장 찾아보기
③ 『대한민국의 발전과 오늘의 우리』: 원도심 지역을 조사하고 흔적 찾아보기
④ 『우리나라의 민주정치』: 민주정치와 법 집행의 현장(국회, 법원) 답사하기
⑤ 『이웃나라의 환경과 생활 모습』: 차이나타운 답사하기
⑥ 『세계 여러 지역의 자연과 문화』: 세계 문화(언어, 음식 등) 교류 축제 참가하기
⑦ 『변화하는 세계 속의 우리』: 대사관 방문, 다문화 공간을 조사하기

2. 지역화 관련 답사 장소를 어떻게 개발할 수 있을까요?

부산광역시를 사례로 교육과정에 반영된 부산 지역의 답사 관련 장소를 학문영역별로 정리하면 표 7-11과 같다. 물론 분류하는 관점에 따라 서로 중복적으로 나타날 수 있으며, 이러한 장소일수록 초등사회과 학습에 유용하다. 특히 주요 시장과 항구에 대한 현장학습 소재가 많다. 부산항의 지형, 부산항의 발전 모습, 여객 부두, 어항으로서의 부산항, 부산항 조선소 등 부산항 관련 소재가 매우 큰 비중을 차지하고 있는 것이 특징이다. 부산항은 경제영역뿐만 아니라 전 영역에 고루 나타나 있다. 이는 임해공업도시와 항구도시로서의 지역성이 잘 나타나 있다고 하겠다.

역사영역 중에는 부산 지방의 왜구 침입, 임진왜란 등에 관한 소재도 많아 자주독립 정신을 키워주는 좋은 소재가 되고 있다. 특히 부산을 빛낸 역사적 인물들도 이 소재들과 관련을 가지고 있다.

표 7-11 교과서에 반영된 부산 지역 현장학습 관련 장소

구 분		부산 지역과 관련된 소재	사회과 관련영역
자연환경	산	금정산, 백양산, 구덕산, 철마산, 장산, 황령산, 승학산, 천마산	지리
	강	낙동강, 낙동강하구, 수영강, 낙동강하구둑, 을숙도	
	들 · 평야	김해평야, 기장	
	바다	수영만, 부산항, 대변항, 영도, 가덕도, 해운대, 태종대, 감천항, 다대포항, 동백섬	
인문환경	유적지	금정산성, 범어사, 다대포객사, 기장향교, 녹산봉수대, 안영복비, 송상현비, 동래성, 정발장군비, 윤흥신비, 부산진성	역사
	행정기관	부산시청, 부산지방경찰청, 부산지방해운항만청, 부산지방법원, 부산고등법원, 부산체신청	정치
	시설유관기관	정수처리장, 하수처리장, 부산무역전시관, 올림픽 동산, 사직종합운동장, 부산광역시의회, 국립수산진흥원, 과학산업연구단지, 문화회관	사회문화
	시장	국제시장, 부산진시장, 자유시장, 평화시장, 동래시장	경제
	축조물	영도대교, 부산대교, 광안대교, 부산탑	사회문화
	공업단지	녹산산업단지, 신평 · 장림단지, 사상공단	경제
	교통시설기관 중심지	김해국제공항, 경부고속국도, 연안여객부두, 남해고속도로, 호포－장산 지하철, 서면	지리, 사회문화
	여행지 명소	동래온천, 자갈치시장, 구포다리, 남포동, 해운대해수욕장, 오륙도, 용두산 공원, 수영요트경기장, 충렬사, 유엔묘지, 어린이대공원	역사, 경제

여행 관련 웹사이트

http://www.shoestring.co.kr/destinations/worldasia.htm 세계여행 나라별 지도와 정보
http://www.knto.or.kr 한국여행공사
http://www.tourbaksa.com 일본지역 여행: 여행박사
http://www.ybtour.co.kr 유럽지역 여행: 노랑풍선
http://www.tmtour.co.kr 국내 테마투어
http://www.modetour.com 모두투어
http://www.hanatour.com 하나투어
http://www.airbnb.co.kr 숙박 공유 서비스: 에어비앤비

생각해 볼거리

1. 지리답사의 목표를 말해 봅시다.

2. 지리답사의 절차에 대해 말해 봅시다.

3. 지리답사 절차상 사전, 사후에 이루어지는 활동에 대해 말해 봅시다.

4. 여행의 3가지 구성요소를 도식화하고, 어떻게 하면 여행을 잘 할 수 있을지를 설명해 봅시다.

5. 방학 때 할 수 있는 여행 계획을 구체적으로 세워봅시다(여행지도 포함할 것).

6. 여행지를 선정할 때는 지역적인 특성을 고려해야 할 것이 무엇인지 알아 봅시다.

Q&A

III부 내용과 연관된 교원 임용 기출문제

1 다음은 5학년 사회과 '환경문제' 단원에 대한 수업 전개 과정의 일부이다. 물음에 답하시오. [총 5점]

2005 초등 교사 임용시험 문제

학습 목표: 우리나라의 자연 재해와 환경오염 문제를 조사한다.

내 용	교수 · 학습 활동
자연 재해	자연 재해 관련 자료를 재해의 종류에 따라 분류하기 ㉠ 기후 그래프를 보고 홍수와 가뭄 등의 발생 지역과 시기 알아보기
환경 문제	뉴스와 영화 등에 나타난 도시화 · 산업화로 인한 환경오염 사례 발표하기 ㉡ 우리 동네의 공기와 하천의 오염 및 소음 정도를 야외 조사하기

3) ㉡에서 행한 야외 조사 학습의 장점을 2가지 쓰시오. [2점]

① ______________________________

② ______________________________

2 다음은 4학년 '지도에 나타난 우리 시 · 도의 모습' 수업에서 교사와 학생이 나눈 대화이다. 지도(地圖)의 기본 요소에 대한 교사의 설명 중 옳은 것을 모두 고른 것은?

2009 초등 교사 임용시험 문제

교사: 지도를 제대로 보기 위해서는 방위, 축척, 기호 등 지도의 기본 요소들을 읽을 수 있어야 합니다.
학생: 3학년 때 방위와 나침반에 대해 배웠어요. 신기했어요. 정말 나침반의 바늘이 북쪽을 가리키나요?
교사: ㉠ <u>나침반 바늘의 한쪽 끝이 정확히 북극점을 가리키지는 않지만 대략 북쪽을 향하고 있지요.</u>
학생: 그런데 축척은 좀 어려워요.

교사: 축척은 지도를 만들기 위한 축소 비율, 그러니까 실제 거리를 짧게 줄인 비율을 말합니다. 따라서 ㉡ 축척이 작으면 작을수록 자세한 정보를 알 수 있어요. 축척은 흔히 대축척과 소축척으로 구분해요. 하지만 ㉢ 대축척과 소축척을 구분하는 기준은 정해져 있는 것이 아니라 상대적인 것이랍니다.

학생: 선생님, 지도에 나은 여러 가지 기호들을 보니 실제 모양과 닮았어요. 기호는 실제 모양을 본떠서 만드는 것인가요?

교사: 꼭 그런 것만은 아니에요. ㉣ 실제 모양과 관계없이 사람들 간의 약속에 의해 만들어진 기호들도 있습니다.

① ㄱ, ㄴ　② ㄱ, ㄴ　③ ㄴ, ㄷ

④ ㄱ, ㄷ, ㄹ　⑤ ㄴ, ㄷ, ㄹ

3 다음은 교사가 6학년 '함께 살아가는 세계' 단원의 한 차시 수업 결과를 수업 일지로 정리한 것이다. 이 수업 일지에 나타난 학생들의 답변 중에서 옳지 않은 것은?

2010 초등, 특수 교사 임용시험 문제

학습 목표: 세계지도와 지구본을 읽고 활용하는 방법을 안다.

단계	주요 학습 내용 및 활동
관찰	1) 지구촌 시대에 세계 여러 나라의 모습 파악이 중요함을 언급함. 2) 경선, 위선이 직선인 '태평양 중심의 세계지도'의 특징에 대해 말하게 함. - 영희: ㉠태평양과 대서양의 크기를 비교하기 어렵다고 말함. - 영자: ㉡양극 지방보다 적도 지방이 실제와 더 비슷하게 나타날 것이라고 함. 3) 세계지도를 보고 서울과 로스앤젤레스까지 가장 짧은 거리를 연결해보게 함. - 현수: ㉢이 경우에 지도상의 직선거리가 실제로 비행기를 타고 갈 때에도 가장 짧은 거리라고 함.
분석	4) 지구본을 주고 서울에서 로스앤젤레스까지 줄자로 재어보게 함.
추론 적용	5) 세계지도와 지구본에서 거리가 왜 다르게 나타났는지 그 까닭을 말하게 함. - 주연: ㉣세계지도는 지구의 둥근 모양을 평면 종이 위에 그려 놓아서 오류가 생긴 것이라고 함. 6) 세계지도에서 오스트레일리아보다 약간 더 크게 나타난 그린란드의 실제 크기를 추측해 보게 함. - 영희: ㉤그린란드가 실제로는 더 작을 것이라고 함.

① ㉠　② ㉡　③ ㉢

④ ㉣　⑤ ㉤

4 다음은 4학년 '우리 지역이 자리 잡은 곳' 제재와 관련하여 두 교사가 나눈 대화이다. (가) ~ (라) 중 옳은 것을 고르면? 2012 초등, 특수 교사 임용시험 문제

> 송 교사: 저는 이번 수업에서 1: 10만 지형도를 사용하고자 해요.
> 박 교사: 저는 1: 5천 지형도를 준비했어요.
> 송 교사: (가)대축척 지도는 소축척 지도에 비해 더 넓은 지역을 한 눈에 볼 수 있죠. 그래서 다른 도시와의 위치 관계를 파악하기 좋아요.
> 박 교사: (나)제가 준비한 지도는 송 선생님의 지도보다 짝궁의 집을 찾아 표시해 보기 활동을 하기에 좋아요.
> 송 교사: 그렇군요. (다)행정구역 경계선 위의 동일한 두 지점을 두 지도에서 비교할 때, 두 지점 사이의 경계선의 모양은 박 선생님 지도가 제 지도보다 더 단순하군요. 그래서 집 찾기 활동이 쉽겠어요.
> 박 교사: 네, (라)이웃하는 두 등고선의 값의 차이는 송 선생님의 지도가 제 지도보다 더 크군요.

① (가), (나)　② (가), (다)　③ (나), (다)
④ (나), (라)　⑤ (다), (라)

5 (가)는 사회과 교육과정 중 3 ~ 4학년의 '영역 및 학습내용 성취기준'의 일부이고, 주요 용어에 대한 해설이다. (나)는 '사회 변화와 우리 생활'단원의 한 주제를 지도하기 위한 수업 계획안이다. 물음에 답하시오. [6점] 2014 초등 교사 임용시험 문제

(가)

영역 및 학습내용 성취기준
(1) 우리가 살아가는 곳 이 단원은 우리가 살고 있는 지역의 위치, 지역적 특성, 그리고 그 이용 모습을 살펴보고, 우리 지역의 자연환경과 생활과의 관계를 파악하며 …(중략)… 또한 지도의 요소를 알고 그것을 통해 우리 지역의 모습을 지도로 나타낼 수 있도록 한다. (이하 생략)
주요 용어 해설
• 자연환경 자연환경은 인간의 힘이 가해지지 않은 자연 그대로의 환경을 말한다. 여기에는 땅의 모양으로서 산지, 평야, 분지, 하천 등을 포함하는 (㉠),어느 지역에서 오랜 기간에 걸쳐 나타나는 지속적이고 평균적인 대기 상태를 의미하는 (㉡), 그리고 토양, 식생 등이 있다. • 지도 지도는 지표의 일부 또는 전체를 간소화하여 평면에 표현한 것이다. 지도의 요소에는 한 지점을 기준으로 삼아 어떤 쪽의 위치를 나타내는 (㉢), 지표면의 자연적·인문적 요소를 지도에 표현하는 약속인 (㉣), 그리고 축척, 등고선 등이 있다.

1) (가)의 ㉠ ~ ㉣에 들어갈 용어를 각각 쓰시오.[2점]

• 지도의 요소: ㉢______________, ㉣______________

6 (가)는 현행 3 ~ 6학년 사회 교과서 단원의 주제 중 일부를 제시한 것이고, (나)는 D단원의 지도학습 관련 자료이다. 물음에 답하시오. [5점] 2016 초등 교사 임용시험 문제

(가)

A · 상징물에 담긴 우리 지역의 특성 · 우리 지역의 미래 모습	B · 세계의 다양한 문화 · 우리나라와 세계 여러 나라의 관계
C · 소중한 우리 국토 · 변화하는 우리 국토	D · 우리 고장의 위치 · 지도에 쓰이는 약속

(나)

〈지도의 기본 요소 이해하기〉

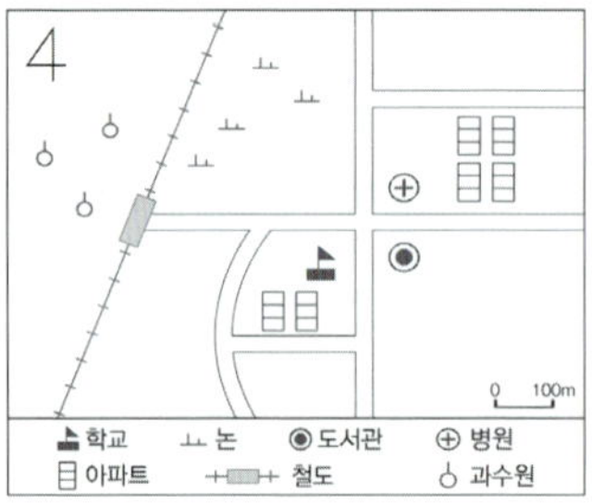

자료1

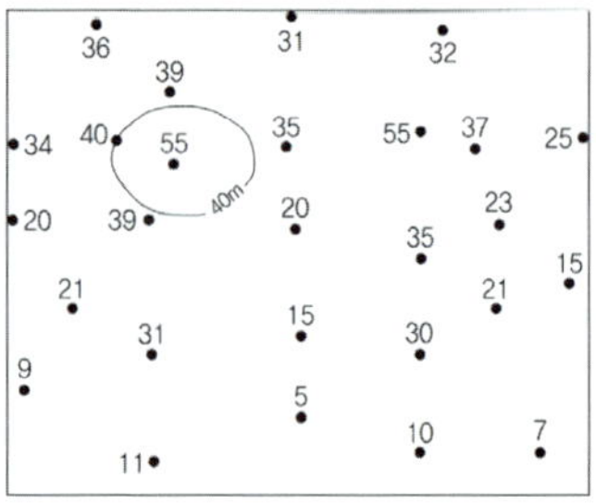

자료2

1) ① (가)의 A ~ D를 공간 규모에 따라 배열하고, ② 이러한 배열에 가장 부합하는 사회과 내용 조직의 원리를 쓰시오. [2점]

• ①: ______________
• ②: ______________

2) 자료1 에서 확인되는 지도의 기본 요소 중 2가지만 쓰시오. [1점]

• ____________________

3) 자료2 에서 20m 등고선을 그릴 경우, 그 모습에 가장 가까운 영어 알파벳을 쓰시오. [1점]

• ____________________

4) (나)와 다음 글을 참고하여 ㉠을 쓰시오. [1점]

> (㉠)은/는 '언어나 숫자로 전달할 수 없는 공간적인 정보와 아이디어를 다루는 의사소통 능력'(Balchin, 1972)으로서 문해력, 구두 표현력, 수리력과 함께 인간의 4대 의사소통 방식 중 하나이다. 이와 관련하여 자료1 은 공간적인 정보를 해석할 수 있는 능력, 자료2 는 공간적인 정보를 변환 혹은 표현할 수 있는 능력을 기르는 데 초점을 두고 있다. 지도학습은 (㉠)을/를 기르는 데 중추적인 역할을 한다.

• ____________________

7 (가)는 세계 지도와 통계 자료이고, (나)는 6.25 전쟁 때 월남했던 할아버지와 예비 교사의 대화를 채록한 자료이다. 물음에 답하시오. [5점]

2018 초등 교사 임용시험 문제

(가)

대륙 또는 국가	면적(천 km2)
아프리카	30,312
러시아	17.098
… (하략) …	

(나)

… (상략) …

예비 교사: 할아버지, 고향은 어디세요?

할아버지: 내 고향은 함경도 흥남인데, 6.25 전쟁 때 속초로 피란을 와서 가족과 함께 살고 있어.

예비 교사: 피란 생활은 어떠셨어요?

할아버지: 많이 힘들었어. 그 당시 국제 연합군이 파견된 것도 기억나.

예비 교사: 그들 가운데 직접 본 외국 사람도 있는지요?

할아버지: 아프리카 대륙에서 온 에티오피아 사람들을 만났어. 그들의 활동이 신문에 나기도 했지.

예비 교사: 우리나라와 ㉠ 에티오피아의 기후가 달라서 힘들었을 텐데요. 우리 학생들에게도 다른 나라가 힘들 때 도와줄 수 있도록 가르치는 게 좋겠어요.

… (하략) …

1) 다음은 (가)의 세계 지도와 통계 자료를 활용한 수업에서 이루어진 교사와 학생의 대화이다. ① 학생의 질문과 직접적으로 관련 있는 세계 지도의 단점을 쓰고, ② ( )에 들어갈 지리 교구를 쓰시오. [2점]

> 교사: 여러분, 세계 지도와 통계 자료를 보세요.
> 학생: 선생님, 세계 지도를 보면 러시아가 아프리카 대륙보다 커 보여요. 그런데 이상해요. 통계 자료를 보면 아프리카 대륙이 러시아보다 훨씬 커요! 왜 그런가요?
> 교사: 좋은 질문이에요. 그러한 의문을 해결하기 위해 인터넷, 지도 이외에 실제 지구의 모습을 축소시켜 입체적으로 만든 (　　　)을/를 활용해 봅시다.

① ______________________________

② ______________________________

2) 다음은 (나)를 활용한 수업에 대해 예비 교사와 지도 교사가 협의한 대화 내용이다. ① ⓐ에 들어갈 단어를 쓰고, ② 사료학습에서 자료를 준비할 때 예비 교사가 고려해야 할 사항을 밑줄 친 ⓑ로부터 추론하여 쓰시오. [2점]

> 예비 교사: 할아버지와의 대화를 채록한 자료를 활용해서 6학년 학생을 대상으로 수업을 하려고 하는 데, 만 3년에 걸친 6.25 전쟁의 전개 과정을 어떻게 알려 주면 좋을까요?
> 지도 교사: 5학년 단계의 학생들에게는 '인과 의식'이, 6학년 단계의 학생들에게는 '(ⓐ) 의식'이 발달한다는 점을 고려해야 해요. 할아버지가 흥남에서 피란 온 사실을 국군과 국제 연합군의 후퇴라는 6.25 전쟁의 전개 과정 속에서 설명하는 방식을 제안합니다.
> 예비 교사: 채록 자료의 분량이 많은데 어떻게 하지요? 그리고 그 자료와 함께 6.25 전쟁 때 참전했던 국제 연합군에 대한 당시의 신문 기사도 소개하려고 하는 데…….
> 지도 교사: ⓑ <u>자료의 분량이 많으면 요약해야 해요. 그리고 옛날 자료는 학생들이 이해할 수 있는 내용으로 다시 만들어야 합니다</u>. 전체 채록 자료 가운데 중요한 내용을 간추리고, 신문 기사의 어려운 한자와 생소한 어투를 오늘날 사용하는 표현으로 바꾸어 사용하세요.

① ______________________________

② ______________________________

3) 다음은 (가)와 (나)를 활용한 수업에 대해 예비 교사와 지도 교사가 협의한 대화 내용이다. ( ) 안에 들어갈 단어를 쓰시오. [1점]

> 예비 교사: ㉠을 이해하는 데 도움이 되는 가장 핵심적인 학습 활동에는 무엇이 있을까요?
> 지도 교사: 학습자가 세계 지도에서 에티오피아의 수리적 위치를 확인하는 활동이 중요합니다. 수리적 위치를 나타내는 하나의 요소인 (　　　)을/를 확인함으로써 학습자가 ㉠을 추측할 수 있기 때문입니다.

모범답안

1. (답안해설 확인)
2. ④
3. ③
4. ④
5. ㉢ 방위, ㉣ 기호
6. 1) ① D<A<C<B, ② 공간(환경) 확대법
   2) 방위, 기호, 축척 中 택 2
   3) W
   4) 도해력
7. (답안해설 확인)

답안해설

1 학생들에게 직접 관찰하고 체험할 수 있는 기회를 제공한다, 교실과 학교라는 동일한 환경 속에서 벗어난다는 점에서 학습에 대한 흥미와 호기심을 일으킬 수 있다.

2 ④

㉠ 자석이 가리키는 자북극과 진북극의 차이가 3,000km 이상이 떨어져 있으므로 나침반의 바늘이 정확히 북쪽을 가리킨다고 표현할 수 없다.

㉢ 대축척과 소축척은 상대적 개념이다.

㉣ 지도에 쓰이는 기호들은 대부분 나타내려고 하는 시설이나 건물의 특성을 포함하고 있다. 그러나 어떤 건물들은 각 나라마다 약속된 기호를 사용하기 때문에 모든 지도의 기호가 실제 모양을 포함하는 것은 아니다.

㉡ 조립식 모형 비행기를 구입했다고 가정해보자. 안에는 비율이 1 : 2과 1 : 20로 표시된 설계도가 2장이 있다. 1 : 2은 실제 크기를 2배 줄였다는 의미이며, 1 : 20은 실제 크기를 20배 줄였다는 의미이다. 어떤 설계도가 자세하게 나왔을까? 당연히 축척이 클수록 자세히 나오며 많은 정보를 표현할 수 있다.

3 ③

지도의 장단점과 대권항로의 의미에 대한 이해 정도를 묻는 문항이다. 서울에서 로스앤젤레스로 갈 때 세계지도를 보면 태평양을 직선으로 건너는 것이 빨라 보이지만 지구본으로 보면 북극 가까이 지나는 것이 더 빠른 것으로 나타난다.

4 ④

[2007 교육과정 4-1 지도서 94~99쪽]

(가) 더 넓은 지역을 보여주는 지도는 소축척 지도이다.

(나) 소축척 지도는 우리 지역(작은 규모)의 위치 파악에 좋다.

(다) 좁은 지역을 보여주는 대축척 지도보다 넓은 지역을 보여주는 소축척 지도가 경계선의 모양이 더 단순하다.

(라) 대축척 지도보다 소축척 지도가 이웃하는 두 등고선 값의 차이가 크다.

5 ㉢ 방위, ㉣ 기호

[주요 용어 해석]

방위: 한 지점을 기준으로 삼아 나타내는 어떠한 쪽의 위치를 말한다. 통상적으로 북쪽을 기본 방위로 표시하고 이것을 다시 진북, 자북, 도북으로 구분한다.

기호: 지표면의 자연적 · 인문적 요소들을 지도에 표현하는 일정한 약속이다. 통상적인 지도에는 세계 공통으로 사용되는 기호가 있으며, 우리나라에서는 지도 표현에 대한 일정한 약속을 도식이라 하여 측량법에 의해 규제하고 있다.

6 1) ① D < A < C < B, ② 공간(환경) 확대법

사회과의 공간(환경) 확대 범위는 고장 – 지역 – 우리나라 – 세계의 순서로 진행된다.

2) 방위, 기호, 축척 中 택 2

[주요 용어 해석]

방위: 한 지점을 기준으로 삼아 나타내는 어떠한 쪽의 위치를 말한다.

기호: 지표면의 자연적 · 인문적 요소들을 지도에 표현하는 일정한 약속이다.

축척: 땅의 크기를 줄인 정도를 축척이라고 한다.

3) W

실제 등고선을 그리면 W모양이 나타난다.

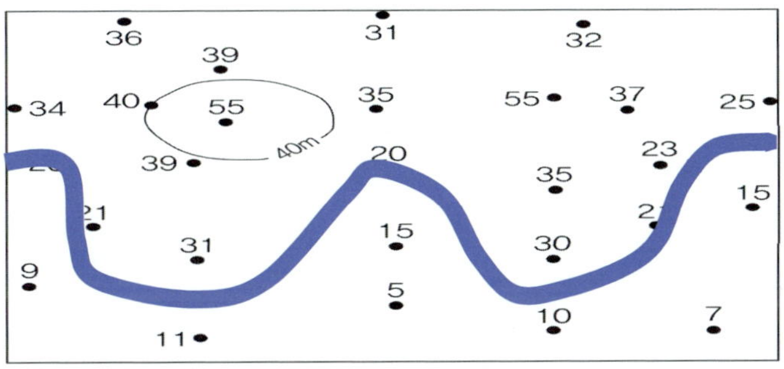

4) 도해력

[2009 교육과정 3-1 지도서 44쪽]

도해력(graphicacy)이란 사회과 지리교육에서 다루는 기본적인 기능 가운데 하나로 공간적 정보와 자료를 시각 자료(지도, 도표, 그래프 등)로 가공하고 변환시킬 수 있으며, 시각 자료에 저장되어 있는 정보와 자료를 읽어낼 수 있는 기능을 말한다.

7 1) ①: 대륙의 크기, 모양이 실제와 다르다. (정확하지 않다 등) ②: 지구본(지구의)

2) ①: 시대

②: 역사학자가 다루는 사료를 그대로 활용하는 것이 아니라 교사가 학습 목표 달성에 유용한 것을 선정하고, 학생의 발달 수준에 맞게 재구성해야 한다.

3) 위도

PART IV

지리학은 자연과학이 맞습니까?

제8장 기후: 기후는 지역성을 결정하는 데 중요한 역할을 한다.

제9장 지형: 지형도 지역성을 결정하는 데 중요한 역할을 한다.

‘지리학은 자연과학일까?’에 대한 물음은 오랫동안 지속되었으며, 이 물음에 모두가 합의하는 답은 아직까지 없다. 자연지리학은 인간을 중심으로 자연현상을 이해, 기술, 설명, 해석해왔기 때문에 지리학이 자연과학에 가깝다고 주장하게 된 것이다. 지리학을 자연과학으로 주장하는 주된 이유는 상대적으로 가치판단적인 분석보다는 객관적인 분석에 비중을 두기 때문이라 볼 수 있다. 오늘날 지리학은 그 세부적인 분야가 매우 다양하며, 지리학 안에서 융합뿐만 아니라 타 학문영역과의 융합이 활발히 일어나고 있는 추세이다. 특히 지리학을 자연과학으로 보는 입장에서는 자연현상 중에 무슨 현상을 땅과 관계시켜 분석 및 해석을 하느냐에 따라 기후학, 지형학, 토양지리학, 생물지리학, 수문지리학, 해양지리학 등으로 세분된다.

이중에서도 기후와 지형은 자연과학적 입장에서 가장 대표적인 학문영역으로 많은 연구가 이루어져 왔으며, 이를 통해서 땅 위의 지역성을 알 수 있도록 도와준다.

CHAPTER **08**

기후:
기후는 지역성을 결정하는 데 중요한 역할을 한다.

기후에 따라 사람들은 어떻게 적응하며 살아갈까? 사람들은 기후에 직·간접적으로 영향을 받으며 각기 다른 생활양식과 문화, 나아가 생김새 등을 갖고 있다. 기후에 대한 특성을 조사하고 이해하는 것은 지역적인 차이에 따른 인간생활의 특성을 구분하는 데 중요한 역할을 하며, 지리학에서 중요한 과제로 생각할 수 있다.

이 장에서는 기후와 관련하여 지역적인 차이를 가져오는 다양한 질문을 해볼 수 있을 것이다. 우리나라는 세계적으로 볼 때 살기 좋은 기후인가? 내가 사는 동네에서 기후적 조건이 좋은 곳은 어디일까? 세계의 기상이변, 왜 일어나는가? 지구온난화는 계속될 것인가? 빙하시대가 도래한다는데 진짜인가? 날씨 빅데이터를 어떻게 활용할 것인가? 날씨정보로 돈 벌기에서 부터 재난 예측하기 등 못하는 것이 없을 정도라는데 진짜인가? 올해에도 해수욕장은 성황을 이룰 것인가? 해수욕장에서 가장 잘 팔릴 물건은 무엇일까? 제주도를 3다도라고 하는데, 기후와 무슨 상관이 있는가? 지리에서 지리적 정체성을 가장 잘 드러내는 질문은 무엇일까? 그것을 말해보라. 그렇다면 오늘 학습할 주제인 기후와 그 질문은 무슨 관계가 있는가?

기후의 공간적·지역적 차이를 가져오는 것에 대해서 학자들은 기후요소와 기후인자 간의 관계적 특성을 연구하여 왔다. 특히 지역 간에 발생하는 기후적 차이 분석 등의 활동을 통해 인간생활에 발생할 수 있는 기상현상을 예측하면서 피해를 줄이고자 노력하였다. 그러나 최근 이상기후 현상으로 비정상적인 기상현상들이 세계 도처에서 일어나면서 정상적인 예측이 힘들어졌다. 그렇다면 이러한 세계의 기상이변이 왜 발생하는 것일까? 기상이변이 어느 지역에서 어떻게 일어나고 있을까? 유럽의 대홍수(네덜란드), 아프리카의 가뭄(면적의 60%가 사막화, 특히 짐바브웨), 호주와 브라질의 가뭄, 미국 서부의 홍수, 캐나다 동부의 온도상승으로 빙하가 부서지는 사건 등 크고 작은 사건들이 지구촌 곳곳에서 지금도 일어나고 있다.

이러한 현상의 원인은 다양하고 복잡하지만 대표적인 몇 가지를 언급하면 다음과 같다. 첫째 엘리뇨와 라니냐 현상, 둘째 대기의 대순환 중 편서풍의 사행(블로킹)현상, 셋째 원시림의 파괴 현상, 넷째 사막화 현상, 다섯째 이산화탄소와 메탄가스의 증가를 들 수 있다. 이와 같은 현상의 원인은 대부분이 인간의 행위에 의한 결과이다. 예를 들어, 열에너지 순환에서 열을 붙잡아 두는 역할을 하는 원시림(밀림)이 줄어들어 물 순환, 에너지 순환에 영향을 준다. 아마존의 밀림인 열대우림, 시베리아 원시림, 히말라야 산림 등 지구의 거대한 허파 구실을 하는 원시림이 무분별하게 파괴되면서 나일강, 사하라 동부, 케냐의 사바나 지역은 사막화되고 있는 것이다. 또한 인간의 식습관 변화에 따른 가축의 급격한 증가는 이러한 추세를 더욱 부추기며, 짐바브웨의 난민과 같은 생태학적 난민(ecological refugee)[1]을 자연스럽게 증가시키게 된다. 그렇다면 누가 이들을 보호해 주어야 하는 것일까? 자연적 현상에 의한 기후변화는 불가피하지만, 위와 같은 인간의 활동에 의해 야기되는 기후변화는 노력의 여하에 따라 변화시킬 수 있다.

이 장에서는 위치가 기후라는 대전제를 깔고서 기후와 관련된 기초적인 개념인 기후요소, 기후인자, 기후계 등 구체적인 것들을 실생활 및 재해를 중심으로 살펴보고자 한다. 또한 나아가 범지구적으로 이상기후로까지 발전하게 된 지구온난화 논쟁을 통해 인간이 기후로부터 받을 수 있는 피해를 최소화하며, 쾌적한 삶의 터전을 영위하는 방법에 대해서도 함께 알아보도록 하자.

1) 주로 환경파괴에 의해 발생하는 난민을 일컫는 말로, 기후변화나 인간의 영향에 의해 야기된 생태학적 환경의 변화로 인해 본래 거주하던 지역에서 이주한 사람들을 말한다. 이에 대한 요인으로는 범지구적으로 발생하고 있는 산림파괴, 사막화, 가뭄과 홍수 등과 같은 자연현상이나 인위적인 생태계 파괴 등이 있다.

1 기후와 관련하여 꼭 알아두어야 할 것에는 무엇이 있을까요?

1. 기후란 말의 어원은 어디에서 유래되었나요?

기후의 어원을 살펴보면 동·서양에 따라 표현하는 의미에 차이가 존재한다. 동양에서는 황제내경(黃帝內經, 素問編 6節 藏象論)에 의하면 오일위지후(五日謂之候), 삼후위지기(三候謂之氣), 육기지시(六氣之時), 사시위지세(四時謂之歲)란 말이 있다. 이것을 해석하면, 5일을 후(候)라 하고 3후를 1기(氣)라 하였다. 따라서 1년(360일)은 24기, 72후가 된다(360÷15=24, 360÷5=72). 이러한 점을 감안하여 볼 때 동양에서 기후의 의미는 계절의 변화에 초점을 둔 미시적 차원에서 그 어원을 찾아볼 수 있는 것이다. 우리나라에서는 계절이 바뀌면서 철이 든다고 표현하였으며, 이러한 철의 변화와 관련하여 각종 행사가 있으며 농가월령가, 달타령과 같은 노래 등이 존재한다.

한편 서양에서는 기후를 뜻하는 영어 Climate, 독일어 Klima, 프랑스어 Climat 모두 그리스어의 '기울어지다(Clinein)'에서 유래하고 있다. 여기서 '기울어지다'의 뜻은 지축의 공전궤도면에 대한 경사, 지구 자체의 지축에 대한 기울어짐 또는 산이나 토지의 경사 등 어느 것을 뜻하는 것인지는 불분명하다. 그 후 Climate라는 말은 16세기경에는 두 위도 사이에 낀 대(帶), 즉 위도대를 의미하는 뜻으로 변하였다. 따라서 서양에서 기후의 의미는 지구자전과 공전으로 인한 기울어짐, 경사나 위도 등 기후에 영향을 주는 원인에 초점을 둔 거시적 차원에서 그 어원을 찾아볼 수 있다. 거시적 차원에서 생각해볼 수 있는 질문으로 다음과 같은 것들을 들 수 있다. 지구자전축 자체가 태양에 대해서 왜 기울어져 있는가? 지구상의 열수지의 차이가 왜 발생하는가? 남북회귀선은 왜 생기는가? 계절이 왜 생기는가? 왜 극지방에서 백야 및 장야현상이 왜 생기는가? 적도 지역과 극 지역에서는 왜 밤과 낮의 길이 차이가 나는가?(그림 8-1에서 그림 8-5 참조)

열수지(熱收支, heat budget)

지구의 열수지 = 태양 복사에너지 − 지구 복사에너지

열수지란 태양의 복사열이 지면으로 받아들여지는 형태와 양, 그리고 다시 대기로 방출되는 형태와 양의 관계이다. 지구는 복사평형을 이루고 있으므로 지구 전체의 열수지는 0이 유지된다.

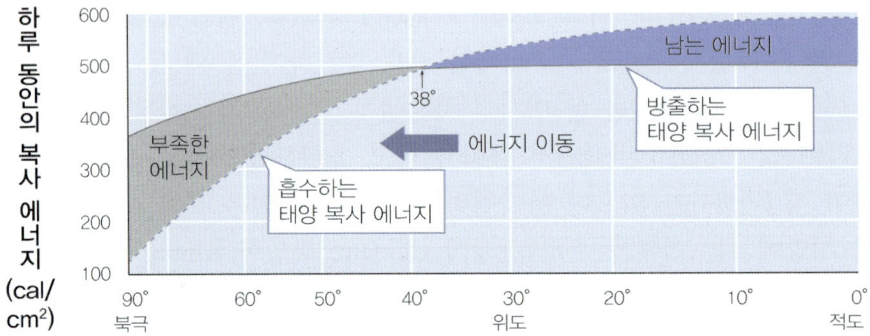

그림 8-1 **북반구 열수지**

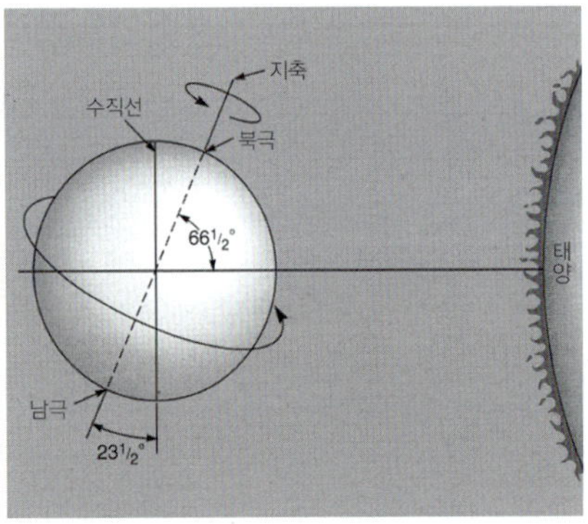

출처: The McGraw-Hill Companies

그림 8-2 **지구의 기울어짐**

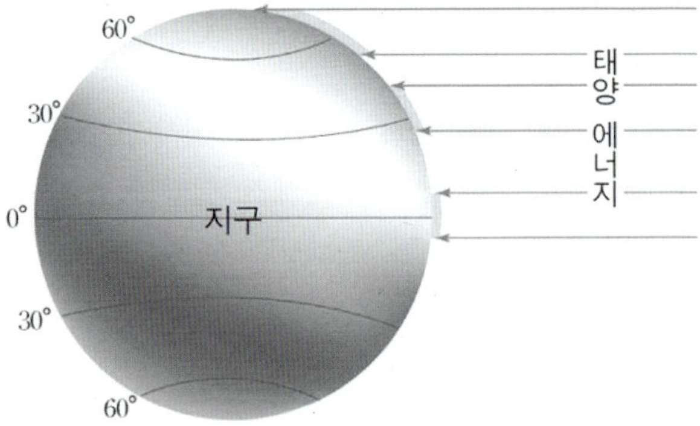

그림 8-3 **위도에 따른 열 집적도 차이**

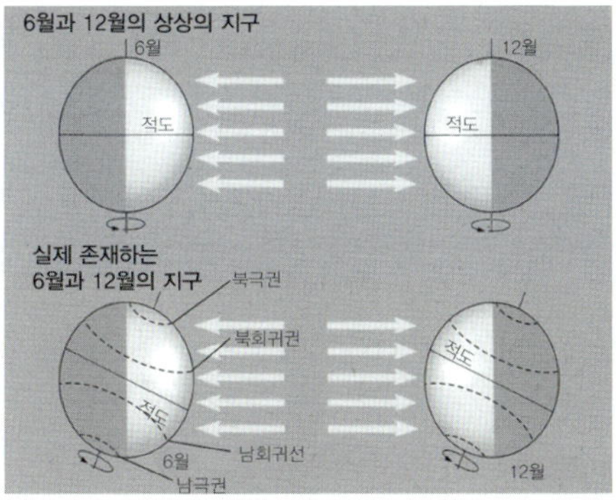

그림 8-4 **남북회귀선대와 열수지**

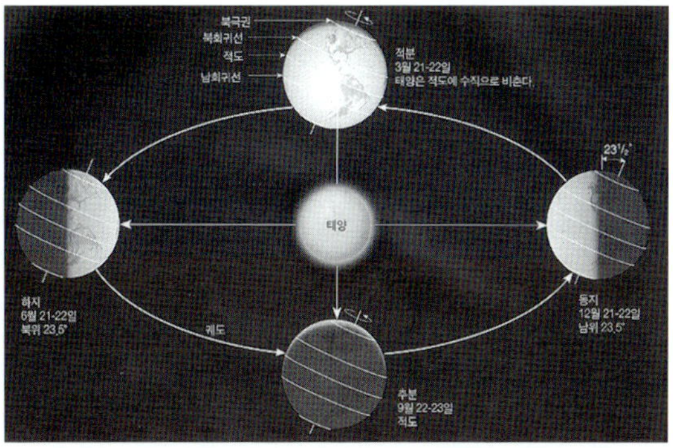

그림 8-5 **백야 및 장야 현상**

> **회귀선, 남북회귀선**
>
> 회귀선은 연중 태양이 지상에 직각으로 비추는 때가 있는 지역의 남과 북의 위도 경계, 적도를 중심으로 현재는 북회귀선과 남회귀선은 각각 북위 23° 26′ 22″와 남위 23° 26′ 22″에 있지만 41,000년 주기로 22.5°와 24.5° 사이를 움직인다. 일반적으로는 북위 23° 30'(23.5°)와 남위 23° 30'(23.5°)을 지칭한다. 대략 적도를 중심으로 남북회귀선대는 열대 지역의 경계를 이룬다.

2. 기후란 무엇이며 기상과는 어떻게 다른가요?

동서양의 두 어원에서 기후(氣候, climate)는 일시점이 아니라 장기간에 걸쳐서 생성된 것임을 알 수 있다. 일반적으로 기후는 어떤 장소에서 매년 되풀이되는 정상 상태에 있는 대기 내지 기상현상의 종합된 평균상태(J. Hann)를 좀 더 구체적으로 살펴보면 기상현상의 평균(평균기상, average weather)으로 수십 년에서 수백 년까지 말할 수 있지만, 보통 30년으로 일정 기간 동안 기온, 강수, 바람의 평균을 말한다. 따라서 기후는 예측이 가능한 기댓값(Expected Values)이다. 천후(天候)는 기후보다 짧은 기간(1달)의 대기현상을 종합한 것이고, 천기(天氣) 또는 일기(日氣)는 천후보다 더 짧은 1주일 또는 하루 동안의 대기현상을 종합한 것이며, 일기 중 기상(氣象, weather)은 시시각각으로 변하는 국부적인 대기의 상태(시간, 장소마다 차이가 남)를 의미한다. 따라서 기상은 현재값(instantaneous values)이 된다.

여기서는 일기는 기상과 같이 볼 수 있다. 예를 들어 오늘은 맑다, 비가 온다, 흐리다, 눈이 내린다, 덥다, 춥다 등을 말할 때, 우리는 날씨(weather) 또는 일기(日氣)라는 용어를 사용한다. 또한 하루에 있어서도 오전은 맑다가 오후에는 비가 오기도 하며, 부산에 비가 오더라도 가까운 양산은 맑기도 한다. 이러한 것들이 모두 날씨인 것이다. 이와 같이 날씨는 특정 지역의 특정 시간대의 대기현상을 말하는데 ① 온도의 변화, ② 습도량, ③ 풍향, ④ 풍속, ⑤ 운량, ⑥ 강우 등 수량적으로 관측되는 모든 기상 요소로 나타낸다. 따라서 날씨는 어느 장소에서 단기간에 걸친 대기의 변화 상태로 하늘경관(skyscape)이라 할 수 있다.

한편, 기후라는 용어는, 예를 들어 우리나라와 같이 중위도 지방은 온난기후 지역이고, 적도 지방은 열대기후, 사막 같은 곳은 건조기후 및 극지방은 냉대기후 지역으로 일컫는데, 기후라는 용어는 날씨와는 구분하여 사용된다. 이러한 모든 기후 요소가 서로 복합적으로 작용하여 다양한 기상현상이 나타나고, 특정 지역의 기상을 이루고 있는 기후 요소들의 장기간에 걸친 경향이나 추세를 찾으면 그 지역의 대표적인 기상상태, 즉 기후를 알 수 있게 된다. 대기현상에 있어 대기의 정상상태와는 상당히 동떨어진 상태가 일어나는 것을 이상기상(異常氣象)이라 한다. 세계기상기구(World Meteorological Organization, WMO)는 25년에 한 번의 확률로 일어나는 현상을 이상기상의 기준으로 하고 있다.

3. 기후현상을 이해하는 데 필요한 두 가지 차원에는 어떤 것이 있을까요?

기후는 주로 기온, 강수에 대한 30년 평균대기상태를 말한다. 그러나 기후가 이렇게 단순하게 구성되지는 않는다. 기후는 대기뿐만 아니라 육지, 눈, 얼음, 바다, 기타 수원, 생물체가 서로 복잡하게 상호작용 하며 구성하고 있는 시스템이다. 기후계의 요소 중에서 기후를 가장 뚜렷이 특징짓는 것은 대기일 뿐이다. 따라서 기후를 대기권 내에서 생각하는 미시적 차원과 대기권을 비롯한 수권, 빙하권, 암석권, 생물권을 포함해서 거시적 차원에서 생각해 볼 필요가 있다.

1) 미시적 차원: 기후요소(climatic elements)와 기후인자(climatic factors)

기후는 평균적인 개념이다. 평균에서 벗어난 것을 이상기후라고 한다. 그러면 기후는 무엇의 평균을 구했을까? 기후를 구성하는 하나하나의 요소, 즉 기후 요소에는 기온, 강수, 바람을 들 수 있으며, 이것을 직 · 간접으로 좌우하는 일사, 습도, 운량, 일조, 증발량 등이 있다. 기후는 이와 같은 요소들의 평균이라 할 수 있으며, 이러한 기후 요소가 지역적으로 다른 특성을 가지게 하는 원인을 기후인자라 한다. 구체적으로 말하면 기후요소에 영향을 주어 시간적 변화와 공간적 차이를 일으키는 요인이라 할 수 있다. 이러한 인자는 위도, 고도, 수륙 분포, 지형, 해류, 지면피복 등과 같은 지구적 요인과 대기 순환, 고 · 저기압, 기단, 전선 등과 같은 기상적 요인으로 나눌 수 있다.

기후인자 → 기후요소 → 기후 차이 발생 → 생활공간의 차이 발생

2) 거시적 차원: 5대 기후계

기후에 영향을 주는 것들을 거시적으로 살펴보면 5가지 서로 다른 영역인 5대 기후계(climate system)를 생각해볼 수 있다. 기후에 영향을 주는 5대 기후계는 지구를 둘러싸고 있는 기체로 된 대기권(atmosphere), 해양과 호수 등이 존재하는 수권(hydrosphere), 빙하로 덮인 빙하권(cryosphere), 지각과 상부 맨틀을 포함한 암석권(lithosphere), 생물권(biosphere)으로 구성되어 있다.

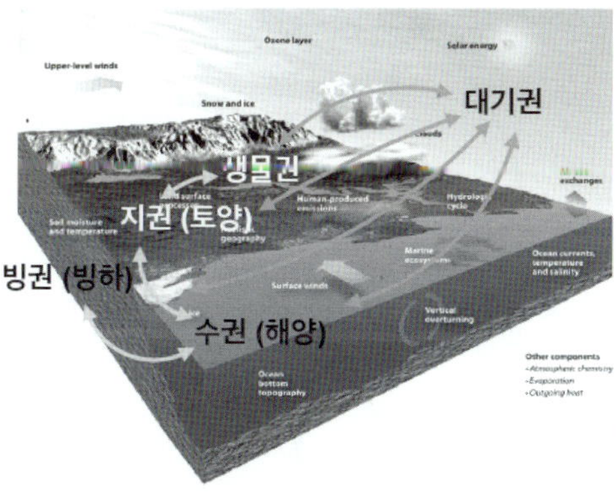

출처: NCAR/UCAR

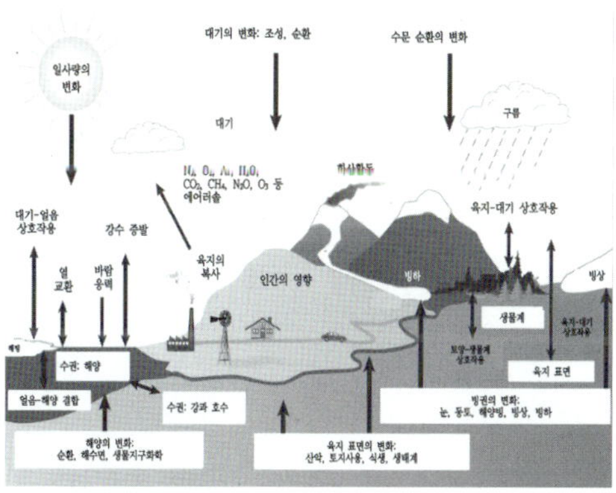

출처: IPCCAR4

그림 8-6 5대 기후계

인간과 관련된 기후에 관한 연구를 하는 학문을 기후학(climatology)이라 한다. 기후학의 연구대상은 대기뿐만 아니라 기후에 영향을 미치는 5대 기후계가 모두 포함되는데, 이들이 기후학의 주요 연구대상이다. 즉 기후학은 기상학, 해양학, 빙하학, 지질학, 및 생물학 등을 모두 알아야 하는 종합적인 학문인 셈이다.

4. 기후현상을 구성하는 연구초점이 시대에 따라 어떻게 달라지고 있나요?

기후현상을 연구하면서 기후에 대한 과거, 현재, 미래의 관점이 바뀌어왔다. 과거 기후는 주로 대기권에 관한 현상을 다루어 왔지만, 현재는 지구온난화와 더불어 지표면, 해양과 빙하, 황(탈황) 및 탄소(저탄소), 식생에 관한 연구에 관심을 보이고 있다. 다시 말해 과거에는 화석연료의 사용으로 황연구에 초점을 두었다. 가령 화석연료에서 황이 나오고, 대기 중 황(S)이 산소(O_2)와 결합하여 이산화황(SO_2)이

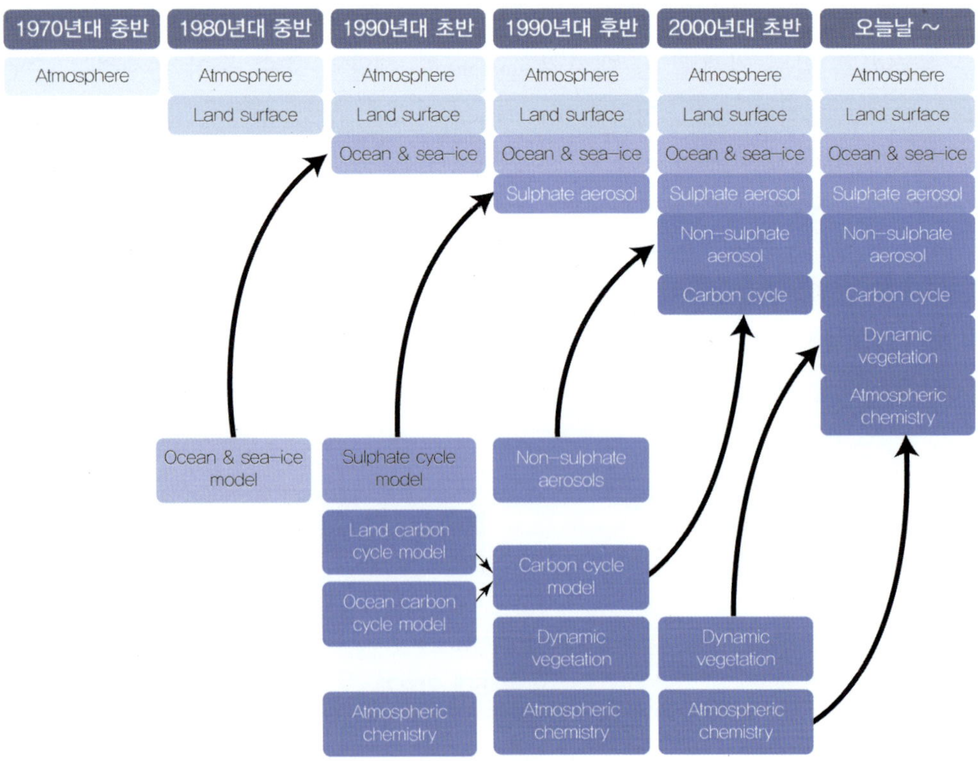

그림 8-7 기후 모델의 변천사

되고, 그리고 이산화황(SO_2)이 비와 결합되어 황산(H_2SO_4), 즉 산성비가 되기 때문에 탈황시설을 연구하게 되었다. 오늘날은 각종 화석연료, 자동차 배기가스 등에서 발생하는 일산화탄소(CO), 이산화탄소(CO_2) 등 탄소연구에 초점을 두고 있다. 탄소를 줄이기 위해 이산화탄소(CO_2) 제제협약 그리고 온실가스의 일정량을 배출할 수 있는 권리로서 탄소배출권 거래제(cap-and-trade)를 실시하고 있다. 최근에는 저탄소 녹색성장에 초점을 두고 있다. 뿐만 아니라 미래의 기후는 앞서 언급한 누적의 선상에서 대기화학에 관한 관심을 가져야 할 것이다.

2 기상현상은 왜 일어날까요?

앞서 언급한 기후와 기상은 모두 같은 대기에서 발생하는 현상으로 많은 공통점이 있으나, 전자는 장기간의 대기현상을 종합한 것이고, 후자는 시시각각으로 변하는 순간적인 대기현상을 가리킨다. 그렇다면 어떤 이유로 대기는 시시각각으로 변화하는 것일까? 기상현상이 발생하는 원인은 다음과 같이 설명할 수 있다. 첫째, 지구의 자전과 공전에 의한 밤낮, 계절, 지구와 태양과의 관계에 의한 태양의 복사에너지에 의한 열수지(熱收支, heat budget) 지구의 복사 균형이 변하게 되는 주요 3가지 방식은 다음과 같다. 첫째, 태양복사 입사량의 변화(예: 지구궤도의 변화 혹은 태양 자체의 변화에 의한), 둘째, 태양복사가 반사되는 비율('알베도'라고 불림)의 변화(예: 운량이나 대기 입자, 식생 등의 변화에 의한), 셋째, 지구에서 외부로 되돌아가는 장파복사의 변화(예: 온실가스 농도 변화에 의한)이다(기상청, 2008). 둘째, 대기권에서 발생하는 대기대순환에 의한 기류, 기단, 기압차, 바람 등이 있다. 셋째, 수권에서 발생하는 물 순환, 해류의 순환에 의한 강수현상, 한류와 난류 발생 등을 들 수 있다. 그 외에도 다양한 원인이 기상현상을 발생시키는 원인이 되지만, 여기에서는 우리의 일상생활과 밀접한 지구적 범위에서 대기권과 수권에서 발생하는 기상현상의 원인을 중심으로 살펴보고자 한다.

1. 바람이 부는 이유에 대해 근본적으로 알아야 할 것은 무엇일까요?

바람이 왜 부는지에 대한 알아보기 위해서는 대기권의 구조, 대기 대순환, 지구와 태양과의 관계에 의해 나타나는 위도에 따른 복사에너지의 차이와 기압차, 지구의 자전과 전향력에 의한 바람의 방향, 서풍과 제트기류, 해풍과 육풍, 항상풍(탁월풍), 계절풍, 지역풍(푄현상) 등에 대한 이해가 필요하다. 여기에서는 대기권의 구조, 대기 대순환, 기압, 해풍과 육풍, 산풍과 곡풍 등에 대해 알아보도록 한다.

1) 대기권의 구조

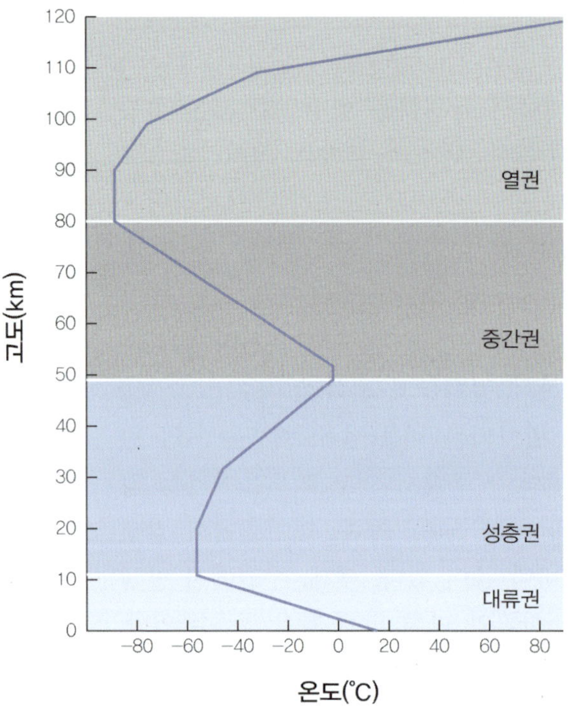

그림 8-8 **대기권의 구조**

대기권의 구조를 이해하기 위해서는 대기에 대한 이해가 선행되어야 한다. 지구를 둘러싸고 있는 공기(air) 전체를 대기라 한다. 대기는 기체의 혼합체이고 순수한 공기에서 수증기를 제외한 모든 기체를 건조 공기(dry air)라고 하며, 수증기를 포함한 공기를 습윤 공기(wet air)라 한다. 건조 공기의 성분은 지상 약 90km까지는 거의 일정하며, 주성분은 질소(78.08%)와 산소(20.95%)로서 99% 이상을 차지하고 있다. 그리고 나머지 기체로는 아르곤(0.93%), 이산화탄소(0.035%), 기타 기체(0.005%)들로서 모두 합쳐 1% 미만이다.

대기권의 구조는 여러 높이에서 대기의 온도, 압력, 화학적 및 전기적 성질에 따라 구분할 수 있으나, 특히 온도의 변화는 대기권의 분류에 주요한 지표가 된다. 대기권은 온도의 변화에 따라 위로 올라갈수록 4개의 층으로 나뉘는데, 지표면에서부터 대류권(troposphere), 성층권(stratosphere), 중간권(mesosphere), 바깥쪽의 열권(thermosphere)으로 구분된다.

2) 대기 대순환

(1) 대류권

대류권의 높이는 약 10~15km 사이로 평균 12km(위도 45°의 경우) 정도이며, 이 높이는 기류와 원심력의 차이로 적도 지방으로 갈수록 높아지고 극지방으로 갈수록 낮아진다. 지표면을 둘러싸고 있는 대류권의 공기는 위도 차에 따른 햇빛의 입사각 차이와 지구 공전으로 태양과 지구 사이의 거리 차로 인한 온도 차이에 의한 대류 운동과 지구 자전 운동에 의한 원심력 등의 영향으로 매우 복잡한 기상현상을 일으키고 있다.

비, 눈, 바람 등의 주요 기상현상의 무대가 되는 곳이 바로 대류권으로, 고도가 높아짐에 따라 단열 팽창에 의하여 6.5℃/km씩 낮아지는 기온 저하 때문에 찬 공기는 아래로, 따뜻한 공기는 위로 올라가는 대류현상이 발생한다.[2] 대류권이라는 이름도 바로 대류현상 때문에 붙여진 것이다.

그림 8-9 **공기의 순환**

적도에서 따뜻하고 습한 공기는 수직 상승하고 고위도로부터 찬 공기가 유입되는 지구 규모의 대류순환운동이 일어난다. 다시 말해 적도의 더운 공기와 극지방의 찬 공기의 순환을 대기대순환이라 한다. 적도 저압대, 아열대 고압대, 중위도 저압대, 극고압대로 인한 대기순환이 그것이다.

실제 대류의 운동은 지구 자전에 의한 코리올리 효과(Coriolis effect)로 북반구에서는 시계방향, 남반구에서는 반시계방향의 회전 운동이 작용한다. 이러한 운동은 지표의 바람의 방향을 바꾸게 하여 지구 풍향계의 모습에 영향을 미친다. 지구상의 풍계는 지구 자전의 영향뿐만 아니라 해륙의 분포와 지표면의 특성에 의해 많은 영향을 받고 있어서 매우 복잡한 성격을 가진다.

각 반구에서는 3개의 대류(convection)가 만들어지며 대류 운동의 단위를 대류세포(convection cell)라 한다. 적도 저압대에서 아열대 고압대까지의 대류 세포를 처음

2) 동일한 부피에서는 찬 공기가 더운 공기보다 무겁기 때문에 우리가 여름철에 에어컨을 위로 향해 트는 원리는 바로 대류현상의 원리를 응용한 것이다.

발견한 사람의 이름을 따 해들리 세포(Hadley cell)라 하고, 아열대 고압대에서 중위도 저압대까지의 대류 세포를 훼럴 세포(Ferrel cell), 그리고 극까지의 대류를 극 세포(polar cell)라 한다. 이때 지표에서는 고압대에서 저압대로 공기가 이동하게 되며 바람이 불게 된다.

위도 0°에서 30° 사이에는 북동무역풍이 불고, 위도 30°에서 60° 사이에는 편서풍이, 위도 60°에서 90° 사이에는 극동풍이 분다. 또한 아열대 고압대에서는 각각 적도 및 중위도 저압대로 편동 무역풍과 편서풍대를 만든다.

한편 위도 50~60° 부근의 중위도 저압대에서는 아열대 고압대로부터 이동한 편서풍과 극지방에서 불어온 찬 극동풍이 마주친다. 이렇게 부딪힌 공기는 상승하여 제트기류를 만든다. 이와 같이 대기대순환은 3개의 연직 순환과 3개의 풍계로 되어 있다.

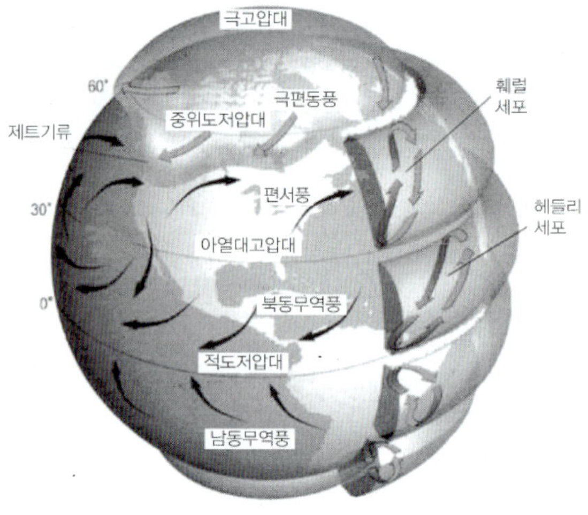

그림 8-10 **대기대순환**

(2) 성층권

성층권은 대류권의 상부 경계에서 약 50km까지로, 비행기의 항로는 대부분 성층권을 이용한다. 특히 성층권에서는 25~30km 사이에 오존층이 존재하여 태양으로부터 방출되는 파장이 짧은 유해파(X-선, 감마선, 자외선 등)를 흡수하며, 이는 성층권의 상부일수록 유해파를 흡수하는 양이 많으므로 기온 상승을 초래한다. 따라서 성층권 내에서의 온도는 상부로 갈수록 상승하여 온도의 정상 분포로 인하여 대류가 일어나지 않는다.

(3) 중간권

중간권은 성층권 상부의 층으로 지상 50~90km 사이에 위치하며, 중간권의 하부는 기온이 0℃이나 상부로 갈수록 지구 복사열의 감소로 기온이 내려간다. 비록 기온 분포는 역전으로 대류현상은 있으나 공기의 양이 희박하여 기상현상은 관찰되지 않는다. 낮에만 전리층의 D층이 중간권의 상부에 위치하여 파장이 긴 장파를 흡수 반사한다. 중간권에서는 비록 공기의 양은 상대적으로 희박하지만 정상적인 온도 분포를 보여주기 때문에 성층권과는 달리 공기의 대류가 있다.

(4) 열권

열권은 지상 90km에서 대기의 상한인 1,000km까지이며, 기온은 상부로 갈수록 상승하나 그 이상에서는 등온층을 형성한다. 오로라가 열권에 존재하며 전리층의 E층과 F층이 100~120km과 200~500km에 각각 위치하여 중파와 단파를 반사한다. 대기가 희박하여 밤과 낮의 온도 차이가 심하다.

3) 기압

고기압(高氣壓, anticyclone)은 어느 기준치 이상의 기압을 말하는 것이 아니라, 주위보다 상대적으로 기압이 높은 것을 말한다. 고기압 중심에서는 하강 기류가 발달한다. 하강하는 공기 덩어리에서는 단열 변화에 따른 단열 압축에 의해 기온이 높아지고 증발이 일어나 날씨가 맑아진다. 하강 기류 → 주위 기압 상승 → 단열 압축 → 기온 상승 → 증발 → 구름 소멸 → 맑은 날씨. 고기압의 특징은 첫째, 바람은 고기압 중심으로부터 북반구에서는 시계방향으로 불어나가며, 풍향과 등압선이 이루는 각은 해상에서는 약 10~30°, 육상에서는 30~45°가 된다. 둘째, 고기압권 안에서는 일반적으로 하강기류가 있으므로 날씨가 맑은 경우가 많다. 셋째, 고기압의 기원이 내륙에 있을 경우에는 공기가 건조하므로 야간의 복사냉각이 심하여 봄·가을의 서리는 고기압에 덮여 있는 날 아침에 잘 맺힌다. 넷째, 고기압 상공에 남쪽으로부터 기류가 흘러들어올 때에는 남쪽 가장자리에서는 흐리고 비 내리는 날씨가 된다. 다섯째, 일반적으로 고기압의 동쪽 반은 맑고, 서쪽 반은 그 중심으로부터 멀어짐에 따라 구름이 증가한다.

저기압(低氣壓, depression)은 높이가 같은 면에서 주위보다 상대적으로 기압이 낮은 곳을 말한다. 저기압 중심에서는 상승 기류가 발달한다. 상승하는 공기 덩어리에서는 단열 팽창에 의해 기온이 낮아지고 구름이 생성되어 날씨가 흐려진다. 상승 기류 → 주위 기압 하강 → 단열 팽창 → 기온 하강 → 응결 → 구름 생성 → 흐린 날씨, 강수. 저기압의 특징은 다음과 같다. 첫째, 기압이 낮은 중심을 향하여 바람이 불어들고 있으며, 풍계는 북반구에서는 시계반대방향으로, 남반구에서는 시계방향으로 도는 소용돌이가 되어 나타난다. 둘째, 저기압의 중심 부근에는 상승기류가 있고(매초 수 cm 정도), 이것 때문에 구름이 두꺼워져서 비를 동반한다. 셋째, 일반적으로 중위도 지방에서는 시속 30~40km의 속도로 동쪽으로 이동한다. 저기압 자신의 세력변동과 이동속도를 알면 이것을 이용해서 일기예보를 생각해볼 수 있다. 넷째, 지상일기도에 저기압으로 나타난다고 해서 그 상층에 반드시 저기압이 나타나는 것은 아니다. 다섯째, 하층에 있어서 저기압 중심을 향하여 수렴된 기류는 상층에서는 반대로 발산하여 그 부분이 고기압이 되어 있는 경우가 많다.

4) 기단

기단(氣團, air mass)은 일기현상의 원인을 간단히 설명할 때 사용되는 개념으로, 성질이 일정한 거대한 공기덩어리를 말한다. 기단은 대규모의 공기덩어리가 서로 비슷한 성질을 가져야 하기 때문에 주로 평평하고 넓은 공간에서 생성되는데, 드넓은 대륙이나 해양이 일반적인 예이다. 또한 기단은 공기가 정체되는 곳에서 생성되기 쉽기 때문에 공기의 성질이 상대적으로 안정된 고위도나 저위도 지방에서 주로 생성되며, 우리나라와 같이 편서풍의 영향이 강한 중위도 지역에서는 기단이 생성되기 어렵다.

이렇게 만들어진 기단은 발생지의 영향을 받아 대륙에서 발생한 것은 건조하고, 해양에서 발생된 것은 습하다. 보통 기단의 범위는 수평 방향으로 수백~수천 km이고, 높이는 일반적인 분류에서는 수 km, 대기대순환에 의한 분류에서는 8~20km에 이른다.

우리나라에 영향을 주는 기단을 지도를 보고 계절과 관련하여 말해보자.

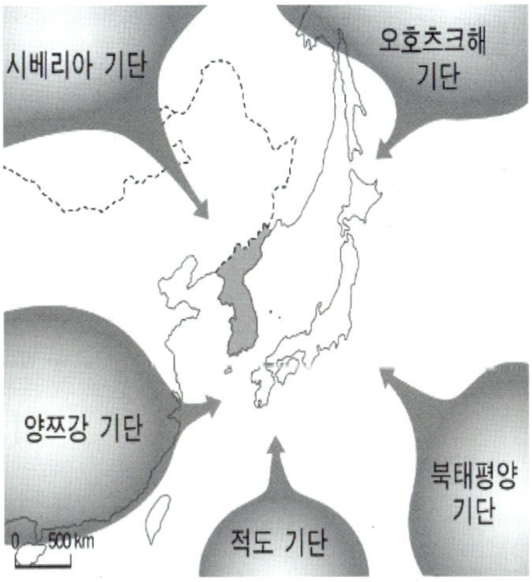

기단명칭 (기단의 성격)	영향을 미치는 시기	기후 특색
시베리아 기단 (한랭 건조)	겨울	• 한랭 건조한 북서풍 • 삼한사온 • 봄철 꽃샘추위
오호츠크 해 기단 (냉량 습윤)	초여름 ~ 장마철	• 장마전선의 형성 • 높새바람
양쯔강 기단 (온난 건조)	봄, 가을	• 따뜻하고 건조한 날씨
북태평양 기단 (고온 다습)	주로 여름	• 적란운과 소나기 • 열대야 현상
적도 기단 (고온 다습)	여름	• 태풍

5) 바람의 종류

(1) 해풍과 육풍

- 해풍: 낮에는 고체인 육지가 액체인 바다보다 빨리 데워지므로 그 위의 공기도 빨리 데워져서 위로 상승하게 되고 그 빈자리에 바다의 찬 공기가 흘러드는 것이다.
- 육풍: 밤이 되면 빨리 차가워진 육지의 공기가 천천히 식는 바다 쪽으로 이동하는 것이다.

그림 8-11 **낮에는 해풍**

그림 8-12 **밤에는 육풍**

(2) 곡풍과 산풍

- 곡풍: 산악 지방에서는 낮에 골짜기보다 산허리가 태양열로 따뜻해지기 때문에 골짜기에서 산꼭대기를 향하여 부는 바람이다.
- 산풍: 산악 지방에서는 밤에 골짜기보다 산허리가 빨리 식기 때문에 산꼭대기에서 골짜기로 향하여 부는 바람이다.

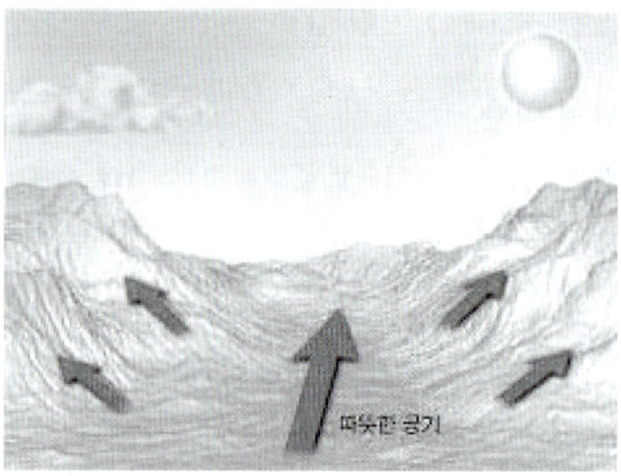

그림 8-13 **낮에는 곡풍**

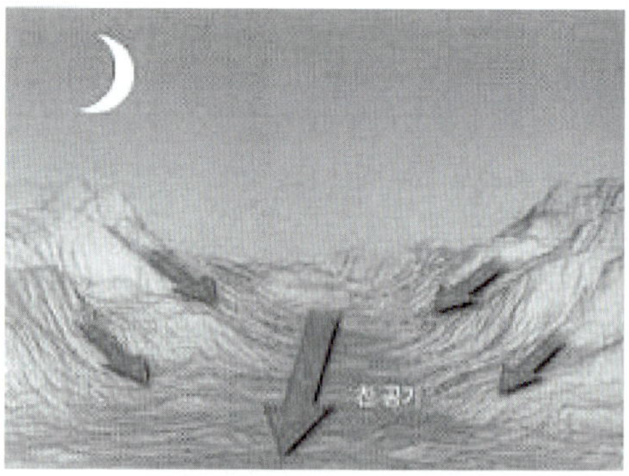

그림 8-14 **밤에는 산풍**

(3) 상공의 바람

- 편동풍: 극지방에서부터 위도 60° 부근으로 부는 바람이다.
- 편서풍: 위도 30° 부근에서 위도 60° 부근으로 부는 바람이다.

- 무역풍: 위도 30° 부근에서부터 적도로 향하여 부는 바람이며 북반구에서는 북동 무역풍, 남반구에서는 남동 무역풍이라 한다.
- 제트기류: 대류권의 상부 또는 성층권의 하부인 지상 약 10km에서 수평으로 부는 강한 서풍이다.

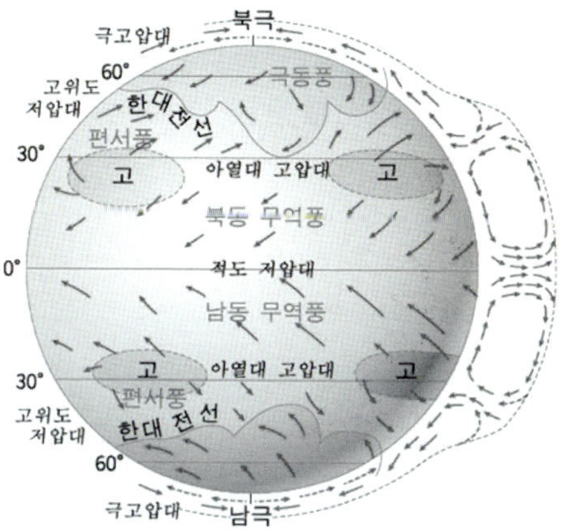

그림 8-15 **무역풍, 편서풍, 극동풍**

그림 8-16 **제트기류**

제트기류

제트기류는 대류권의 상부 또는 성층권의 하부인 지상 약 10km에서 수평으로 부는 강한 서풍으로, 보통은 편서풍대에 존재하는 극전선 상공의 한대 제트기류와 위도 30°부근 상공의 아열대 제트기류, 그 외에 사하라 고기압과 티베트 고기압의 남쪽이나 카리브해 상공에 열대편동풍 제트기류가 발달한다. 일반적으로 길이는 수천 km, 폭은 수백 m, 두께는 수 km이며, 세계기상기구(WMO)에서는 그 풍속이 30m/sec 이상인 것을 제트기류로 규정한다. 풍속은 계절에 따라 차이를 보이는데 여름철에는 25m/sec 내외이나 겨울철에는 50m/sec로 강화된다. 때에 따라 100m/sec 이상의 경우도 나타난다. 제트기류는 계절에 따라 남북으로 위치가 변동된다. 북반구의 경우 여름에는 북위 35~45°에 위치하고, 겨울철에는 북위 20~25°까지 내려간다. 제트기류는 우리나라 한파의 원인이 된다. 겨울철 북극의 약해진 제트기류는 차가운 대륙고기압의 발달과 북극진동지수가 음으로 떨어져 약해진 제트기류가 찬 공기로 남하한다. 다시 말해 한파의 원인으로 더 크게 보면 지구온난화로 인해 북극 기온 상승 및 북극진동 상승으로 제트기류가 불안정하여 북극에 차단되어 있던 찬 공기가 남하하여 한파가 발생한 것이다. 북극진동은 북극에 존재하는 찬 공기의 소용돌이가 수십일, 수십 년을 주기로 강약을 되풀이 하는 현상이다.

2. 비는 어떻게 내리나요?

1) 수권의 이해

지구 표면의 71%가 물로 덮여 있으며, 이러한 지구에 존재하는 모든 물을 수권이라 한다. 이러한 수권은 크게 바다에 분포하는 해수와 육지에 분포하는 담수로 구성된다. 수권을 이해하기 위해 물의 순환과 해류의 순환을 알아야 한다.

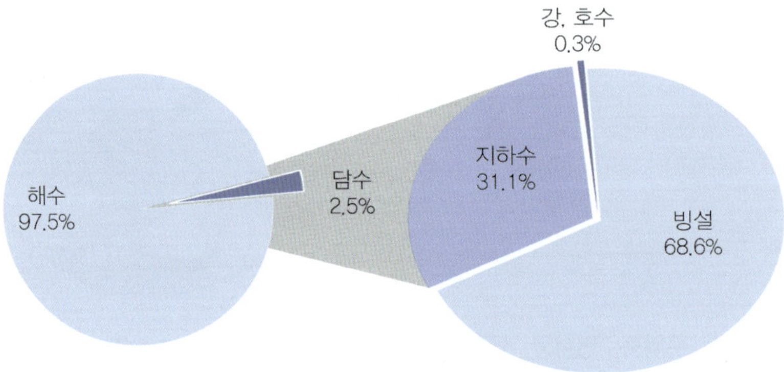

그림 8-17 **수권의 구성**

지구상의 물의 총량은 약 13억 6천 만km^3로 대부분인 97.5%가 해수이며, 담수는 2.5%에 불과하다. 담수도 대부분이 빙하와 얼음으로 68.6%를 차지하고, 31.4% 만이 지하수, 호수, 강 등의 물과 대기 중의 수증기이다. 지구 전체로 볼 때 물은 해양, 대기 및 대륙 상호 간에 물의 교환에 의해 분배되고 이러한 과정을 물의 순환(hydrologic cycle)이라 한다.

해류의 순환은 대양대순환 또는 해양대순환이라고도 한다. 바닷물은 여러 가지 운동을 하고 있는데, 장기적으로 보면 대양 전체를 순환한다. 해류의 대순환은 크게 표층대순환과 심층대순환으로 나뉜다. 표층대순환은 주로 해면에 부는 바람의 응력에 기인하는 해류에 의해서 일어난다. 일반적으로 적도 양쪽에서는 바람이 동쪽에서 서쪽으로 불고(무역풍), 위도 40° 부근에서는 서쪽에서 동쪽으로 분다(편서풍). 이와 같은 대기의 순환에 밀접하게 관련해서, 대양표층의 해류계가 정해진다. 즉, 대양의 서쪽 부분에서는 극방향으로 난류가 흘러 고위도해역에서 동쪽으로 향한다. 또한 대양의 동쪽 부분에서는 적도방향으로 향하는 흐름이 되고, 적도 부근에서 서쪽으로 향한다. 이러한 해류의 순환계에 의해서 표층 속을 열과 염분이 이동한다. 한편 심층대순환은 표층과 다른 메커니즘으로 일어나는데, 북대서양 북부의 표층에서 형성되는 저온에서 고밀도의 바닷물이 대양 심층에 가라앉고, 이 물이 대서양을 남하한다. 따라서 남극대륙 주변, 특히 웨들해(海)에서 형성된 침강수와 합류해서 인도양을 거쳐 태평양으로 흘러간다. 이렇게 하여 극히 한정된 해역에서 대양 심층으로 보내진 물은 상승류를 수반하면서 대양 전체의 심층을 순환한다.

2) 비

아주 작은 물방울로 이루어져 있는 구름에 응결핵(먼지 등)이 다가가면 그 응결핵에 작은 물방울들이 달라붙어 커지면서 무게가 무거워져서 아래로 떨어져 내리는 것이 바로 '비'이다. 처음에는 얼음덩어리였으나 아래로 내려오면서 기온이 높아져서 녹아서 물이 된 것이며, 구름 속의 물방울이 10만 개 이상이 모여야 빗방울 1개가 된다. 구름입자는 얼마나 작을까? 비를 내리게 하는 원인으로는 4가지로 나누어 볼 수 있다. 첫째, 저기압성 강수로, 저기압의 중심부에서 상승 기류가 발생하면서 나타나는 강수(예를 들면, 태풍, 허리케인, 사이클론, 윌리윌리 등)이다. 둘째, 대류성 강수로, 강한 복사열로 지표면이 가열되면서 대류 현상이 발생하여 나타나는 강수(예를 들면, 열대지방의 스콜, 우리나라의 소나기)이다. 셋째, 지형성 강수로, 습한 공기가 높은 산지를 넘으면서 수증기가 응결되어 나타나는 강수(예를 들면, 인도의 아삼지방, 우리나라 다우지의 대부분)이다. 넷째, 전선성 강수로, 성질이 다른 두 기단의 접촉으로 형성되는 전선을 따라서 따뜻한 대기가 상승할 때 나타나는 강수(예를 들면, 장마전선)이다.

3) 전선

성질이 다른 두 기단이 만나서 생기는 경계면을 전선면이라 하고, 전선면이 지표면과 접하는 선을 전선이라고 한다. 그림 8-20에는 일기도 저기압을 중심으로 전선을 나타내는 표시가 그려져 있기도 하다. 이 전선은 기단과 기단이 접촉하는 경계나 기온의 차가 심한 공기와 공기가 맞닿은 곳에서 발생하는 데 4종류가 있다.

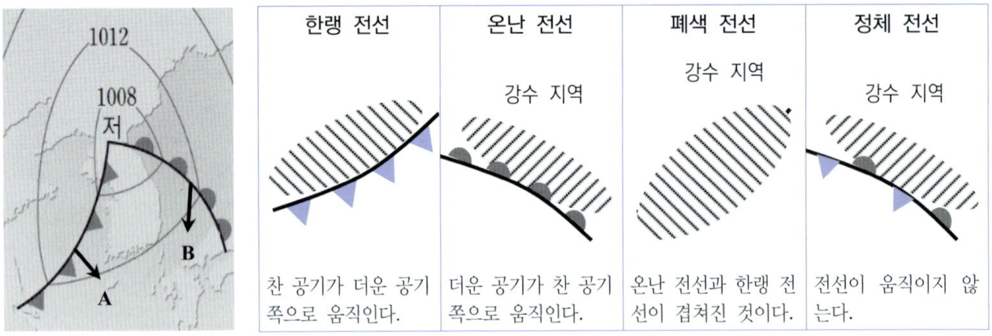

그림 8-18 **전선의 종류**

3 지구온난화는 계속될까요? 빙하시대가 도래한다는데 정말일까요?

언제부턴가 뉴스에서 '100년만의 무더위', '100년만의 한파'라는 말을 자주 듣는다. 또한 2004년 상영했던 영화 'Tomorrow(원제: The Day After Tomorrow)'는 이상기후라는 주제를 다뤘다. 이처럼 최근 많은 사람이 기온이나 강수량과 같은 문제가 정상적인 상태를 벗어난 이상기후 현상 때문에 불안감을 느낀다. 태평양 바닷물의 온도 변화에 따라 엘리뇨 현상과 라니냐 현상이 이상기후 현상의 주요 원인으로 언급되지만, 지구온난화는 이와 같은 이상기후 현상 중에서도 가장 심각하게 여겨지고 있다. 지구온난화라는 말이 학술적으로 사용되기 시작한 기점이 그리 오래되지 않았음에도 불구하고 이 용어가 낯설지 않다. 그만큼 지구온난화에 대한 사람들의 관심도가 높다는 것을 의미한다. 지구온난화가 발생하면 건조한 지역은 더욱 건조해지는 반면에 비가 많이 오는 지역에서는 강수량이 더욱 증가한다. 그렇다면 지구온난화와 같은 이상기후가 일어나는 원인은 무엇일까? 이에 의견은 여러 가지로 나뉜다. 일반적으로 알고 있는 사람들의 탄소사용량의 증가에 따른 온실가스 발생을 원인으로 보는 의견과 그렇지 않다는 의견이 있다.

1. 지구온난화는 계속될까요?

태양에너지는 대기를 통해 그대로 들어오지만 그 결과로 생긴 열이 내부에 모이면서 방출되지 않아 생기는 현상을 온실효과라고 한다. 오늘날 대부분의 사람들은 지구온난화의 기본적인 원인을 인공적으로 생산된 온실가스 증가로 인한 온실효과의 증대에 원인이 있다고 본다. 이러한 입장 때문에 온실효과에 대해 부정적으로 생각하는 사람들이 존재한다. 그러나 원래의 온실효과는 지금의 지구 생태계에 적응한 생명들에게 꼭 필요하다. 만약 온실효과가 없다면 지구의 온도는 현재보다 훨씬 낮을 것이다.

인간에 의해 지구온난화가 발생했다는 입장은 인류가 산업시대로 진입과 함께 화석연료의 사용이 급격히 증가함으로써 다량의 CO_2(이산화탄소)가 발생하였으며, 대기 중의 지구복사를 유보하는 작용을 하면서 온실효과를 심화시켜 자연의 균형이 무너뜨리고 있다고 본다. 이외에도 다른 온실가스로는 CH_4(메탄), N_2O(아산화질소), CFCs(염화불화탄소: 프레온가스) 등이 존재하며, 이들 역시 지속적으로 증가하여 앞서 언급한 온실효과를 증대시킨다고 주장한다. 아울러 최근 대부분의 언론과 기후변화와 관계된 전문가들은 이러한 관계를 기정사실화하고 해결책을 찾고 있다.

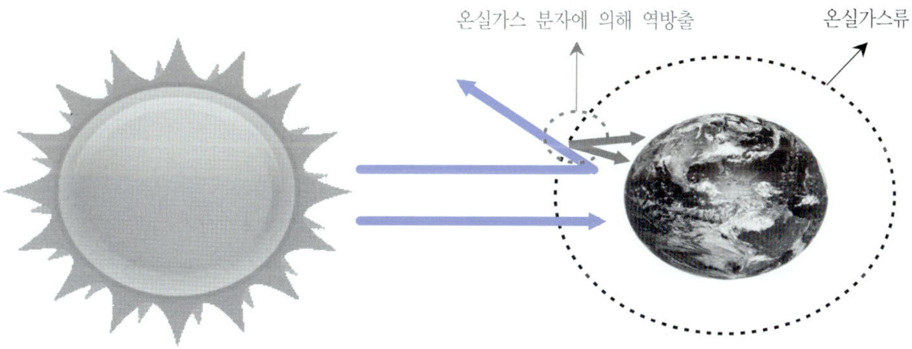

그림 8-19 **온실가스에 의한 지구온난화 현상**

2. 빙하시대가 도래한다는데 정말일까요?

지구온난화의 원인이 인간에 의한 환경오염에서 온다는 주장에 반론이 제기되었다. 그것은 지구온난화가 46억 년이라는 지구의 역사 속에서 자연스럽게 반복되는 하나의 주기일 뿐이라는 내용이었다. 이 이론은 천문학적 빙하시대이론(Astronomical Theory of the Ice Age)으로 1880년대 말 크롤(James Croll)에 의해 제안, 1930년대 세르비아 기상학자 밀란코비치(Milutin Milankovitch)의 연구를 통해 재등장하였으며, 이후 과학자들의 많은 연구 결과에 따라 최근 더욱 힘을 얻고 있다. 이런 자연 순환설의 핵심에는 지구와 태양 간에 일어나는 변화가 지구의 기후를 주기적으로 바꿔 빙하기와 따뜻한 기후의 간빙기가 교차하면서 온다는 밀란코비치의 지축 변화이론에 기반한 것이다. 밀란코비치이론은 지구의 태양 공전 궤도가 100,000년을 주기로 지구의 공전궤도가 원에서 타원(이심률)으로 바뀌며, 지구 자전축이 40,000년을 주기(지구자전축 기울기 변화)로 22.1~24.5°(현재는 23.5°) 사이에서 변하고, 지구 자전축 자체의 이동(세차운동) 또한 23,000년 주기로 바뀌는 게 지구 기후변화의 주요 원인이라는 것이다.

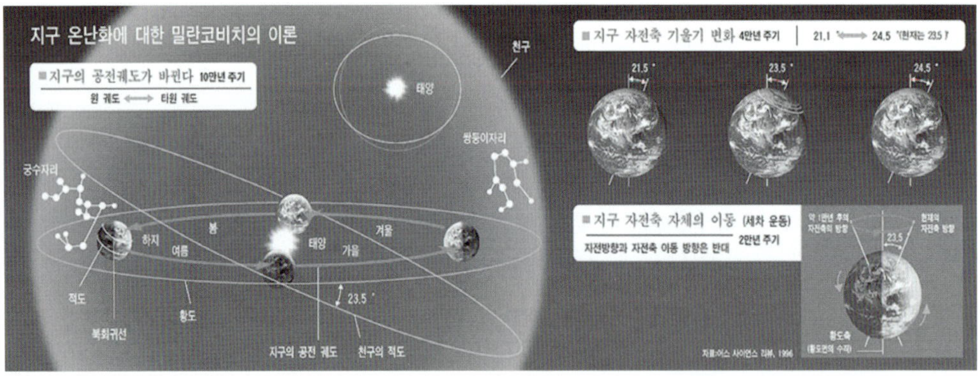

출처: 어스 사이언스

그림 8-20 지구온난화에 대한 밀란코비치의 이론

지구온난화에는 고려해야 할 변수가 많기 때문에 쉽게 단정하기 어려운 문제이다. 1880년 이래 지구의 평균 기온이 오르락내리락 하면서도 전체적으로 상승해온 것이 사실이나, 국립기후센터에 의하면 1880년 이전보다 평균 0.7℃ 증가하여 이러한 수치는 온난화라기에는 낮은 수준이다. 아울러 1300~1800년을 기후학자들은 작은 빙하시대(Little Ice Age)로 부르며 전체적으로 기온이 1.2℃ 정도 낮아졌다.

지구온난화와 관련된 온실효과가스(Greenhouse Effect Gas)의 원인이 되는 기체로는 H_2O(수증기), CO_2(이산화탄소), CH_4(메탄), O_3(오존) 등이 있는데, 수증기가 지구 대기의 온도를 조절하는 가장 중요한 역할을 한다. 그러나 온난화를 염려하는 환경운동가들의 대부분은 CO_2의 농도가 높아졌다는 점을 가장 강조하고 있다. 실제로 지난 1850년 이래로 대기 중의 CO_2 수준은 계속 증가해 왔으며, 지난 50년간은 포물선을 그리며 빠르게 증가하고 있는 추세이다. CO_2가 온실가스 중의 하나이므로 CO_2의 농도가 높아지면 기온이 높아지지만, CO_2가 온실가스 중의 하나이지 온실효과를 유발하는 유일한 기체는 아니다.

지금까지 CO_2는 온실효과에 5% 정도밖에 영향을 주지 않는 것으로 알려지고 있다. 화석연료를 쓰면 발생하는 CO_2가 대양에서 증발되어 나오는 양에 비해 아주 적다고 할 수 있다. 대양은 대기보다 CO_2를 훨씬 많이 포함하고 있으며, 대양이 따뜻해지면 CO_2는 대양으로부터 더 쉽게 증발하여 빠져나온다. 이때 대양에서 나오는 CO_2의 양은 산업화로 발생되는 CO_2양과는 비교할 수 없이 많은 양이다.

따라서 CO_2 자체가 온난화의 주범도 아닐 뿐만 아니라 인간이 배출하는 CO_2는 전체 CO_2 양에 비해 상대적으로 적기 때문에 산업화가 온난화를 이끈다는 것은 과장된 생각이다. 더군다나 온실효과의 일차적 요인이 지금까지 기온을 조절하던 대양에서 증발된 수증기라면 갑작스럽게 온난화가 온다는 것도 가능성이 희박한 예측이라 할 수 있다. 아울러 CO_2는 해로운 기체가 아니라는 점을 기억하고 있어야 한다. CO_2는 식물이 광합성을 하는 데 절대적으로 필요한 기체이며, 식물의 광합성 작용에서 산소를 생산해낸다.

밀란코비치이론 비판

첫째, 여러 번의 빙하기가 있었다면 여러 번의 빙력토가 어느 정도 균등하게 존재해야 하나, 실제로는 그렇지 않으며 가장 마지막 빙기의 빙력토만 존재한다. 마찬가지로 여러 번의 간빙기가 있었다면 빙력토와 함께 그때마다 형성된 화석이 남아 있어야 하나, 실제로 간빙기라고 하는 시기의 화석은 존재하지 않는다.

둘째, 빙하기에 대한 기상학적 조건상 한 번의 빙하시대가 오는 것도 쉽지 않다. 여름철 빙하가 녹지 않으려면 낮은 온도를 지속적으로 유지해야 하나, 수천 년 동안 이러한 시기가 지속적으로 이어지는 것은 불가능하다. 단지 지구가 수십억 년이 되었다는 편견만이 여러 번 빙하기를 겪었다는 개념을 고집하고 있을 뿐이다.

셋째, 천문학적 주기변화에 의한 태양 복사에너지가 지구에 미치는 영향은 기껏해야 0.75%인데, 이는 빙하시대를 이끌 만큼 기온을 변화시키기에는 아주 미약한 수치이다. 실제 고위도의 기온은 태양 빛보다는 거의 대부분 북쪽으로 향하는 대기와 해류의 이동에 의존적이다. 그러나 이 이론을 주장하는 사람은 해류의 영향을 고려하지 않고 있다.

넷째, 빙하시대는 북반구와 남반구 양쪽에서 동시에 발생해야 한다. 천문학적 주기변화로는 양쪽의 기후변화가 상대적으로 발생하기 때문에 어떻게 빙기와 간빙기를 동시에 일으켰는지를 설명하지 못한다.

다섯째, 빙하시대는 추위보다는 눈에 대한 문제이기 때문에 단지 춥다고 발생하는 것이 아니라 눈이 많이 내려야 한다. 하지만 이 이론은 추위의 원인에만 초점을 맞추었지 눈을 내릴 만한 수분의 공급에 대한 어떤 이론적 가능성도 제공하지 못한다.

이처럼 지금까지 60개 이상의 빙하시대이론이 제안되었지만 모두가 가능성이 희박하거나 서로 모순된 주장을 하고 있어 빙하시대이론이 존재한다고 보기 어렵다.

출처: 이재만, 최우성(2011).

4 기후는 인간생활에 어떤 영향을 미쳤을까요?

1. 일기예보로 새로운 미래를 만들 수 있을까요?

1) 하늘을 보고 일기를 예측하던 관상대(觀象臺) 시절이 있었다

과거에는 사람의 관상을 보듯 하늘을 바라보고 날씨가 어떠할지를 관상했다.[3] 날씨와 관련된 관상의 예를 들면 다음과 같다. 물론 다음과 같은 관상의 예들은 경험에 근거하여 말하던 것으로 상대적으로 정확성이 떨어진다고 볼 수 있다. 달

3) 1982년 1월 중앙관상대에서 중앙기상대로 개칭.

무리가 생기면 비가 온다. 장마철에 뱀이 기어가는 것을 보고 홍수 날 징조를 안다. 비 내리는데 문지방에 내려앉으면 장마진다(문지방 무너진다). 신경통은 비 내릴 징조이다. 개가 잘 뛰어 놀면 폭풍우의 징조이다. 눈 온 뒷날은 거지가 빨래를 한다. 가을볕에는 딸을 쬐이고, 봄볕에는 며느리를 쬐인다. 첫 눈이 왔을 때 세 번 집어 먹으면 감기에 안 걸린다.

2) 첨단 정보통신 기술이 날씨 빅데이터를 활용하여 새로운 마케팅 상품을 만들다

첨단이 장비를 이용하여 날씨를 분석하여 날씨정보(weather business)로 돈 버는 회사들이 등장하고 있다. 소비자들의 심리 파악은 제품의 판매량을 결정짓는 중요한 요인이 되고 있을 뿐만 아니라 시시때때로 변하는 날씨와도 깊은 관련이 있고, 기업은 소비자들의 심리에 영향을 주는 날씨 변화를 철저히 파악하는 경향이 있다. 이는 예기치 못한 날씨 변화가 기업의 매출액에 큰 영향을 주기 때문에 날씨에 따른 판매 전략을 수립하는 것을 '날씨 마케팅'이라 한다.

케이웨더(www.kweather.co.kr)는 처음으로 최첨단 장기예보 기법인 모자이크 기법을 통해 장기예보 서비스를 실시하고 있다. 모자이크 기법은 온실효과, 바람장, 기온장, 해수온도, 해수온도변화, 해류변화, 해류순환, 태양계변화, 지구자전·공전축변화, 도시화효과, 지표면상태변화, 결빙지역 변화, 화산, 황사, 고기후, 기후변화, 태풍 등 기후시스템의 주요 인자를 복합적으로 분석해 장기예보를 내는 방식이다. 특히 모자이크 기법은 해당 지역의 지역성을 고려하여 기후시스템의 주요 인자를 설정해 기후인자자료와 기상요소자료를 수집하고 두 요소 간 상관관계를 분석, 교란요소제거, 상관성 도출과정 등을 통해 예보에 활용한다.

최근 빅데이터는 인류와 함께 성장하고 변화하는 대규모의 데이터로서 자연과 인간과의 관계를 예측해주는 21세기 수단이다.

이처럼 날씨에 대한 빅데이터가 주는 경제적 이점은 기업과 개인의 생활에 직접적인 영향을 준다. 따라서 우리나라 기상청은 기업과 개인의 날씨 빅데이터 활용을 돕기 위해 '기상기후 빅데이터 분석 플랫폼'[4]을 통해 기상청에서 보유한 다양하고 방대한 기상기후 빅데이터와 타분야 데이터를 융합·분석할 수 있는 플랫폼 환경을 제공하고 있다.

4) 기상기후 빅데이터 분석 플랫폼(https://bd.kma.go.kr/kma2016/svc/main.do)

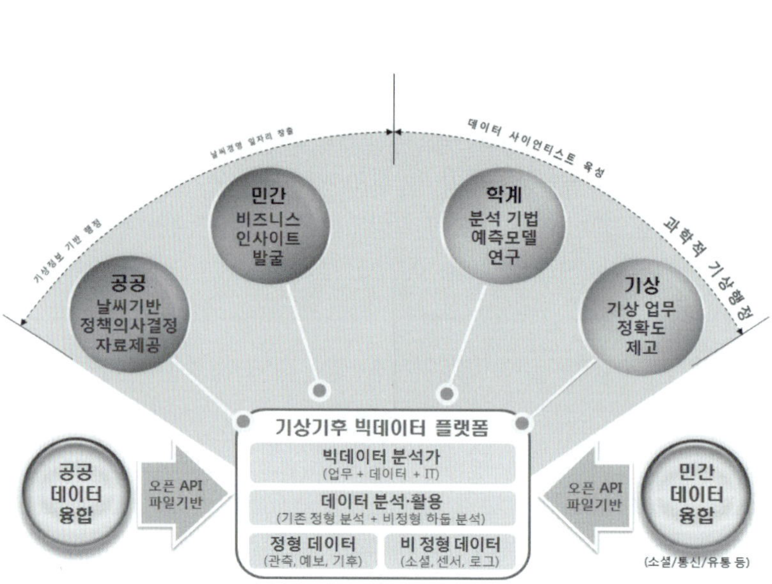

출처: 이해진, 2016

그림 8-21 빅데이터를 이용한 날씨 활용 개발방안

날씨 빅데이터 활용 개발방안의 사례로서, 도로상에서 생산되는 빅데이터를 기상정보로 활용하는 것으로 도로상에 이동하는 차량의 자동 와이퍼가 강우 강도에 따라 속도가 달라지는 것에 착안하여 차량을 이용한 기상자료 수집 및 정보 생산을 목적으로 한다. 기본적으로 자동 와이퍼의 속도단계에 따라 강우 센서가 감지하는 우적량을 강우량으로 환산하면 총 와이퍼의 이동 횟수에 따른 강우량 산정이 가능하다. 향후 개발된 기술이 실용화 단계에 이르게 되면 전국적으로 수천 만대의 자동차가 운행되고 있음을 고려할 때 고해상도의 시공간적 강우정보를 생산할 수 있으며, 이 정보는 국지성 호우 발생 시 실시간 도로 통제 및 최적 우회도로 안내 등 위험기상요소로 인해 발생하는 피해 최소화를 위해 활용될 수 있을 것으로 예상된다.

출처: 이해진, 2016

그림 8-22 자동 와이퍼를 활용한 강우량 선정 원리

2. 기후가 의식주를 비롯한 인간생활 전반에 어떤 영향을 미쳤을까요?

1) 기후가 패션을 만들다

옷이란 체온유지, 신체보호, 수치심 회피 등을 직접적 목적으로 하고, 예의, 장식, 자기 과시 등의 부차적 목적을 가지고 있다. 즉, 외부의 기온에 대하여 체온을 유지하여 보다 능률적인 생산 활동을 할 수 있도록 하는 것이다. 따라서 의복은 기후에 영향을 많이 받는데 계절별, 기후대별로 의생활 유형이 다르다. 우리나라도 계절에 따라 옷감이 다른데, 여름철 기후 조건에서 가장 쾌적하게 지낼 수 있는 섬유구조를 가진 것이 삼베와 모시옷이다. 삼베와 모시옷은 직사광선을 막고, 통풍 구조를 이용하여 피부표면에 시원한 외기를 통과시켜 쉽게 땀을 증발시킨다. 따라서 우리나라 여름에는 삼베와 모시옷을 주로 입고, 겨울에는 추위를 막기 위해 면화와 비단옷을 주로 입었다. 기후대별 의생활 유형은 열대지역의 경우 옷차림이 간소하고 노출이 심하며, 옷을 입지 않는 나체족도 있다. 건조지역에는 천을 몸에 감아 외부의 모래바람과 일사를 차단하고 몸의 수분이 빠져나가는 것을 방지하였다. 한대지역에서는 방한을 위해 모피를 착용한다. 그렇다면 중동지방 사람들이 몸에 천을 두른 이유는 무엇일까?

2) 기후가 먹거리를 만들다

김치 맛은 지방에 따라 가지각색이다. 그 이유가 무엇일까? 여기에 기후와 지형은 어떤 영향을 주고 있는가? 김치가 남부지방으로 내려올수록 그 맛이 짜고 해안지역은 평야지역보다 젓갈을 많이 사용한다. 지역별, 국가별 유명음식은 그 지역의 기후 외에 지형, 문화 등을 잘 반영하고 있다.

전주비빔밥, 춘천막국수, 평양 및 함흥 냉면, 일본 사시미(생선회), 이탈리아의 스파게티 등의 음식이 어떻게 각 지역에서 유명해졌을까? 전주비빔밥을 예를 들어 설명하면 다음과 같다. 몇 가지 이유를 들자면 다음과 같다. 첫째, 전주는 우리나라 평야지대로 농경문화가 발달해 있다. 특히 모내기를 할 경우 참이나 식사를 운반해야 하는데, 이때 따로 국밥이 아니라 비빔밥은 여러 측면에서 용이하였다는 점을 들 수 있다. 둘째, 이 지역 일대는 먹거리가 풍부하다고 할 수 있다. 평야지대에서 난 곡물과 채소, 그리고 지리산에서 채취한 산나물 등을 잘 배합하여 맛있는 비빔밥을 만들어 내지 않았나 생각해볼 수 있다. 그 외 지역의 유명한 음식과 그 이유에 대해서도 알아보자.

3) 기후가 사람들이 살아가는 경관을 만들다

우리들이 살고 있는 주택은 얼마나 기후의 영향을 얼마나 받고 있을까? 우리나라의 가옥 구조를 보면 북쪽에서 남쪽으로 내려올수록 개방적이며, 단순한 구조를 가진다. 가령 가옥의 구조가 ㅁ자에서 ㅡ자로, 방과 창의 크기도 다수에서 소수로 하고 있는 점을 들 수 있다. 특히 강풍지역의 너와나 다설 지역의 우데기도 기후 영향을 잘 반영한 것으로 볼 수 있다.

우리는 주택 구입 시 선호하는 방향의 기준이 미국사람들과 다르다. 우리의 경우 대부분이 남향을 선호하지만, 미국인들의 경우 방향보다는 경치(scene)를 더 중요하게 생각한다. 남향을 선호하는 이유는 겨울철 난방효과와 여름철 시원함으로 인해 경비절감 효과가 크기 때문이다. 주택의 방향 선호도 바로 기후의 영향으로 볼 수 있다. 최근 경치를 중요하게 생각하여 바다나 강이 보이는 것을 선호하는 경향이 증가하고 있다.

4) 기후가 언어를 발달시키다

오늘날 인류는 고도의 과학문명을 발달시키고 있지만, 아직도 지구상의 날씨와 기후변화라는 자연현상은 극복하지 못하고 있다. 우리 인류는 날씨와 기후에 많은 영향을 받으며 살아가고 있다. 날씨가 쾌청하면 기분이 상쾌해지고, 흐리면 우울해지는 경향이 있다. 그래서 영국과 같이 흐리고 비가 자주 내리는 지역에서는 어쩌다 나타나는 맑은 날에 대한 찬사로 'Good morning'이라는 말이 생겨났는데, 이것이 인사말로 통용된 것이다. 반면에 우리나라와 같이 맑고 푸른 하늘을 자주 보는 지역에서는 '푸르다'라는 의미의 형용사가 발달했으며, 눈으로 뒤덮인 곳에서 생활하는 이누이트 족은 눈에 연관된 다양한 언어를 사용하고 있다.

5) 날씨가 음악의 주제를 만들어가다

날씨와 계절[5)]을 소재로 한 많은 가사가 있다. 대중가요 가운데 날씨와 관련한 노래가 얼마나 있을까? 비, 눈, 안개 등 날씨와 관련된 노래가 많다. 한 인터넷 음악 전문 사이트의 조사 결과에 따르면 제목에 날씨와 계절이 들어 있는 노래가 1,057곡이나 된다는 보고가 있다. 이 중 비와 관련된 노래가 256곡을 포함하여 겨울은 187곡, 바람은 168곡, 가을은 107곡, 그밖에 구름, 봄, 안개, 눈, 무지개, 노을, 이슬, 천둥, 번개 등이 있는 것으로 나타났다.

날씨에 따라 사람들은 다양한 반응을 나타내며 살아오고 있다. 이렇게 날씨는 우리 생활 깊숙이 자리잡고 있는 셈이다.

6) 날씨가 질병과 건강을 지배하다

계절과 관련하여 초겨울에는 질병이 증가하고, 한겨울은 감소한다. 또 초봄과 한여름은 증가하는 것으로 나타나고 있다. 대체로 환절기에 질병이 많다. 계절 중 가장 건조한 계절은 봄이다. 이는 겨우내 건조한 대륙 기단의 영향을 받은 데다

5) 봄에 관한 노래: 비발디의 4계(four seasons), 요한 스트라우스의 봄의 소리 왈츠, 베토벤 9번 교향곡 합창 중 4악장 환희의 송가, 베토벤 바이올린 소나타 9번 A장조 봄의 소나타, 슈만의 교향곡 1번 B장조도 봄이라는 부제를 달고 있다. 여름에 관한 노래: 거시원(Gershwin: 1898~1937)의 포가와 베스 중 여름, 말러의 교향곡 3번 여름날의 꿈, 멘델스존의 한여름 밤의 꿈 등이 있다. 겨울에 관한 노래로 차이코프스키의 교향곡 제1번 G단조 겨울날의 몽상 등이 있다.

봄이 되어 기온이 상승하면서 지표 수분 증발이 더 심해지기 때문이다. 따라서 이때 산불이 가장 많이 발생하며, 감기 환자가 증가하고 건성 피부 질환이 악화된다. 영서 지방에는 높새바람이 나타나 천수답의 모내기가 어려워지고 농작물의 파종이 늦어지게 된다.

우리 신체 중에서 모발은 습도에 가장 민감하다. 습도가 높아지면 모발이 늘어나기 때문에 습도가 높은 날에 파마를 하면 금방 풀어지기도 한다. 따라서 습도가 높은 날에는 모발에 기름을 발라 습기가 닿지 않도록 해야 한다. 모발은 이러한 성질 때문에 습도계로 이용되는 셈이다.

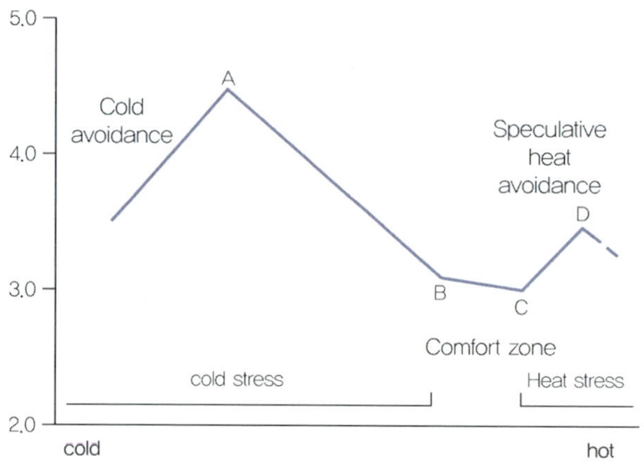

그림 8-23 **온도와 사망률(1/100만)의 관계**

한편 저기압에서는 물이 100℃보다 낮은 온도에서 끓기 때문에 음식물이 충분히 익지 않아 요리가 잘 안 된다. 또한 근육이 무력해져 체내의 기능이 떨어지기 때문에 병이 잘 생기고, 의료비 지출이 많아진다. 저기압 상태에서는 비행기 운항 사고도 자주 일어난다. 이는 고기압 상태에서는 산소가 많기 때문에 연소가 잘 되어 비행기가 적은 연료 소비로도 쉽게 상승할 수 있으나, 저기압이 되면 비행기의 출력이 약해지기 때문이다. 특히 비가 심하게 내리는 저기압 상태에서는 시야도 불량해져 사고 빈도가 더욱 높아진다. 1997년 괌에서의 KAL기 사고나 목포공항에서의 아시아나 항공기 사고가 그 예이다. 자동차의 경우도 저기압하에서는 불완전 연소가 많아지기 때문에 공해 물질과 연료 소비가 증가하여 경제적 손실이 발생한다.

큰 저기압이 통과할 때는 기압이 매우 낮아지므로 고혈압 환자는 특히 조심해야 한다. 기압이 낮아지면 체내 바깥에서 미는 힘은 약해지고 상대적으로 체내 혈관에서 미는 힘은 강해지기 때문에 혈관이 파열되기 쉽다. 최근 지가의 상승으로 고층건물을 많이 짓는데, 지면에서 10m 높아질 때마다 1hPa씩 기압이 낮아지므로 혈압이 높은 사람에게는 고층이 생활 공간으로서 부적절하다.

한편 가장 알맞은 기온 상태의 고기압하에서 습도는 낮아지고 산소는 풍부해지기 때문에 뇌 세포에 산소가 충분히 공급되어, 아이디어가 많이 창출되며 신체 활동이 활발해진다. 유럽을 비롯한 중위도 지방에서 문명이 발달한 것은 추운 지방이 더운 지방보다 기압이 높아 뇌의 활동이 활발하기 때문이라고 한다.

7) 날씨가 기분을 좌우한다

(1) 불쾌지수(不快指數) = 0.72(기온 + 습구온도) + 40.6

체감기온을 나타내는 방법으로 기후상태로 인하여 인간이 느끼는 불쾌감을 표시하는 것을 말한다. 미국의 기후학자 톰(Thom, 1959)에 의해 제창된 것으로 기온과 습도의 조합으로 구성된 개념으로 불쾌지수(discomfort index, DI)를 표시한다. 불쾌지수는 기온과 일사량이 높을수록 높아진다. 불쾌지수를 발표함으로써 불쾌감을 더욱 조장한다고 하여 온습지수(temperature humidity index, THI)라는 말로 사용하기도 한다.

우리나라 사람들은 불쾌지수 72일 때 2%, 75 이상이 되면 약 10%의 사람들이 불쾌감을 느끼게 되고, 80 이상이 되면 약 50%의 사람이 불쾌감을 느끼며, 83 이상이면 모든 사람들이 불쾌감을 느낀다고 알려져 있다. 그러나 불쾌지수는 야외보다는 실내를 기준으로 했을 때 잘 적용된다. 만약 바람이 분다면 몸의 수분을 증발시키므로 불쾌지수는 낮아진다. 예를 들어, 1m/s의 바람이 분다면 2℃ 정도 내려가는 효과가 있다.

(2) 쾌적지수(comfort index)

기후(기온, 바람, 습도, 일사 등)와 문화, 생활습관, 의복, 개인적인 체질 등에 따라 달라진다. 더위와 추위에 따른 스트레스를 적산하여 그 값으로 지역을 구분하여 기후 최적지를 찾아낸다.

인간생활에 적합한 기온

인간의 체온은 27℃ 이하 45℃ 이상 되면 인간생활에 적절하지 않다. 보통 은행 사무실은 16~20℃, 타이프라이팅은 15~25℃, 지적활동은 18~22℃, 맥주는 8℃(7~8℃, 9~10℃), 커피는 63~64℃, 된장국은 94~95℃, 목욕탕은 40℃(동양인), 37~39℃(서양인), 아기 목욕 시는 34~35℃(불감온도), 피부온도는 30~35℃, 수영장은 28~29℃, 24~25℃(국제 수영 경기장), 사우나는 100~110℃가 적절하다.

체감온도

사람이 느끼는 더위나 추위 등 체감온도는 단순히 기온이 높다 낮다만으로 정해지는 것은 아니다. 몸에서 뺏기는 기화열은 바람이나 습도, 일사 등에 의해 다르기 때문에 체감온도는 풍속, 습도, 일사 등과 관계가 깊다. 일반적으로 따뜻한 곳이나 여름은 풍속보다 습도나 일사의 영향이 크고, 추운 곳이나 겨울은 풍속의 영향이 크다. 체감온도는 풍속이 1m/s 증가함에 따라 약 1~1.5℃ 낮아진다.
높은 산에서 무더운 여름이라도 기온이 내려가며 비바람을 맞게 되면 동사의 위험이 있다고 하는 것도 체감온도가 내려가기 때문이다. 기온이 높아도 건조하면 비교적 참기 쉬우나, 습도가 높으면 견디기 어려운 것을 알 수 있다. 우리나라는 유럽 등지의 외국보다 습도가 높아서 여름 생활이 약간 어려운 것이 특색이다.

5 기후는 사회과 교육과정에 어떻게 반영되어 있을까요?

표 8-1은 2015 개정 사회과 교육과정에서의 기후와 직접적인 관련이 있는 '자연환경과 인간생활' 영역 중 기후와 관련된 내용의 체계이다.

표 8-1 기후 관련 내용체계

영역	핵심 개념	일반화된 지식	내용 요소			기능
			3~4학년	5~6학년	중학교 1~3학년	
자연환경과 인간생활	기후 환경	지표상에는 다양한 기후 특성이 나타나며, 기후 환경은 특정 지역의 생활양식에 중요하게 작용한다.		• 국토의 기후 환경 • 세계의 기후 특성과 인간생활 간 관계	• 기후 지역 • 열대 우림 기후 지역 • 온대 기후 지역 • 기후 환경 극복 • 자연재해 지역	인식하기 표현하기 지도읽기 수집하기 기록하기 비교하기 활용하기 실행하기 해석하기
	자연 – 인간 상호 작용	인간생활은 자연환경과 상호작용하면서 이루어지고, 자연환경은 인간 집단의 활동에 의해 변형된다.	• 고장별 자연환경과 의식주 생활 모습 간의 관계 • 고장의 지리적 특성과 생활 모습 간 관계, 고장의 생산 활동	• 국토의 자연재해와 대책, • 생활 안전 수칙	• 열대 우림 지역의 생활 • 온대지역의 생활 • 기후 환경 극복 • 산지 지역의 생활 • 해안 지역과 여행 • 자연재해와 인간생활	

'자연환경과 인간생활' 영역에서의 '기후 환경' 개념은 초등학교 3~4학년에서는 직접적으로 다루지 않지만, '자연-인간 상호작용'의 개념에서는 우리 고장이라는 공간적 범위를 토대로 사람들이 자연환경을 활용하는 방법을 살펴봄으로써 알 수 있도록 간접적으로 제시하며, 공간적 범위를 점차 넓혀가며 기후가 생활에 미치는 영향 등을 제시하고 있다.

5~6학년에서는 본격적으로 기후의 개념을 다루며, 그 대상은 3~4학년보다 범위를 넓혀서 국가와 세계 수준에서 여러 자료를 제시한다. 2009 개정 교육과정에서는 국가와 세계적 수준에서 기후 정보에 대한 여러 자료를 분석하고, 의식주와 관련된 인간과 기후의 내용을 살펴보는 목표 제시와 환경 보전과 국토 개발이라는 환경 영역과의 연계를 통해 그 의미를 확대 해석하였다. 그러나 2015 개정 사

회과 교육과정에서는 인간생활과의 관계, 자연재해 등 2015 개정 교육과정이 강조하고자 하는 '안전'을 반영하고자 하는 노력을 엿볼 수 있다.

결국 2015 개정 사회과 교육과정의 초등학교 3~4학년에서는 다소 난해한 기후에 대한 개념을 다루지 않고, 고학년에서 통합적인 수준으로 기후에 대한 개념학습을 하게 된다. 이후 중학교 1~3학년에서는 본격적으로 기후에 대한 전문적인 지식을 학습하는 구조로 이어져 있다. 이러한 교육과정의 구조는 기후 환경에 대한 개념이 학습자에게 다소 어려운 주제들이기 때문이다.

따라서 교사는 기후에 대한 개념적 전달에만 초점을 두지 않고, 학생 생활 중심에서 어떤 의미가 있을까에 대한 끊임없는 고민을 하며, 흥미를 가지며 접근할 수 있도록 지도해야 할 것이다.

기후 관련 웹사이트

http://www.kma.go.kr/ 기상청
http://www.climate.go.kr/ 기후정보포털
http://www.wmo.int/ 세계기상기구(WMO)
http://unfccc.int/ 국제 기후변화협약(UNFCCC)
http://www.gir.go.kr/main.jsp/ 온실가스종합정보센터
http://www.gihoo.or.kr/ 기후변화홍보포털
http://ccas.kei.re.kr/ 국가기후변화적응센터
http://www.greenstart.kr/ 한국기후 · 환경네트워크
http://www.gihoo.or.kr/portal/2013_child/html/index.jsp 어린이기후변화교실
http://www.weatherimc.co.kr/ 웨더아이엠씨, 빅데이터 활용 날씨 마케팅

생각해 볼거리

1. 지리학에서 기후가 왜 중요한지를 위치와 관련하여 설명해 봅시다.

2. 기후어원에서 비롯된 동서양의 기후에 대한 인식의 차이점을 말해 봅시다.

3. 기후와 기상의 차이가 무엇인지를 말해 봅시다.

4. 기후요소와 기후인자의 차이가 무엇인지를 말해 봅시다.

5. 기후 모델이 어떻게 변해가고 있는지를 말해 봅시다.

6. 기상현상은 왜 일어나는 것인가? 우리나라는 기후변화방지협약에 어떻게 대처해야 하는지 논의해 봅시다.

7. 여름철 내가 사는 동네에서 가장 시원한 장소를 찾아서 그 이유를 설명해 봅시다.

CHAPTER **09**

지형:
지형도 지역성을 결정하는 데 중요한 역할을 한다.

지형(landform)이란 지표 형태인 산지, 평야, 하천, 해안, 사막, 고원 등을 일컬을 때 사용하는 단어로써, 땅 겉면의 형세나 형상, 곧 산이나 들, 강의 높고 낮은 비탈진 모양을 가리킨다. 우리는 이러한 땅을 딛고 그 위에서 각종 활동을 펼치고 있다. 이 점에서 우리를 둘러싸고 있는 자연환경의 요소 중 지형은 매우 중요하다. 이러한 지표의 형태와 형성과정에 대해 연구하는 학문이 지형학(geomorphology)이다. 사람들의 얼굴이 서로 달라 관심이 생기듯이 세계의 땅의 얼굴도 가지각색이며, 그래서 흥미를 가지게 되는 것이다. 세계나 국내 여행을 하다 보면 흥미로운 땅모양이 많다.

마이산의 겉모습이 거대한 콘크리트 구조물처럼 보이는 이유는 무엇인가? 밀양에는 한 여름에도 얼음이 어는 골짜기인 얼음골이 있다는데 그 이유는 무엇인가? 밀양 이외에도 이와 비슷한 곳이 있을까? 왜 제주도에 주상절리가 발달하는가? 호주나 아프리카에서는 화산이나 지진이 왜 거의 발생하지 않는가? 히말라야 산맥에서 암모나이트와 같은 해양생물 화석이 왜 나타났을까? 화석과 대산맥 형성은 어떤 관계가 있을까? 히말라야 산맥에서 왜 필로우 라바(pillow lava: 옛날에 바다였음을 증명하는 용암)와 같은 것이 나타날까? 이렇게 국내외 지표상에는 흥미롭고 신기한 땅모양이 많은데, 그 이유에 대해서는 어떻게 대답할 수 있을까? 이 장에서는 이러한 물음에 대해 생각하고 대답을 찾을 수 있는 기초적인 지형적 지식에 대해 살펴본다.

출처: 진안군 제공

그림 9-1 마이산의 모습

그림 9-2 서귀포시 중문동 지삿개 주상절리

1 지형은 어떻게 만들어질까요?

지형을 정확히 이해하기 위해서 지구(earth) 및 태양계(solar system)에 대한 거시적 · 미시적 관점에 대한 이해가 선행되어야 한다.

1. 태양과 지구의 관계 속에서 형성되는 외적 영력이 주로 소지형을 형성하고 변화시킨다

지구의 지형변화를 거시적 관점, 다시 말해 태양과의 관계 속에서 설명하려는 것이다. 태양계 속에서 지구가 받는 힘이 외적 영력(外的 營力, exogenous process)이다. 이것은 태양의 복사에너지, 풍화(風化) 및 침식(浸蝕; 風식, 河식, 氷식, 海식, 波식)과 같은 삭평형 작용, 퇴적과 같은 적평형 작용에 의해 지형을 형성시키고 변화시키는 힘이다. 외적 영력은 우리의 인간생활과 밀접한 소지형들을 형성 · 변화시킨다.

밤과 낮(자전)은 왜 생길까? 계절(공전)은 왜 생길까? 백야 현상이 왜 생길까? 이러한 것이 지형의 변화에 어떤 영향을 미칠까? 저위도(0° 부근)는 왜 더울까? 이 지역(열대)에 비가 자주 그리고 많이 오는 이유는 무엇일까? 태양과의 관계 속에서 열을 많이 받는 지역이 적도(赤道)이다. 열을 많이 받아 상승기류가 형성되며, 대기가 불안하여 열대 저압대가 형성되며 스콜성 비가 내리게 된다. 이러한 기후현상이 땅모양의 형성과 변화에 영향을 준다.

2. 지구 자체의 내부에너지가 대지형을 주로 형성하고 변화시킨다

지구의 지형변화를 미시적 관점, 다시 말해 지구 자체적 관점에서 설명하려는 것이다. 지구 자체의 내부 열에너지에 의해 지형을 형성·변화시키는 힘이 내적 영력(內的 營力, endogenous process)이다. 내적 영력은 조륙(造陸) 운동(융기, 침강), 조산(造山) 운동(단층, 습곡), 화산활동과 지진 등과 같이 대지형(구조지형)을 형성·변화시킨다.

그렇다면 지진과 화산은 왜 발생할까? 지진과 화산은 어느 지역에 많이 일어날까? 지진을 예측할 수 없을까? 실제로 2016년 규모 5.8의 경주 지진이 발생한 이후 우리나라도 지진의 안전지역이 아니라는 사실이 입증되었고, 2017년에는 수능 전날 포항에서 규모 5.4의 지진이 발생하여 자연재해로 인한 사상 최초의 수능 연기라는 사태가 벌어지면서 이와 관련된 연구에 대한 관심이 높아졌다.

지진과 화산의 경우 쉽게 말해 지구 내부의 에너지가 끓어서 폭발한 것이라 할 수 있다. 아직까지 인간은 이러한 현상을 예측하는 데 한계가 있기 때문에 항상 지진과 화산이 발생할 것을 대비하며 살아가야 한다. 일본의 경우 지진의 발생 빈도가 다른 지역에 비해 높기 때문에 지진에 민감한 꿩을 국조로 정하였고, 땅이 갈라지지 않도록 지진 방지에 좋은 대나무를 많이 심고 있다.

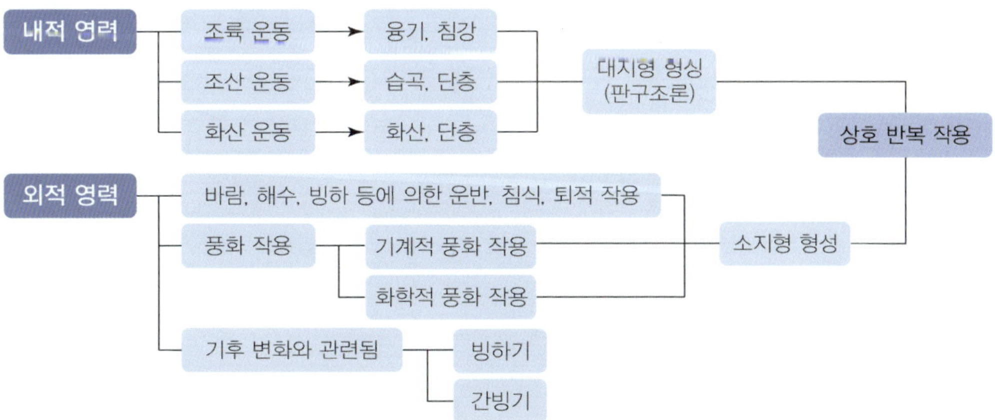

그림 9-3 지형을 형성하고 변화시키는 힘

2 지형을 형성·변화시키는 두 가지 대립되는 이론은 무엇일까요?

그림 9-4
2005년 8월호 《타임》지 표지

최근 지형학은 지구 표면의 형태와 지형 형성 작용 사이에 존재하는 상호관련성을 정성적 접근에서 정량적 접근을 통해 설명하고 있다. 여기서 정성적 접근은 주로 텍토닉, 해수면 변동, 기후 변동과 같은 커다란 역사적 사건을 기반으로 장기적인 지형 발달에 대해 연구하는 것을 의미한다. 이러한 접근법에서는 큰 규모의 '지형 형태'에 대해 묘사, 서술, 기술하는 방식으로 연구가 이루어졌으며, 데이비스적 지형학(Davisian geomorphology; Davisian approach)으로 대표되었다. 하지만 20세기 중반부터는 작은 스케일의 지형을 대상으로 현재 진행되고 있는 지형적 '프로세스'에 대해 초점을 두게 되었다. 그러면서 정성적 접근법 대신 과학적인 방법으로 실험하고 분석하는 정량적 접근으로 변화하게 되었다(신원정, 2014).

지형을 형성·변화시키는 두 가지 이론은 바로 동일과정론(uniformitarianism)과 격변론(catastrophism)이다. 두 가지 이론은 표 9-1과 같이 서로 관점을 달리한다. 이 중 동일과정론은 진화론이라고 하며, 격변론은 창조론(지적설계론)이라고도 한다.

표 9-1 지형의 형성·변화를 설명하는 두 가지 이론

구분	동일과정론(同一過程論, Uniformitarianism)	격변론(激變論, Catastrophism)
관점	지층은 오랜 시간에 걸쳐 서서히 만들어진다.	지층은 대홍수, 댐 붕괴 같은 격변에 의해 만들어지고 난 후 변화된다.
시간	오랜 기간에 걸쳐 침식, 퇴적	단기간에 걸쳐 형성된 퇴적, 침식
학자	Hutton, Lyell, Smith(진화론자)	Steno, Woodward(창조론자)
키워드	• 현재는 과거를 아는 열쇠 • 수억 년 전부터 현재와 동일한 퇴적 속도로 지층이 퇴적되어 지층의 두께가 곧 지층의 나이 • 1km 두께/1억년 = 0.01mm/1년 • 소규모 퇴적층의 점진적이고 울퉁불퉁한 경계	• 운석 충돌, 화산폭발, 대홍수 등 대격변에 의하여 지구적 규모의 지층과 화석 형성 • 창세기 노아 홍수, 광범위한 퇴적층의 뚜렷한 평행 경계면

1. 오랜 시간에 걸쳐 동일과정이 반복되면서 지층을 형성하고 변화시킨다

1) 베게너의 대륙이동설이 동일과정론을 지지한다

독일의 기상학자이며 극지연구가인 베게너(Alfred Wegener)는 『대륙과 해양의 기원(The Origin of Continents and Oceans)』이라는 도서를 출판하며 지질시대에는 대륙들이 커다란 육교로 연결되어 있다는 육교설을 완전히 뒤엎어 버렸다. 그리고 그는 당시 혁명적이라 할 수 있는 '대륙이동(continental drift)' 가설을 주장하였다. 이 가설은 지구상의 모든 대륙은 판게아(pangaea)라고 하는 하나의 거대한 대륙이 오랜 시간에 걸쳐 점차 부분적으로 이동하면서 현재의 상태에 이르게 되었다는 것이다. 베게너의 '대륙이동설'을 지지해주는 5가지의 증거는 다음과 같다.

(1) 지형학적 증거(해안선의 유사성)

여러 대륙의 해안선이 일치하여 조각 맞추기를 하듯이 연결할 수 있다. 대표적인 예로 남미와 아프리카 대륙의 경우 해안선이 조각 맞추기 그림처럼 정확히 일치하는 모습을 볼 수 있다. 그러나 이에 대해 다른 지구과학자들은 끊임없는 침식 작용으로 인해 해안선이 일치하기란 힘들 것이라는 주장을 하였다. 이러한 주장은 베게너 사후 1960년대에 약 900m 깊이의 대륙붕들을 기준으로 완벽하게 들어맞는 지도가 만들어지면서 대륙이동설의 확실한 증거로 제시하였다.

출처: Thomson Higher Education

그림 9-5 지형학적 증거

(2) 지질구조의 연속성

과거 서로 붙어 있었던 것으로 추정되는 대륙 간의 지질학적 특성이 서로 유사하여, 지층구조나 산맥이 연장선에 위치한다. 대표적인 예로는 북미 대륙의 애팔래치아 산맥과 북유럽의 칼레도니아 산맥 등에서 비슷한 나이와 구조를 찾아볼 수 있다. 이 산맥들은 약 3억 년 전 초대륙인 판게아가 형성되는 동안 대륙들이 충돌하면서 형성되었다고 볼 수 있다.

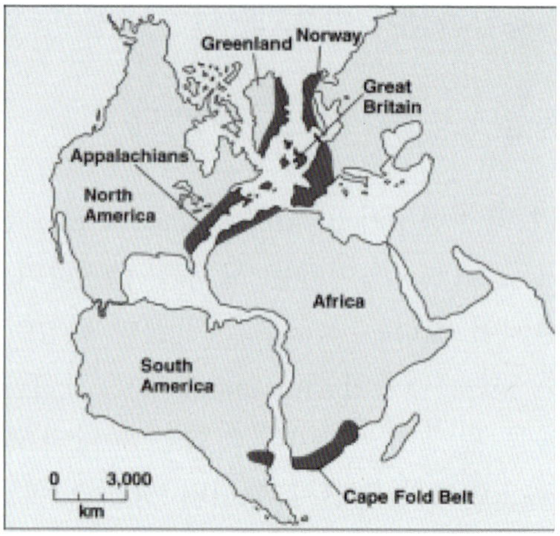

출처: Brooks/Cole Publishing

그림 9-6 **지질구조의 연속성(산맥)**

(3) 고생물 화석의 연속성(화석의 증거)

고생물학자들은 남미 대륙의 동쪽 해안과 아프리카 대륙의 서쪽 해안에서 공통적으로 찾아볼 수 있는 고생물의 화석을 설명하기 위해서 두 대륙을 연결하는 육교가 있다는 가정을 하였다. 두 대륙을 연결하는 가장 대표적인 고생물 화석은 수중 양서류로 알려진 메소사우루스로서, 아프리카 대륙 남쪽과 남미 대륙 동쪽의 고생대 페름기의 흑색 셰일에서만 발견되는 것으로 알려져 있다.

출처: 한남대학교 자연사박물관

그림 9-7 **메소사우루스 화석**

그 외에도 현재는 멀리 떨어져 있어서 서로 환경이 다른 남미, 아프리카, 남극, 인도, 오세아니아와 같은 여러 대륙에서 같은 종의 식물과 동물 화석이 발견되면서 과거에는 이러한 동·식물이 자유롭게 대륙을 이동할 수 있었다는 사실을 뒷받침하고 있다.

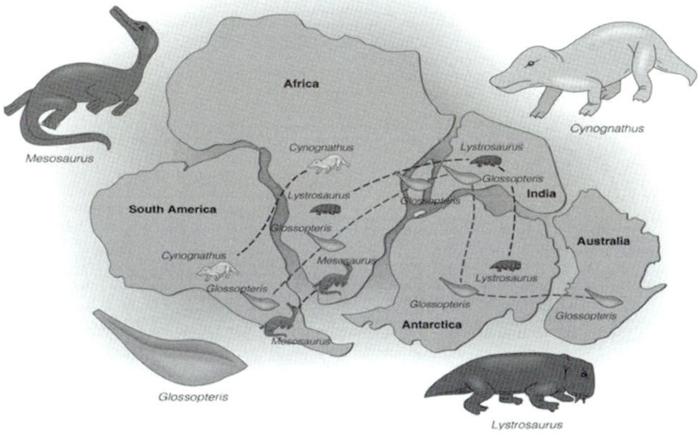

출처: Thomson Higher Education

그림 9-8 고생물 화석의 연속성

(4) 고기후학적 증거

베게너는 기상학자였기 때문에 대륙이동설을 지지하는 고기후 자료를 얻기 위해 열심히 탐색하였다. 그 결과 고생대 말(약 3억 년 전) 형성된 빙하의 퇴적층이 인도, 호주, 아프리카 남부, 남미에서 발견되었다. 현재 열대와 아열대의 기후를 가지며 위도 30° 안에 놓여 있는 많은 지역이 과거 판게아 형성기에 남극 근처에 있어 빙하의 흔적을 가지고 있는 것이다. 또한 여러 대륙에서 발견되는 빙하의 흔적과 암석 표면에 있는 빙하의 긁힌 흠의 방향이 여러 대륙의 빙하의 움직인 방향과 일치하는 것으로 나타난 점을 대륙이동설의 근거로 들었다.

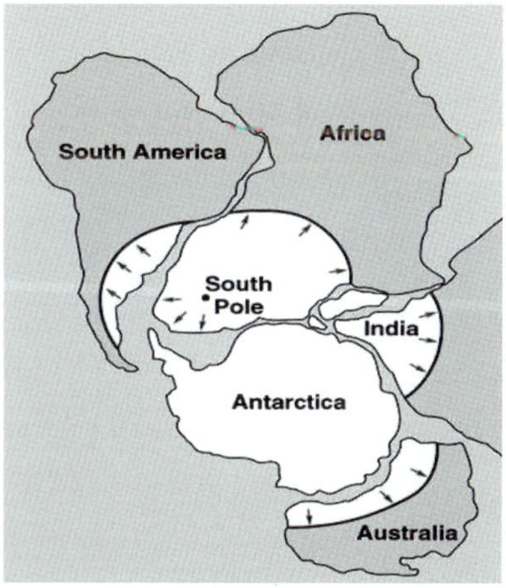

출처: Brooks/Cole Publishing

그림 9-9 지질구조의 연속성(빙하)

(5) 고지자기 증거

고지자기(古地磁氣, Paleomagnetism)란 지질시대에 생성된 암석에 분포하고 있는 잔류자기를 말하며, 이를 연구하여 대륙이 이동한 경로를 추정하는 것이 가능하다. 빙하기 동안 그린란드와 유럽이 연결되었다는 가정 하에 베게너 자신이 직접 두 지역 사이의 경도를 측량했던 값이 측량 때마다 달라진다는 사실을 확인하였다. 이에 근거하여 베게너는 대륙이 지금도 계속 이동하고 있다는 주장을 하였다.

2) 대륙이동설과 해저확장설을 포괄하는 판구조론이 동일과정론을 지지한다

1967년 1월 미국의 워싱턴(Washington D.C.)에서 개최된 미국 지구물리연맹(American Geophysical Union) 회의에는 해저 확장설에 관한 약 70편의 논문이 발표되었으며, 이것들은 지구물리 연구잡지(Journal of Geophysical Research) 1968년 3월 호에 출판되었다.

앞서 언급한 베게너의 대륙이동설과 헤스(H. Hess)와 디츠(R. Dietz)의 해저 확장설에 이어진 지구 자체 구조를 설명하려는 여러 학자의 연구 결과는 '판구조론(Plate Tectonics)'이라는 지구과학의 새로운 패러다임(pradigm)을 만들게 되었다. 프린스턴 대학의 지구물리학자인 모건(W. J. Morgon)은 그의 논문(Rises, Trenches, Great Faults, and Crustal Blocks)에서 지구 표면에 새로운 지각이 만들어지는 해령, 지각이 소멸되는 해구 또는 젊은 습곡 산맥 그리고 지각이 형성도 소멸도 안 되는 변환 단층을 경계로 하여 6개의 큰 판과 12개의 작은 판으로 구분된다고 하였다. 지각은 그림 9-10과 같이 Eurasia plate, Indian plate, Pacific plate, Africa plate, America plate, Antarctic plate의 6개의 판으로 분열되어 있고 세분하면 12개 판(plate)이다(그림 9-10 참조).

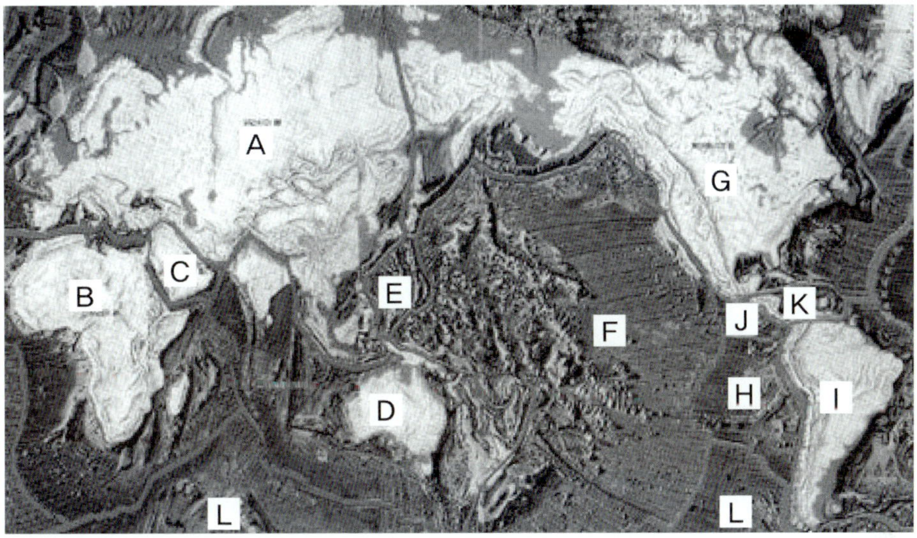

A 유라시아판, B 아프리카판, C 아라비아판, D 인도오스트레일리아판, E 필리핀판, F 태평양판, G 북아메리카판, H 나스카판, I 남아메리카판, J 코코스판, K 카리브판, L 남극판

그림 9-10 판구조론의 지각판

판구조론(Plate tectonic theory)은 지구의 표면을 몇 개의 조각(판)으로 나누고, 이 판 아래 연약권의 대류에 의해 서서히 이동하면서 여러 가지 지질현상을 일으킨다는 이론이다. 다시 말해 판구조론이란 조산대, 도호, 해구, 중앙해령 등의 대지형의 형성과 화산, 지진 등 지질학적 · 지구물리학적 현상을 설명하는 하나의 통일된 원리이다. 즉, 지구의 최상부의 견고한 암석권(lithosphere)은 평균 두께가 60km 내외의 지각판(crust plate)을 구성하고 있으며, 그 아래는 가소성의 맨틀(mantle)로 이루어진 암류권(asthenosphere)으로 되어 있다고 본다.

판구조론에 따르면 12개 판이 암류권 위에 떠 있으며 그림 9-10, 9-11와 같이 판과 판의 경계부가 곧 불의 고리(ring of fire)로 화산 및 지진대가 된다. 이들 각 판은 암류권 위에 떠 있는 상태로 되어 있다. 암류권의 이동(열대류를 원인으로 보고 있다)으로 이들 각 판도 하나의 단위가 되어 수평방향으로 연간 1~6cm씩 이동한다. 각 판은 각기 다른 방향으로 이동하기 때문에 판과 판의 경계부는 서로 떨어지는 곳, 서로 충돌하는 곳, 옆으로 미끄러지는 곳이 있으며, 이들 판과 판의 경계부에서 지각운동을 포함한 각종 지구물리학적 사변이 일어난다.

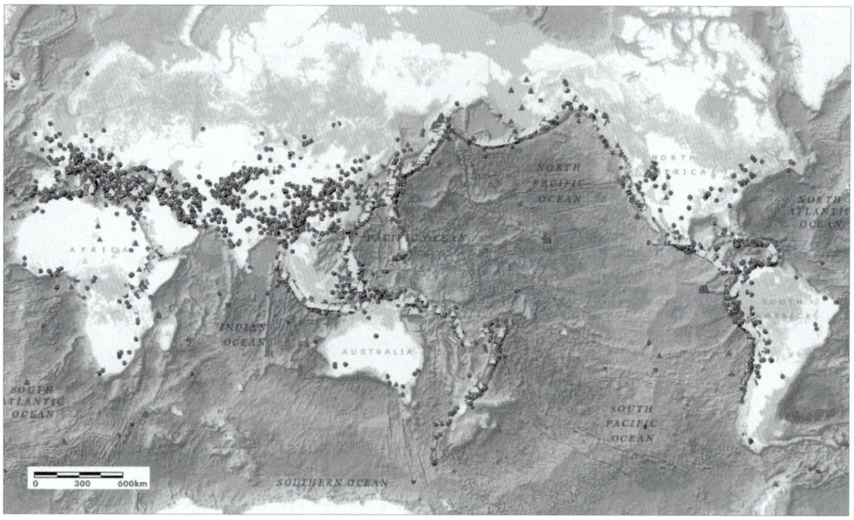

그림 9-11 **세계의 화산 및 지진대**

판과 판이 발산되는 곳은 두 판이 멀어져 해저가 확장되며, 해령이 형성된다. 대서양 중앙 해령이 대표적이다. 판과 판이 수렴되는 곳은 해양지각(비중이 큼)이 대륙지각 밑으로 구부러져 들어가서(subduction) 도호, 해구가 형성되며, 일본열도나 해구가 이에 해당한다. 판과 판이 충돌하는 곳은 판이 소멸하면서 습곡산맥을 형성한다. 히말라야, 알프스 산맥이 대표적이다.

판의 경계

판과 판의 경계부는 서로 분리되는 곳, 서로 충돌하는 곳, 옆으로 미끄러지는 곳이 있으며, 이들 판과 판의 경계부에서 지각운동을 포함한 각종 지구물리학적 사변이 일어난다.
첫째, 분리되는 곳(발산경계): 두 판이 서로 멀어 지면서 맨틀의 물질이 상승하여 열곡을 형성, 열곡은 점점 더 확장되면서 새로운 해양지각을 만드는데 그것을 해령이라 한다. 예를 들어, 중앙 대서양 산맥(대서양 중앙해령), 동아프리카 지구대 등이 여기에 해당된다.
둘째, 만나는 곳(수렴경계): 두 판이 서로 만나 좁아지면서 비중이 큰 해양판이 대륙판 밑으로 들어가서 충돌이 일어나거나 히말라야와 같이 습곡산맥을 형성한다. 천발 지진분만 아니라 심발지진도 발생한다.
셋째, 서로 어긋나는 곳(변환단층 경계): 두 판이 서로 만나지만 미끄러지듯이 서로 어긋나면서 단층의 변환이 있는 곳이며, 판의 생성과 소멸은 없으나 천발 지진이 발생한다.

2. 시간보다 사건에 의한 격변이 먼저 지층을 형성하고 그 이후 변화시킨다[1)]

1) 격변론은 동일과정론에 의한 지층형성을 비판한다

"동일과정론은 광범위한 퇴적층의 뚜렷한 평행경계면을 설명하지 못한다."

격변설은 자연철학자 조지 퀴비에(Geoges Cuvier)가 정리한 것을 시초로 보며, 격변이 여러 차례 반복되어 오늘날의 지구의 모습이 되었다는 학설이다. 격변론은 반대 개념인 '동일과정론'이 광범위한 퇴적층에서 나타나는 뚜렷한 평행경계면을 예로 들면서 비판한다. 그림 9-12을 살펴보면 동일과정론에 의한 퇴적층은 울퉁불퉁한 단면도를 나타내지만, 그림 9-13에서 보듯이 격변론에 의한 광범위한 퇴적층은 뚜렷한 평행의 경계면이 나타난다. 이러한 사실은 전지구적 규모의 퇴적이 있었다는 사실을 추측할 수 있으며, 격변론에서 주장하는 전지구적 퇴적인 대홍수가 있었다는 사실을 뒷받침하는 증거가 된다.

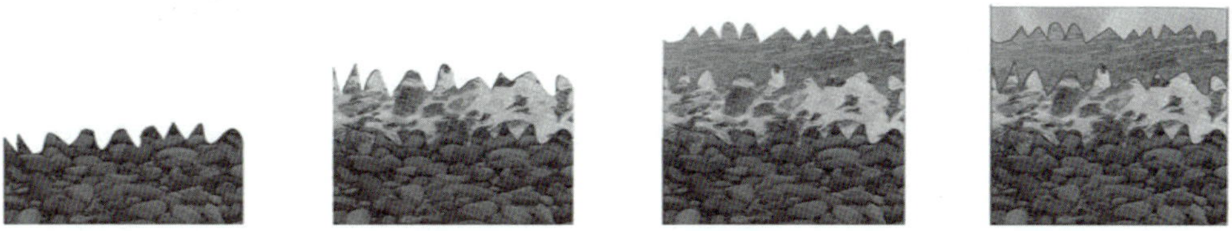

그림 9-12 **동일과정론**

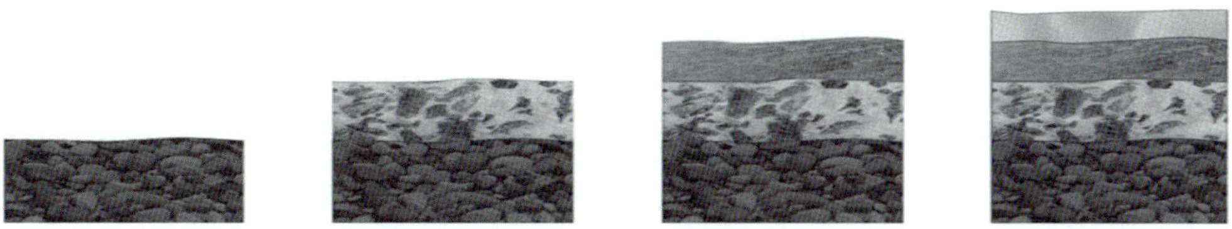

그림 9-13 **격변론**

---

1) 이 장의 격변론과 관련된 자료는 주로 한국창조과학회, 김명현박사의 성경과학세미나, 서민호교수의 창조과학 등의 자료에 근거하였다.

댐 붕괴 학설(Breached Dam theory)도 격변론을 지지한다

거대한 호수의 댐이 찢어지면서 캐니언(canyon)이 형성되었다는 '댐 붕괴 학설(Breached Dam theory)'에 따라 과거의 호수의 이름을 지질학자들이 호피호수, 캐니언랜드호수 등으로 명명하였다. 이 학설에 따르면, 카이바브의 지층대를 뚫고 호피호수가 터져 나왔고, 지질구조가 흔들리면서 캐니언랜드호수도 역시 터지게 되었다. 이 과정에서 마블캐니언이 형성되면서 그랜드캐니언으로 합쳐졌다. 그리고 한 번 형성된 캐니언이 더 넓어져 오늘날의 그랜드캐니언이 만들어진 것이다. 결론적으로 격변에 의해서 한순간에 캐니언이 생기게 된 것이 댐 붕괴 학설의 핵심이다.

그림 9-14 격변전후 지층 모습비교 (대홍수 전후 지층단면도)

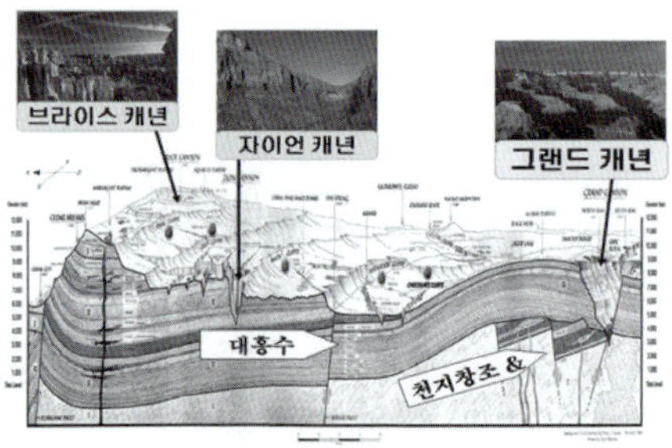

그림 9-15 지질구조의 연속성 (빙하)

2) 그랜드캐니언의 오징어 화석이 급격론을 지지한다

"그랜드캐니언에서 발견된 많은 오징어 화석이 미국 내륙 방향을 향한다."

그랜드캐니언의 지층 속에서는 고대 오징어 화석들이 대량으로 발견되었다. 오징어 화석과 물이 흘러가는 방향에는 상관관계가 존재한다. 오징어 화석은 일반적으로 유속이 매우 약하거나 정지된 물에서는 불특정한 방향으로 분포하고, 강하게 흐르는 물에서는 오징어가 삼각형 모양이므로, 저항이 가장 작은 윗부분이 물의 상류 쪽을 향한다. 한 가지 놀라운 사실은 그랜드캐니언에서 발견된 수많은 오징어 화석들이 대부분 왼쪽, 즉 태평양 쪽을 향하고 있다는 것이다. 만약 그랜드캐니언이 정지된 물에 의해서 형성되었다면 오징어 화석은 특정한 방향을 보고 있지 않았을 것이다.

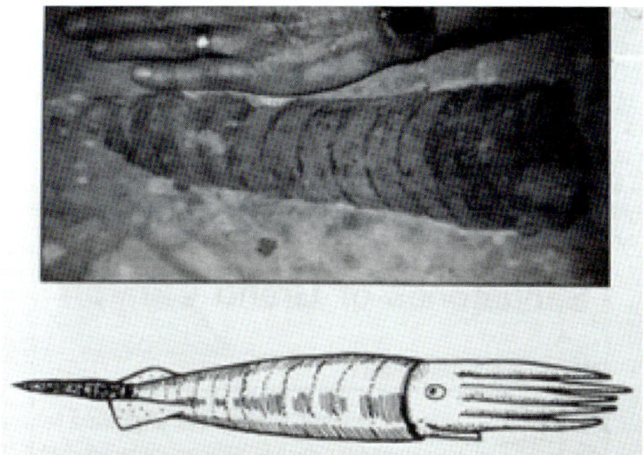

그림 9-16 그랜드캐니언에서 발견된 오징어 화석

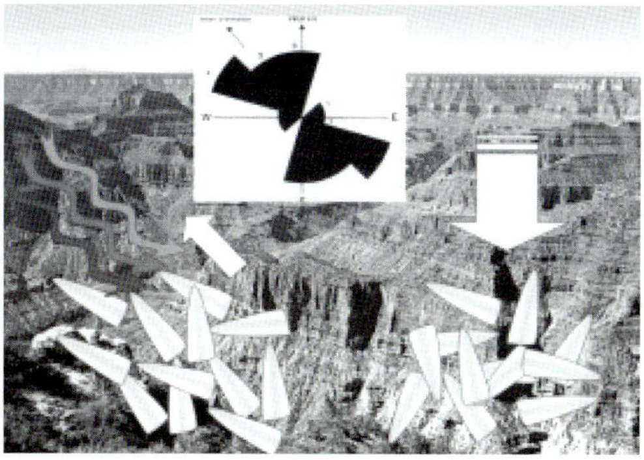

그림 9-17 미국 내륙 쪽을 향하고 있는 오징어 화석

3) 급격한 지층 형성의 증거

미국 워싱턴 주, 세인트 헬렌(St. Helen) 화산 폭발(1980. 5. 18)은 급격론을 지지한다.

미국 워싱턴 주 세인트 헬렌(St. Helen) 화산에서는 실제적으로 3일 만에 형성된 줄(층)무늬 퇴적층, 계곡, 석탄층 등이 형성되었고, 여러 지층을 한 번에 관통한 채 탄화되어 박혀 있는 나무인 '다지층 나무(polystrate tree fossils)'가 등장하였다. 이러한 사실을 통해 줄무늬 퇴적층은 장구한 세월(평균적으로 30cm 퇴적되는데 걸리는 시간은 5,000년 정도가 걸린다고 추정)에 걸쳐 형성되는 것이 아니라 하룻밤에 형성될 수 있다는 사실을 증명하였다.

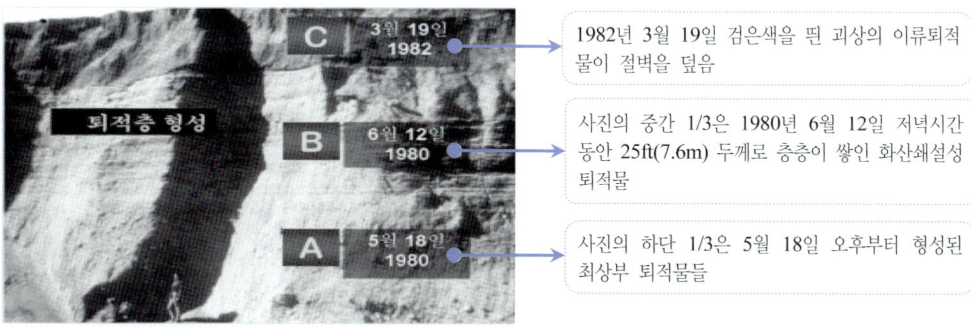

그림 9-18 세인트 헬렌(St. Helens) 화산 폭발로 형성된 줄무늬 퇴적층

그림 9-19 **다지층 나무 화석**

3 지형의 종류에는 어떤 것이 있을까요?

우리나라는 동고서저의 경동지형이 뚜렷하게 나타나는 곳이다. 경동성 지형이 형성되기까지 한반도의 지체구조를 그림 9-20과 같이 고생대에 먼저 우리나라의 육지가 만들어지고, 중생대에 랴오둥 방향 및 중국방향의 산맥이 만들어졌으며, 신생대 때 요곡운동에 의해 비대칭의 경동성 지형이 만들어졌다고 본다(그림 9-20 참조). 이러한 경동성 지형으로 인해 우리나라는 다음과 같은 특징을 가진다. 첫째, 태백산맥과 낭림산맥이 분수계 역할을 하고 있기 때문에, 대부분의 큰 하천은 서쪽, 소규모의 하천은 동쪽으로 흐른다. 이에 따라 남서쪽으로 갈수록 평야가 넓게 발달한 것을 확인할 수 있다. 둘째, 서해안과 동해안의 기온과 강수량에 영향을 미쳐 차이를 가져온다. 예를 들어, 겨울철 기온은 동해안이 서해안보다 높게 나타나는데, 이는 차가운 북서계절풍을 낭림산맥과 태백산맥이 차단하기 때문이다. 아울러, 강수량의 경우 서해안이 동해안보다 높게 나타나는데, 이는 서해안이 바람받이 지역이기 때문이다. 셋째, 동서방향의 교통로보다 남북방향의 교통로가 발달한다. 산맥으로 인해 생긴 단절은 동서 간의 언어 문화적 차이를 발생시킨다. 이처럼 지형은 인간생활의 전반에 영향을 미친다. 다음은 이러한 지형의 종류와 특징을 간단하게 설명하고자 한다.

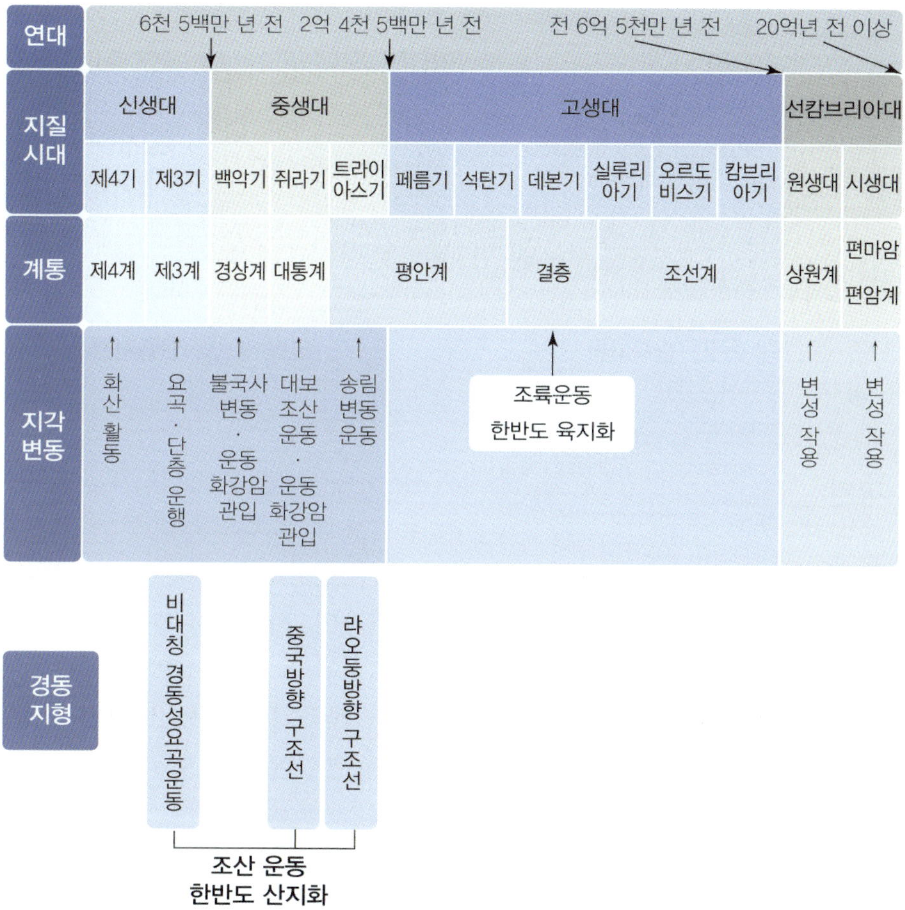

그림 9-20 **우리나라의 지체구조**

1. 산지 지형

1) 산지

산지는 해발고도가 높고, 고도차가 심하며, 경사가 급한 지형으로 조산운동(습곡, 단층)이나 조륙운동(융기)을 받아 형성되며, 외적 영력을 받아 변형된다. 산지는 구조에 따라 습곡 산지와 단층 산지로 나뉜다. 습곡 산지에는 생성된 시기에 따라 고기 습곡 산지와 신기 습곡 산지가 존재하며, 단층 산지에는 지루 산지와 경동 지괴 산지로 구분된다.

그림 9-21 **습곡지형**

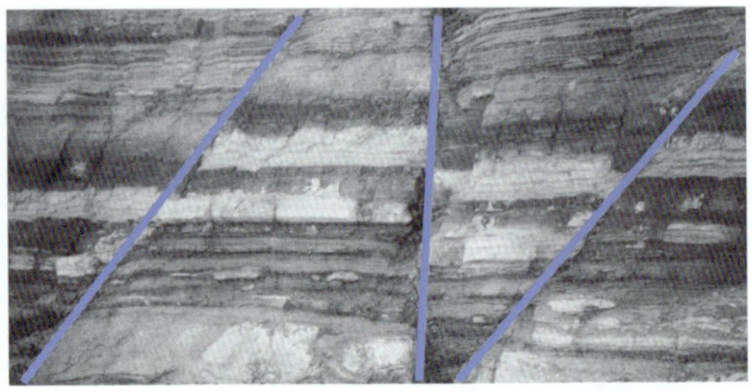

그림 9-22 **단층지형**

2) 고원

고원은 비교적 고도가 높고, 기복이 작으며, 평탄한 지형을 말한다. 고원과 구릉지는 산지보다는 해발고도가 낮고, 비고가 작으며, 사면 경사가 보다 완만하다. 고원은 원래 평탄했던 지형이 융기함으로써 형성된다. 고원 중에는 데칸 고원이나 컬럼비아 고원과 같이 용암 대지를 이루는 것도 있다. 이에 비하여 구릉지는 대체로 고원보다 고도가 낮으며, 산지 또는 고원의 주변을 따라 고립된 구릉들이 산재한 형태로 나타나는 경우가 많다.

3) 고위 평탄면

평탄면이란 침식에 의하여 저평화된 지형면을 말한다. 고위 평탄면이란 해발고도가 높은 곳에 평탄면이 위치해 있는 지형이다. 이러한 지형은 주로 중생대 후대동기 조산운동 이후 한반도는 오랫동안 풍화와 침식을 받아 평탄면이 형성되었다. 그 후 신생대 제3기 경동성 요곡운동(일종의 융기)의 결과 해발고도가 높은 곳으로 침식 평탄면이 올라가게 된 것이다. 그런데 대부분은 하천 골짜기를 중심으로 침식을 받아왔고, 융기 후에도 침식 평탄면이 부분적으로 남아 있는데, 이를 고위 평탄면이라 한다.

4) 산맥 구분의 두 가지 쟁점, 산경도와 산맥도 어떤 것이 맞을까요?

산맥을 분류하는 대표적인 방법으로는 가시적 경관을 중심으로 분류하는 산경도와 지질 구조선을 중심으로 분류하는 산맥도가 있다.

지형학백과사전(The Encyclopedia of Geomorphology; Fairbridge, 1968)에 의하면 산맥은 규모나 연속성이 판단의 기준으로, 산맥의 형성과정은 상관없다(without reference to genesis)는 것에 근거하여 국토연구원에서 기존 산경도의 맥락을 강조한 새산맥지도를 만들었다(김영표 · 임은선 · 김연준, 2004: 36-37).

그러나 지질학 사전(Glossary of Geology; Bates and Jacksons, 1968)에 의하면 산지 윤곽을 거시적 · 개괄적으로 파악하고 있다. 즉 산맥은 산체의 규모(scale)와 연속성(continuity), 형성과정(genesis)으로 파악하고 있다.[2)]

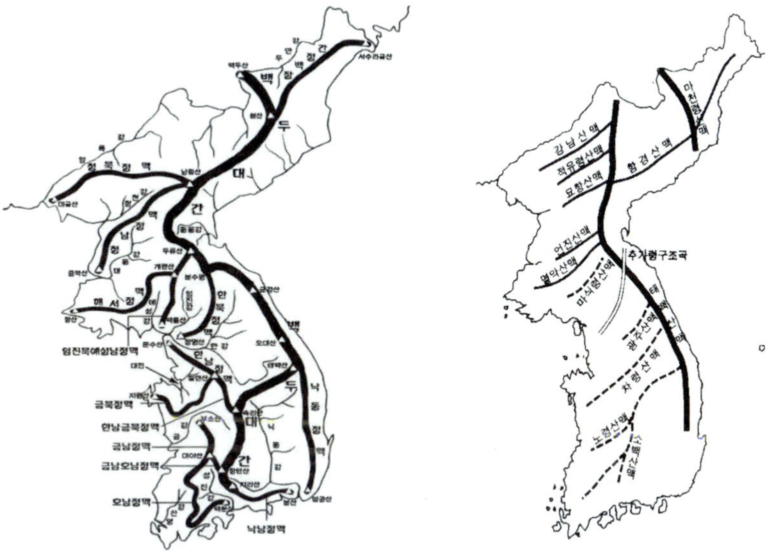

그림 9-23 **산경도(좌), 산맥도(우)**

2) "Mountain systems: A group of mountain ranges exhibiting **certain unifying features, such as similarity in form, structure, and alignment, and presumably originating from the same general causes.**" "Mountain ranges: A single, large mass consisting of a succession of mountains or narrowly spaced mountain ridges, with or without peaks, closedly related in **position, direction, formation, and age.**"

따라서 산맥을 분류할 때 관점에 따라 가시적 경관을 중심으로 하거나 지질 구조선을 중심으로 산맥을 분류할 수 있다.

(1) 조상들이 인식하던 가시적 경관중심의 산맥분류

먼저 우리나라 조상들이 인식해오던 산경표에 의한 산맥 구분에 대하여 알아보자. 우리나라의 전통적 구분 방식의 특징은 산맥을 지표면에 나타난 그대로 인식하려고 하였다는 점이다. 조상들의 국토관을 잘 나타내 주는 풍수지리 사상에서는 산을 땅의 기운인 지기(地氣)가 흐르는 통로라고 생각하였다. 명당의 입지 조건에서 좌청룡, 우백호라고 하는 것들이 모두 산을 의미하는 것이다. 따라서 산은 지표면상에 나타난 산체 그대로 인식하는 것을 원칙으로 했다.

한편 산맥의 명칭은 산의 흐름을 따라가면서 대간(大幹), 정간(正幹), 정맥(正脈) 등으로 위계를 정하여 부여하였다. 백두산에서 흘러 내려오는 주요한 산맥은 백두대간, 두만강 상류까지 이어지는 산맥은 장백정간이라 하고, 백두대간에서 흘러나오는 모든 산맥의 곁가지들은 정맥이라 불러 그 계층성을 보여 주고 있다.

산맥을 지표면에 나타나 있는 그대로 파악하는 방식은 지방 문화의 이해에 도움을 준다. 왜냐하면 하천을 이용한 물자나 사람의 이동이 많았던 과거에 하천은 유역 분지 내의 지역을 하나로 묶는 역할을 했지만, 물길을 가르는 분수계의 역할을 하는 산은 교통의 흐름을 차단했기 때문에 각 지방의 고유문화가 발달할 수 있었다. 하천의 지역 통합 기능은 고대로 올라갈수록 낙동강 유역 문화권, 금강 유역 문화권, 한강 유역 문화권 등 하천을 중심으로 독특한 특성을 가진 문화권이 발달했었다는 사실로 알 수 있다. 이와 같이 우리의 전통적인 산맥 구분 방식은 옛 사람들의 지역 단위 인식에 중요한 지표 역할을 했다. 판소리를 동편제와 서편제로 나누는 데 호남 정맥이 그 기준이 되었음은 산경표를 보면 쉽게 알 수 있다.

근대지질학에 근거한 지질구조선에 의한 산맥분류와 전통적 산수 인식체계에서 출발한 가시적 경관에 의한 산맥분류는 어느 한쪽이 옳고, 잘못되었다기보다는 관점의 차이로 우리국토의 지형을 더 잘 이해하는 데 상보적 역할을 한다고 볼 수 있다.

(2) 일본 지질학자에 의한 지질 구조선 중심의 산맥 분류

지형학에서의 산맥 구분은 근대 지질학의 지질구조선에 의한 지형 형성 과정과 관련되어 있다. 우리나라는 비교적 오래 전에 형성된 고기 조산대에 속하는 지역으로, 지금으로부터 약 9,000만 년 전인 중생대 쥐라기 때 태평양에서 오는 횡압력을 받아 북동에서 남서 방향으로 많은 쪼개짐, 즉 절리와 단층선이 생기게 되었다. 이렇게 높은 압력을 받아 형성된 단층선은 주변 지역에 비해 비교적 암석 구조가 약하기 때문에 대개의 하천들이 이 단층선을 따라 흐르게 되었다.

우리나라의 대하천이 대부분 북동에서 남서 방향으로 흐르게 된 것도 중생대 후대동기 조산 운동의 결과라고 할 수 있다. 반면 하천이 흘러가는 구조선과 구조선 사이는 상대적으로 침식을 적게 받아 비교적 높은 산지를 이루게 되었다. 묘향산맥 · 멸악산맥 등의 랴오둥 반도 방향 산맥과 광주산맥 · 차령산맥 · 노령산맥 등의 중국 방향 산맥은 모두 구조선 사이의 산지들로 이루어진 산맥이다.

이러한 횡압력을 받았을 때의 지각이 비교적 말랑말랑한 신생대에 형성된 육지였다면 이것이 습곡 운동으로 이어져 우리나라는 더욱 높은 산지를 이루게 되었을 것이다. 한편 약한 단층선의 지각을 뚫고 용암이 흘러나와 단층선 주변에는 용암 대지(철원의 용암 대지)와 온천이 발달했다. 충청도의 온양온천, 덕산온천, 수안보온천, 강원도 양양의 오색온천 등은 옥천 지향사에 분포하는 온천으로 북동에서 남서 방향으로 위치해 있다.

그런데 이러한 지질 구조선 사이를 산맥으로 보는 시각에는 문제점이 없을까? 차령산맥의 흐름을 잘 살펴보자. 남한강이 산맥의 흐름을 차단한 채 유유히 흐르고 있지 않은가? 산경표식 산맥 구분에서는 분수계 역할을 하는 현존하는 산이 하천의 흐름을 결정하는 기준이기 때문에 이런 일이 절대로 일어나지 않는다. 그러나 지질 구조선을 기준으로 하는 산맥론에서는 지질 구조선이 형성된 이후 침식을 받는 과정에서 그 지역의 침식 환경, 즉 암석의 특징, 기후, 식생 등의 영향으로 산맥이 끊길 수도 있다. 때문에 이러한 곳에서는 하천이 산맥을 넘어 흐르는 현상이 발생할 수도 있다는 것이다.

(3) 국토연구원의 새 한반도 산맥지도 등장

2005년 국토연구원은 첨단 과학기술을 사용하여 100년 만에 오류를 바로 잡는 한반도의 산맥지도를 발표하였다. 이 지도는 위성영상처리 및 지리정보시스템(GIS)의 공간분석기법 등이 활용되었으며, 이는 1903년 일본인 지질학자 고토 분지로(小藤文次郎)가 작성한 산맥지도와는 판이하게 다른 것으로 나타났다. 기존의 지도

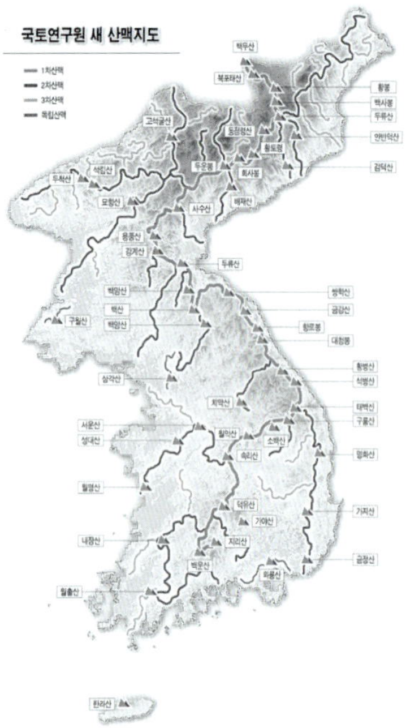

그림 9-24 새 산맥지도

에는 14개 산맥체계가 나타난 것에 반해, 최신의 지도는 총 48개의 크고 작은 산맥들로 형성돼 있는 것으로 나타나 많은 수정이 이루어졌다. 48개의 산맥의 구성은 가장 높고 긴 1차 산맥 1개, 이 산맥과 바로 연결된 2차 산맥 20개 그리고 나머지 3차 산맥 24개로 되어 있었다.

특히 지금까지 알려진 상당수의 산맥은 사실상 노년기 상태인 구릉으로 더 이상 산맥으로 분류하기 힘든 것으로 나타났다. 반면 개마고원 내부지역이나 마천령, 함경산맥 등이 지나는 높은 산지에는 크고 작은 산줄기들이 여러 방향으로 이어져 있었다. 특히 한반도의 등뼈에 해당하는 백두대간이 총 연장 1,494km에 걸쳐 끊이지 않고 형성되었음을 확인하였다. 이전 산맥도에서는 낭림산맥과 태백산맥이 추가령 구조곡을 사이에 두고 단절된 것으로 지도하였다.

새로운 산맥지도에서 눈길을 끄는 것은 김정호(金正浩)의 대동여지도(大東輿地圖)의 정확성과 가치가 확인됐다는 것이다. 주요 산맥의 방향이나 위치의 모습이 매우 유사하게 나타나, 국토연구원 관계자는 '마치 습자지를 대고 그린 듯하다'는 표현을 하기도 했다.

2. 평야 및 하천 지형

1) 구조 평야

두껍게 쌓인 퇴적암 층이 습곡이나 단층작용을 받지 않고 융기하여 발달한다. 안정된 육지가 풍화 · 침식을 받아 평탄해진 지형이다. 주로 순상지나 고기 조산대 주변(동유럽 대평원, 북미 중앙 평원, 시베리아 평원, 팜파스, 아마존 저지 등)에 분포한다.

2) 충적 평야

하천 퇴적 작용에 의해 형성된 지형으로 선상지, 범람원, 삼각주로 구분된다.

충적 평야는 대부분이 비옥하여 농경지로 주로 이용되며, 자연제방에는 열촌이 발달하는 것이 특징이다.

3) 감조하천

하천의 하구부근에서 조석 간만의 영향으로 수위가 주기적으로 변하는 하천을 말한다. 서해와 남해로 유입하는 대부분의 하천 하구에서 보통 만조 시는 해수가 하천으로 역류하기 때문에 염해나 홍수해를 입는다. 따라서 감조하천으로 인한 염해나 홍수해를 방지하기 위하여 방조제와 하굿둑을 건설한다.

4) 곡류하천

범람원과 같은 넓은 퇴적평야 위를 흐르는 소규모 하천의 하류에 발달하는 자유 곡류하천과 신생대 제3기 이전에 자유 곡류하던 하천이 지반이 융기(신생대 제3기 경동성 요곡)하자 원래의 유로를 따라 깊은 골짜기를 형성하며 흐르는 하천인 감입 곡류하천으로 분류한다.

3. 해안 지형

1) 해안 퇴적 지형

연안류나 파랑으로부터 보호되는 만이나 섬의 후미진 곳에 잘 발달하며, 대표적인 해안 퇴적 지형으로는 간석지(갯벌: tidal mud-flat), 석호(lagoon), 해빈(beach), 해안사구(coastal sand dune) 등이 있다(그림 9-28 참조).

2) 해안 침식 지형

파랑의 에너지가 집중되는 해안의 돌출부에 잘 발달하며, 대표적인 해안 침식 지형으로는 이수 해안, 침수 해안이 있으며, 침수 해안에는 리아스(rias)식 해안, 아드리아(adriatic)식 해안, 피오르드(fjord)식 해안, 그리고 테임즈·세느·르와르 강, 한강·대동강 하구와 같은 삼각강(estuary) 등이 있다(그림 9-26와 그림 9-27 참조).

그림 9-25 피오르드식 해안, 뉴질랜드

그림 9-26 빙하지형, 뉴질랜드

3) 해안선

해안선은 퇴적 또는 융기로 인하여 해안선이 바다로 전진하는 경우의 이수 해안과 침식 또는 침수로 인하여 해안선이 육지 쪽으로 후퇴하는 경우의 침수 해안 등으로 분류한다. 이수 해안은 삼각주, 사주, 맹그로브, 산호 등이 발달하며, 해안선은 대체로 단조롭다는 특징이 있다. 침수 해안의 경우 리아스식 해안, 아드라아식 해안, 피오르드식 해안 등이 존재한다.

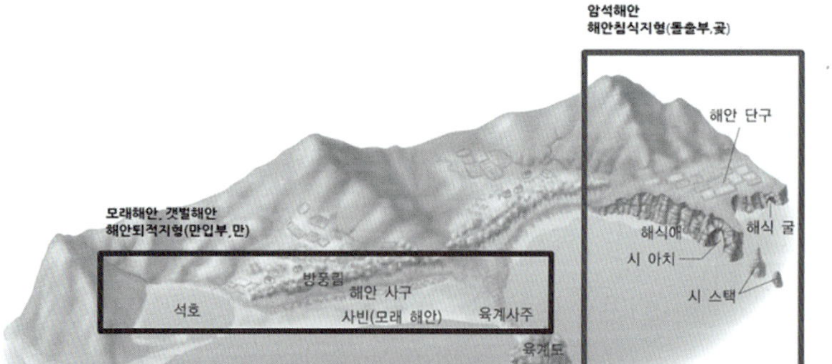

그림 9-27 해안 지형의 모식도

방조제, 둑, 댐

방조제(防潮堤)는 단순히 조수나 해일의 피해를 막기 위해 쌓은 제방을 말하며, 하굿둑은 바다로부터 염수의 역류를 막는 기능 외에 배수 갑문을 통해 하천의 정상적인 기능과 하천수의 이용, 홍수 조절, 배가 다닐 수 있도록 수위 조절 등 여러 가지 기능을 가진 둑으로써 유기적인 조작이 가능한 댐이다. 금강의 경우 하굿둑 길이 1,841m 중 배수 갑문이 714m, 방조제가 1,127m이다. 현재 영산강(4,350m 1981년 완공), 낙동강(2,400m 1987년 완공), 금강(1989년 완공)에 하굿둑이 건설되어 있다. 댐은 산간계곡이나 하천을 횡단하여 저수(貯水) · 토사유출방지 · 취수(取水) · 수위상승(水位上昇) 또는 붕괴방지를 위하여 만들어진 구조물로 하천의 중상류지역에 주로 건설한다.

4 여행하면서 만나는 흥미로운 땅모양(지형)은 어떻게 설명해야 할까요?

1. 여름철 얼음이 어는 얼음골들의 공통점은 무엇일까요?

너덜지대(talus)는 학술용어로 애추(崖錐)라고 부르는데, 일본식 한자용어이다. 애추라는 용어에 해당하는 우리말은 너덜지대이다. 너덜지대는 우리나라 산지 곳곳에서 볼 수 있는 가장 흔한 지형이다. 우리나라에서 너덜지대의 대표적인 곳으로는 한여름에 고드름이 맺히는 곳으로 유명한 경남 밀양 천황산의 얼음골이 있다. 얼음골의 얼음은 이러한 너덜지대에서만 발달하고 있어서 흥미롭다. 예를 들면, 밀양의 얼음골과 더불어 의성의 빙계계곡, 청송의 얼음골 등지가 모두 너덜지대이다.

천왕산 북쪽 중턱 해발 700m에 이르는 약 9,000평의 계곡은 삼복더위에 얼음이 얼고, 처서가 지날 무렵 얼음이 녹는 신비로운 이상 기온 지대이다. 협곡과 기암으로 절경을 이룬 여름철 피서지의 명소이다(천연기념물 제224호).

삼복더위의 한여름에도 얼음이 형성되는 이유는 수십 m 두께의 암석퇴적층 아래에 놓여 있는 수계가 외부에 노출되지 않아 태양에너지를 거의 받지 못하게 되어 지표상에 존재하는 수계에 비해서 기온이 훨씬 낮다. 또한 외부에서 유입된 공기는 암석퇴적층 사이의 공극을 통과하면서 속도가 빨라지고 압력 또한 높아지게 되어 기온은 하강한다. 이 상태의 공기가 이미 차가운 상태에 있는 수계나 심층의 암석을 통과하면서 더욱 냉각되어 뜨거운 외부로 유출될 때 결로 현상으로 생긴 물방울이 너덜지대 내부에서 유출되는 냉풍과 잠열효과에 의해서 급랭되어 얼음이 형성된다(그림 9-29 참조).

그림 9-28 **밀양 얼음골**

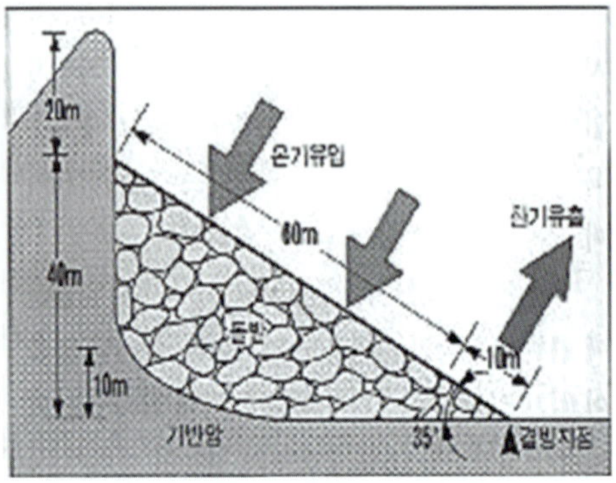

그림 9-29 **밀양 얼음골의 단열냉각현상**

2. 돌들이 어떻게 해서 떼를 지어 모여 있을까요?

돌강은 암괴가 집단으로 사면 경사를 따라 비교적 길고 좁게 흘러내린 지형이다. 과거 주빙하작용을 받은 온난 습윤한 기후지역에서 잘 형성된다. 빙기 때 활발했던 동결·융해작용으로 점토, 세사 등의 세립물질이 진행되어 일어나는 동활침식(solifluction) 현상으로 형성되었다. 돌강은 부산의 경우 금정산과 장산에 잘 발달되어 있다.

그림 9-30 **돌강**

너덜지대와 돌강의 차이는 돌강의 돌이 비교적 둥근 반면, 너덜지대의 돌은 모가 나 있어서 조금만 주의를 기울이면 두 지형 간의 차이를 쉽게 이해할 수 있다. 너덜지대 역시 돌강과 더불어 우리나라가 주빙하기 후 환경에 놓여 있을 때 만들어진 지형이다. 먼저 너덜지대는 돌강에 비해서 돌이 비교적 작다. 예를 들면, 돌강의 돌은 크기가 보통 1m 이상이며 큰 것은 10여 m에 달하는 것도 있다. 그러나 너덜지대의 돌은 크기가 주로 1m 이하의 것이 대부분이다. 또 돌의 모양에서도 돌강의 돌은 주로 둥근 형태를 보이는데 비해서, 너덜지대의 돌은 각이 진 형태를 보인다. 가장 큰 차이점 중 하나는 돌강은 경사가 완만한 반면(15° 내외), 너덜지대는 약 30° 정도로 급한 경사를 보인다.

3. 가마솥 바위, 벌집바위는 어떻게 생겨났을까요?

바위에 구멍이 나 있는 것은 물리적 또는 화학적 풍화로 만들어지는데, 바위의 윗면에 구멍이 만들어져 있으면 가마솥을 닮았다고 해서 가마솥 바위(gnamma)로 부르는 반면, 바위의 옆면에 구멍이 만들어져 있으면 벌집을 닮았다고 해서 벌집바위(tafoni)라 한다. 우리나라에서 가장 전형적인 곳은 전라북도 진안에 위치한 마이산으로, 산의 옆면에 폭탄을 맞은 것처럼 여기저기 움푹 파인 곳이 무수히 나타나는데 이것이 벌집바위이다. 특히 마이산은 산사면 전체가 군데군데 움푹 파여 있고 산의 모양은 거대한 콘크리트 구조물 같이 보인다.

그림 9-31 **마이산의 타포니**

4. 석회동굴과 용암동굴의 차이는 무엇일까요?

석회동굴은 지하수가 석회암층에 생긴 절리를 따라 흘러 들어가 침식하여 생긴 동굴로 종유석, 석주, 석순등과 같은 생성물들이 있다. 용암동굴은 용암이 분출하여 흘러내려갈 때 공기에 접한 부분은 냉각됨으로써 용암의 표면이 굳어져 흐름이 멎게 되어 동굴틀을 만들고, 굳지 않은 내부의 뜨거운 용암은 계속 흐름으로써 빈공간으로 생긴 동굴을 용암동굴이라고 한다. 용암동굴 내벽에서는 용암이 흐른 자국이 나타난다. 그 외 해안동굴도 있다. 주된 석회동굴명소는 강원도 영월에 있는 고씨굴, 연하굴, 용담굴, 삼척의 관음굴, 환선굴, 명주의 옥계굴, 서대굴, 정선의 화암굴, 산호굴, 충북 단양의 고수굴, 천동굴, 노동굴과 경북 울진의 성류굴, 안동의 미림굴 등이 있다. 이 가운데에서도 정선의 화암굴에는 국내 최대 규모의 대형석순이 있으며, 산호굴에는 희귀한 동굴산호가 있다.

5 지형은 사회과 교육과정에 어떻게 반영되어 있을까요?

표 9-2는 2015 개정 사회과 교육과정에서의 지형과 직접적인 관련이 있는 '자연환경과 인간생활' 영역 중 지형과 관련된 내용의 체계이다.

표 9-2 지형 관련 내용체계

영역	핵심 개념	일반화된 지식	내용 요소			기능
			3~4학년	5~6학년	중학교 1~3학년	
자연환경과 인간생활	지형 환경	지표상에는 다양한 지형 환경이 나타나며, 지형 환경은 특정 지역의 생활양식에 중요하게 작용한다.		• 국토의 지형 환경	• 산지지형 • 해안지형 • 우리나라 지형경관	인식하기 표현하기 지도읽기 수집하기 기록하기 비교하기 활용하기 실행하기 해석하기
	자연 – 인간 상호 작용	인간생활은 자연환경과 상호작용하면서 이루어지고, 자연환경은 인간 집단의 활동에 의해 변형된다.	• 고장별 자연환경과 의식주 생활 모습 간의 관계 • 고장의 지리적 특성과 생활 모습 간 관계, 고장의 생산 활동	• 국토의 자연재해와 대책 • 생활 안전 수칙	• 열대 우림 지역의 생활 • 온대지역의 생활 • 기후 환경 극복 • 산지 지역의 생활 • 해안 지역과 여행 • 자연재해와 인간생활	

'자연환경과 인간생활' 영역에서의 '지형 환경' 개념은 초등학교 3~4학년에서는 직접적으로 다루지 않고, 5~6학년에서야 '국토의 지형 환경'을 학습하고, 중학교 1~3학년에서 '산지지형', '해안지형', '우리나라 지형경관'을 지형학습 내용요소로 선정하여, 제8장에서 언급한 기후와 비슷한 모습을 보이고 있다. 즉 지형환경은 초등학교 고학년에서 국토의 지형환경에 대한 기본적인 내용을 학습하고, 이후 중학교에서 본격적으로 산지, 해안 그리고 우리나라의 구체적인 지형경관에 대해 학습하는 구조로 이루어져 있다. 이러한 교육과정의 구조는 지형환경에 대한 개념이 기후환경과 마찬가지로 학습자에게 다소 어려운 주제들이기 때문이다.

다음으로 '자연－인간 상호작용'은 초등학교 3~4학년에서 고장과 연관시켜 지형학습에서 지역화를 시도하여 학생들이 쉽게 접근할 수 있도록 한다. 또한 지형만을 독립적으로 다루지 않고, 생활 공간에 절대적인 영향을 미치는 자연환경에 초점을 맞추고 있다. 초등학교 5~6학년은 2015 개정 교육과정이 강조하는 '안전'을 반영하고자 하는 노력의 일환으로 자연재해와 관련한 내용 요소들을 발견할 수 있다. 중학교 1~3학년에서는 앞서 '지형 환경'에서 배운 내용과 결합하여 인간과 자연 간의 상호작용을 연계하여 다루게 된다.

이처럼 교육과정에서 지형 학습을 통합적으로 제시하는 이유는 교육을 위한 학습이기 때문이라 할 수 있다. 이제까지의 지형 교육은 이의 없이 받아들여야 하는 사실로서의 내용, 즉 부여된 내용을 어떻게 가르칠 것인가에 초점이 맞추어져 왔다. '무엇'은 이미 주어져 있고, '왜'는 의심의 여지없이 주어진 내용을 가르치는 것 그 이상도 이하도 아니었다. 당연히 흥미로우면서도 정확히 이해할 수 있는 학습방법이 주 관심사가 된다. 반면, 지형학습이 학습자들의 삶에 어떤 의미가 있을까? 세상의 무엇을 보기 위해 지형적 안목을 기를까? 지형 교육을 통해 기르고자 하는 인간상은 어떤 모습일까? 등은 관심 밖에 있었다. 그러나 지형학과 지형교육은 분명히 다르다. 가르침이라는 교육적 형식은 같을지 모르지만 목적은 다르다. 전자가 지형의 형성 요소와 과정에 관심을 가진다면, 후자는 지형을 배울 학습자들에 초점이 맞추어져 있다. 왜 가르치는지? 무엇을 가르칠 것인지? 어떻게 가르칠 것인지? 평가는 어떻게 할 것인지? 교육과정은 어떻게 구성할 것인지? 등 모두가 지형을 배울 학습자에게 맞추어져 있다. 그래서 전자를 '지형학을 위한 교육'이라 하고, 후자를 '지형학을 통한 교육'이라 한다.

지형 관련 웹사이트

http://www.neins.go.kr/ 국토환경정보센터
http://www.lx.or.kr/lx/ 한국국토정보공사
http://dokdo.ngii.go.kr/ 독도지리넷
http://www.ilovesea.or.kr/ 해양교육넷, 해저지형정보 제공

생각해 볼거리

1. 지형 형성에 대한 두 가지 관점을 논의해 봅시다.

2. 동일과정론과 격변론의 차이점을 설명해 봅시다.

3. 우리나라의 지체 구조에 대해서 설명해 봅시다.

4. 산경도와 산맥도의 차이점에 대해 설명해 봅시다.

5. 얼음골에 얼음이 어는 원리에 대해 설명해 봅시다.

6. 둑, 댐, 방조제의 차이점에 대해 말해 봅시다.

7. 초등학교에서 지형을 어떻게 가르치면 좋을지를 설명해 봅시다.

Q&A

IV부 내용과 연관된 교원 임용 기출문제

1 다음은 5학년 사회과 '환경문제' 단원에 대한 수업 전개 과정의 일부이다. 물음에 답하시오. [총 5점]

2005 초등 교사 임용시험 문제

학습 목표: 우리나라의 자연 재해와 환경오염 문제를 조사한다.

내 용	교수 · 학습 활동
자 연 재 해	자연 재해 관련 자료를 재해의 종류에 따라 분류하기 ㉠ 기후 그래프를 보고 홍수와 가뭄 등의 발생 지역과 시기 알아보기
환 경 문 제	뉴스와 영화 등에 나타난 도시화 · 산업화로 인한 환경오염 사례 발표하기 ㉡ 우리 동네의 공기와 하천의 오염 및 소음 정도를 야외 조사하기

1) ㉠을 지도하기 위해서는 기후 그래프가 필요하다. 다음 자료를 보고 4월부터 7월까지의 기후 그래프를 그리시오. [2점]

구분 \ 월	1	2	3	4	5	6	7	8	9	10	11	12
기온(°C)	0	2	7	15	20	23	26	26	21	15	9	3
강수량(mm)	35	26	24	25	50	125	400	396	106	43	23	7

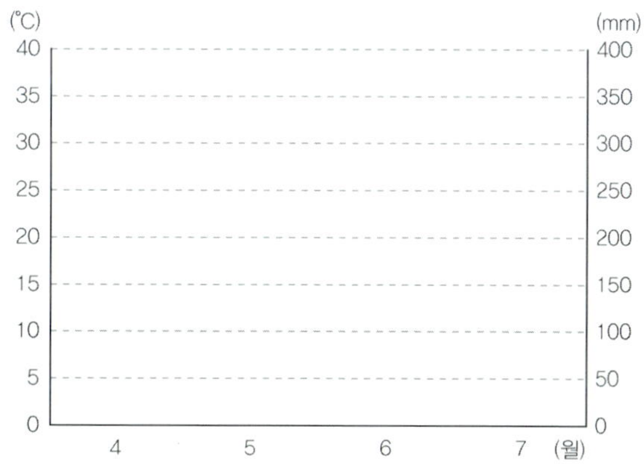

2 다음은 '세계 여러 지역의 전통 가옥과 기후의 관계'를 주제로 한 수업 과정을 간략히 나타낸 것이다. 물음에 답하시오. [4점]

2013 초등 교사 임용시험 문제

학습 목표: 우리나라의 자연 재해와 환경오염 문제를 조사한다.

단 계	교수 · 학습 활동
문제 제기	교사: (세계 여러 지역의 전통 가옥의 모습을 나타내는 사진을 보여주면서) 세계 전통 가옥의 모습은 왜 이렇게 다양할까요?
㉠	학생: (다양한 대답을 한다.) 교사: 여러분의 답변을 정리하면, '세계의 전통 가옥은 기후의 영향을 많이 받아 다양한 모습으로 나타난다.'는 것입니다.
탐색	교사: (㉡)
입증	교사: 조사한 결과를 정리해 봅시다. 학생: 건조한 지역에는 흙벽돌집,눈과 비가 많은 곳에는 지붕의 경사가 급한 집, 북극권에는 이글루 등이 나타납니다. (중략) 교사: 그렇다면, 세계 여러 지역의 전통 가옥의 모습에 영향을 미치는 중요한 기후 요소 두 가지는 무엇일까요? 학생: (㉢)와(과) (㉣)입니다. 교사: 이제, 그 조사 결과가 정확한지,또 우리가 제기한 문제에 대한 대답으로 적합한지 생각해 봅시다. 학생: (수집한 자료를 분석하고 평가한다.)
일반화	교사: 우리가 처음에 제기한 질문에 대답해 볼까요? 학생: 세계의 전통 가옥의 모습은 그 지역의 기후로부터 많은 영향을 받습니다.

3) ㉢과 ㉣에 알맞은 용어를 쓰시오. [1점]

•㉢: ________________ •㉣: ________________

3 (가)는 사회과 평가 문항의 예시이고, (나)는 이에 대한 교사와 예비교사의 대화이다. 물음에 답하시오. [4점]

2015 초등 교사 임용시험 문제

(가)

〈예시 1〉 다음 낱말 카드가 나타내는 국가는 어느 대륙에 위치합니까?

인구 대국	타지마할	힌두교	갠지스 강

① 유럽 ② 아시아 ③ 아프리카 ④ 아메리카 ⑤ 오세아니아

〈예시 2〉 〈보기〉에서 옳지 않은 설명을 모두 고른 것은 어느 것입니까?

〈보 기〉

ㄱ. 영역이란 한 국가의 주권이 미치는 범위이다.
ㄴ. 강우량이란 어떤 곳에 일정 기간 동안 내린 물의 총량이다.
ㄷ. 열대 우림 기후란 연중 기온이 높고 건기와 우기가 뚜렷한 기후이다.
ㄹ. 경선이란 본초자오선을 기준으로 일정한 간격으로 그은 남북 방향의 세로선이다.

① ㄱ, ㄴ ② ㄱ, ㄷ ③ ㄴ, ㄷ ④ ㄴ, ㄹ ⑤ ㄷ, ㄹ

(나)

교사: 사회과 평가 문항들을 살펴보고 평가 요소, 수업에 주는 시사점 및 채점 기준에 대해 이야기를 나눠봅시다.

예비교사A: 〈예시 1〉과 〈예시 2〉는 사회과 평가 영역 중에서 지식 영역을 측정하는 문항입니다. 특히 〈예시 1〉은 (㉠)의 습득 여부를, 〈예시 2〉는 개념의 이해 정도를 측정합니다.

예비교사B: 〈예시 2〉를 통해 학생들의 ㉡오개념을 파악할 수 있고, 이를 수업에 반영할 수 있습니다.

예비교사C: 〈예시 3〉은 자료 분석 능력을 평가하는 데 유용합니다. 그런데 학생들의 반응이 다양하여 ㉢채점의 어려움이 있습니다.

2) ㉡에 해당하는 것 2가지를 〈예시 2〉의 〈보기〉에서 찾아 기호를 쓰고 그 내용을 바르게 고치시오. [2점]

- ______________________
- ______________________

4 (가)와 (나)는 사회과 교수 · 학습 과정안이다. 물음에 답하시오. [4점]

2017 초등 교사 임용시험 문제

(가)

수업목표	우리 문화를 세계에 알리는 홍보물을 만들고, 세계 문화 발전에 기여하는 자세를 지닐 수 있다.
도입	• ㉠ <u>김치, 한복, 한옥, 한글, 효 사상, 탈놀이</u> 등의 사진 살펴보기 • 학습 문제 확인하기
전개	• 학습 활동 안내하기 **| 활동 1 |** 우리 문화에 대하여 이야기하기 - 우리 문화의 독창성 이야기하기 - 자랑하고 싶은 우리 문화 찾아보기 **| 활동 2 |** 세계에 우리 문화를 알리기 위한 홍보물 만들기 - 외국인에게 자랑하고 싶은 우리 문화 정하기 - 모둠별로 다양한 홍보물 만들기 **| 활동 3 |** 홍보물 발표하기 - 모둠별로 만든 홍보물 발표하기 - 홍보물 제작 · 발표를 통해 느낀 점 나누기
정리	• 세계문화 발전에 기여하려는 자세 지니기 • 우리 문화에 관심을 가지고 문화를 계승 · 발전시키기 위한 마음 다지기

(나)

수업 목표	우리나라의 지형도에서 평야가 주로 어디에 발달해 있는지 조사하고 그 까닭을 설명할 수 있다.
도입	• 탐구 문제 파악하기 -지형도에서 평야의 위치 찾아보기 ▶ 주로 서쪽과 남쪽에 발달해 있음 -평야의 속성 알아보기 ▶ 넓고 평평한 땅으로서, 주로 강의 하류에 나타남
전개	• 가설 설정하기 • 탐색하기 • 정보 수집 및 분석하기 **| 활동 1 |** 산지 분포의 특징 알아보기 - [자료 1]에서 산과 산맥의 위치 찾아보기 **| 활동 2 |** 강 흐름의 특징 알아보기 - [자료 2]에서 강의 위치 찾고 흐름 알아보기
정리	• ㉡<u>증거를 통해 결론 내리기</u>

[자료 1]

[자료 2]

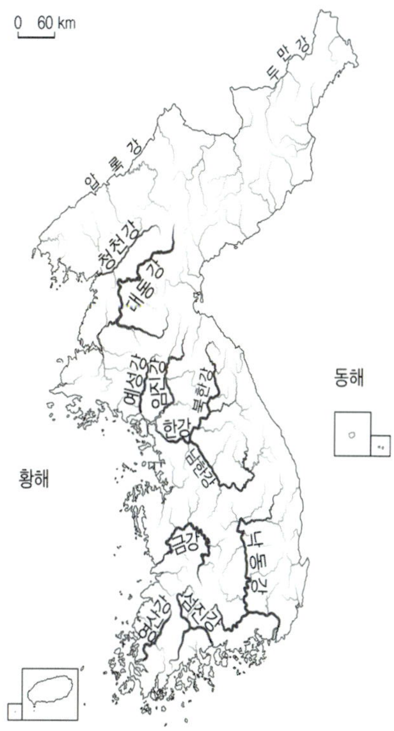

3) (나)의 [자료 1], [자료 2]에 나타난 지형의 특성과 방위를 반영하여 ㉡을 한 문장으로 쓰시오. [2점]

•

모범답안

1. (답안해설 확인)
2. ⓒ 기온, ⓡ 강수량
3. (답안해설 확인)
4. (답안해설 확인)

답안해설

1 기온은 꺾은선 그래프로 강수량은 막대그래프로 나타낸다.

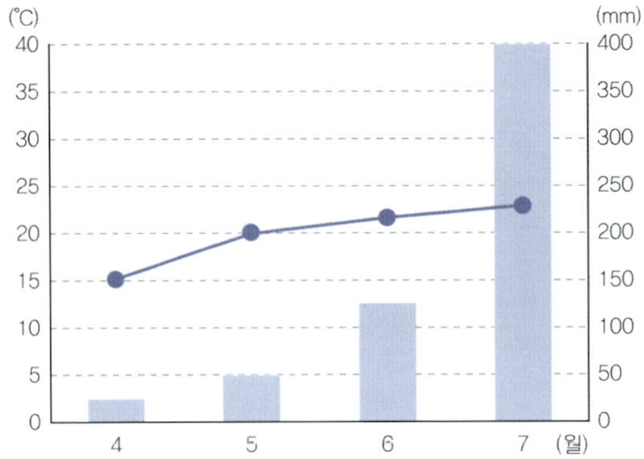

2 ⓒ 기온, ⓡ 강수량

[2007 교육과정 6-1 지도서 99쪽]

기후(climate)는 날씨(weather)와 밀접한 관계가 있으나 날씨는 기온, 강수, 바람, 습도, 구름 등의 지역적이고 단기간의 다양한 대기 상태를 말한다. 반면에 기후는 넓은 지역 또는 장기간에 걸친 지속적이고 평균적인 대기 상태를 말한다. 기후를 구성하는 요소를 기후 요소라 한다. 기후의 3대 요소는 기온, 강수량, 바람이다.

3 ㄴ. 강수량이란 어떤 곳에 일정 기간 동안 내린 물의 총량이다.

ㄷ. 열대 우림 기후는 건기와 우기의 구분 없이 일 년 내내 계속 비가 많이 내리는 기후이다.

[2007 교육과정 6-2 지도서 157쪽]

열대 기후: 일 년 내내 무덥고 비가 많이 내린다.

[2009 교육과정 6-1 지도서 145쪽]

비나 눈, 안개, 우박 등이 일정한 시간 동안 일정한 곳에 모인 양을 강수량이라고 합니다.

4 우리 국토는 대체로 북쪽과 동쪽이 높고 서쪽과 남쪽은 낮아 강이 주로 서쪽과 남쪽으로 흐르며, 남쪽에는 평야가 나타난다.
[2009 교육과정 5-1 지도서 141～145쪽] 참조

PART

V

지리학은 인문사회과학이 맞습니까?

지표 공간은 무수히 많은 장소로 이루어져 있고, 이러한 장소는 밀폐된 곳이 아니기 때문에 다양한 움직임이 발생한다. 또한 인간은 특정한 장소를 중심으로 입지를 선정하고 그곳에서 생활의 터전을 만들게 된다.

이처럼 공간적인 관점에서 발생하는 인간의 행위를 해석하기 위해서는 땅 위에서 인간이 왜 이동하며, 왜 그곳에 입지를 선정하고, 왜 그곳에서 정체성을 나타내는 이름을 부여하는지에 대해서 의문을 가지고 답을 구할 수 있어야 한다. 지리학을 인문사회과학으로 보는 입장은 이와 같은 물음에 분석적이고 비판적이며 사변적인 방법으로 접근을 시도하며 해답을 찾기 때문이다.

CHAPTER 10

이동: 다문화 공간에서 다문화 장소로 가는 길을 묻다.

전 지구적 자본주의의 확장으로 인한 국가 간 경제 성장의 불균형과 교통, 정보통신기술의 발달에 따른 시·공간적 수렴의 결과로 국제적 규모의 상품과 자본의 이동뿐만 아니라 노동력의 이동이 함께 이루어졌다. 과거의 국제간 인구이동은 기원지를 완전히 떠나 목적지에서의 성공적인 정착을 지향하는 모국과의 사회적, 문화적 단절과 이주국에서의 적응과 동화가 전제된 이민의 특성을 보여 주었다. 그러나 현재의 인구이동은 국경을 뛰어넘어 여러 생활 공간에 동시에 소속되고 쌍방향 이동이 활발하게 전개되는 방식인 초국가적 이주(transnational migration)의 경향을 띠고 있다. 우리나라의 경우 국내 외국 이주민 수는 매우 가파른 추세로 증가하였다. 국내 외국 이주민 증가의 원인은 높은 비율을 차지하는 이주 노동자, 결혼 이주자뿐만 아니라 국가 간 사회문화적 교류 확대, 외국인 유학생, 초국가적 기업에 의한 인구 이동 등으로 다양하게 존재하며 추후에도 이러한 증가 현상은 계속 가속화될 것으로 전망된다.

최근 들어 국내로 외국 이주민이 이동해오면서 그 수가 증가하고 유형이 다양해지면서 일상생활 속에서 이들과 접촉할 기회도 함께 증가하고 있다. 그러나 우리는 일상 속에서 외국 이주민들과의 만남이 과거에 비해 흔해졌음에도 불구하고 여전히 그들을 '낯선 사람'으로 인식하고 있다. 따라서 지리학의 입장에서는 이러한 현상에 대한 이해와 파생되는 문제점을 해결하기 위한 노력의 일환으로 다문화를 사회적 차원이 아니라 공간적 차원에서 조명하고 있다(조현미, 2006; 최병두·이경자, 2010; 박배균, 2011; 김현숙·이진석, 2011). 사회현상을 정확히 이해하기 위해서는 반드시 다양한 차원에서 접근방법이 이루어져야 하며, 특히 땅 위에서 일어나는 현상은 기본적으로 공간을 전제로 한다는 점은 이러한 주장을 뒷받침하는 근거로 적용할 수 있다.

최근 우리나라도 다문화사회로 접어들면서 발생하는 여러 가지 문제들을 해결하기 위해서는 공간적 차원에서 접근할 필요성이 있다. 이 장에서는 인간은 왜 이동을 하였는지에 대해 먼저 알아보고, 이동을 통해 우리나라에 유입된 외국 이주민에 의해 지역사회의 공간은 어떠한 모습으로 변화하는지, 이와 같은 다문화 공간에서의 외국 이주민이 우리 지역사회에 어떠한 관계를 맺는지, 나아가 다문화 공간이 우리 지역사회에 어떠한 영향을 주는지에 대해 살펴보고자 한다.

1 이동이란 무엇일까요?

1. 사람들은 왜 이동할까요?

지표 공간은 무수히 많은 장소로 이루어져 있으며 제각기 다른 특수성을 갖지만, 이러한 장소는 밀폐된 곳이 아니다. 공기, 물, 생명체 등 지구상에 존재하는 다양한 존재에 의해 이어져 있다. 우리나라는 겨울이 되면 시베리아에서 차갑고 건조한 공기가 내려와 겨울임을 알리고, 여름이 되면 남쪽 북태평양에서 고온다습한 공기가 올라와 여름임을 알린다. 이러한 현상은 공기, 물과 같은 물질뿐만 아니라 인간 세계에서도 일어난다. 다만 공기와 물 등은 단순한 요인에 의해 자연적으로 발생하지만, 인간에 의한 현상은 보다 복합적인 요인에 의해서 발생한다.

이처럼 서로 다른 두 장소 사이에서 일어나는 물, 공기, 인구 등의 움직임이 나타나는 현상을 이동(移動)이라 한다. 그렇다면 인간은 왜 이동하는 것일까? 이동을 하게 되는 요인으로는 무엇이 있을까? 이러한 인구 이동은 어떻게 구분할 수 있을까?

1) 인구 이동의 원인

과거에는 종교적 박해나 정치적인 힘에 의해 강제로 일어나는 인구 이동이 많았으나, 최근에는 일자리, 환경, 학업 등에 의한 자발적 인구 이동이 대부분이다.

아울러 교통수단과 통신의 발달로 지구화 시대가 도래하여 국경의 의미가 약해지면서 자연스럽게 인구 이동은 가속화되고 있다. 이러한 인구 이동은 다양한 요인이 존재하지만 크게는 두 가지로 묶어서 생각할 수 있다.

첫째, 다른 지역에서 어떤 지역으로 사람들이 들어오는 흡입 요인이다. 흡입 요인은 어떤 지역에 포함되어 있는 사람들이 원하는 무엇인가에 해당하며, 그 지역의 특수성에 해당한다. 예를 들면, 양질의 일자리, 쾌적한 환경, 높은 임금, 우수한 학업 분위기 등이 있다.

둘째, 어떤 지역에서 다른 지역으로 사람들이 빠져나가게 하는 배출 요인이다. 배출 요인은 흡입 요인과는 반대로 사람들이 원하지 않는 무엇인가에 해당되는 것으로, 이것 역시 그 지역의 특수성에 해당한다. 배출 요인의 예로는 전쟁, 기아, 종교적 박해, 낮은 임금, 열악한 학업 분위기 등이 있다.

2) 인구 이동의 구분

인구 이동은 이주 기간이나 장소, 거리, 동기, 원인, 목적, 선별성 등에 따라 다양한 유형으로 구분할 수 있다. 인구 이동은 가장 먼저 국내 이동과 국제 이동으로 나눌 수 있으며, 국내 이동은 다시 지역 간 이동,[1] 지역 내 이동으로 구분하거나 촌락－촌락, 촌락－도시, 도시－도시 간 이동 등으로 구분하는 것이 가능하다. 이외에도 다양한 기준에 의해 인구 이동을 구분하는 것이 가능하다.

표 10-1 인구 이동의 구분

기 준	구 분
이동 범위	국내, 국제
이동 기간	영구적, 일시적, 주기적, 계절적
이동 규모	개인, 가족, 집단, 대중
이동 동기	자발적, 강제적, 유도적
이동 원인	경제적, 정치적, 사회적, 종교적, 문화적
이동 목적	취업, 학업, 주거 환경, 가치관
이동 선별성	성별, 연령별, 사회 계층별

1) 지역간에 발생하는 인구 이동의 원인은 촌락에서 도시, 도시에서 촌락으로의 이동이 있다. 촌락에서 도시로의 이동 요인은 일자리, 교육 환경, 교통, 문화 시설, 생활 편의 시설 등의 요인이 있으며, 도시에서 촌락으로의 요인은 경치, 건강, 귀농 등의 요인이 존재한다.

2. 세계의 인구는 어떻게 이동하였을까요?

1) 세계의 인구 이동

본격적으로 세계의 인구 이동이 일어난 것은 신항로 개척 이후 많은 유럽인이 아메리카 대륙과 오스트레일리아 등지로 이동한 16세기부터 20세기에 걸친 신대륙 이주 시기이다. 세계의 인구 이동은 몇 가지로 나누어 살펴볼 수 있다.

첫째, 유럽인들의 식민지 개척 이동이 일어난 시기이다. 17세기 말에서 19세기 중반에 이르기까지 플랜테이션(plantation)과 광산물 채굴을 위해 신대륙으로 강제 이동한 원주민과 이주노동자에 해당하는 인구의 이동이다. 특히 18세기에는 아프리카 흑인들의 강제적 이동이 많이 이루어졌으며, 19세기에는 중국인(화교)들이 경제적인 어려움을 극복하기 위해 동남아시아로 대규모 이동을 하였다.

둘째, 19세기 후반 산업화에 따른 유럽인들의 신대륙으로의 이동이다. 산업혁명이 절정에 이르자 영국인들은 새로운 시장을 개척하고자 아메리카 대륙으로 많이 이동하였다. 또한 제1차 세계대전이 발발하기 직전까지는 남부와 동부 유럽 사람들이 이동하였다.

셋째, 제2차 세계대전이 끝난 1945년부터 1970년대 초반까지는 주로 개발도상국이나 유럽의 낙후된 국가들로부터 이미 산업화가 완성된 서부 유럽과 미국, 캐나다, 오스트레일리아로의 대규모 인구 이동이 일어났다.

오늘날에는 약 2억 명에 달하는 인구가 학업 또는 취업 등을 위해 다른 나라로의 이동을 하고 있다. 교통과 통신수단의 발달에 따른 세계화로 국가 간 생산 요소의 이동이 자유로워지면서 국가 간에 발생하는 인구의 이동도 더욱 가속화되었다. 노동자의 국제 이동은 대체로 가난한 나라에서 잘 사는 나라로 이루어진다. 자신이 태어나고 자란 나라에서는 일자리를 구하기 어렵고 소득이 낮은데 반해, 외국에 취업하면 상대적으로 더 많은 돈을 벌 수 있기 때문이다. 국제 이주 노동자 중에는 단순 노동을 하는 사람이 대부분이지만, 간혹 박사 학위를 가진 고학력 노동자도 존재한다.

2) 인구 유출 지역과 인구 유입 지역

그렇다면 인구가 줄어드는 유출 지역과 인구가 증가하는 유입 지역에는 어떤 차이가 있을까? 현재 서유럽과 미국, 우리나라를 비롯한 많은 국가가 자본주의라는 경제체제 아래서 이루어지고 있다. 자본주의에서는 물질을 거래할 수 있는 화폐의 중요성이 높아 인구의 이동은 이를 중심으로 이루어진다.

따라서 인구가 줄어드는 유출 지역의 특징은 일자리 부족, 상대적으로 낮은 소득 수준, 1차 산업의 비중이 높다는 점을 들 수 있다. 반대로 인구가 증가하는 유입 지역은 일자리가 풍부하고 상내적으로 높은 임금 수준을 갖고 있다. 또한 2 · 3차 산업의 비중이 높다는 특징도 갖고 있다. 이와 같은 특징은 상대적인 것으로 국가 간에 이루어지거나 국가 내에서 이루어질 수 있다.

3. 우리나라의 인구 이동은 어떻게 이루어졌을까요?

우리나라는 1962년부터 시작된 경제개발정책과 더불어 폭증하는 인구수를 통제하기 위해 정부 주도하에 강력한 가족계획 정책인 출산 억제 정책을 실시하였다. 이러한 정책과 여성 인구의 사회 진출 기회가 확대됨에 따라 혼인 연령이 점차 상승하면서 연평균 3%를 상회하던 인구 증가율이 점차 떨어져 1990년대에는 1% 미만에 도달하였다. 최근 인구보건복지협회가 유엔인구기금(UNFPA)과 함께 발간한 '2017 세계인구현황보고서'에 따르면 우리나라 인구성장률은 0.4%로 전 세계에서 최하위 수준에 머무르는 것으로 나타났다고 한다. 그러나 시도별 인구 성장에는 큰 차이가 나타나는데, 이러한 원인에는 이촌 향도 현상[2])이 있다.

2) 사람들이 촌락을 떠나 도시로 이동하는 현상을 말한다. 2 · 3차 산업의 발달이 이루어지는 도시는 1차 산업이 발달한 촌락에 비해 상대적으로 일자리가 풍부할 뿐만 아니라, 소득이 높으며 관공서나 병원, 학원 등 생활편의시설이 집중되어 있기 때문에 인구의 이동이 이루어졌다. 이로 인해 촌락에는 노년층의 비율이 높고, 유소년층과 청장년층의 비율이 낮은 현상이 나타난다. 특히 우리나라는 1960년대 이후부터 이루어진 급격한 도시화로 촌락에서는 노동력 부족의 문제, 도시에서는 인구 집중으로 인한 주택, 도로, 상하수도 문제 등이 심각하게 대두되었다.

1) 1960년대 이후

우리나라는 1960년대 이전에는 인구 대부분이 주로 농업과 같은 1차 산업에 종사하여 촌락에 거주하였으나, 1960년대에 접어들면서 본격적으로 산업화가 이루어지며 그 모습이 변하였다. 산업화는 도시화를 가속화하면서 촌락에 거주하던 인구는 수도권과 대도시, 남동 임해 공업 지역 등으로 이동하면서 촌락의 인구는 줄어들고, 도시의 인구가 급격히 성장하기 시작하였다.

이 영향으로 촌락의 인구가 도시로 이동하는 이촌 향도 현상이 일어났으며, 촌락의 인구가 급격히 감소하여 노동력 부족 등의 사회문제가 발생하였다. 반면에 도시는 인구의 과잉 유입으로 주택 및 상하수도 부족, 교통, 소음 등의 사회문제가 발생하였다(그림 10-1 참조).

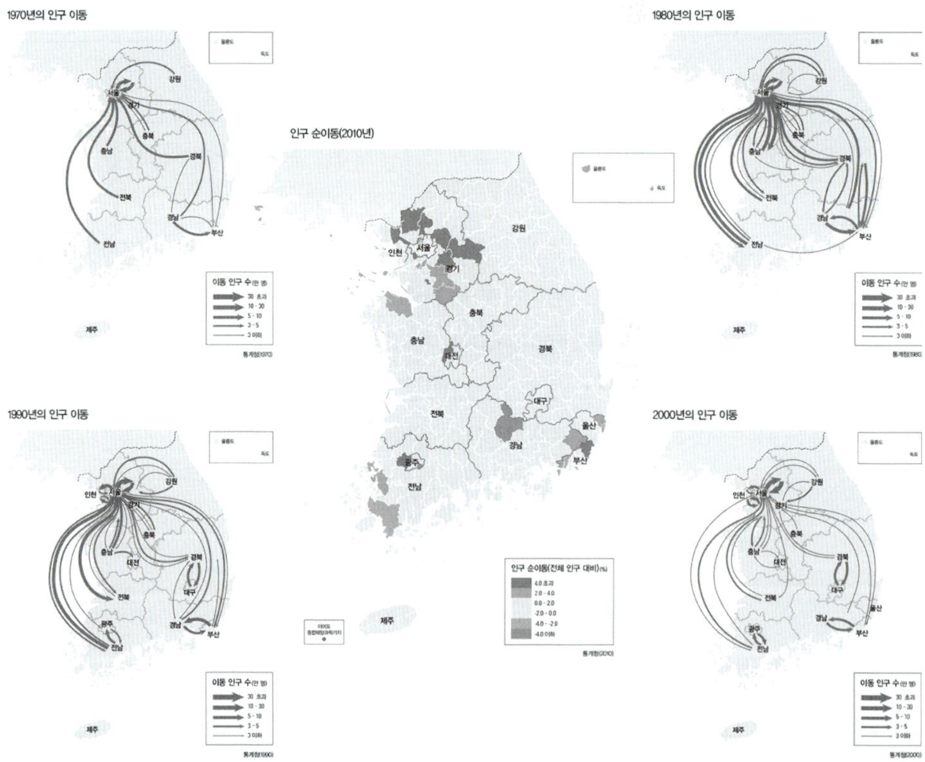

출처: 대한민국 국가지도집(2014)

그림 10-1 시기별 인구 이동

2) 최근

최근 우리나라는 이촌 향도 현상이 둔화되어 촌락과 도시 간의 이동보다는 도시와 도시 간에 이동이 활발하게 일어나고 있다. 특히 수도권으로의 인구 집중이 지속적으로 이루어져, 우리나라 전체 면적의 약 12%에 불과한 곳에서 총 인구의 절반에 해당하는 약 50%가 살고 있다. 이에 따라 수도권은 인구 분산을 위해서 주거 기능만을 갖는 신도시 건설을 추진하며 주변 지역으로의 인구 분산을 유도하고 있다(그림 10-2, 그림 10-3 참조).

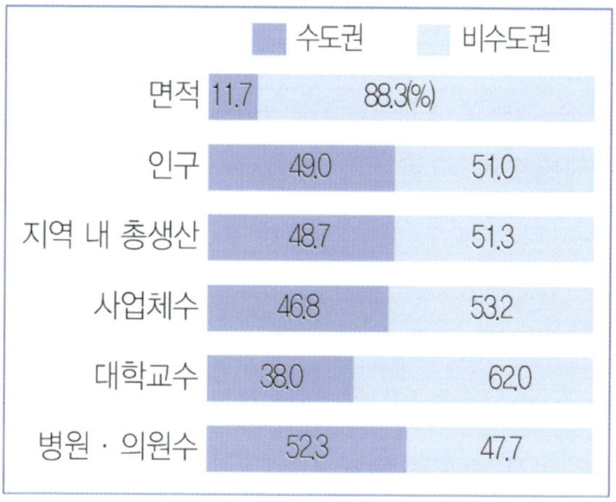

그림 10-2 2016년도를 기준으로 한 수도권과 비수도권 비교표

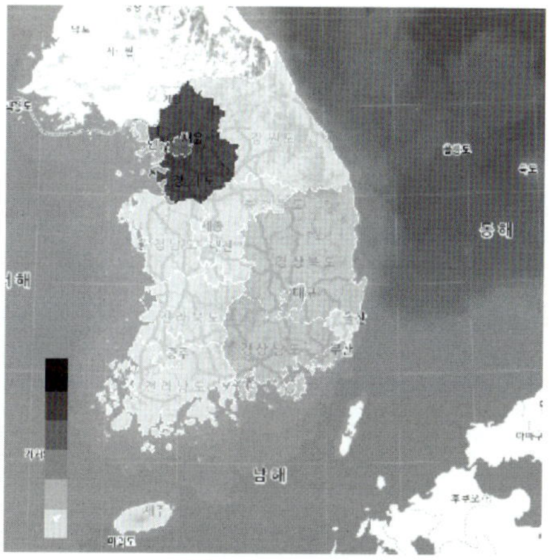

그림 10-3 2016년도를 기준으로 한 우리나라 인구수 단계구분도

3) 국제 이동

우리나라는 1960년대 도시화가 진행됨과 동시에 경제적인 이유로 많은 사람이 단순 노동자 신분으로 미국, 독일 등으로 이동했고, 이후 건설 기술자나 전문성을 가진 고급 인력들이 국외에 취업을 하고자 이동을 결심했다. 현재 우리나라의 재외동포 비율은 2017년을 기준으로 중국, 미국, 일본, 캐나다 순으로 높게 나타났다.[3]

3) 2017년 외교부 발표에 따르면 우리나라의 전 세계 재외동포수는 7,430,664명으로, 중국 지역은 2,548,030명, 미국 2,492,252명, 일본 818,626명, 캐나다 240,942명으로 나타났다.

최근에는 중국과 일본, 동남아시아 국가로부터 외국인 근로자 유입이 활발해지면서 우리나라로 이주하는 외국인도 증가하고 있다. 아울러 한국 남성과 외국 여성의 결혼 비율은 도시보다 촌락이 높은데, 이에 따라 촌락은 다문화 가정이 증가하고 있다.

2 우리나라 다문화 공간은 어떻게 탄생하였을까요?

다문화 공간을 이해하기 위해서는 공간에 대한 이해와 다문화에 대한 이해가 선행된 후에야 다문화 공간의 이해가 가능할 것이다. 먼저 공간이란 무엇인지 알아본 후 다문화에 대해 살펴보도록 하자. 제1장에서 공간에 대한 개념을 개략적으로 보았지만, 본 장에서는 좀 더 구체적으로 살펴보기로 한다.

1. 공간이란 무엇일까요?

1) 공간의 의의

지역의 특수성을 추구하는 지역지리학의 무법칙적·무이론적 성격으로는 제2차 세계대전 이후 격변하는 사회공간의 변화를 밝히고 공간문제를 해결하는 데 미흡하게 되자, 1950년대부터는 그 지위가 크게 저하되었고 그 반동으로 논리실증주의적 접근방법이 등장하게 되었다.

이 접근방법은 '지식이 경험을 통하여 얻어지는 것이 사실이나, 이러한 경험은 모든 사람이 동의하는 타당한 증거에 의하여 뒷받침되어야 한다'라는 입장에서 행해지는 실증적 연구로서 소위 과학적 방법(scientific method)을 뜻한다. 이 접근방법은 모더니즘을 상징하는 학문 연구 방식으로서 지리학도 이 접근방법의 적용으로 공간과학(spatial science)으로 발전하게 되었으며, 계통지리학이 지지를 대신하여 지리학의 중심을 이루게 되었다.

공간과학으로서의 지리학은 가설과 검증을 통한 일반화와 확률을 비롯한 계량적 기법을 이용하여 공간이론, 공간법칙, 공간모델 등을 정립하는 법칙추구적 접근방법을 취하고 있다. 또한 접근방법에 따른 지리학의 연구대상은 지역(region)이 아니고 공간(space)이다.

논리실증주의 지리학이 공간이론과 공간분석기법의 개발을 촉진하여 지리적 사상의 객관적 설명과 예측을 가능케 함으로써 지리학의 과학화에 획기적 기여를 한 점에서 전통지리학(지역지리학)에 대하여 신지리학으로 호칭되면서 지리학의 주류를 이루고 있다.

그러나 한편으로는 이 접근방법이 ① 인간의 공간 행위를 가치중립적인 것으로 간주하고 있을 뿐만 아니라 ② 인간을 합리적으로 반응하는 경제인으로, 공간을 역사적 · 구체적 사회공간으로서가 아니라 기하학적 공간으로 파악함으로써, 지리학을 단순화 · 천박화하고 공간물신주의(spatial fetishism)에 빠지게 하는 오류를 범하게 하고 있는 것도 사실이다.

공간을 너무 객관화함으로써 공간에 포함된 인간의 가치를 보완하기 위해 가치가 내재된 생활 공간, 사회공간 등이 뒤따르게 되었으며, 아울러 가치 내재된 공간으로서 뿐만 아니라 디지털 시대를 살아가는 디지털 원주민들의 가상공간이 우리의 삶에 중요한 공간으로 등장하게 되었다.

2) 공간의 정의

공간에 대한 정의는 주관적이고 상대적인 것으로 복잡하여 한마디로 정의하기가 어렵다. '공간'이란 단어는 야외 공간(open space), 우주 공간(outer space) 등 다방면에서 사용될 수 있기 때문에 공간에 대한 정확한 개념을 조작적으로 정의할 필요가 있다. 뉴턴(Newton)은 공간이란 사물을 담고 있는 무한한 용기의 일종으로 보며, 공간을 실존체로 전제하고 있다. 라이프니츠(Leibniz)는 공간이란 사물들 간의 관계를 구조화하기 위해 정신에 의해 창조된 개념으로 생각하였다. 칸트(Kant)는 공간이란 정신에 기반을 둔 것으로 특정한 방법으로 정신에 의해 구조화된 것으로 가정하였다. 즉, 칸트는 지도 투영의 경선, 위선의 체계와 유사한 목적을 제공하는 공간적 체계 안에 인간의 정신이 형성된다고 주장하였다.

공간은 인간이나 사회집단이 지표상에서 활동함에 따라 나타나는 여러 가지 현상들의 성질을 방향, 거리, 상대적 위치, 규모 등과 관련지어 나타내는 관계의 틀이다. 공간상에 복잡하고 다양하게 전개되는 인간 활동은 외면상 무질서하게 분포되어 있는 듯 하지만 내용과 규모의 성격에 따라 질서 있는 배열을 하고 있다. 따라서 공간이란 인간 활동의 분포, 질서와 원리에 따라 지역을 단순화, 추상화시킨 것으로 다분히 기하학적 성격을 띠고 있으며 위치, 거리, 방위, 영역, 변천 등의 요소에 의해 파악되는 지표의 범위로 보기도 한다.

공간을 구성하는 요소들 간의 관계(공간관계)에 의해서 보다 특성화된 상태로 결합하여 공간조직을 형성한다. 공간조직에 영향을 주는 요소에는 자연적 요소와 인문적 요소가 있으며, 이들 요소 각각과 인간의 삶이 결합하면서 개별 공간이 형성된다. 즉, 공간은 객관적이면서 주관적 · 상대적으로 인식되는 삶의 장으로써 지역을 보다 추상화시킴으로써 인간의 삶을 더 잘 이해하도록 해주는 것으로 볼 수 있다.

결국 공간은 현상이나 사물을 담고 있는 객관적인 그릇이자 현상이나 사물 간의 관계를 구조화하기 위해 인간이 창조한 상념의 주관적이고 상대적인 공간으로 볼 수 있다. 따라서 여기에서는 객관적 · 절대적 공간, 주관적 · 상대적인 공간, 나아가 디지털 원주민들에게 필요한 가상공간에 대해서 살펴보고자 한다.

3) 공간의 종류

공간은 크게 지역을 객관화한 논리실증적인 객관적 · 기하학적 공간과 객관적 공간의 가치배제로 인한 문제점을 극복하기 위한 주관적 공간으로 나누어 볼 수 있다.

(1) 객관적 공간

객관적 공간에서 공간이란 공간을 구성하는 위치, 거리, 방위, 밀도, 범위(규모), 변천 등의 공간요소에 의하여 지리적 현상을 파악하고자 하는 지표의 범위로, 지역을 우리의 머릿속에서 입체화 · 추상화시킨 것이다. 공간은 일정한 질서와 조직이 있다고 보고서 공간을 구성하는 요소들 간의 결합관계(spatial relations)와 공간요소들이 형성하는 질서 있는 짜임새(spatial structure) 등을 연구한다. 지역이 구체적인 지표상의 자연, 인문현상들의 특성이나 상호의존관계에 의해 특징이 구분된다면 공간은 지표상의 사물들의 거리나 분포(pattern), 전개과정(process), 순환(circulation), 상호작용(interaction), 확산(diffusion), 접근성(accessibility) 등으로 특징이 구분된다. 여기서는 공간을 구성하는 기본 요소에 대해 살펴보기로 한다.

① 거리(distance)

거리는 인간이 공간과 관련하여 행동(spatial behavior)을 결정하는 데 있어서 가장 기초적인 조건 중의 하나이다. 예를 들어, 의료추구행위와 같은 공간행위는 시설의 입지선정 시 중요한 변수가 된다. 핫숀(R. Hartshorne)은 『The Nature of Geography』에서 지리학은 거리의 학문이라고 주장하면서 공간분석에 있어서 거리를 중요시하였다.

거리에는 다음과 같은 종류가 있다.

㉠ 물리적 거리(physical distance): 경로거리(예: 청주 – 대구)와 직선거리(유클리드거리)
㉡ 시간거리(time distance): 교통수단을 감안한 거리
㉢ 비용거리(cost distance): 러시아워를 감안한 거리
㉣ 인지거리(perceived distance): 인간의 머리 경험 등에 의하여 얻어진 거리
예) 갑돌이와 갑순이의 심리적 거리
㉤ 사회문화적 거리(socio-cultural distance): 민족, 인종, 문화, 사회적 동질성 혹은 유사성을 지닌 사람들이나 집단들 간에는 심리적 거리가 짧아지고 거래도 빈번해진다는 사고에서 나온 개념
예) 영호남 간 거리, 흑백 인종 간 거리 등

② 위치(position)

어떤 사물이 지표상에 차지하고 있는 자리를 말한다.

㉠ site(absolute location): 그 장소의 내부적 성격을 나타내는 것으로 주로 지형적·수리적 위치로서 표현된다. 미시적 측면이 고려되기 때문에 대축척 지도상에서 분석된다. 예를 들면, 부산은 북위 34° 53′ 10″, 동경 129° 12′ 38″에 위치하며, 동으로는 우리나라의 가장 긴 낙동강 하류에 삼각주인 김해평야가, 북으로는 태백산맥의 끝자락인 금정산이 자리잡고 있다.
㉡ situation(relative location): 그 장소의 외부적 성격을 나타내는 것으로 주로 교통적 위치로 표현된다. 거시적 측면이 고려되기 때문에 소축척 지도상에서 분석된다. 예를 들면, 우리나라 제1의 국제무역항이자 국제공항을 갖고 있는 부산은 국내적으로 우리나라의 수도인 서울로부터 비행기로 1시간, 시속 300km인 KTX로는 3시간 이내 정도 걸리는 우리나라 동남단에 위치하

고 있으며, 국외적으로는 일본, 중국, 태평양상의 여러 섬은 물론 유럽, 호주와 뉴질랜드 등 여러 나라와 통하는 우리나라 제1의 관문 역할을 하고 있다.

③ 입지(location)

입지란 특정한 장소에 건물이나 농작물 등이 자리잡는 것을 말하는 데 위치하게 된 원인을 중요시함으로써 장소적 성격과 조건이 부여된 개념으로 동양에서는 풍수지리사상과 관련이 깊으며, 서양에서는 입지론으로 여기에는 사적 입지론과 공적 입지론으로 나눌 수 있다. 사적 입지론은 입지기준으로서 효율성을 중요시하고, 공적 입지론은 형평성을 중요시한다. 풍수는 학문적 성격과 미신적 성격을 둘 다 가지고 우리의 삶과 관련하여 면면하게 내려오고 있는데, 집터, 묘터 등의 입지결정에 아직도 중요한 영향을 주고 있다.

④ 분포(distribution)

분포는 위치하게 된 결과를 중요시하는 것으로 지리학은 분포의 과학이라 할 만큼 지리학의 기본을 이룬다. 분포사상은 지표상에 단순히 놓이는 것이 아니라 분포를 결정하는 지리적 요인에 따라 나타나는 것이다. 무엇이, 어디에, 얼마만큼, 어떻게 분포하는가가 중요한데, 무엇은 분포의 지리적 사상, 어디에는 분포의 위치, 얼마만큼은 분포의 양, 어떻게는 분포의 형태를 나타낸다. 공간에서 분포는 주로 분포의 유형(pattern) 측면에서 다루고 있다. 유형은 인구, 취락, 공업, 농업, 상업 등의 일시점의 분포를 말하며, 지리적 요인에 따라 결정된 분포는 공간상에 분포도를 작성하여 이해한다. 이때 분포의 응집상태와 분포 간의 상관관계에 따라 여러 가지로 살펴볼 수 있다. 응집상태에 따라 집중분포(clustered distribution), 무작위분포(random distribution), 균등분포(uniform distribution) 등으로, 상관관계에 따라 정상관, 부상관으로 나타낼 수 있다.

⑤ 변천과정(process)

지표상의 제 현상은 변천을 계속하고 있다. 자연도 문화도 끊임없이 변천하고 있다. 변천과정(process)은 분포가 시간적으로 순환되고 공간적으로 반복되는 과정으로, 자연적 · 문화적 변화과정을 중요시하는 역사지리분야 연구에 적합하다. 우리나라 정기시장의 변천과정을 통해 정기시장의 발달과 쇠퇴 등에 대한 특징을 알 수 있다.

(2) 주관적 공간

논리실증주의 지리학에서 인본주의 지리학으로 패러다임의 전환이 이루어지면서 공간연구의 전환이 이루어지게 된다. 이와 관련하여 본 장에서는 공간적 전환으로 첫째, 장소연구, 둘째, 공간 속 장소연구의 또 다른 대안으로서 사회공간연구, 나아가 가상공간에 대한 연구를 살펴보고자 한다.

① 생활 공간으로서의 장소연구

땅은 땅에 사는 사람들의 생각, 사상이 투영된 실체이기 때문에 가치를 배제하면 땅에 대한 오해를 불러일으킬 수 있다. 예를 들면, 옛날 몽고의 한 부족은 외부 사람에게 처녀를 빌려주었다는데, 무엇으로 설명할 것인가? 1970년대부터 등장한 인본지리학은 논리실증주의지리학의 객관적 접근에 대하여 인간 속성을 중시하는 주관적 접근을 택하였다. 논리실증주의지리학이 공간에 대한 설명력이나 예측력을 증대시키려고 하는 것에 대하여 인본주의지리학은 생활 공간의 의미 발견이나 이해 증진에 주력하고, 전자의 집단적 수준에 대하여 개별적 수준을, 현상환경보다는 행동 환경을 대상으로 하는 것이 특색이다.

인본지리학은 지역이나 공간 대신에 구체적이고 가치내재적인 일상생활 공간으로서의 장소를 대상으로 하고 있기 때문에 인간의 장소감(sence of place)에 대한 연구에 특별한 관심이 집중되고 있다.

② 또 다른 장소적 전환으로서의 사회공간연구

우리의 삶, 행동, 사상, 나아가 공간적 불평등 현상, 빈부격차, 빈곤문제, 지주와 소작의 관계 등에 영향을 주는 것을 무엇으로 설명할 것인가? 땅에 투영된 생각, 행동, 사상 모두는 결국 그 사회의 구조가 이러한 삶에 큰 영향을 준다. 따라서 자본주의 공간의 한계는 그 사회의 근본적인 구조를 통해 삶의 문제를 해결해야 된다는 시각이다. 구조주의적 입장에서 연구하려는 태도로서 마르크스주의 지리학(marxist geography)과 1960년대 후반부터 주목받고 있는 급진적 지리학(radical geography)이 여기에 준한다. 공간적 모순과 갈등의 해소 방안으로 공간 혁명을 제시하고 있는 점도 주목된다(제1장 공간 부분 참조).

(3) 가상공간(cyberspace)과 유비쿼터스공간

가상공간은 정보와 통신기술(Information and Communication Technology, ICT)이 발달하면서 컴퓨터와 통신의 결합으로 만들어진 공간이다. 컴퓨터 하드웨어와 소프트웨어, 그리고 이들을 연결하는 네트워크로 구성된다. 그리고 이러한 것에 의해 데이터와 영상이미지, 음향, 도표 등의 모든 정보가 디지털 부호화되어 대량으로 저장과 이동이 행해진다. 또한 무엇보다 중요한 것은 이러한 공간 속에서 상호작용과 커뮤니케이션이 이루어진다는 것이다. 사이버공간을 가상현실(virtual reality)과 컴퓨터 네트워크 활동으로 구분하기도 한다. 가상현실은 현실세계에 가까운 인공적인 환경을 컴퓨터를 통해 창조하는 것이다. 관찰자로 하여금 그 세계 안에서 직접적으로 체험할 수 있도록 하며, 그 안의 모든 것은 상호작용 관계에 있다.

통신과 컴퓨터를 결합하는 미디어 기술의 발달로 가상의 공간이 만들어져 많은 사람들의 관심을 끌어 모으고 있다. 20세기가 이미지의 영상이 지배하는 시대였다면, 21세기는 컴퓨터 네트워크의 가상세계가 지배하는 시대가 될 것이다. 컴퓨터를 매개로 한 커뮤니케이션(computer mediated communication, CMC)은 인터넷의 활성화를 통해 전 세계적인 규모에서 일반화되고 있다. 가상공간은 데이터베이스가 저장된 공간과 의사소통이 이루어지는 공간으로 구성된다. 이 가운데 의사소통이 이루어지는 공간을 사이버 커뮤니티(cyber community)라 한다. 다시 말해 CMC를 통해 의사교환이 이루어지고 공동의 취향과 관심을 토대로 지속적인 관계가 이루어지는 경우를 사이버 커뮤니티라 할 수 있다.

도시혁명은 물리공간을 원시적 평면에서 도시적 방식으로 창조한 1차 공간혁명이고, 산업혁명은 도시공간을 중심으로 물리공간의 생산성을 고도화시킨 2차 공간혁명이라 할 수 있다. 정보혁명은 인터넷과 같은 완전히 새롭고 보이지도 않는 전자공간을 창조한 3차 공간혁명이며, 유비쿼터스혁명은 물리공간에 전자공간을 연결해 물리공간과 전자공간을 하나로 통합, 공진화할 수 있게 하는 4차 공간혁명이라 할 수 있다. 물리공간은 원자를 기본원소로 하며 실존하는 공간이다. 이에 반해 전자공간은 0과 1을 표현하는 비트(bit)를 원소로 하기 때문에 만질 수 없는 공간이며 논리적이고 가상적이다. 유비쿼터스 공간은 원자와 비트가 원소로 연계되고 직접 만지지 않아도 공간에 존재하는 원하는 정보를 이용자가 알 수 있는 "현실체가 증강된 공간"이다. 정보혁명은 물리공간을 컴퓨터 속에 집어넣은 혁명이고, 유비쿼터스는 물리공간에 컴퓨터를 집어넣는 혁명이다. 인터넷이 가정이나 사무실에 독립적으로 사용되던 컴퓨터들을 연결시켰다면 유비쿼터스는 환경 속에 떨어져 존재하는 도로, 다리, 터널, 건물, 화분, 냉장고, 컵, 구두, 종이 등과 같은 물리적 사물들을 연결하는 것이다. 따라서 유비쿼터스는 사물들의 인터넷화를 지향하며, 사람, 컴퓨터, 사물들을 네트워크로 연결하는 컴퓨터의 발전단계를 의미한다. 물질공간과 전자공간을 통합하기 위하여 물질공간에 심을 수 있는 전자공간 요소로는 임베디드 시스템, RFID, IPv6, MEMS, 센서, 칩 등이 있다.[4)]

4차 공간혁명은 이질적인 물리공간(제1공간)과 전자공간(제2공간)[5)]이 유기적인 만남에 의해 하나의 통합된 공간, 즉 제3의 가치공간인 유비쿼터스 공간으로 발전한다고 보았다. 물리공간에 컴퓨터를 집어넣어 물리공간이나 전자공간의 한계를 동시에 극복하여 사람, 컴퓨터, 사물이 하나로 연결되어(사물인터넷화) 기능적으로 가장 최적화된 증강 현실(augmented reality)을 지향하는 공간이다.

2. 다문화사회란 무엇일까요?

다문화(multi-culture)는 간단히 말해 문화라는 큰 틀 안에 언어, 관습, 종교, 인종, 계층, 직업 등의 다양한 차이가 발생함을 의미한다. 다문화사회는 한 국가나 한 사회 속에 다른 언어, 관습, 종교, 인종, 계층, 직업 등 다양한 집단이 지닌 문화가 공존하는 사회를 말한다. 1960년대 국내 외국인 이주민 수는 약 8,600여 명에 불과했으나, 최근 행정안전부 발표한 통계청 결과에 따르면 2016년 11월 1일을 기준으로 국내 외국 이주민 수는 176만 4,664명으로 반세기가 지나는 동안 약 205배가 증가한 것이다. 국제적 규모의 인구 이동현상에 직접적으로 관심을 가지는

---

4) '물질공간에 전자공간을 심는다', 전자신문, 2002년 5월 28일 (http://www.yhj.pe.kr/ubi/lecture4.htm)

5) '공간의 세계사'는 총 6부로 나누어, 첫 번째 공간혁명, 기원전 5000년경 건조 지대 큰 강 유역에서 거대한 농업공간 형성, 두 번째 공간혁명, 2500년 전 유목민이 이끈 유라시아의 여러 지역 세계 형성, 세 번째 공간혁명, 1400년 전 이슬람 제국에서 시작된 유목민과 상인에 의한 유라시아의 통합, 네 번째 공간혁명, 500년 전 대항해 시대 이후 대양이 대륙을 잇는 대공간과 자본주의를 바탕으로 한 근대체제의 형성, 다섯 번째 공간혁명, 200년 전 유럽을 중심으로 철도와 증기선에 의해 형성된 자본공간, 여섯 번째 공간혁명, 20년 전 인터넷을 바탕으로 형성된 전자공간이라 하였다(오근영 옮김, 2016).

지리학, 사회학, 인류학 등에서는 이와 같은 새로운 문화적 현상을 다루기 위해 이론적이고 철학적인 논의를 다루고 있으며, 가장 흔히 사용되는 용어가 다문화 사회이다(최병두 외, 2011). 그림 10-4는 우리나라에서 다문화 인구 조사 대상이 되는 사람의 기준을 분류한 것이다.

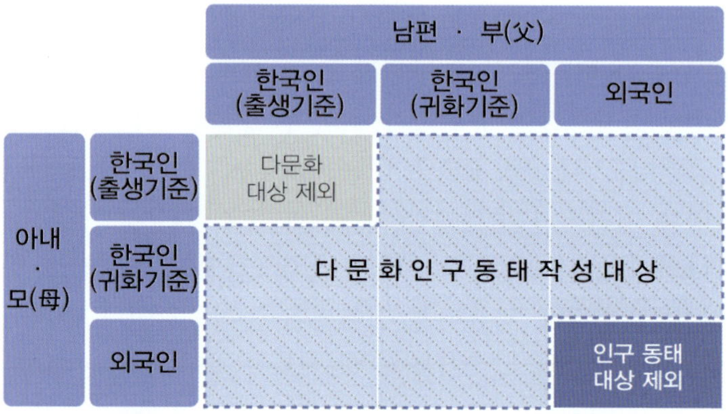

그림 10-4 우리나라의 다문화 인구 동태 조사대상

다문화 가정이란 무엇일까요?

다문화 가정이라는 용어는 한국인들끼리의 결혼과 구분되는 차별적인 개념에서 조금 벗어나 한 가정 안에 여러 문화가 공존하고 있다는 의미로 해석한다. 우리나라로 귀화한 외국인은 1957년부터 1990년대까지 연평균 30여 명 정도로 유지되다가 2000년 이후에는 귀화자수가 급증하여 이제는 대한민국 국적을 취득한 사람의 수가 10만 명을 넘어서게 되었다. 행정안전부에서 발표한 자료에 따르면 2010년 현재 다문화 가정은 서울, 경기권이 전체 다문화 가정의 50%를 차지하고 있다고 한다.

현재 우리나라는 외국 태생의 인구수가 전체 인구수의 3% 정도로 5% 이상부터 분류되는 다문화 국가는 아니지만, 문화 · 복지 · 정책적 측면의 과제들을 중심으로 어떻게 추진할 것인지에 대한 진지한 논의와 검토가 필요한 단계이다. 또한 현재의 상승 추세로 계속 이어진다면 2020년부터는 우리나라도 5% 이상의 인구가 외국 태생으로 다문화 국가가 될 것이다. 다음은 다문화 가정이 우리나라에서 겪는 어려움을 경제 · 교육 · 사회적 측면에서 정리한 것이다.

- 경제적 측면: 외국인들이 우리나라에서 취업하는 것이 쉽지 않다는 것과 대부분의 다문화 가정이 도시에서 생활하기 어려워 농촌에 국한되어 있다.
- 교육적 측면: 다문화 가정의 자녀들이 학교에서 따돌림 받는 사례들이 많아 학교생활 적응에 많은 어려움을 겪는다.
- 사회적 측면: 예전보다는 많이 나아졌다고는 하나 외국인에 대한 우리의 관심 부족과 정부의 지원이 미약하다.

3. 다문화 공간이란 무엇일까요?

1) 다문화 공간과 관련된 유사한 키워드들

(1) 초국가적 공간

초국가적 공간이란 전 지구적 자본주의 확장에 따른 세계화와 더불어 초국가주의[6]가 합쳐져 생겨난 공간이다. 이러한 초국가적 공간은 첫째, 탈영역화: 초국가적 공간에서 살아가기, 둘째, 네트워크: 본국(모국)과 정착국(이주국) 간의 연결망, 셋째, 재영역화: 초국가적 공간에서 뿌리내리기, 즉 초국가적 장소성의 특성을 가진다. 이 공간은 초국가적 이주라는 행위를 통해서 형성되는 사회적 관계가 직접 표출되어 변화한 공간을 의미하는 것으로, 대표적인 사례로는 서울특별시 종로구 혜화동성당 주변 거리의 '리틀 마닐라', 대구광역시 이곡동의 '에스닉 커뮤니티(ethnic community)', 안산시 원곡동 '이주민의 영역' 등이 있다.

(2) 초국가적 사회장(transnational social fields)

초국가주의는 한 국가 이상에서 활동하는 초국가적 행위자들의 일상생활활동과 이들의 사회, 경제, 정치적 관계 등을 통해 형성되는 사회적 장으로 볼 수 있다. 따라서 초국가적 사회장은 초국가성이 발현되어 사회적 과정이 일어나는 영역, 국민국가 경계를 초월하여 형성되는 사회적 관계망, 초국가적 네트워크이다.

(3) 트랜스로컬리티(translocality)

트랜스로컬리티는 모국과 정착국 사이에서 단순히 경계넘기(transgression of borders)의 차원에 국한된 개념이 아니라, 본국(모국)과 정착국(이주지) 사이에 이동하는 사람, 아이디어, 물건 등에 의해 상호연결성에 의해 창조되는 일종의 관계적 공간이다. 또한 세계화 시대의 로컬과 장소가 그 고유성과 내부적 완결성을 강조하는 본

6) 한 국가 이상의 범위에서 발생하는 외국인 이주자들이 모국과 이주국(정착국) 사이의 활동 및 네트워크를 설명하기 위해 대두된 인식론이다. 국가경계를 초월하여 이주자가 모국과 이주국, 양쪽 국가에 소속된 상태로 살아가게끔 만드는 사회적 · 경제적 · 정치적, 문화적인 관계에 대한 담론이며, 초국가적 이주를 개인이 국가영역을 초월하여 탈영역화하는 과정으로 규정한다.

질주의적 관점에서 벗어나 글로벌한 동인 및 과정들과 관계에 의해 형성된다는 구성주의적 관점으로 재개념화를 의미한다. 이 용어는 인류학자 아르준 아파듀라이(Arjun Appadurai)가 처음 사용하여 본국과 정착국의 영토적 경계를 초월하여 이주자들이 만들어 내는 한계역 공간(limited space), 초지역성, 초지방성을 뜻한다. 유사 개념으로는 이산마을(diasporic neighborhoods), 소수민족 집거지(ethnic enclave) 등이 있다.

(4) 초국가적 장소

초국가적 공간에서 뿌리내리는 과정으로서 아래로부터 초국가주의, 위로부터 초국가주의(자본), 가장자리에 낀 초국가주의, 중간지대 초국가주의, 사이에 낀 초국가주의, 초국가주의 뿌리내리기가 있다. 아래로부터 초국가주의가 실현되고 있는 장소는 에스닉 네트워크의 거점 혹은 결절점으로서의 역할을 한다.

2) 다문화 공간의 개념

(1) 다문화 공간의 역사: 이주와 정착과정

다문화 공간의 등장은 이미 서구 자본주의의 출현과 함께 하였다. 서구에서는 근대 민족국가의 형성과 식민지 지배 과정에서 이러한 공간을 경험하였으며, 우리나라는 20세기 초 근대 문명의 유입과 일제 식민 지배 과정에서 강제적으로 광범위한 이주와 다양한 문화 융합의 사례를 통해 다문화 공간을 경험하였다. 특히 일본과의 관계 속에 우리나라는 부산에 일본인의 공간이 생겨났다. 최근 국제 이주의 경향은 전 지구적 자본주의의 확장으로 인해 자신이 속한 공동체를 떠나 다른 공동체로 이동하는 현상이 증가하고 있는 추세이다. 그러나 이러한 변화는 과거와는 다르게 지구적인 사회 및 문화변동에서 발생한다는 점에서 차별성을 가진다.

(2) 다문화 공간(milticultural space)의 정의

최병두(2009)는 국제 이주와 이주자들의 지역사회 정착과정이 공간성을 전제로 한다는 점에서 '다문화 공간'이라는 개념을 사용할 것을 제시하면서, 국내에서 처음으로 다문화 공간이라는 용어를 사용하였다. 그는 다문화사회에 내재된 공간성을 보다 명시적으로 드러내기 위하여 '다문화 공간'이라는 용어를 사용하고 있다. 특히 "다문화주의라는 용어는 인종적, 문화적 다양성과 차이의 인정이라는 점에서 규범적 함의를 가지지만, 동시에 노동력의 지구적 이동과 이의 통제에 관한 자본과 국가의 입장을 반영한 이데올로기라는 점에서 신중하게 사용되어야 한다"고 주장하고, 나아가 탈지구화시대에 필요한 새로운 지구-지방적 윤리로 외국인 이주자들의 지원과 투쟁을 통한 '인정의 공간'을 구축해야 함을 강조한다.

다문화 공간이란 지구화, 지방화, 정보화, 글로벌주의, 경제결정주의로 인해 다양한 문화를 지닌 외국 이주민이 유입해 들어오면서 우리의 삶을 새롭게 구성하는 공간이다. 이 공간은 상이한 문화를 가진 구성원들이 유입되면서 형성된 공간이자, 서로 다른 문화적 배경에서 성장한 사람들 간의 만남과 상호작용과정에서 혹은 외국인 이주자가 본국의 가족이나 친척들과 의사소통을 하는 과정에서 다름과 차이를 인정(recognition)하는 문화 공간인 셈이다.

이러한 공간의 형성에서 중요한 점은 후기 자본주의 축적 과정에서 요구되는 지구화, 지방화, 특히 지구적 차원의 불균등 발전이 중요한 배경이다(최병두, 2011). 결국 다문화 공간이란 지구, 지방화 과정에서 이루어지고 있는 인종적·문화적 교류 및 혼재와 관련된 사회 공간적 현상들, 외국인 이주자에 의해 형성되었으며, 뜨내기나 방랑자들이 한시적으로 정착하는 여행자의 틈새나 문턱과 같은 공간인 것이다.

이와 같은 다문화 공간은 다음과 같이 세 가지 측면으로 나누어 정의할 수 있다.

① 지구·지방적 측면: 가속적으로 전개되고 있는 문화적 교류 및 혼재로 형성된 공간이다.
② 문화적 측면: 다문화 공간은 이를 구성하는 사람들의 문화적 다원성을 긍정적으로 승인하는 인정의 정의를 지향하는 공간이다.
③ 정치적 측면: 다문화 공간은 구성원들에 대한 이러한 상호 인정을 전제로 재분배적 정의와 민주주의의 발전을 촉진하는 공간이다.

(3) 다문화 공간의 함의

다문화 공간은 공간적 규범과 윤리가 함의되어 있다. 이 때문에 국가주도적, 정책적·순응적인 피동적 다문화주의에서 탈피하여 시민 주도적·실천적·비판적·

능동적 다문화주의로 전환의 필요성이 대두된다. 다문화 공간은 인정의 정치를 전제로 한다는 점에서 인정의 공간(spaces of recognition)으로 간주되기도 한다. 인정의 공간 안에서 다양한 개인이나 집단의 활동과 정체성은 그 자체로서 의미가 있는 것으로 인정된다. 이와 관련 행위자들이 공적 공간(public space)에서 주체적으로 참여하여 문화적 차이에 따른 사회적 차별의 철폐를 주장하며, 인정의 공간 확보를 위해 실천적 투쟁을 일으키기도 한다. 왜냐하면 현실 속에서 이주자들을 받아들이는 우리나라 사람들의 이중적 시선을 가지고 있기 때문이다. 우리나라 사람들은 서양 국가에서 온 외국인은 동경과 친절의 대상으로 삼지만, 중국 및 동남아시아에서 온 외국인은 경계와 위험 혹은 온정과 시혜의 대상으로 삼는다.

미래의 대한민국 사회가 타자로 간주되는 외국인들과 우리 사이의 소통이 이루어지고 외국인들이 가지고 있는 다양성을 인정하는 다문화 공간으로 발전되기 위해서는, 첫째, 공간에 대한 민감성을 제고하여 다문화사회, 다문화주의에서 다문화 공간적 감각을 키우려는 노력이 필요하다. 둘째, 이러한 이론적인 부분들이 현실적으로 실현되는 과정이 필요하다. 즉, 이론(다문화사회)에서 현실(다문화 공간)로의 전환이 이루어져 초국가적 장소가 뿌리내릴 수 있도록 한다. 다시 말해 소통을 통해 일시적인 다문화 '공간'이 다문화 '장소'로서 정착할 때 우리나라에 올바른 다문화 사회가 정착되었다는 결론을 내릴 수 있을 것이다.

(4) 다문화 공간의 특성

다문화 공간은 지리적 타자성을 표상하는 타자의 공간으로서 특성을 지닌다. 이 공간은 비(非)다문화 공간과의 경계선이 분명하며, 그들만의 독창적인 문화와 공간을 형성하고 있다. 이 중에서 약한 장소감과 장소성 상실을 느끼는 이주자는 사회구성원(대한민국 국민)으로 인정받으려는 목적을 상실하게 된다.

낯선 곳에서 정착해야 하는 이주자에게 집을 갖는다는 것은 인간 실존의 본질이자, 존재의 기본적인 특성이며 정체성의 토대라 할 수 있다. 즉, 이주자들에게 존재의 의미는 거주 장소에서 온다는 것을 의미한다. 그러나 우리나라 내의 외국인 거주촌은 기피 및 혐오지역으로 분류되고 있는 실정이다. 결국 이주자들은 인권과 존엄성을 묵살당한 채 제한된 공간에서 고통스러운 이산생활을 영위하곤 하며, 경계 너머 새로 창조된 주변 공간으로서의 다문화 공간에 머물게 된다. 다문화 공간에서 낯선 삶과 타자성을 지닌 이주자는 배척되고 열등하게 인식되어 종속됨으로써 법, 상식, 도덕, 국가의 외부에 머물게 되는 결과를 초래한다. 이에 따라 불법체류자, 난민, 탈북자를 포함한 이주 노동자들은 국가 폭력의 대상이 될 수 있는 21세기의 새로운 타자로서 지리적 타자성을 갖게 된다.

이러한 공간은 주로 집값이나 종교적 영향 등에 의해 조성되는 경우가 많으며, 주로 종교적 건물 주변, 공업단지나 시장통, 미군부대 기지촌 등이 있다. 대표적인 다문화 거리, 다문화 마을로는 공단지대인 안산 원곡동, 서울 가리봉동, 천주교 성당이 있는 남양주 마석, 서울 월곡동, 혜화동, 이슬람 모스크가 있는 한남동, 이태원, 노량진 수산시장, 영등포 쪽방촌 내지 대림동 등이 있다.

이곳에 거주하는 대다수의 이주자들은 자국민이 기피하는 3D 업종이나 젠더화된 직종에 대체되어 종사하며, 자국민에게 갈등과 혐오감, 위험과 낙후성, 공포를 전달하며 타자적 공간으로 자리잡게 된다.

3 다문화 공간은 어떻게 구성되며 작동될까요?

제솝 등(Jossop et al., 2008)은 초국가적 이주자들의 이주와 정착의 과정을 이해하기 위해서는 영역(territory), 장소(place), 스케일(scale), 네트워크(network)라는 4가지(TPSN)의 측면에 대한 이해가 필요하다고 보았다(박배균, 2009).

다문화 공간은 영역, 장소, 네트워크, 스케일이라는 네 가지 측면들을 반영하면서 구성된다고 볼 수 있다. 특히 다문화 공간은 다양한 지리적 스케일에서 작동하는 영향들의 결과로 특정한 장소에 자리 잡은 이주자들은 배제와 포섭의 과정 속에서 영역화되고 스케일과 네트워크에 의해 강화된 것이다. 이처럼 제시된 4가지 측면은 지리학에서 오랜 시간 다루어 온 것들로, 현재 우리가 겪고 있는 문제들을 다문화 사회적 차원에서만 볼 것이 아니라 다문화 공간차원을 감안할 때 삶의 문제를 구체적으로 해결할 수 있는 실마리를 제시할 수 있을 것이다.

1. 다문화 공간은 어떻게 작동되나요?

1) 영역: 탈영역화에서 재영역화되는 공간

영역(territory)은 특수한 형태의 장소로 개인이나 집단이 특정 지역을 경계짓고, 그에 대한 통제권을 주장함으로써 사람과 사건 그리고 그들 사이의 관계들에 영향과 통제를 행사하려는 시도에 의해 만들어진다. 즉, 영역은 모국과 이주지의 정착 과정에서 특정한 장소의 경제, 사회, 정치적 과정을 통해 형성된다고 할 수 있다.

2) 장소: 약한 장소성을 가진 공간

장소는 고정되어 있지는 않지만 특정한 곳(위치)에 놓이며, 사회관계들이 일어나고, 동시에 이를 일어나게 해주는 물질적 배경이 되는 현장이 있으며, 사람들이 장소에 대해 가지는 주관적이고 정서적인 유대감(장소감)을 가지는 곳이다(Agnew, 1987). 초국가적 이주에 의한 장소는 다양한 규모와 스케일이나 인간들의 상호작용에 의해 인간의 경험이 체화된 사회적 구성물이며, 때로는 사람들이 진정성을 경험하는 장소가 점점 훼손되거나 사라져 장소성이 상실되어 없어지기도 한다.

3) 스케일: 다양한 지리적 규모를 가진 공간

초국가적 이주와 정착 과정에 영향을 미치는 스케일에서 작동하는 다양한 사회적 관계, 사건 등이 일어나고 작동하는 공간적 범위이다.

4) 네트워크: 다양한 관계망으로 형성되는 공간

공간의 연결성(connectivity)과 관계성(relationality)을 강조하는 개념으로 모든 사회적 행위자와 사건들을 특정의 공간적 위치(결절점, 노드)로 접하게 된다. 네트워크를 초국가적 흐름과 연결의 강화를 통해 기존의 영역적 공동체와 정체성을 해체하는 힘으로 이해할 것이 아니라, 이주자들이 모국과 이주국의 관계 속에서 사회, 경제적 연결을 국지화하고 더 나아가 영역화, 재영역화하는 힘으로도 이해할 필요가 있다.

이상과 같이 TPSN은 외국인 이주자의 이주와 정착이 사회적 관계들에 의해 필연적으로 공간과 결합되고, 이러한 사회 · 공간적 관계들은 ① 어떤 경계를 중심으로 안과 밖을 구분하는 과정을 통해 영역을 형성하고, ② 관계들의 국지화 및 지리적 뿌리내림의 과정을 통해 나타나는 약한 장소성을 갖게 되며, ③ 다양한 스케일을 통해 차별화되고, ④ 결절점으로 네트워크를 구성하게 된다.

표 10-2 다문화 공간의 작동방식

공간적 관점	이주와 정착의 작동방식
영역	• 이주의 흐름에 영향을 미치는 국가의 영역성(시민권, 이민정책 등) • 이주민들과 그들 거주지에 대한 주류 사회의 편견과 배제, 그리고 그에 대한 반작용으로 인해 이루어지는 장소의 영역화 • 이주민 거주지역에서 다양한 이주 집단들 간의 경쟁과 갈등으로 인해 야기되는 장소의 영역화 • 이주민 문화의 상품화와 장소 마케팅에 기인한 장소의 영역화
장소	• 이주 관련 정보 흐름과 연계망의 장소 기반적 성격 • 이주자들의 이주와 정착 과정에 영향을 미치는 장소적 조건의 특이성 • 이주자들의 장소적 뿌리내림 • 종족집거지(ethnic enclave)의 출현
스케일	• 이주와 정착의 과정에 영향을 주는 글로벌, 국가, 지방, 도시, 개인 등 다양한 지리적 스케일에서의 힘과 과정들 사이의 복잡한 상호작용 • 국제적 이주와 정착을 바라보는 다중 스케일적 인식론
네트워크	• 초국가적 이주 네트워크의 발달 • 특정 지역에 국지화된 이주자들의 네트워크 • 국지적 네트워크를 기반으로 한 이주자들의 장소적 뿌리내림

출처: 박배균(2009).

2. 외국 이주민의 밀집지역 유형은 어떤 형태를 띠고 있나요?

박세훈(2010)은 외국 이주민의 밀집지역에는 공단 배후 노동자 주거지, 대도시 중심지역 저렴한 주거지, 외국 관련 시설 주변지역, 전문 인력의 고급 주거지 등 4가지 유형으로 나누었다.

1) 공단 배후 노동자 주거지

대규모의 산업단지 주변에 분포하는 데 이러한 형태의 밀집지역은 1990년대 중반 이후 형성되기 시작하였다. 안산시 원곡동이 대표적인 예이다.

2) 대도시 중심지역 저렴한 주택지

건설업 및 일용직에 종사하는 한국계 중국인에 의해 형성된 밀집지역이다. 한국계 중국인들은 능숙한 한국어 구사능력을 바탕으로 서비스업에 종사할 수 있기 때문에 대도시 중심지역에 거주할 가능성이 높고, 현재까지도 한국계 중국인의 주거지와 상업시설이 급속히 확대되고 있다.

3) 외국 관련 시설 주변지역

조계(租界)를 중심으로 발달한 차이나타운과 미군 주둔에 의해 발달한 지역이 그 대표적인 예가 된다. 이 유형은 역사가 매우 오래된 것에 비해 인구의 증가세는 뚜렷하지 않은 편이다.

4) 전문 인력의 고급 주거지

이 유형은 주로 1970~1980년대를 거치면서 대사관 및 학교를 중심으로 자연스럽게 형성되어 발전된 밀집지역이다. 이 역시 인구변동이 크지 않은 안정된 공동체를 형성하고 있고, 최근 문화적 가치가 재평가되면서 주목받고 있다.

표 10-3 유형별 다문화 공간

유 형	입지요인 및 특징	사 례
공단 배후 노동자 거주지	• 대규모 산업단지 주변지역 • 중국, 인도네시아 등 다국적	안산시 원곡동, 남양주 마곡
대도시 중심지역 저렴한 주택지	• 임대료가 저렴하고 교통이 편리한 지역 • 일용직, 건설업 등	서울 구로구 가리봉동, 영등포구 대림동
외국 관련 시설 주변 지역	• 조계지, 외국군대, 사원 등이 계기가 되어 형성 • 거주지보다는 상업지역으로 형성	인천 차이나타운, 부산 차이나타운, 서울 이태원 및 이슬람 마을
전문 인력의 고급 주거지	• 학교, 대사관 등을 중심으로 형성	서울 서초 서래마을, 동부이촌동 일본인 마을

4 우리나라의 다문화 공간을 답사해볼까요?

최근 외국인 이주 노동자들을 중심으로 우리나라의 다문화 공간은 주로 수도권을 중심으로 형성되어 있다. 서울의 이태원, 명동-중국인 거리, 이촌동-일본인 거리, 서래 마을-프랑스 거리, 광희동-중앙아시아거리, 혜화동-필리핀 장터 등을 들 수 있다. 그 외에도 안산, 인천, 부산, 김해 등 우리나라 곳곳에서 찾아볼 수 있다.

1. 김해 다문화 공간을 답사해볼까요?

1) 김해 다문화 공간의 등장

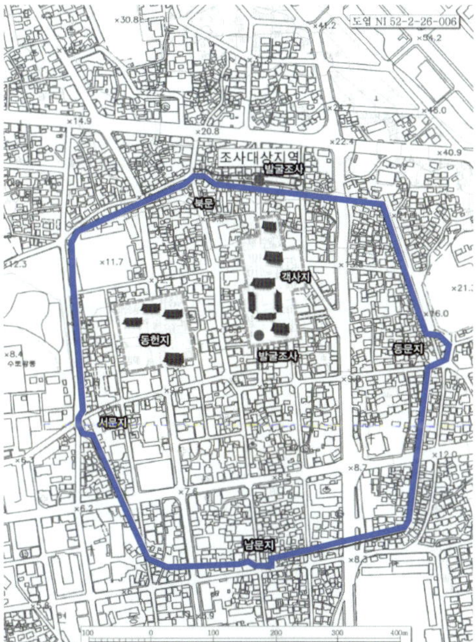

경남 김해 지역은 외국인 노동자를 필요로 하는 중소 공장들과 산업단지가 밀집되어 있어 다른 지역에 비해 상대적으로 외국인이 차지하는 비율이 높은 지역이다. 최근 2010년도부터 기업체가 매년 100여 개씩 증가하여 근로자 수급이 늘어났으며, 국제결혼 증가로 이주자가 대거 증가하였다. 이에 따라 다양한 문화적 특색이 나타난 공간이 자연스럽게 등장하게 되었다. 이 중에서 김해시 동상동과 서상동 일대에 걸쳐 조성되어 있는 종로길과 외국인 거리는 대표적인 다문화 공간이다(차철욱·차윤정, 2013). 이러한 동상동과 서상동 일대는 그림 10-4에서 조선시대에 김해읍성의 성내에 해당하기 때문에 전통적인 김해의 중심지의 모습과 새롭게 변화하는 김해의 모습을 동시에 볼 수 있는 지역이다. 그림 10-5는 김해 동상동과 서상동 일대에 생긴 다문화 공간이 등장하게 된 배경을 도식화하여 간단히 나타낸 것이다.

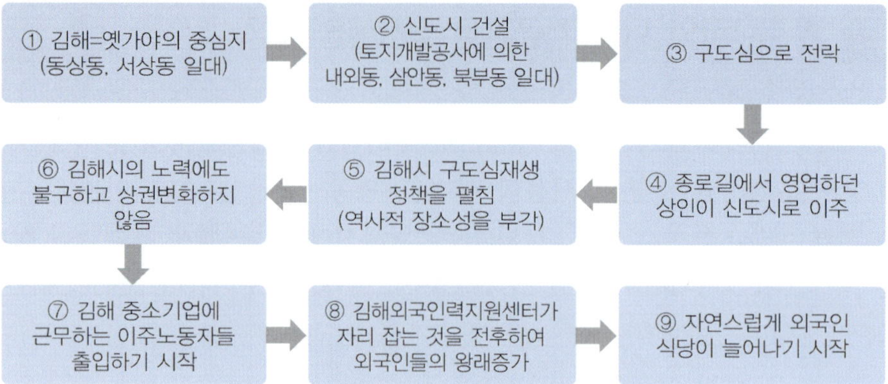

그림 10-5 김해 다문화 공간의 등장

2) 김해 다문화 공간의 위치

김해 외국인 거리가 있는 서상동, 동상동 거리 일대는 이곳을 찾는 외국인들로 주말에 북적인다. 이 공간은 김해 지역만의 특수한 자연발생적인 공간으로 김해 속의 작은 이태원으로 불릴 정도로 외국인이 많으며, 이 일대에는 향신료 등을 판매하는 외국인 전용 마트를 비롯한 휴대폰 가게, 나라별 음식점과 술집 등이 즐비하게 들어서 있으며, 노래방에도 각 나라의 언어로 노래목록이 마련되어 있다. 이에 따라 재래시장에도 외국인들의 많이 출입하면서, 주로 동남아권과 아랍권에서 즐겨 찾는 야채도 판매한다.

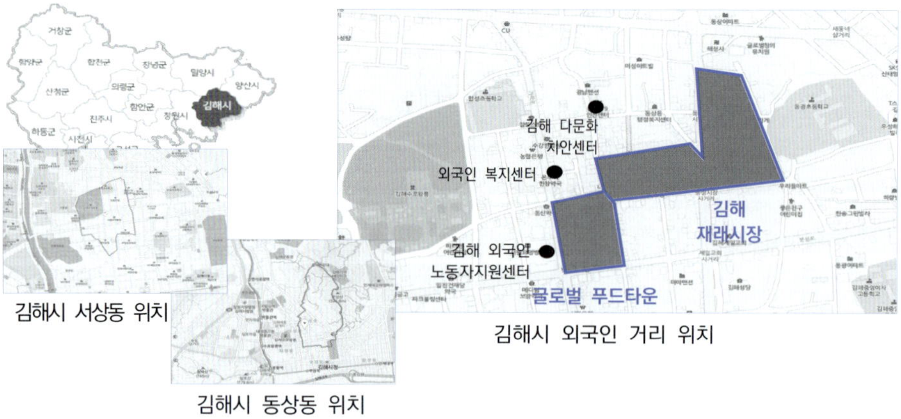

그림 10-6 김해 외국인 거리 위치와 배치도

2. 부산 다문화 공간을 답사해볼까요?

부산의 다문화 공간은 다른 지역에 비해 조금 다른 특징이 존재한다. 바로 대한민국의 기존 문화에 일본, 중국, 미국, 러시아 네 나라의 문화가 각각 조금씩 섞여 혼재하고 있다는 점이다. 즉 물리적 의미로도, 사회학적 의미로도 진정한 다문화 공간이라고 말할 수 있는 것이다. 따라서 국내의 다른 곳에서는 보기 힘든 독특하고 특별한 문화로 발전이 가능한 곳이다. 특히 초량의 차이나타운 특구는 이미 약 130년 동안 다양한 문화가 혼재하며, 그곳에 뿌리를 내리고 살아온 많은 사람들이 충분히 적응되어 있는 공간이다.

1) 부산 다문화 공간 속의 일본과 중국

부산 동구 초량동에는 차이나타운 특구가 있다. 초량동은 1407년 왜에 의해 처음으로 개항된 장소로 왜인들이 많이 드나들었으며, 1876년 강화도 조약을 시작으로 일본인 공사관이 초량왜관에 설치되었다.

이후 1882년에 조청상민수륙무역장정으로 인해 조선은 청의 상인들에게 급속도로 경제를 잠식당하였으며, 1884년에 부산 초량동 일대에 청의 영사관이 생겼다. 청 영사관 주변에 상인들이 주거를 겸한 다양한 점포들을 내기 시작하였으며, 기존에 많은 청인이 이곳에 살고 있었고, 그들은 청의 국경일, 시설, 명절 등을 그대로 따랐으므로 조선 문화와의 융합보다 청의 문화와 그러한 고유한 색채를 그대로 가지게 되었다.

오늘날의 부산광역시는 1993년 중화인민공화국의 상해시와 자매결연을 체결하고, 초량동 일대의 거리를 상해거리로 지정하였다. 2007년 7월 24일에는 정부로부터 상해거리를 차이나타운 특구로 지정받았으며, 현재 약 300여 명의 화교들이 거주하는 것으로 집계되고 있다. 이곳에는 중국풍의 중식당 17곳 등이 화교에 의해 운영되며, 화교 소학교 및 중학교가 있어 어린 학생들은 화교로서 교육받을 수 있다.

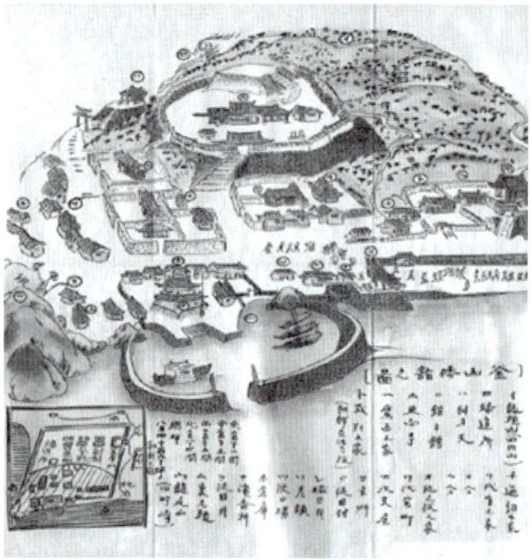

용두산 공원 일대 초량왜관 고지도

차이나타운 특구 입구

화교 소학교 입구

그림 10-7 부산 다문화 공간 속 일본과 중국

2) 부산 다문화 공간 속의 미국과 러시아

미국의 경우 이곳에는 미군정기를 맞게 되면서 부산 미군기지에 있던 많은 미군들은 활발히 부산을 누비고 다니기 시작하였는데, 미군들을 상대하는 상가들과 유흥가 및 홍등가 등 텍사스촌이 형성되었다. 이후 중앙동 일대에 큰 화재가 발생하면서 유흥업소 및 상가 몇몇이 초량 일대의 청관거리로 건너가기 시작하였다.

러시아의 경우 구소련이 붕괴되며 자유주의 시장경제체제를 받아들이게 되었는데, 많은 러시아인이 대거 해외로 직업을 찾아 돈을 벌기 위해 출국하였고, 대한민국에도 많은 러시아인이 유입되었다. 이들은 초량동의 텍사스촌 일대를 찾기 시작하였으며, 러시아인을 전문적으로 상대하는 유흥업소 및 상가가 생기게 되었다. 현재 차이나타운 특구 내에 특정 몇몇 골목에서 미국 및 러시아인 등 서양인을 상대하는 업소들이 즐비하며, 이들은 대체로 술집과 옷, 생필품을 파는 소매점이 대부분이다.

그림 10-8 유흥 및 숙박업소

그림 10-9 러시아 환전소 및 문화 장소

5 다문화 공간은 사회과 교육과정에 어떻게 반영됐을까요?

사회과는 시대의 변화 흐름을 반영한다는 교과적 특성이 있기 때문에 다른 교과보다 다문화 사회에 대한 담론의 비중이 크다. 초등사회과 교육과정의 다문화와 관련된 내용을 반영하고 있는 부분은 2015 개정 사회과 교육과정의 내용에서 찾을 수 있다. 2015 개정 초등사회과 교육과정의 다문화교육 관련 내용체계는 표 10-4와 같다.

사회문화를 주제로 한 단원에서 다문화 교육의 의미를 찾을 수 있다. 여기에서는 문화 다양성을 통하여 다문화에 대한 올바른 인식을 기르며, 다양한 양상으로 나타나는 사회 불평등과 관련하여 소수자의 모습과 해결방안을 다룬다. 또한 사회 변동 양상의 측면에서 가족형태의 변화, 사회의 변화를 통해 다문화 가족의 의미와 다문화 사회를 다룬다. 이러한 다문화 교육과 관련된 내용을 기반으로 공간적 배경과 함께 재구성함으로써 다문화사회의 문제점을 공간적 차원, 즉 정의가 실현되는 공간, 다름과 차이가 인정되는 공간 등 다문화 공간으로 극복할 수 있을 것이다.

표 10-4 다문화 관련 내용체계

영역	핵심개념	일반화된 지식	내용 요소		기능
			3~4학년	5~6학년	
사회·문화	연구 방법	사회문화현상에 대한 정확하고 올바른 탐구를 위해 다양한 관점과 연구 방법이 활용된다.	자료 수집, 자료 분석, 자료 활용		조사하기 비교하기 존중하기 분석하기 비평하기 참여하기
	개인과 사회	개인은 사회를 통해서 성장하고 사회는 개인의 역할 수행을 통해 유지, 존속된다.	가족 구성원의 역할 변화		
	문화	생활양식으로서의 문화를 이해하고 향유하기 위해서는 다양한 요인에 따라 나타나는 문화 다양성 및 변동 양상에 대한 올바른 인식과 태도가 중요하다.	문화, 편견과 차별, 타 문화 존중		
	사회 계층과 불평등	다양한 양상으로 나타나는 사회 불평등과 관련 문제를 해결하기 위해 개인과 사회 차원의 노력이 필요하다.		신분 제도, 평등 사회	
	현대의 사회 변동	사회 변동 양상에 대한 정확한 이해와 대응을 통해 지속 가능한 사회가 실현된다.	가족 형태의 변화, 사회 변화, 일상생활의 변화	지속 가능한 미래	

초등사회과 교육과정 상에 나타난 다문화는 사회적 차원에서 접근함으로써 한계를 드러내고 있으므로, 앞으로 교육과정 개정 시 공간적 관점을 가진 내용을 제시할 필요가 있다.

이동 및 다문화 관련 웹사이트

http://kosis.kr/ KOSIS 국가통계포털
http://www.index.go.kr/ e-나라지표
http://www.census.go.kr/ 인구주택총조사
https://www.liveinkorea.kr/ 다문화가족지원포털
http://www.multiculturemuseum.com/ 다문화박물관
http://www.dmcnews.kr/ 다문화공감뉴스

생각해 볼거리

1. 인구 이동의 원인을 초국가주의와 관련하여 설명해 봅시다.

2. 인구가 늘어나는 지역과 줄어드는 지역의 차이점을 설명해 봅시다.

3. 왜 다문화 사회가 아니라 다문화 공간이 되어야 하는지에 대한 이유를 말해 봅시다.

4. 다문화 공간의 구성 방식을 간단히 설명해 봅시다.

5. 우리 주변에서 찾을 수 있는 다문화 공간을 알아보고, 다문화 공간이 어떻게 형성되었는지를 설명해 봅시다.

CHAPTER 11

입지: 동서양의 터잡기에서 삶의 지혜를 배운다.

만약 장사를 하게 된다면 어디에 가게를 구하는 것이 좋을까? 이사를 하게 된다면 어디를 선택하는 것이 가장 좋을까? 어디를 명당이라 부를까? 오늘날은 역세권, 학군, 조망권 등과 같이 가시적 요소들을 고려하여 좋은 자리, 즉 입지를 선정한다. 이러한 요소가 잘 갖춰진 자리는 사람들이 많이 모이게 되고, 생활의 편리함뿐만 아니라 경제적 가치의 상승으로도 이어진다. 아울러 좋은 입지를 선정하기 위해서는 가시적 요소뿐만 아니라 눈에 보이지 않는 요소도 고려할 수 있어야 하는데 이에 대한 지식은 동양의 풍수지리에서 찾아볼 수 있다.

일찍이 서양에서는 경제적 입지 관점을 중심으로 농업, 공업, 상업입지론으로 발전하였다. 이에 반해 동양의 입지론은 땅의 형세를 중시하는 풍수지리를 기반으로 주택과 상가의 입지를 정하였다. 입지 선정에 있어 경제적인 관점의 중요성도 중요하지만, 환경문제로 자연과 인간의 공생을 위한 친환경에 대한 관심이 높아져 동양의 입지론인 풍수지리에 대한 사람들의 관심은 자연스레 높아지게 되었다. 실제로 우리나라를 비롯한 동양의 많은 나라에서는 주요 시설물의 위치 선정에서 서양의 기술적인 접근 방식과 동양의 풍수지리의 이론이 함께 적용된 사례를 어렵지 않게 발견할 수 있다.

그러나 이미 정해진 땅 모양은 인간이 바꾸기란 쉽지 않으며, 동양의 풍수지리에 따라 이미 만들어진 명당만을 찾아 헤매기엔 경제적인 여건에 한계를 가질 수밖에 없다. 또한 여기에 서양의 경제적 입지론을 반영한다면 더욱 힘들게 된다. 그렇다면 상대적으로 좋은 입지는 과연 어디일까? 이 장에서는 이에 대한 답변을 찾기 위해 입지에 대한 기초적인 개념과 정의를 알아보고, 서양과 동양에서의 입지론에 관해 알아보고자 한다. 아울러, 이러한 개념을 교육과정에 접목하는 방법에 대해서도 논의하고자 한다.

1 입지란 무엇일까요?

입지(자리잡기, 터잡기)란 특정 작물이나 축조물이 자리 잡고 있는 장소와 위치 또는 상태를 말하거나 특정작물이나 축조물이 자리잡고자 하는 장소를 선정하는 행위를 말한다. 따라서 입지 주체나 입지하는 장소에 따라 입지조건은 달라진다. 입지조건에는 지형, 지질, 기후, 용수 등과 같은 자연적 조건과 교통, 시장, 노동력, 용지, 원료 · 동력 등과 같은 사회 · 경제적 조건을 대표적인 예로 들 수 있다.

농사를 짓기 위해 어떤 작물을 어디에 심는 것이 좋을까?, 공장을 어디에 세울까?, 상점을 어디에 자리 잡을까?, 주거지를 어디에 정할까?, 경찰서, 소방서, 병원, 구청, 시청과 같은 공공서비스 시설은 어디에 입지시킬까?, 통일 후 수도를 어디로 할까 등과 같은 입지와 관련된 문제는 지구상에서 인간이 생활을 시작함과 동시에 대두되었다. 이러한 입지문제는 입지 조건에 포함되는 여러 가지 영역인 지역의 자연 · 인문적 환경 및 경제 · 사회적 조건과의 연관시켜 사고할 수 있기 때문에 지리적 지식뿐만 아니라 지리적 사고능력을 기르는 적절한 분야이다. 입지에 대해 지리적으로 사고한다는 것은 지표면상의 현상을 보고 그것이 어디에 있을까?, 왜 거기에 있는 것일까?, 그것의 입지가 왜 중요할까?, 그것의 입지는 다른 장소 · 인간 · 환경 · 입지와 어떤 관계가 있을까 등의 지리적 질문을 제기하고, 지리적 지식이나 정보를 이용하여 대답을 구성하는 지적 활동을 의미한다. 따라서 입지는 지역과 관련된 지리적 사고의 기초 내지는 출발점이 되는 것이다.

그러나 실제 수업에서는 지역의 입지를 파악하는 데 있어서 이와 같은 입지 조건을 면밀히 살펴보지 않는 경우가 자주 발생한다. 이러한 원인은 지역의 입지를 파악할 때 익히 알고 있는 당연한 사실이라 판단하고 소홀히 넘어가기 때문이다. 마땅히 가져야 할 왜 그 지역이어야 하는가?라는 입지에 대한 의문에도 그 필연성을 따져보지 않고, 이미 존재하고 있는 현실로 만족하고 넘어가는 경우가 대부분이다. 또한 여러 가지 시설의 입지 조건을 탐색해야 하는 부분에 있어서도 학습자의 지리적 사고 능력을 기를 수 있는 충분한 시간을 확보하기 어려운 실정이다.

따라서 학교현장에서 구체적으로 입지에 관한 학습을 어떻게 진행시킬 것인가에 대한 방법적인 문제에 진지한 모색이 있어야겠다.

2 서양에서 터잡기는 어떻게 해왔을까요?

1. 서양에서 터잡기는 입지론(立地論, location theory)으로 체계화되었다

입지문제에 대한 보다 본격적이고 과학적인 연구는 서양에서 출발한 입지론이다. 입지론의 효시는 1826년 고립국 모형을 통해 접근성에 따른 토지이용상황을 체계화함으로써 농업 입지론을 정립한 튀넨(J. H. Von Thünen)이다. 그 후에도 1909년 비용최소화에 초점을 맞춘 웨버(A. Weber)의 공업 입지론, 1903년 도시지가이론을 주거입지결정에 적용한 허드(R. M. Hurd)의 주거 입지론, 1933년 상업 입지론을 체계화한 크리스탈러(W. Christaller)의 중심지이론과 1983년 튀세와 졸라 등의 공공서비스 시설 입지론 등을 중심으로 각 부분별로 입지 연구가 이루어져 왔다. 최근 이러한 입지문제를 강력하게 해결할 수 있는 분석도구로 등장한 것 중의 하나가 GIS이다. GIS는 다양한 입지기준을 고려한 최적입지선정에 큰 역할을 하고 있다.

2. 사적 입지론은 효율성을 최대화하려고 한다

1) 농업 입지론

농업 입지론은 1826년 고립국 모형을 통해 접근성에 따른 토지의 이용 패턴을 밝힌 튀넨에 의하여 체계화된 이래 브링크만(T. Brinkmann) 등에 의하여 그 고전적 기반이 확립되고, 이어 로쉬(A. Lösch), 던(E. S. Dunn), 개리슨(W. L. Garrison)과 마블(D. F. Marble), 치스홀름(M. Chisholm), 신클레어(R. Sinclair) 등의 신고전입지론자들에 의하여 발전되었다.

그러나 고전적 농업입지론은 농민의 경제적 합리성, 완전정보, 최대이익의 추구를 전제로 한 것이기 때문에 현실과 괴리가 크다. 따라서 이러한 최적 모형은 아무리 수정 · 보완하여도 그 근본적인 구조적 한계는 극복하기가 어렵다. 그 후 행동과학의 발달과 더불어 1960년대부터 최적 입지모형의 경직성을 보완하는 준최적(suboptimal) 입지모형은 울퍼드(J. Wolpert), 하비(D. W. Harvey) 등에 의하여 그 형태적 접근방법이 농업입지에 도입되었다.

2) 공업 입지론

1909년 웨버는 생산 비용이 최소가 되는 곳에서 최적 입지가 선정된다는 최소비용론에 입각하여 공업 입지론을 정립하였다. 그는 최소 비용지점을 찾기 위해 운송지향론, 노동지향론, 집적론을 단계적으로 전개하였다. 웨버 이후의 입지론 연구는 브링크만, 페터(F. Fetter), 프레필(A. Predohl) 등 주로 독일 경제학자에 의하여 발전되었는데, 웨버 류의 최소비용이론이 연구의 주류를 이루어왔다.

1935년 이후 입지론에 독점경쟁이나 일반 균형이론 등이 도입되면서 새로운 전환기를 맞이하게 되었다. 제2차 세계대전 후에는 대체원리를 입지론에 적용시킨 이사드(W. Isard)를 비롯해서 던, 그린훗(Greenhut), 로우스트론(E. M. Rawstron) 등에 의하여 연구가 진행되었다.

1960년대에 들어와서 계속되어 칠손(M. Chilsomn), 알론소(W. Alonso), 하겟(P. Hagget), 스미스(D. M. Smith), 신클레어(R. Sinclair) 등에 의해 수정 · 보완되었다. 현실의 입지결정을 만족자로서 제한된 합리성을 가지며 준최적 입지를 택한다는 전제하에서 입지결정과정을 중시하는 형태적 접근으로 공업입지를 분석하였다.

1970년대 중반부터는 형태적 접근의 약점을 보완하기 위해서 현대산업사회의 특성을 반영하여 기업조직의 변화에 따른 입지변동의 연구가 진행되었다.

3) 상업 입지론

상업 입지론은 1933년 독일의 크리스탈러의 중심지이론에 의해 체계화되었다. 상업의 입지는 수요자의 분포, 이동수단의 개선, 도시구조의 변화 등에 의해 기민하게 변화한다. 상업입지에 관한 연구는 상업입지이론, 상업지역 입지의 계층구조, 상업의 최적 입지 및 소비자의 공간행위에 관한 연구로 나눌 수 있으며, 상업입지이론과 상업지역 입지의 계층구조는 주로 거시적 접근이론이며, 상업의 최적 입지 및 소비자의 공간행위에 관한 연구는 비교적 미시적 접근이론이다. 또한 전자는 입지공급이론으로 후자는 입지수요이론으로 볼 수 있다.

4) 주거 입지론

바세트(K. Bassett)와 쇼트(J. Short)는 주거입지에 관한 기존 연구를 4가지로 나누고 있다.

첫째, 생태학적 접근으로 버제스(E. W. Burgess)를 중심으로 한 시카고학파의 주거지의 공간적 패턴에 관한 연구이다. 둘째, 신·고전 경제학적 접근으로 효용의 극대화, 소비자 선택을 중심으로 한 연구로서 대표적인 학자는 알론소(W. Alonso)를 들 수 있다. 셋째, 베버리안 사회학에서 시도된 제도적 접근으로서 권력의 집단화와 주택압박에 관한 관심이다. 넷째, 역사적 유물론에 기초한 마르크스주의적 접근으로서 상품으로서 주택 그리고 노동력의 재생산 등을 다룬 하비(D. Harvey)와 카스텔(M. Castells)의 연구를 들 수 있다.

3. 공적 입지론은 효율성보다 형평성을 극대화하려고 한다

1) 공공재이론

공공재이론에서 공공서비스시설은 이용자의 편익이 최대가 되는 지점에 입지해야 함을 전제조건으로 한다. 공공재이론을 공간에 도입하여 연구한 대표적 학자로는 티부(C. M. Tiebout)를 들 수 있다. 시설의 입지는 소비자의 편익을 최대화하는 방법으로 각 지방에 분배한다. 그는 입지 결정을 다루기보다 개인 하나 하나의 집합을 동질 소비자 집단으로 분할하도록 결정하는 것에 관심을 두었다.

또한 그는 기존 공공서비스 시설들에 대한 이용자의 선택에 관심을 둔 것이 아니라 이용자는 고정된 공간분포를 하고 있다는 가정하에서 공공서비스 시설의 입지는 모든 이용자의 분포를 고려하여 편익을 최대화할 수 있는 방법으로 결정되어야 한다고 보았다.

2) 제품 차별화이론

제품 차별화이론이란 불완전 경쟁상황하에서 가격 결정과 기업의 최대 이윤 추구를 위해서 어떻게 생산재를 선택할 것인가에 관한 이론이다.

3) 중심지이론

이 이론은 크리스탈러(W. Christaller, 1933)와 로쉬(A. Lösch, 1943)에 의해 시장지역의 중심지와 배후지간의 계층적 관계성을 정립한 것이다. 로쉬이론은 2가지 기본적 생각에 기초한다. 첫째, 사유재에 대한 시장지역 규모와 기업의 수는 생산의 규모경제와 교통비용 사이의 상호작용에 의존한다. 둘째, 기업가들은 이용자들에게 재화를 공급하는 중심지로 집중하는 경향이 있다.

4) 입지결정분석

입지결정분석은 웨버의 공업 입지론에 그 기초를 두고 있다. 웨버는 공간상의 교통비, 노동비, 집적이익에 의해 생산비가 최소화될 수 있는 지점이 공업입지로서 최적 입지라고 하는 최소 비용론을 제시하였다. 이에 기초하여 공공서비스 시설입지에서는 서비스 이용자와 시설 간의 통행거리 또는 비용을 최소화하는 지점을 바로 공공서비스 시설의 입지지점으로 보는 것이다.

이와 같이 입지기준을 반영한 공공서비스 시설의 입지모형이 개발되고 있는데, 많은 학자는 평등성(equality), 필요(need), 수요(demand), 선호(preference), 지불의사(willing to pay) 등을 입지결정의 기준으로 각각 제시하고 있다. 지금까지는 다양한 입지기준을 반영한 입지모형의 개발을 통해 그 입지기준으로서 공급자 편의 위주의 효율성 극대화에 주안점을 둔 모형의 개발이 대부분이었으나, 도시 공공서비스 시설의 입지의 경우에는 공급자 입장에서의 효율성뿐만 아니라 수요자 입장의 형평성도 고려되어야 함을 전제로 한다. 앞으로는 형평성, 나아가 실제 이용자들의 만족도가 더 강조될 것이다.

이상과 같이 농업, 공업, 상업, 주거 입지론과 같은 사적 입지론은 입지기준으로서 비용의 최소화나 이윤의 극대화를 추구할 수 있는 효율성 차원을 중요시하는 데 반해, 공공서비스 시설입지론과 같은 공적 입지론은 공적 결정을 전제로 하기 때문에 입지의 효율성만 추구할 수 없고 형평성이 더 강조된다는 점에서 차이가 있다.

4. 입지갈등은 늘 있는 문제로 해결방법이 중요하다

오늘날의 산업사회에 있어서도 입지선호시설과 혐오시설에 대한 주민들 간의 마찰로 인한 입지갈등 해소와 국민복지시설의 향상이라는 차원에서 볼 때 입지의 문제는 더욱 중요하다. 특히 1991년부터 우리나라에서도 지방자치제가 실시됨에 따라 학교, 병원, 소방서, 경찰서, 구청, 시청, 도청 등과 같은 입지선호시설은 서로 자기 집 앞마당에 설치하려고 하는 PIMFY(please in my front yard) 현상이 확대되는 반면에 쓰레기 처리 및 소각장, 핵폐기물 처리장, 화장터와 같은 혐오시설은 서로 자기 집 뒷마당에도 결코 둘 수 없다는 NIMBY(not in my back yard) 현상이 고조되고 있다. 최근 들어 선호시설과 혐오시설을 둘러싼 입지 갈등이 증폭되어 나타나고 있다. 이러한 각종 시설물들이 자리 잡을 때 입지갈등을 최소화하기 위해 입지기준을 제시하고, 그 기준에 따라 최적의 입지를 선정함으로써 입지갈등을 최소화하고 있다.

5. 입지선정에 GIS보다 더 좋은 객관적 도구는 없다

GIS는 컴퓨터기술을 이용하여 지리 및 지질정보의 효율적이고 신속한 활용을 위하여 공간자료와 속성자료를 결합시켜 정보들을 입력, 분석, 출력시키는 정보관리체계이며, 계획을 수립하고 정책을 결정하는 종합적인 시스템이다. GIS의 활용분야는 그 범위가 매우 넓어서 세세한 부분까지 언급하기는 어려우나, 교통 및 도시, 시설물 관리, 환경 및 자원관리, 경찰, 소방 및 국방 등 다양하게 활용되고 있다. 특히 사적 및 공적 입지와 관련하여 다양한 입지기준을 반영하여 적지선정을 함으로써 입지갈등해소에 큰 역할을 할 수 있다. 공공서비스시설과 관련하여 현대도시에서 반드시 갖추어야 할 쓰레기 매립장의 부지를 GIS를 이용하여 선정한 경우를 예를 들면 다음과 같다.

쓰레기 매립장을 만들려면 다양한 공간의 정보를 요구한다. 사면의 경사도, 사면의 방향, 토양의 투수율, 지반의 경연, 하천과의 거리, 주거지와의 거리 및 풍향 등의 다양한 변수를 가지고 가장 적절한 위치를 선택하는 것으로, 도시의 주민들의 이해만 있어 준다면 각종 적지 선정에 GIS를 이용하는 것이 가장 합리적이고 효율적으로 최적지를 구할 수 있다.

다음은 2017년 행정안전부와 한국정보화진흥원에서 주체한 공공 빅데이터 성과공유대회에서 대구시가 전기차 충전 인프라 설치 입지선정을 위해 GIS를 실제로 활용하여 발표한 사례이다. 먼저, 데이터 수집 과정을 거친 뒤 그림 11-1과 같이 데이터 분석을 위해 Tableau를 활용하여 데이터 시각화 작업을 하고 입지선정을 위한 모델을 도출한다. 이를 활용해 그림 11-2와 같이 검증 작업을 거치고 다시 데이터를 활용할 모델을 고도화시킨다.

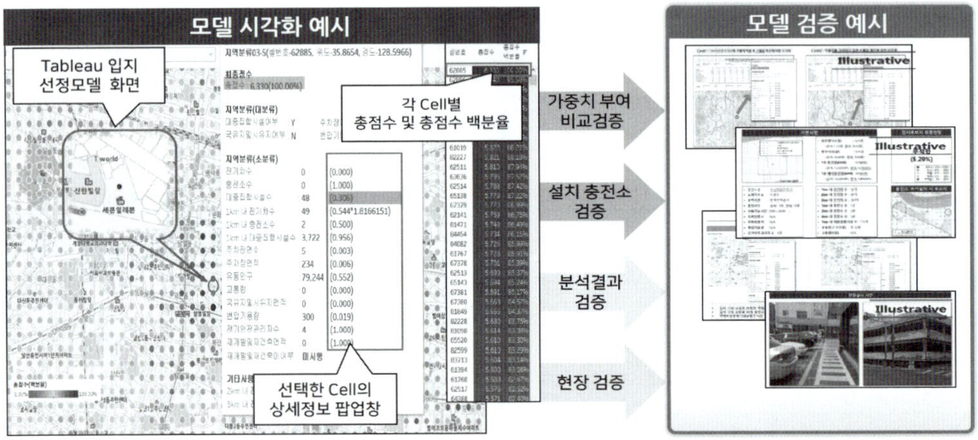

그림 11-1 GIS를 활용한 입지선정 모델 도출

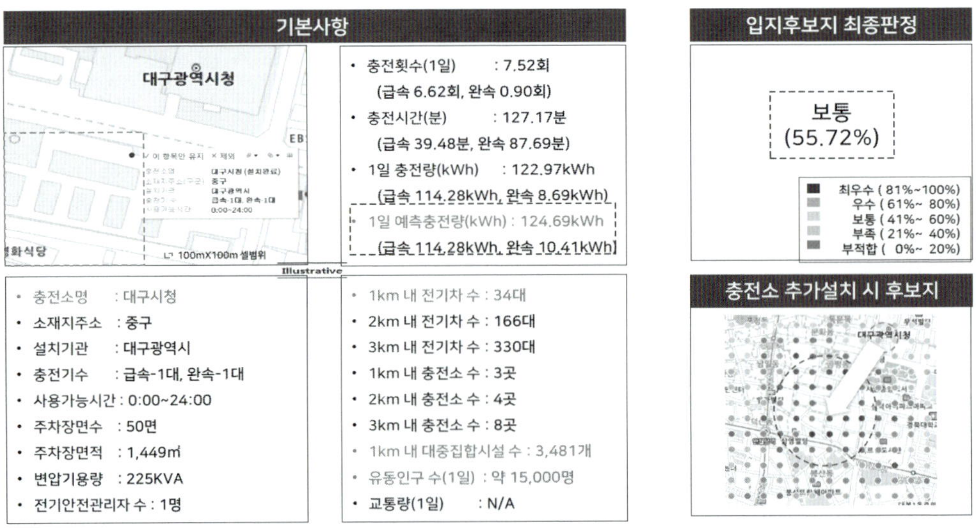

그림 11-2 GIS를 활용한 검증 및 모델의 고도화

3 동양에서 터잡기는 어떻게 해왔을까요?

1. 풍수지리는 무엇일까요?

1) 풍수지리의 개념

우리 땅은 삶의 터, 역사의 터로서 우리 조상들의 피와 땀이 담겨 있으며, 삶과 지혜가 투영된 실체이다. 시대에 따라 우리 땅은 여러 가지로 생각되어 왔지만, 땅을 유기체로서 인간과 분리하지 않고 하나(身土不二)로 보았다. 그 대표적인 것이 풍수지리다. 풍수지리는 인간의 삶에 최적의 장소를 찾기 위해 동양에서 출발한 입지이론이다. 이 이론은 주거, 묘터 등 우리 개인의 삶뿐만 아니라 취락, 수도 등 공동의 삶에 뿌리 깊게 내려온 터잡기이론으로 통일신라 이후부터 지금까지 1000년 넘게 지속되어 온 우리 땅에 대한 삶의 방식이요, 철학이다. 삶 속에 면면히 내려오는 풍수지리의 개념, 기원과 발달과정, 관련된 용어, 구성체계와 기본원리, 공헌과 비판 등에 대해 살펴보고자 한다.

풍수지리(風水地理)라는 용어는 단지 풍수(風水) 혹은 지리(地理)란 것이 원칭이고, 따로 감여(堪輿), 지술(地術)이라고도 한다. 여기서는 중복어로서 풍수지리란 용어를 사용한다. '풍수'라는 말은 땅과 거리가 먼 바람(風)과 물(水)로 구성되어 있다. 인간의 삶과 관련하여 바람과 물은 고대사회의 생활에서는 최적의 삶에 없어서는 안 될 중요한 환경요소로 작용하였다. 최적의 삶을 영위하기 위해 바람과 물을 이용하기 좋고, 화를 입지 않을 만한 땅을 골라서 집을 장만해야 했다. 그래서 토지를 선정하는 필수 요건으로 바람과 물을 관찰하는 습관이 생겼다. 풍수라는 말은 중국 진나라 사람 곽박(郭璞, 276~324)이 쓴 『장경(葬經)』에 나오는 장풍득수(藏風得水)를 줄인 말로 토지의 길흉을 보는 대표적인 말로 풍수가 쓰이게 되었다.

풍수지리란 무엇을 말하는 것일까? 일반적으로 풍수지리를 보는 관점은 두 가지이다. 첫째, 자연과학이나 지리학적 입장에서 합리적·과학적 요소를 인정하고 전통적 지식체계로 취급하는 견해이다. 즉, 지형(산과 물)과 입지에 대한 체계적 지식으로서 전통지리학의 가장 중요한 부분이다. 둘째, 자연현상을 미신적으로 보는 견해이다. 풍수지리는 땅속을 흐르는 생기의 유무와 내왕(來往)의 움직임을 보아 생기가 충만한 땅을 발견할 수 있으면 그 땅에 집이나 무덤을 정하여 좋은 생기를 받아 쇠잔한 운명을 다시 일으키거나 빈약한 생명을 건강하게 할 수 있다는 것이다.

풍수지리는 땅의 형세를 인간의 길흉화복에 관련시켜 설명하는 동양적 자연관으로 자연을 객관적으로 구명하기보다 직관에 의해 본질을 파악하려는 태도로 미신적 요소와 경험과학적 요소가 혼합되어 있다고 볼 수 있다. 결국 풍수가 과학이냐 미신이냐는 물음에의 답변이 그리 쉽지 않음을 알 수 있다. 결론적으로 풍수는 과학도 미신도 아니라는 것이다. 다시 말해 두 요소를 함께 지닌다는 점이다. 풍수는 낙토, 이상향, 유토피아(utopia)에 대한 사람들의 염원이 함께 얽혀 자연과의 조화로운 삶을 추구하는 우리 민족의 자연관을 대변하는 삶의 방식의 하나이다. 오늘날 풍수는 단순한 미신이 아닌 과학적 체계를 갖춘 학문으로 점차 인식되어 가고 있다. 풍수지리는 동양적인 신비주의, 미신적인 요소가 다수 포함되어 있으나, 그 본질적인 면에서 보면 우리의 생활 및 경험과학으로서 우리 땅에 사는 우리 생각의 논서를 담은 우리 문화로 볼 수 있다. 이러한 풍수지리는 한 사람의 터 잡기에서부터 마을이나 수도의 자리 잡기에 이르기까지 삶의 최적 공간을 연출할 수 있도록 풍부한 경험상의 지혜를 제공해주고 있다.

2) 풍수지리의 주요 용어

풍수지리를 이해하기 위한 기본 용어는 다음과 같다.

- 산(山): 풍수에서 산은 절대적인 조건이다. 산과 연결되지 않은 지형은 명당(明堂)이나 혈(穴)을 맺지 못한다.
- 용(龍): 산을 말하나 주로 산의 정상으로부터 사방으로 뻗어 나간 줄기인 땅의 기복을 가리키며 마치 그 모양이 용과 같다는 데서 유래한다. 이는 그 형상이 용이 꿈틀거리는 것과 비슷하다고 해서 술법상(術法上)의 용어로 사용하고 있는 것이다. 또한 용은 음양이 조화된 것이므로 산의 무궁무진한 변화와 예측하기 어려운 조화가 마치 용과 같다고 하는 의미에서 유래된 것이라고도 한다.
- 맥(脈)·절(節): 맥이란 용 속에 감추어진 산의 정기(精氣)이다. 맥은 곧 혈관과 같은 것이다. 사람의 맥을 보아 건강의 좋고 나쁜 것을 알듯이 풍수사는 산·용의 맥을 보아 길흉을 알 수 있다는 것이다. 이 용맥이 일기일복(一起一伏)·좌절우곡(左折右曲)하는 곳은 마디와 같은 곳으로 이곳을 절이라고 한다.

- **혈(穴)**: 생기가 뭉쳐 있는 곳을 말하며, 사람의 몸에 침을 놓는 곳인 혈과 같은 개념에서 나왔다. 용맥(龍脈) 중에서 생기가 가장 몰려 있는 핵심적인 곳이다.
- **사(砂)**: 혈(穴) 주위의 형세 전체인 산 · 암석 · 수목 · 강 · 바다 · 호수 · 평야 · 사지(砂地) · 구릉 · 도로 · 건물 등을 총칭하는 것이다.
- **조산(祖山) · 주산(主山)**: 용에도 그 근본이 되는 산이 조산이다. 이 조산은 혈장(穴場)으로부터의 거리와 산의 규모에 따라 몇 가지로 구분된다. 혈이 되는 곳에서 멀리 떨어진 산으로서 고대웅위(高大雄偉)한 것부터 태조산(太祖山), 중조산(中祖山), 근조산(近祖山)이라고 하며, 태조산(太祖山)은 멀리 떨어져 높이 솟은 산을 말하며, 혈이 있는 곳 바로 뒤의 산을 소조산(小祖山) 또는 주산(主山)이라 한다. 주산은 혈장이 있는 명당(明堂)의 뒤에 위치하기 때문에 후산(後山)이라고도 하며, 대개의 부락이나 묘지에는 이 산이 있고 부락의 경우 이 산이 그 부락을 지켜준다는 의미의 진호(鎭護)에서 진산(鎭山)이라고도 한다. 그 가운데쯤에 있는 산을 중조산(中祖山) 또는 종산(宗山)이라 한다. 내 · 외청룡으로 나뉘는 데 겹겹이 감쌀수록 길하다.
- **현무정(玄武頂)**: 혈과 가깝게 바로 혈장 부근에서 주산으로부터 내려오는 내룡(來龍)이 우뚝 솟은 곳을 현무정이라고 한다. 이는 사방수호신(四方守護神)의 개념에서 유래된 용어이다.
- **국(局)과 형국(形局)**: 국은 혈(穴)과 사(砂)가 합쳐져 이루어진 것을 말한다. 형국은 국의 모양을 말하며, 산의 모양이나 물의 흐름 따위를 동식물, 사람 또는 기타 사물에 비유하여 표현한 것이다.
- **명당**: 혈 앞의 평평한 땅으로 바로 앞의 것을 내명당, 바깥쪽의 넓은 평지를 외명당이라 하며, 청룡 · 백호로 둘러싸인 곳이다. 혈과 명당은 풍수에서 가장 중심이 되는 요소이다.
- **명당수(明堂水)**: 득(得), 파(破) 또는 수구(水口): 혈이나 명당의 내부에서 솟아, 그 앞을 지나 바깥으로 흘러 나가는 물의 흐름이다. 솟아나는 부분, 즉 수류(水流)의 발원지는 득이라 하고, 수류가 청룡 · 백호로 에워싸인 명당의 바깥쪽으로 흘러 나가는 부분은 파 또는 수구라 한다. 일반적으로 혈 앞을 흐르는 물의 경우, 혈에서 그 흐름이 보이는 곳을 득, 그 흐름이 보이지 않는 곳을 파라고 한다.

- **청룡 · 백호, 안산 · 조산**: 풍수에서 흔히 쓰이는 좌청룡(左青龍) · 우백호(右白虎) · 전주작(前朱雀) · 후현무(後玄武) 등의 용어는 사신(四神)과 관련된 혈 주변의 산의 명칭이다. 여기에서 좌우전후 방향은 혈전(穴前)을 바라볼 때의 방향으로서 대체로 혈전이 남향이므로, 동쪽 방위를 담당한 청룡은 좌, 서쪽 방위를 담당하는 백호는 우, 남쪽방위를 담당하는 주작은 전, 북쪽의 현무는 후가 되는 것이다. 백호(白虎)는 혈의 뒤쪽에서 내려와 우측, 즉 혈이 남쪽을 향하고 있는 경우 서쪽을 둘러싸고 앞에서 끝나는 산맥을 말한다. 내 · 외 백호로 나뉘는데, 겹겹이 감쌀수록 길하다. 주작에 해당되는 산으로 안산(案山)과 조산(朝山)이 있다. 안산은 혈 바로 앞에 있는 낮고 작은 산을 말하며, 주산과 그에 대한 객산(客山)이 마주하고 앉은 사이의 책상이라는 뜻이다. 조산은 혈 앞에 있는 고대(高大)한 산이다. 주인에 대한 손님, 임금에 대한 신하의 비유로 주산의 대칭된 개념이 조대산(朝對山)이라고도 한다. 자(子)는 정북, 오(午)는 정남이 되기 때문이다.

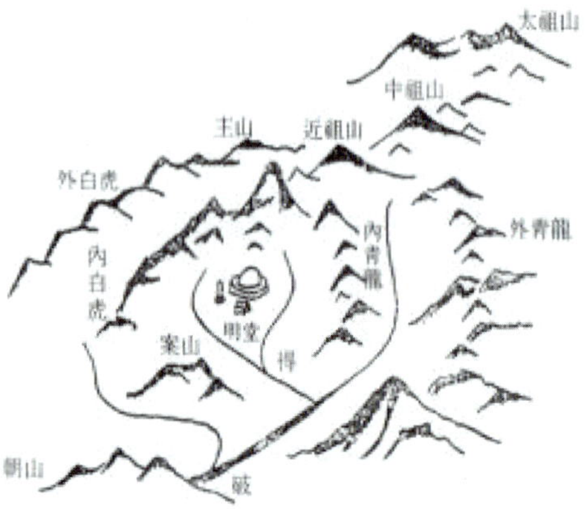

출처: 최창조(1993).

그림 11-3 풍수지리모형도

- **좌향(坐向)**: 혈의 중심, 즉 주거지의 경우 주건축물을 세우는 곳 그리고 음택(묘지)의 경우 관을 넣는 곳을 좌라고 하며, 이 좌가 정면으로 향하는 방위를 향이라고 한다. 따라서 좌향은 일직선상에 놓이게 된다. 좌향은 주로 24방위를 사용하는 데 대표적인 좌향인 자좌오향(子坐午向)의 경우 좌가 정북방에 그리고 그 방향이 정남방을 향하고 있는 것이다. 24방위에서 자(子)는 정북, 오(午)는 정남이 되기 때문이다. 좌향을 잡을 때는 길한 방향과 흉한 방향을 가려잡는데, 이때 나반(那般)을 사용한다. 나반은 패철(佩鐵), 나경(羅經)이라고도 하며, 4괘, 10간, 12지를 사용하여 24방위로 나누어져 있다.
- **양택(陽宅)과 음택(陰宅)**: 양택은 살아 있는 사람이 사는 가옥, 마을, 성곽 등을 말한다. 음택은 죽은 사람이 묻히는 무덤을 말한다. 그렇다면 양택과 음택 중 무엇이 먼저일까? 풍수지리는 살아 있는 사람이 사는 집, 마을을 정하는 양

택풍수와 죽은 사람이 묻힐 무덤을 정하는 음택풍수로 구분된다. 양택풍수는 주거, 도읍, 국도, 국역 풍수(양기풍수) 등을 말하며, 음택풍수는 죽은 자의 영혼이 산 자의 세계에 영향을 준다는 전제하에 묘지선정을 말한다. 중국인들은 조상숭배 사상 때문에 음택이 양택보다 먼저 생성했고, 그 기원은 아득한 옛날부터였다고 하는 것이 음택기원설이다. 영혼은 무덤에만 사는 것이 아니라 집안에도 산다고 믿고서 길지를 찾는 풍수지리를 양택에도 적용하게 되었다는 설이다. 풍수의 원리가 양택에서 나와서 음택에 그대로 적용되었다고 보는 것이 양택기원설이다. 좋은 터를 찾는다는 아이디어가 좋은 거주지를 선택하는 데서 시작되었다고 보는 것이 옳다고 본다.

2. 풍수지리의 기원을 어떻게 보는 것이 좋을까요? 그리고 풍수지리는 어떻게 변화되었을까요?

1) 풍수지리의 기원

윤홍기는 중국 서북부의 황토고원 지방을 풍수지리가 발생할 수 있는 기원지로 주장하고 있다. 그 근거로서 황토고원은 중국 농경문화의 기원지로, 겨울의 한랭 건조한 북풍이 혹한과 흙먼지를 몰고 오며, 여름에는 때때로 하천이 범람하여 농경지와 가옥이 흙탕물로 침수됨으로써 이러한 지방의 안정된 거처로서 차가운 먼지바람을 피할 수 있고, 수해도 입지 않을 황토고원 골짜기의 양지바른 언덕을 택하여 흙굴집을 파서 거주하게 되었다.

풍수지리는 중국에서 들어왔다는 외부유입설과 우리나라에서 자체적으로 발생했다는 자체발생설 둘로 나누어 볼 수 있다. 먼저 외부유입설은 대체적으로 풍수적 개념이 처음 발생한 것은 전국시대 말기로 보고 있는데, 기원전 4~5세기경에는 점성가, 마법사 등이 개인의 운명은 물론 국운을 좌우하는 대사건이나 전쟁 등의 징조들을 천체의 운행과 관련지어 설명하였다. 이 같은 사고와 관련하여 한대(漢代)에 와서는 특히 음양설(陰陽說)이 도입되어 풍수 원리가 정립되며 풍수의 경전인 『청오경(靑烏經)』이 편찬되었다. 청오경 이후의 풍수서로는 동진의 곽박(郭璞)이 지었다는 『장서(葬書)』가 유명하다. 당현종이 금낭에 두고 아꼈다고 하여 금낭경이라고도 한다. 중국의 풍수사상이 언제 우리나라에 들어왔는지는 분명치 않으나 대략 통일신라 이후 당과의 문화적 교류가 활발했을 때였을 것으로 알려져 있다.

8세기말 통일신라시대 풍수지리설이 도입되어 경덕왕릉과 그 이후의 왕릉이 대개 사신, 역수의 국을 이루고 있음을 보아 이미 풍수지리설이 도입되어 실생활에 활용되었기 때문에 경덕왕 때(742~765) 풍수지리설이 도입되었다고 볼 수 있다. 더 거슬러 올라가 태종무열왕릉이나 김유신묘까지도 풍수지리설의 영향이 나타난다고 보았다. 이 묘들은 이전에 만들어진 묘와 달리 풍수상의 길지에 입지하고 있다. 하대 왕실을 중심으로 한 중앙귀족을 중심으로 풍수지리설이 유행하였다. 특히 신라 말기에 이르러 진골귀족을 중심으로 한 왕위쟁탈전으로 사회적 불안 상태가 가속화되어 신라 말기에 이르러 풍수지리는 지방의 호족사회로 확대, 이러한 확대과정에서 중요한 구실을 한 사람이 옥용자(玉龍子) 도선(道詵)이다. 도선은 대중교화의 한 방편으로 풍수를 활용한 승려로 신라 흥덕왕 2년(827)에 태어났는데, 속성은 김씨이고, 영암 사람이다. 태종 무열왕의 적손으로 정쟁에 밀려 영암 지방으로 낙향한 중앙귀족으로 추측된다. 20세에 동이산 대안사(大安寺)의 혜철의 문하에 들어가 선을 배웠는데, 태백산 등지를 유람한 뒤 옥룡사에 들어가서 일생을 마쳤다. 입적은 효공왕 2년(898)이고, 이때 그의 나이가 72세였다. 그러나 우리나라에 도입된 풍수설은 그 뒤 정치적으로 이용되고 속신(俗信)과 부합되는 과정에서 음택풍수(陰宅風水)를 중심으로 크게 변질되어 풍수하면 의례 음택풍수를 지칭하게 되었다.

자체발생설은 우리나라에 산이 많다는 자연환경, 산악 숭배사상, 지모사상, 삼신오제사상 등에 의하여 자연적으로 발생하여, 신라 말기에 중국과의 교류가 활발해지면서 풍수사상이 더욱 발전했다는 것이다. 자체발생설에 의하면 풍수사상은 우리나라에서 발생하여 중국 및 동양의 여러 나라로 전파되었다고 하는데, 풍수지리의 발생이 한국이라는 점을 다음과 같이 논증하고 있다. 첫째, 한국 국토의 지형적 조건이다. 한국의 국토는 산이 70%를 차지하고 있어 전국으로 분포된 크고 작은 산들이 대부분 촌락과 도읍지의 자연적인 배경을 이루고 있다. 선인들에게 있어서 산은 농업이나 목축 그리고 사냥 등을 통한 음식물이나 생활필수품의 중요한 공급원이 되어 왔다. 둘째, 산신숭배 사상이 풍수지리를 발생하게 했다는 점이다. 우리 선조들은 자연숭배에 대한 신앙심이 유독 깊었으며, 그러한 신앙의 대상 중 산신은 상당히 큰 비중을 차지하고 있었다. 산신은 고대인들에게는 수호신이었으며, 한 지역에 있는 큰 산을 진산(鎭山)이라고 하여 숭배하는 것은 한국의 전통 사상이었다. 셋째, 풍수지리이론은 주역의 이론과 결합하여 더욱 완벽한 체계를 이루고 있다는 점이다. 만약 주역과 음양오행설이 없었다면 풍수지리이론은 성립되기 어려웠을 것이다. 풍수지리이론은 산의 기운을 분석하는 과정에서 출발하는데, 이 과정에서 주역의 기(氣)이론이 적용된다. 현재 사용되고 있는 주역은 그 이전의 환역과 연산역의 일부분인 것으로 알려져 있다. 즉, 주역이 발생되기 이전에는 '환역'과 '연산역'이 있었는데, 어떤 이유에서인지 잘 쓰이지 않고 주역만이 오늘에 이른 것이다. 넷째, 단군이 처음 신시를 건설하게 된 과정을 살펴보면 '하늘나라에 사는 하느님의 아들 환웅이 하느님의 뜻에 따라 사람들을 다스리고자 땅으로 내려갈 즈음, 하늘로부터 지세를 살펴보고 삼신산인 한밝산(태백산, 지금의 백두산)이 가히 사람을 유익하게 만들 수 있는 장소라고 판단되어, 천부인 3개와 3천 명을 거느리고 한밝산 신단수 아래로 하강하여 신시를 이루게 되었다'고 기록되어 있다. 이것은 그 당시 이미 풍수지리가 있었다는 것을 나타내는 것으로서, 한국에서의 풍수지리는 이미 단군이 신시를 건설하고 개국하기 시작할 때부터 적용되었음을 알 수 있게 한다. 다섯째, 고인돌 역시 풍수지리와 무관하지 않다. 고인돌의 위치는 대부분 산의 정상으로부터 평지로 연결되는 능선 위에 있다. 이러한 위치는 용의 맥을 따라 자리잡은 것으로, 이미 풍수지리이론에 입각해 고인돌을 세운 것을 알 수 있게 한다. 고인돌의 입지 기준은 후대로 전해져 삼국 시대의 왕릉에도 동일하게 적용되었다.

2) 풍수지리의 변천

우리나라에 유입된 풍수는 토착신앙과 결합되어 한국적 풍수로 변용되는 과정을 거치는데 시대에 따른 특징을 들면 다음과 같다.

풍수사상은 동양고대과학의 한 특성인 신비적 요소만을 제거하면 천문학이나 인문지리학적 성격이 강한 것이었다. 실제로 초기의 풍수사들은 위도를 측량한다든지, 지세에 따라 지역의 자연환경을 관찰하는 등 극히 과학적인 사고방식을 지니고 있었다. 이러한 전통이 바탕이 되어 결국 신라 말기에 지방을 무대로 세력을 부식하던 호족들로 하여금, 그 중핵지(core area)를 경주에서 한반도 중부지방으로 옮기고자 하는 국토재편성의 안목을 갖게 하였는데, 이러한 안목은 바로 풍수지리설의 바탕이 되었다고 할 수 있다. 고려시대의 풍수는 도선이 개경을 국도로 정하는 데 이론적 배경이 됨과 아울러 태조가 남긴 훈요십조와 같은 고려왕조의 정치적 이념으로서 영향을 미쳤다. 도선이 천연도성이라 단언했던 개경이 고려 말에 이르러 빈번한 내우외환으로 피폐하자 평양천도설과 한양천도설이 등장했던 점과 왕조가 멸망한 점은 공허한 역리임이 증명되었다.

조선시대의 풍수지리 역시 국도를 정하는 이론적 기초가 되었다. 역성혁명에 성공한 태조 이성계는 즉위와 동시에 천도를 계획했는데, 풍수상의 길지인 모악, 계룡산, 한양 등지가 새로운 수도의 입지로 부각되었으며, 이 중에서 한양을 새 수도의 입지로 결정하였다. 그러나 조선 왕조에 이르러서 풍수지리는 일반 민간에서 장묘(葬墓)에 치중하는 술법(術法)으로 전락하고 말았다. 풍수설은 현재까지도 음택풍수지리의 범위를 크게 벗어나지 못한 채 대부분 민간신앙의 개념으로 받아들여지고 있는 것은 사실이다. 그러나 그 본질을 들여다보면 결국은 자연과 인간의 조화로운 삶을 추구하는 것이다.

3. 풍수지리는 어떻게 구성되어 있을까요?

풍수지리를 설명하는 논리체계 구조는 음양오행설에 의한 생기론적 인식체계, 기감응론적 인식체계, 경험과학적 인식체계 등으로 나누어 볼 수 있다.

1) 생기론적 인식체계

풍수설에서 모든 것은 음, 양의 기가 '화수목금토'의 다섯 가지 기로 변함으로써 생기는 것이라 하며, 이것을 생기(生氣)라 한다. 또한 만물은 이 생기에 따라 쇠퇴와 발전을 거듭하는 것이다. 이러한 우주의 조화력을 가진 생기가 인생만물의 운명을 지배한다는 것이 풍수설의 본질인 '생기론'이다. 이처럼 운명의 지배력을 갖고 있는 생기를 인간이 취급할 수만 있다면 생기를 이용하여 자신의 운명을 스스로 개척할 수 있을 것이다. 풍수설에서는 이 생기를 움직이는 물체로 본다. 즉, 생기는 바람이나 비가 되기도 하며 땅속을 흐르고 있기도 한다. 땅속을 흐르는 생기의 유무와 내왕(來往)의 움직임을 보아 생기가 충실한 땅을 발견할 수 있으면 그 땅에 거처나 묘자리를 정하여 좋은 생기를 받아 쇠잔한 운명을 다시 일으키거나 빈약한 생명을 부강하게 할 수가 있는 것이다. 대원군의 쇄국정책 시 철마가 달리면 나라가 시끄럽다함으로써 철도부설을 회피하였다. 특히 양반이 많이 사는 곳에 철도가 통과하지 않거나 반대가 심하였다고 한다. 철도회피설지역을 예로 들면 상주, 공주, 부여, 밀양 등을 들 수 있겠다.

2) 기감응론적 인식체계

풍수의 또 하나의 본질인 기감응적 인식체계는 동기감응론과 소주길흉론으로 나누어 볼 수 있다. 동기감응론은 죽은 사람의 유골에서 받은 기가 다른 사람에 옮겨지는 것을 친자감응 혹은 동기감응이라 한다. 소주길흉론은 땅을 쓸 사람의 사주팔자가 그 땅의 오행과 상생이 되는지의 여부로 사주명리학과 풍수지리의 만남이다. 기감응론은 음택풍수와 긴밀한 관계에 있다. 풍수에서는 부자(父子) 사이에 밀접한 관계가 있다고 믿고, 부모의 행복과 불행이 자식의 행복과 불행을 가져오게 된다고 생각했다. 이처럼 부모와 자식 간에는 밀접한 관계가 있어 부모의 해골이 땅 속 생기를 받으면 그 유체인 자손도 행운을 받는다고 믿는 것이다. 이러한 시체와 땅속 생기와의 생기감응과 부모 자식 간의 동기감응이 풍수의 제2본질을 이루는 기감응론이다. 그러므로 풍수의 음택법으로 묘에 의해 인생의 행복과 번영을 구하려 함은 부모 자식 간에 있어서의 동기감응의 원리에 따라 동기감응을 예상한 것이다.

3) 경험 과학적 인식체계

경험 과학적 인식체계는 풍수의 4가지 기본 요소인 산 · 수 · 방위 · 사람과 관련된 상지법(相地法)으로 간룡법, 장풍법, 득수법, 정혈법, 좌향론, 형국론 등으로 나누어 볼 수 있다. 풍수설에 있어서 길지를 고를 때 기본적인 조건이 되는 것은 산(山), 수(水), 방위(方位) 세 가지이다. 풍수의 구성은 이 3가지의 길흉 및 조합에 의해 성립된다. 산 · 수 · 방위는 인간생활에 없어서는 안 될 필수적인 요소이다. 풍수설은 3가지에 의미를 더하여 그 목적 달성에 이용한 것에 지나지 않는다. 산을 등지고 물을 구할 수 있는 곳에 거처를 잡는 일은 거의 본능적으로 행해졌으며, 방위도 역시 주택 및 농작물에 대한 기후의 영향 등 볕이 잘 들거나 풍향이 양호한 방위의 땅을 골랐다.

이렇게 풍수설은 원시시대부터 인간생활에 꼭 필요한 산 · 수 · 방위를 구성요소로 하게 되었다. 인생에 있어서 모든 행복과 불행은 3가지에 의해 지배되기 때문에 이를 규명하고 길흉을 판단하고자 하였다.

(1) 산과 관련된 상지법

산과 관련된 상지법으로는 간룡법(看龍法)이 있다. 간룡법은 용맥흐름의 좋고 나쁨을 조산(祖山)으로부터 혈장까지 살피는 것이다. 산맥을 용(龍)으로 보고, 감추어진 정기가 흘러 다니는 통로로 파악, 진혈(眞穴)을 찾는 것이다. 용이란 산의 전체적인 형세를 가리키는 것으로, 마치 용이 꿈틀거리는 것과 같다 하여 붙여진 이름이다. 장풍법(藏風法)은 명당 주변의 지형지세에 관한 풍수이론을 말한다. 사람이 죽어 시신이 땅에 묻히면 기에 의지해야 하는데 바람은 땅에서 발생하는 생기를 흩어버린다 하여 바람을 막아 생기를 간수하는 장풍이 매우 중요하게 인식되었다. 바람을 막기 위해서는 혈 주위의 산, 즉 사를 살펴야 하는데 특히 청룡, 백호, 주작, 현무의 사신사가 중요하다. 사신사상이란 청룡, 백호, 주작, 현무의 네 가지 동물이 우주만상을 호위하고, 동서남북의 방향을 수호해준다고 믿었던 신앙인데, 중국에서 형성되어 고대 동양사상의 중요한 맥이 되었다. 이때 혈이 남향인 경우 동쪽이 청룡, 서쪽이 백호, 남쪽이 주작, 북쪽이 현무가 된다. 또한 현무는 머리를 드리운 모양, 주작은 날아오르듯 춤추는 모양, 청룡은 꿈틀거리고, 백호는 머리를 숙이는 모양이 좋으며 그렇지 못하면 재액을 입는다 하였다.

(2) 물과 관련된 상지법

물과 관련된 상지법으로는 물을 얻는 방법인 득수법(得水法)이 있다. 득수법은 물에 의한 길흉을 판단하는 것으로, 풍수에서 중요한 것은 음양의 조화인데 산은 음이요 수는 양이므로 산수가 서로 어울려야 음양이 조화롭게 된다. 산은 높은 것이 좋으며, 물은 긴 것이 좋고 반드시 길한 방위에서 흘러와서 흉한 방위로 흘러간다고 보았다. 물이 흘러올 때는 좋은 것을 가져오고 흘러갈 때는 나쁜 것을 씻어간다고 믿었기 때문이다.

(3) 방위와 관련된 상지법

방위와 관련된 상지법으로는 정혈법(定穴法)이 있다. 정혈법은 주위와의 상관관계를 살펴 정기가 뭉쳐 있는 혈의 위치가 거주에 적합한지 판단하는 것이다. 혈자리는 음양의 조화점으로 생기취주(生氣聚注)한 곳을 정확히 잡아야 한다. 혈은 생기가 응집되어 있는 곳으로 풍수의 요체가 된다. 아무리 산이 좋아도 정작 혈이 없으면 소용이 없으며 혈 또한 장풍, 득수 등 모든 조건이 맞는 좋은 산에 위치해야만 한다. 혈은 마치 인체의 경혈과 같아서 손가락 하나만 틀려도 여러 겹이 막힌 것과 같으며 상하좌우에 약간만 틀림이 있어도 길흉이 뒤바뀐다고 한다. 혈을 파는 데도 반드시 적당한 정도가 있어 그보다 조금만 깊이 파도 진기가 위로 지나고 조금만 얕게 파도 진기가 아래로 지나게 되어 털끝만큼이라도 틀리면 화복의 차이가 엄청나다 하니 정혈의 중요성과 어려움을 짐작할 수 있다. 혈의 모양은 천태만상이나 음양의 두 가지로 크게 구분할 수 있으니 혈자리는 음양의 조화가 집중적으로 표출된 곳이기 때문에 음래(陰來)이면 양수(陽受)하고 양래(陽來)이면 음수(陰受)하는 생기취주(生氣聚注)한 곳을 정확히 잡아야 한다. 그 모양은 凹, 凸과 같다. 음에는 또 양이 있고 양에는 음이 있어 태양, 소양, 태음, 소음의 사상이 생긴다.

이외에 좌향론이 있다. 좌향론은 명당에서 혈이 어느 쪽으로 향할 것인가를 결정하는 이론이다. 모든 방위에는 음양오행이 주어져 있어서 방위에 따른 음양오행의 기가 흘러나오므로 좌향을 잘 택하는 것은 땅의 생기를 흡수하는 데 절대적으로 중요한 것이 된다. 원래 좌향은 혈의 뒤쪽을 좌와, 좌에서 앞을 바라보는 위치인 향의 합성어로 배산임수(背山臨水)·자좌오향(子坐午向)을 최고로 친다.

(4) 산, 물, 방위와 인간과의 관계를 종합적으로 보는 상지법

산, 물, 방위와 인간과의 관계를 종합적으로 보는 상지법으로 형국론이 있다. 형국론은 자리잡고 있는 모양을 짐승·조류·사람 기타 동물의 생김새에 빗대어 길흉을 논의하는 것이다. 예를 들어, 금계 포란형은 누런 닭이 알을 품고 있는 형, 와우형은 소가 누워 있는 형, 비룡귀소형은 나는 용이 집으로 돌아드는 형 등을 들 수 있다. 형국론은 명당 주변의 지세를 전반적으로 살펴서 길흉 판단의 지표로 삼는 것을 말한다. 산 모양이나 물 흐름 등을 동식물·사람·물질 등에 비겨 그 역할과 정기를 표현하는 것이다. 이것을 근거로 하여 무수히 많은 형국이 나타나게 되며 길흉 판단 역시 그 형상과 움직임에 의거하여 유추하는 것이다. 이러한 형국과 관련하여 도로를 내거나 각종 공사 등을 할 때 함부로 하지 않았다. 실제로 양동마을의 형국이 말물자(勿)인데 그 마을 앞에 일본인이 철도를 놓아 그 마을의 기를 끊고자 하였다고 한다. 실제 그 마을은 6.25전쟁 때 많은 희생자가 있었다.

4. 풍수지리를 설명하는 데 음양오행은 어떤 관계에 있을까요?

세상의 모든 이치가 역(易)에 들어 있다는 말이 있다. 과학은 모든 것을 나누고 분석하는 과정을 통해 깊숙한 곳까지 탐구하는 학문인 반면, 역학은 그 이치를 그대로 공부해서 한 번에 모든 것을 깨치는 학문이다. 서양처럼 수학적으로 수치를 따지고 분석하는 방식이 아니라, 그 원리를 바탕으로 이치에 통하는 것이다.

1) 음양

이 세상 모든 것이 음과 양으로 이루어져 있다는 원리로, 공자는 주역 계사전에서 일음일양지위도(一陰一陽之謂道), 즉 세상 이치가 양과 음의 작용이라고 하였다. 그리고 음양사상은 '천부지모(天父地母)요 만물동포(萬物同胞)이며, 천령지정(天靈之精)과 지체지기(地體之氣)로 화생만물(化生萬物)'이라고 하였다. 이렇게 세상의 모든 것이 음과 양의 조화로 이루어져 있다고 보는 것이 음양사상이다. 그래서 음과 양이란 말은 다분히 상대적인 개념이다.

예) 남자와 여자, 조개껍질과 속, 지구와 태양, 지구와 달, 위와 아래

*양: 분열 팽창, 드러남, 부드러움
*음: 수축 수렴, 감춰짐, 딱딱함

현상적인 예)

① 나무의 생장(씨앗, 잎 무성 → 양 / 열매, 앙상한 가지 → 음)
② 사람의 생장(소년기, 청년기 → 양 / 장년기, 노년기 → 음)
③ 지구의 사계절(봄, 여름 → 양 / 가을, 겨울 → 음)
④ 사람의 하루 일과(아침에 깨어서 직장에 나가고 열심히 생활함 → 양 / 저녁에 퇴근해서 쉬다가 잠을 잠 → 음)

2) 오행

(1) 오행의 종류

사람들의 생활에 필요한 5가지 소재인 민용오재(民用五材)에 기초한 것으로 오행설(五行說)이라고도 한다. 오(五)는 이 세상에 존재하는 물질들의 기본요소를 '木, 火, 土, 金, 水'의 다섯 가지로 본다는 것이고, 행(行)은 '순회한다, 유행한다, 운행한다'의 뜻이 담겨져 있으므로, 오행은 5가지 요소들이 서로 운행변전(運行變轉)한다는 의미로 운행변전을 통해 우주만물이 생성(生成)되고 변화(變化)된다는 것이 오행설의 기본원리이다.

오행의 순서는 木→火→土→金→水→木이다.

▶ 상생(相生 = 吉)

이웃하는 오행끼리는 사이가 좋다.

水 = 木 = 火 = 土 = 金 = 水 = 木

▶ 상극(相剋 = 凶)

한 집 건너 있는 오행 간에는 사이가 나쁘다. 오행 간의 상생(相生), 상극(相剋)을 그림으로 설명하면 그림 11-2와 같다.

① 木: 땅에서 싹이 밖으로 솟아 나오는 형상. 어떤 기운이 처음 발하는 상으로 목기운이 발하는 기본자리는 동쪽이다.

② 火: 극한의 분열을 상징이다. 여름이 되면 초목이 온 하늘을 뒤덮는다. 방위로는 남쪽이다.

③ 土: 중재의 역할. 토의 중재가 없으면 그 어떤 오행의 순환 원리도 성립할 수가 없기 때문에 가장 중요하다. 방위는 중간이다. 사주에 토가 많으면 욕심이 적고 온순하며 여기저기 잘 어울리는 유형이다.

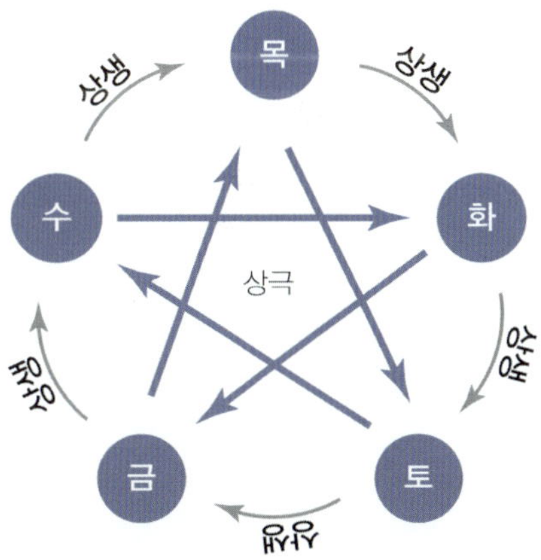

그림 11-4 오행도

④ 金: 가을에 나무가 그 진액을 모아서 열매를 맺게 하는 수렴의 기운, 쇠솥은 열을 모아서 모든 걸 익힌다. 방위는 서쪽이다.

⑤ 水: 목기운이 발하기 직전의 단계로 응축하고 다지는 기운이다. 한 알의 씨앗도 수기의 오랜 응고 작용을 받아야 강하게 목기운으로 거듭나서 잘 자란다. 방위는 북쪽이다.

(2) 오행과 만물의 결합

표 11-1 오행과 만물의 결합관계

오행	계절	방위	색깔	오장	육부	수	한글	음률	조화
목(木)	봄	동	청	간	담	3 . 8	아(ㄱ)	각	청룡
화(火)	여름	남	적	심	소장	2 . 7	설(ㄴ)	치	주작
토(土)	늦여름	중앙	황	비	위	5. 10	순(ㅁ)	궁	
금(金)	가을	서	백	폐	대장	4 . 9	치(ㅅ)	상	백호
수(水)	겨울	북	흑	신	방광	1 . 6	후(ㅇ)	우	현무

5. 우리 국토공간에 풍수지리적 사상이 어떻게 투영되어 있을까요?

1) 국토의 풍수

한국은 아름다운 산과 맑은 물이 많아 예로부터 금수강산이라고 불려 왔다. 특히 백두산에서부터 시작된 한국의 백두대간은 중간에서 끊어지는 것 없이 전 국토를 하나로 연결하고, 그 중간 중간에 연결된 많은 산과 맥을 통해 전 국토에 생기를 전달하고 있다. 또 토질은 단단하고 습기가 알맞게 분포되어 있고, 전체적으로 탄력이 있어 흙에서 발산되는 빛과 소리도 밝고 명랑하다. 물 역시 맑고 깨끗하여 세계에 내놓아도 손색이 없다.

한국의 국토를 음양이론으로 설명한 풍수가들의 이야기는 다음과 같다.

바다는 낮은 곳에 있어서 음(陰)이며 여성을 상징하고, 육지는 높은 곳에 있어서 양(陽)이며 남성을 상징한다. 따라서 대륙에서 바다를 향해 길게 뻗은 한국의 국토는 남성의 생식기와 같다. 생식기는 음과 양을 결합시킴으로써 새로운 생명체를 만드는 신체의 가장 숭고한 부분이다. 그래서 신체의 각 부분은 생식기의 정상 기능을 위해 각종 에너지를 우선적으로 공급하며, 다른 신체보다 가장 신비한 구조를 이루고 있다. 음과 양이 서로 결합하여 조화를 이루는 공간을 '명당'이라고 한다면 한국의 국토는 최고의 명당인 것이다.

우리나라 서해안의 인천만은 9m를 최고로, 거의 5m 이상이어서 세계적으로 큰 편의 간만조를 이루고 있다. 이러한 간만의 차이에 의해 개펄의 폭도 수십 킬로미터에 이르러, 그 길이에 있어서도 세계에서 드물게 긴 개펄을 형성하고 있다. 흔히 모세의 기적이라고 말하는 '바다가 갈라지고 바다 건너편의 땅으로 통로가 나타나는 현상'은 전라남도 진도 앞바다를 비롯해 서해안의 다른 곳에서도 매년 나타난다.

개펄은 육지가 되기도 하며, 바다가 되기도 한다. 결국 음과 양의 기운이 서로 결합하는, 이른바 음양이 조화하는 공간으로서 생기가 충만하다. 이러한 생기에 의해 서해안 개펄은 조개와 굴 그리고 기러기를 비롯한 수많은 생명체의 보금자리가 되고, 이곳에서 생긴 여러 종류의 해산물은 건강식품으로 각광을 받고 있다. 서해안에서 발생되는 생기는 바람을 타고 내륙 깊은 곳까지 기운을 전달하여 전 국토를 생기 있는 명당으로 만들어 준다.

한국의 국토를 대륙과 바다가 결합하는 생식기에 견줄 때 바닷물이 들어오고 나가는 현상은 음과 양이 결합하는 과정으로 분석된다. 이것은 한국의 국토가 강력한 생명력이 있는 세계적인 명당임을 입증하는 것이다.

한국의 지세는 전체적으로 명당일 뿐만 아니라 크고 작은 산들이 각각의 지역마다 혈과 명당을 이루고 있다. 혈과 명당의 효능은 일찍부터 사람들에게 알려지게 되었으며, 이러한 혈과 명당에 대한 체험은 풍수지리의 개념을 더욱 확실하게 하는 요인으로 작용했을 것이다.

2) 조선의 풍수

(1) 택리지 속에 나타난 풍수

이중환의 『택리지』와 『정감록』 등은 풍수지리사상을 잘 담고 있는 책으로 볼 수 있다. 이중환(1690~1756)의 『택리지』는 임진왜란과 병자호란으로 인한 경제적 어려움과 당쟁으로 인한 학자와 정치인들의 수난이 거듭되는 시대적 배경 속에서 관념과 공리(空理)를 떠나 실용적 측면에서 살기 좋은 땅을 찾으려는 노력에서 만들어진 책이다.

이 책은 내용구성에 있어서 사민총론(四民總論), 팔도총론(八道總論), 복거총론(卜居總論), 총론(總論) 등 4분야로 나누어 국토 전반에 대한 지리적 현상을 계통지리학과 지역지리학의 입장에서 취급함으로써, 지리학의 2원적 구조를 대립이 아닌 조화의 방향으로 극복하려고 노력하였다. 그러나 4분야 중에서도 초점은 팔도총론과 복거총론에 두었다.

사민총론은 사농공상(士農工商)의 4민에 대한 언급으로 벼슬을 한 사와 벼슬을 하지 못한 농공상이 나뉜 원인과 내력을 서술하고 있다.

팔도총론은 국토의 역사와 지리를 서술한 다음 당시의 행정구역인 팔도로 나누어서 그 지역의 산맥과 물의 흐름을 말하고, 그 지역과 관계 있는 인물과 사건을 설명하고 있다.

복거총론은 사람이 살만한 곳의 선택 기준으로 지리(地理), 생리(生利), 인심(人心) 및 산수(山水)를 들어 설명하고 있다. 살만한 곳을 택하는 첫째는 지리다. 여기에서 지리라는 것은 풍수학적(風水學的)인 지리를 말하는 것이다. 지리를 논하려면 먼저 수구(水口)를 보고, 차례로 들의 형세, 산 모양, 흙 빛깔, 물이 흐르는 방향과 형세, 앞산과 앞물을 본다고 하였다. 또 수구가 엉성하면 아무리 많은 살림이 있어도 여러 대로 전해지지 못하고 저절로 없어진다고 하였고, 물은 재물을 관장하는 것이므로 물가에 부자가 많다고 하였다.

다음으로 생리를 조건으로 들었는데, 이 조건을 중요시 한 것으로 보인다. 그 이유는 재물이란 하늘에서 내리거나 땅에서 솟아나는 것이 아니므로 기름진 땅이 첫째이고, 배와 수레를 이용하여 물자를 교류시킬 수 있는 곳이 다음이라고 하였다. 기름진 땅으로서는 전라도 남원과 구례, 경상도 성주, 진주가 첫째이고 목화는 영남과 호남에 가장 잘된다 하였다.

셋째로 인심을 들었다. 그곳의 풍속이 좋지 못하면 자손에게도 해가 미친다 하여 풍속의 중요함을 강조하고 팔도 인심을 비교하여 기록하였다.

끝으로 산수를 조건으로 하여 집 근처에 유람할 만한 산수가 없으면 정서를 함양할 수 없다 하였다. 그는 여기에 있어서도 산수가 좋은 곳은 생리(生利)가 박한 곳이 많으니 땅이 기름진 곳을 가려 살면서 십리거리나 반나절 길 되는 안쪽에 산수 좋은 곳을 매입해 두고 마음 내키는 대로 가서 거름을 풀고 돌아오는 것이 좋다하여 생리를 무시하지 않았다.

이 책이 완성되자 여러 지우(知友)학자들이 서문과 발문(跋文)을 썼으며, 많은 사람이 베껴서 읽었던 것으로 짐작된다. 그것은 이 책의 명칭이 택리지(擇里志), 팔역지(八域志), 팔역가거지(八域可居地), 동국산수록(東國山水錄), 진유승람(震維勝覽), 동국총화록(東國總貨錄), 동악소관(東岳小管), 형가요람(形家要覽) 등 10여 종이나 있는 것을 보면 대개 베껴 간 사람이 제 나름대로 명칭을 붙인 것인 듯하다.

(2) 정감록 속에 나타난 풍수

『정감록』은 조선 중엽 이후 민간에 널리 성행했던 풍수지리적 예언서로서, 한때 민간신앙으로까지 발전하여 부패한 현실을 부정하는 민간의 말세적 감정의 정서적 기반이 되었다. 당시 전쟁과 당쟁, 내우외환의 틈바구니에서 조선왕조에 대한 불신감, 사회적 불안이 팽배하였으며, 이러한 혼란기에 『정감록』 그 자체보다 여기서 유래한 유언이 구전적으로 전파되어 지대한 영향력을 주었다.

『정감록』에는 머지않아 이씨 왕조가 망하고 정대(鄭代)왕조가 계룡산에 도읍(都邑)한다고 하며, 다가오는 대재난과 피난처가 10개소라는 것을 예언하고 있다. 조선 말엽의 사회적 혼란기에 『정감록』의 신봉자들이 전국에서 십승지로 유입되었다. 십승지는 예외 없이 한강 이남의 남한 땅에 치우쳐 있어 주로 북쪽에서 남쪽으로 인구가 이동되었다. 감록촌의 형성은 『정감록』에 십승지 중 첫 번째로 풍기(豊基)를 기록한 것을 신봉하고, 이곳이 가장 뛰어난 피난처로 생각하여 이주해온 데서 시작된다. 전국 각처에서 본 지역으로 유입한 『정감록』 신봉자들은 수삼 년 내에 신천지가 도래하거나 난이 있을 것을 예상하고 무위도식하던 중 가지고 온 가산을 탕진하기에 이르렀다. 따라서 어떤 수단으로나 가족의 생계를 유지해 나가는 일이 절박해졌다.

사람들은 이동할 때 단지 인구의 재분포에 그치는 것이 아니고 그들의 문화, 즉 고향에서 익힌 농법, 공업기술, 생각, 생활양식 등을 가져와 이것을 바탕으로 본 지역에 인삼재배, 과수재배, 인조 경공업과 같은 산업을 이식시켜 산업경관과 산업구조를 크게 변화시켰다.

풍기로 유입한 사람들은 남조선 신앙에 의해 북에서 남으로 이동한 황해도와 평안도 출신이 대부분이다. 황해도 및 개성 출신자들은 생계기반을 마련하기 위해 인삼재배를 시작하였고, 평안도 출신자들은 과수를 재배하는 한편 인견공업기술을 습득했던 자들은 인견공업을 크게 발달시켰다.

(3) 조선 8도의 풍수

조선시대의 지역풍수론은 팔도에 대한 형이상학적 풍수의미 부여와 팔도민의 풍수지리적 인성론 그리고 영남과 호남 간의 풍수지리 비교 등으로 나타나고 있다.

먼저 임진왜란 때 이여송을 따라 조선에 왔던 나학천 풍수사는 조선의 팔도를 인체와 동물에 각각 대응시켜 팔도에 대한 풍수지리적 해석을 표 11-2와 같이 하였다.

표 11-2 나학천의 조선팔도의 인체 및 동물 대응

지역 풍수론	인체 대응	동물 대응
함경도	머리	장어
평안도	얼굴	매
황해도	손	소
경기도	가슴	범
강원도	갈빗대	꿩
충청도	배	까치
경상도	다리	돼지
전라도	발	원숭이

우리나라에서는 예로부터 인걸은 지령(地靈)이라 하여 풍수 인성론 또는 지인 상관론이 발달해 왔는데, 조선조에서는 표 11-3과 같이 세 학자가 주장한 풍수지리적 인성론이 특히 관심을 끈다.

표 11-3 조선 8도의 풍수

지역 \ 시기 \ 학자	나학천	이중한	윤행임
	선조(17세기 초)	영조(18세기 중엽)	정조(18세기 말)
함경도	우직지협(愚直知夾)	민개경한(民皆勁悍)	니중투구(泥中鬪狗)
평안도	견강용예(堅剛勇銳)	인심순후(人心醇厚)	맹호출림(猛虎出林)
황해도	우준무실(愚蠢無實)	민다영폭(民多獰暴)	석전경우(石田耕牛)
경기도	선용후유(先勇後柔)	민물조폐(民物凋弊)	경중미인(鏡中美人)
강원도	칩복지단(蟄伏知短)	협민다준(峽民多蠢)	암하노불(岩下老佛)
충청도	부경용호(浮輕勇豪)	전추세리(傳趨勢利)	청풍명월(淸風明月)
경상도	우순질신(愚順質信)	풍속질실(風俗質實)	태산교악(泰山喬嶽)
전라도	사교경예(詐巧輕藝)	전상교험(專尙狡險)	풍전세류(風前細柳)

나학천에 의하면 함경도 사람은 우직하지만 지혜를 가졌고(愚直知夾), 평안도 사람은 의지가 용감하고 날쌔며(堅剛勇銳), 황해도 사람은 느리고 어리석어 옹골차지 않으며(愚蠢無實), 경기도 사람은 앞에는 억세고 뒤로는 부드러우며(先勇後柔), 강원도 사람은 자기 거처에 틀어박혀 가만히 있을 뿐만 아니라 아는 것이 부족(蟄伏知短)하다고 하였다. 충청도 사람은 행동이 경솔하지만 용맹스러우며(浮輕勇豪), 경상도 사람은 어리석고 순하고 질박하고 참된 기질이 있다는 것이다(愚順質信).

청담 이중환 선생도 '마을의 풍속이 착하면 아름다운 것이 되며, 아름다운 곳을 가려서 살지 않으면 어찌 지혜롭다고 하리라는 공자의 말을 인용하면서, 팔도민의 인심을 다음과 같이 설파하였다.

우리나라 팔도 가운데 평안도는 인심이 좋고(人心醇厚), 경상도는 진실되고 성실하며(風俗質實), 함경도는 오랑캐와 접경하여 백성이 모두 굳세고 날래며(民皆勁悍), 황해도는 산수가 험악한 까닭으로 대부분의 백성이 사납고 포악하며(民多獰暴), 강원도는 산골짜기 백성으로서 몹시 불손하며(峽民多蠢), 경기도는 도성 밖 야읍의 백성들이나 물자가 시들어 쇠하였고(民物凋弊), 충청도는 오직 세도와 재리만 따른다(傳趨勢利)고 하였다.

그리고 정조 때 윤행임도 조선 8도에 대해 진흙 밭에서 싸우는 개는 함경도(泥中鬪狗), 모진 호랑이가 숲에서 나오는 평안도(猛虎出林), 돌밭을 가는 소는 황해도(石田耕牛), 바위 아래 늙은 부처는 강원도(岩下老佛), 거울 가운데 미인은 경기도(鏡中美人), 맑은 바람 밝은 달은 충청도(淸風明月), 태산 준령 같이 꿋꿋한 것은 경상도(泰山喬嶽), 바람 앞에 살랑 살랑 가는 버들은 전라도(風前細柳) 사람으로 평가하였다.

일제 침략으로 나타난 한반도 풍수형국도

풍수지리사상에 따르면, 땅은 외관 모양에 따라 그에 상응하는 기운을 가진다고 한다. 이에 따라 일찍이 격암 남사고(南師古)와 육당 최남선(崔南善)은 한반도를 대륙을 향해 포효하는 호랑이 형상을 하고 있다고 하였다. 그러나 조선 광물 탐사요원으로 파견된 일본의 지질학자인 고토분지로(小藤文次郎) 교수는 한반도가 나약한 기운을 가진 땅이라 주장하기 위해서, 1908년 한반도 풍수형국도(風水形局圖)에서 한반도를 토끼 형상에 비유하였다. 그는 한반도를 마치 중국 대륙을 향해 앞발을 들고 있는 토끼 형상과 같다면서 관서(평안도)를 토끼의 머리와 목, 관북(함경도)을 귀, 황해도의 서해쪽 돌출부를 앞발, 경기도를 배(腹), 관동(강원도)을 등, 삼남(충청 · 전라 · 경상)을 토끼의 하부에 해당하는 뒷다리와 뒷발 및 꼬리 부분으로 각각 비유했다.

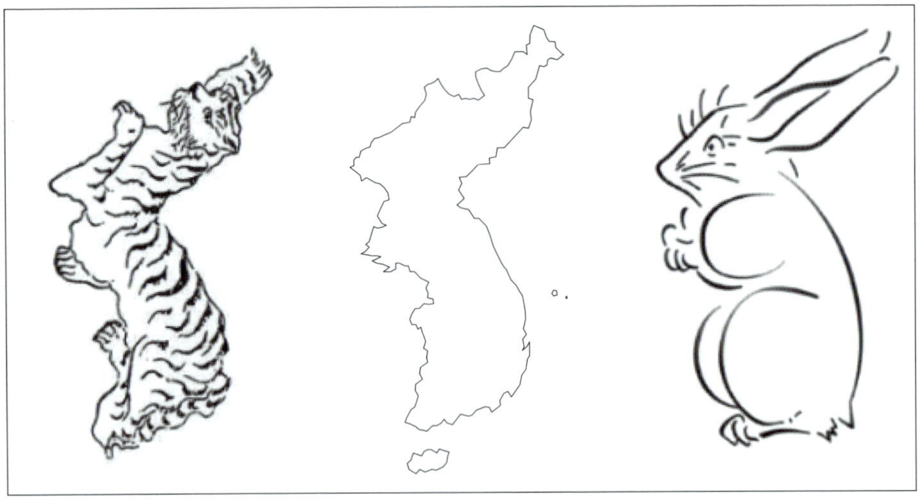

6. 우리나라 풍수지리 사상의 공헌점은 무엇이며, 그 한계는 무엇인가요?

풍수지리 사상은 땅을 살아 있는 유기체적 존재로 인식, 인간과 자연을 일체 내지 합일로 봄으로써 현대의 환경문제를 근원적으로 해결할 수 있는 신 환경론으로 볼 수 있다.

그러나 풍수지리사상은 미신적 요소가 너무나 깊숙이 내재되어 있어 정상과학으로서 한계가 있다. 우리 국토에서 중요하지 않는 땅이 있겠는가? 그럼에도 좋은 땅이 있고 없고를 따지면서 특히 매장선호로 인한 국토의 환경파괴는 묘지제도의 개선 방안을 강구하지 않을 수 없게 되었다. 또한 형국론은 지세를 사람과 짐승모양 등에 비유하고 있는데, 이것은 동양 중에서 한국만이 갖는 특징이다. 또한 오행설에 근거하여 사주, 관상, 점 등과 뒤범벅이 됨으로써 정상과학으로서 한계성을 나타내고 있다. 서양의 유럽이나 아르헨티나의 대평원, 팜파스에서 무슨 좌청룡, 우백호가 있으며, 명당이 존재할까? 풍수지리사상은 우리조상들이 자연과 더불어 조화를 꾀하면서 터잡기를 해온 우리 문화로 보는 것이 타당하다.

입지와 풍수지리 관련 웹사이트

http://www.korcham.net/ 산업입지 관련 정책정보
http://www.poongsoojiri.co.kr/ 정통풍수지리학회, 정경연의 풍수지리학 강의
http://21fengshui.com/ 대동풍수지리학회, 고제희의 풍수강의

생각해 볼거리

1. 우리 지역에서 가장 살기 좋은 입지를 가진 장소가 어디인지 근거를 들어 설명해 봅시다.

2. 명당은 있을까? 만약 명당이 있다면 어디인지 설명해 봅시다.

3. 서양과 동양의 터잡기에 대한 차이점을 논의해 봅시다.

4. 묘터를 정할 때 지관(풍수사)을 고용하는 것에 대해 자신의 생각을 말해 봅시다.

5. 장사를 하게 된다면 고려해야 할 입지적 특성은 무엇인지 논의해 봅시다.

6. 풍수지리가 주는 시사점과 한계점을 논의해 봅시다.

CHAPTER 12

지명:
지역이 지명에게 자신의 정체성을 묻다.

호사유피 인사유명(虎死留皮 人死留名), 즉 호랑이는 죽어 가죽을 남기고 사람은 죽어 이름을 남긴다는 말이 있다. 사람들은 저마다 이름(姓名)이 있는데, 사람들은 자기 이름을 빛내는 일을 명예로 여기며, 자기 이름이 더럽혀지는 일을 가장 치욕으로 느낀다. 뿐만 아니라 누군가가 자기 부모 이름을 깎아내리는 말을 할 때 불쾌감을 느낄 수 있다. 그래서 이름에는 값이 있다. 이름값은 그 사람의 정체성, 인격, 개성이자 명예 등으로 나타난다. 그래서 어떤 사람의 이름을 떠올리면 그 사람과 연관된 이미지가 머릿속에 자연스럽게 떠오른다. 땅에도 사람의 이름(姓名)과 마찬가지로 지명(地名)이 존재한다. 지명은 지표 공간에 존재하는 토지 단위에 존재하는 명칭으로 다른 토지와 구분하기 위한 기능을 지니고 있으며, 장소에 대한 사람들의 의식, 문화와 역사 등이 반영되어 있다.

실험 없는 과학을 상상할 수 있을까? 실험이 없다면 실체를 증명하는 것이 불가능해져 사실에 대한 검증이 불가능할 것이다. 즉, 실험이 없는 과학은 본질을 담지 못하는 변질된 과학이라 할 수 있다. 지리학에서 지명이 없으면 그 지역에 대한 사람들의 의식과 문화 그리고 역사 등 많은 지식이 함께 없어진다. 따라서 지명은 지리학 연구의 기초이자 필수 요소라 해도 과언이 아니다.

지리학은 주로 지역 및 공간, 인간과 자연을 연구하는 학문으로 주로 지역성(regional character), 공간 관계 및 인간과 자연의 관계에 연구의 초점을 두는데, 이러한 지역성, 공간 관계, 인간과 자연의 관계를 규명하는 데 기초가 되는 것 중의 하나가 지명이다. 오늘날 사회는 지구화 시대로 진입하면서 시·공간의 수렴이 일어나면서 과거에 비해 많은 지역, 공간, 인간과 자연 등에 대한 이해가 필요하게 되었다. 따라서 지명학습에 대한 중요성이 높아졌으나, 지명학습을 암기 위주의 학습 방식으로 가르침에 따라 학생들은 흥미를 잃고 있는 실정이다. 게다가 교육과정에서도 이러한 중요성을 간과한 채 지명에 대한 체계적인 학습이 이루어지지 않고 있다.

단편적인 예로 통일은 우리나라의 헌법 조항에서도 언급할 정도로 중요하게 여겨진다. 그러나 통일교육의 현실을 지리적 관점에서 살펴보면 제대로 이루어지지 않고 있다. 1999년 5월 25~26일 양일간에 걸쳐 수도권 지역 소재 초·중·고등학과 대학교 재학생 총 100명을 대상으로 실시한 설문조사에서 북한 행정구역을 9도로 정확하게 응답한 학생은 고등학생 10%와 대학생은 20%에 불과했다. 초·중·고등학생 중 5도로 대답한 학생이 15%였으며, 하나도 답하지 못한 학생이 40%에 이르렀다. 대한민국전도를 어디에서 보았느냐는 질문에는 대부분 '사회과 부도'라고 대답했으며, 초등학생은 한 번도 본적이 없다가 90%였다. 세계지도보다 대한민국전도에 더 관심이 없는 것으로 밝혀졌으며, 북한행정구역에 대해서는 무지에 가까웠다. 지명무지에 대한 이러한 결과는 현시점에서 학생에게 적용해도 거의 비슷하게 나타날 것이다. 따라서 통일교육 차원에서도 교육 현장의 북한 제대로 알기에 대한 수업의 도입이 시급하다.

지명에 대한 체계적인 이해는 지구촌 장소에 대한 이해로서 글로벌 경제위기 대응, 다가올 우주 시대 혹성의 자원 관리 차원에서도 필요하다. 따라서 지역의 이해에 기초가 되는 지명에 대한 체계적인 이해와 그 교육 방안을 살펴보고, 나아가 지명브랜드를 높이기 위한 방안을 검토해볼 필요가 있다.

1 지명 학습에 필요한 기초적인 것은 무엇일까요?

1. 지명은 환경지각의 결과 토지에 붙여진 이름이다

지명은 경지나 주거지 따위의 사람의 생활과 활동에 이용되는 토지(土地)에 붙여진 명칭이다. 또한 인류가 정착 생활을 하면서 그 생활의 터전이 되는 곳을 생활의 필요에 따라 다른 곳과 구분하기 위하여 명명한 사회적 계약물인 특수한 언어기호이다(강길부, 1985). 하지만 지명은 단순한 기호가 아니라 의미의 결합체이다.

이러한 지명에 대한 표현은 영어식으로 나타낼 때 다른 용어가 존재하는데, 그 대상에 따른 구분이 존재한다. 첫째, geographical name은 지표면에 존재하는 지형물에 부여된 이름을 뜻한다. 둘째, place name은 인간이 거주하는 장소를 지칭하는 이름을 뜻한다. 셋째, toponym은 지구와 지구 바깥에 존재하는 모든 실체를 대상으로 하는 이름[1])을 뜻한다(Kadmon, 1997; UNGEGN, 2002).

결국 지명은 객체로서 장소가 가지는 특성과 명명의 주체인 인간의 환경 지각 결과로서 생기는 의지, 감정, 세계관 등이 함축되어 있다. 따라서 지명은 언어학적 화석이요 역사적 문화유산이다. 지명 속에는 조상의 사고, 의식, 언어, 풍속, 종교, 행정, 경제에 이르기까지 다양한 생활 모습이 담겨져 있어 문화 발달의 발자취를 찾을 수 있다.

지명이라 하면 사찰, 교량까지도 지명이 될 수 있기 때문에, 즉 지명은 붙이기 나름이고, 쓰기 나름으로 그 수가 크게 증감하므로 그 지명의 수는 실로 엄청나다 하겠다. 그러나 일반적으로 가옥명, 건물명, 교량명 등은 지명에 포함시키지 않는 것이 보통이다.

2. 지명은 일상생활에서 중요할 뿐만 아니라 학문연구의 출발점이 된다

지명은 다음과 같은 점에서 의의가 있다.

첫째, 지리학은 지역에 관한 학문으로 그 지역의 자연 및 인문 환경 요소를 포함하고 있으며, 상호작용 결과 지역성이 형성되기 때문에 지역성 연구에 기초가 되는 것이 지명이라 할 수 있다. 따라서 지명은 지리학습의 기초적 지식이 된다는 점에서 중요하다. 뿐만 아니라 지리학의 기본개념인 공간은 지명의 인지를 통해 성립되며 인간과 환경과의 관계를 아는 기초 단서가 된다는 점에서 중요하다 하겠다. 지명의 뜻이나 그 유래를 알고 있으면 자연스럽게 기억할 수 있게 된다. 또한 그 지역의 지명 특색을 파악하면 쉽게 그 위치를 대략적이나마 알 수 있고, 접미어나 접두어의 뜻을 알면 무엇을 나타내는 지명인가를 이해할 수 있다.

둘째, 지명은 언어의 특수한 표현이므로 지명 분석을 통하여 언어의 변천사를 알 수 있으며, 지명은 장소를 나타내기 때문에 주거 생활의 모습을 알 수 있다.

---

1) Toponym의 예를 들면, 달과 같은 우주 속에 존재하는 다른 행성의 지형물에 대한 이름이 포함되며, 이를 별도로 extraterrestrial name이라 칭하기도 한다(UNGEGN, 2002; 국토지리정보원, 2012).

셋째, 지명은 종합학문이라 할 수 있다. 지명에는 언어의 변천사, 민속·민담·전설 등의 문화사, 역사학, 고고학, 민속학, 사회학, 경제학 등에 보조적 역할을 하기 때문이다.

넷째, 지명은 지리적 사고력 신장에 도움을 줄 수 있다는 점이다. 지명의 유래, 뜻 등 지명을 체계적으로 이해하게 되면, 예를 들어, 광주, 전주, 공주 등의 주(州)는 옛날의 고을을 의미한다든지, 목포, 남포, 구포 등의 포(浦)는 항구를 의미한다는 등의 원리를 터득함으로써 지리적 사고력 신장에 도움을 줄 수 있다.

다섯째, 지명은 일상생활에서도 유용한 지식이 된다는 점이다. 오늘날 지구촌에서 일어나는 각종 사건 사고가 지구상의 어디에서 일어나는지를 알 수 있다면 그 자체가 그 문제를 이해하는 데 많은 도움을 줄 수 있다.

결과적으로 지명은 사회과 학습 이외의 타교과에서도 학습 내용을 구체화하는 데 큰 역할을 한다고 볼 수 있다.

3. 지명은 저마다 고유한 특성이 있다

지명은 다음과 같은 여러 가지 특성을 갖고 있다.

첫째, 땅에 이름이 부여된 고유성을 가진다. 땅은 인간생활이 영위되는 무대이며 터전이다. 인간은 땅이라는 무대 없이 안정된 생활과 유구한 역사, 문화 창조를 기대할 수 없다. 땅의 높고 낮은 지형 조건, 비옥하고 척박한 토실 조건, 물이 좋고 나쁜 수리 조건, 따뜻하고 추운 기상 조건에 따라서 인간의 생활 방식은 달라지기 때문에 땅은 가공되지 않은 본래의 모습에서 인간의 삶과 관련하여 가공된 땅으로서 양면성을 지닌다. 이러한 자연의 성상, 인간생활의 발자취가 하나의 장소로 수렴되어 고유의 개성인 고유성으로 표출된 것이 지명이다. 따라서 땅이름은 고유한 성격인 지역성을 가진다.

둘째, 땅 이름은 저마다 생각하면 그와 함께 어떤 이미지 내지 상징이 떠오르면서 상징성을 가진다. 그것은 산물로써 상징되는 경우도 있고, 인물이나 인심 등 여러 특징으로 상징되기도 한다. 충청도하면 양반, 경상도하면 문둥이, 강원도하면 감자, 바위 등이 떠오른다. 과거 우리나라의 각 도를 평하는 말들을 살펴보면 다음과 같다. 함경도는 니중투구(泥中鬪狗: 진흙 밭에서 싸우는 개), 평안도는 맹호출림(猛虎出林: 모진 호랑이가 숲에서 나오는 것), 황해도는 석전경우(石田耕牛: 돌밭을 갈아 가는 소), 강원도는 암하노불(岩下老佛: 바위 아래 늙은 부처), 경기도는 경중미인(鏡中美人: 거울 가운데 미인), 충청도는 청풍명월(淸風明月: 맑은 바람 밝은 달), 경상도는 태산교악(泰山喬嶽: 태산준령 같이 꿋꿋한 것), 전라도는 풍전세류(風前細柳: 바람 앞에 살랑 살랑 가는 버들)로 평하였다.

셋째, 이러한 지명은 인간과 자연과의 관계를 나타낼 뿐만 아니라 훌륭한 문화유산으로서 지역의 문화성, 역사성을 내포하며, 구체적으로 당시의 사고, 의식 구조, 전통과 관습, 문화와 경제 등을 알 수 있는 포괄적 성격(포괄성)을 지닌다. 특히 지명은 과거의 문화 발달의 흔적을 잘 전하고 있는 귀중한 기록이며, 지리적 사실의 넓은 의미에 있어서 예술적 압축이라고 볼 수 있다.

넷째, 지명은 위치, 지형, 인물, 역사 등 다양한 배경 하에서 만들어진 후 변화과정을 가지는 생태성을 갖고 있다. 한 번 만들어진 지명은 시간의 흐름에 따라 음운 변화가 일어나거나 형태가 달라짐에 따라 변화하기도 하며, 잘못 전해짐에 따라 혹은 특정한 사건 등에 따라 변화하기도 한다. 따라서 지명에는 탄생과 전파 그리고 소멸이 존재한다. 예를 들어, 미국 지명의 군락을 분석할 때 유럽인의 이민사가 이해된다. 이것은 지명의 전파, 분포를 뜻하며 없어진 지명은 장소의 변화를 의미한다. 우리나라의 경우 지명의 변천 과정을 보면 삼국 시대는 우리말에 한자를 빌어서 이두나 향가식 문자로, 신라 경덕왕 때 와서는 모든 지명을 한자어로 그리고 일제 식민지하에서 일본인들의 편리에 의한 지명으로 크게 바뀌었다. 최근 지하철이 생겨 지하철 역명이 생기면서 전해 내려오던 뜻, 있는 지명 대신 대학 위치에 중점을 둔 역명들이 많이 생기고 있는 점을 들 수 있다.

다섯째, 땅이름은 한 번 붙여지면 시간이 흘러도 쉽게 바뀌지 않을 뿐만 아니라 지명을 계속 유지하려고 한다. 이것을 지명의 고착성과 보수성이라 한다.

여섯째, 지명은 여러 지역에서 같이 사용되는 경우가 많다고 한다. 이것이 지명의 중층성이라 한다. 예를 들면, 방위를 나타내는 중구, 동구, 서구, 남구, 북구 등은 여러 지역에서 쉽게 만날 수 있다. 또한 지명은 동지이칭(同地異稱)의 경우도 있다. 신구지명이 동시에 병존하는 경우이다.

일곱째, 지명은 좁은 범위의 지표에 붙여진 이름에서 크게는 국가나 대륙명까지 여러 가지 계층성을 갖고 있다.

2 지명이 유래된 배경에는 어떤 것이 있을까요?

지명의 분류와 관련한 학자들의 연구 결과는 다양하게 나타난다. 이 중에서 UN 지명전문가협의회에서는 지명을 개개의 지리적 실태를 나타내는 총괄적 의미의 지리 지명(geographical name), 자연 또는 지형을 나타내는 지형 지명(toponym), 사람이 살고 있는 장소인 거주지의 명칭인 거주지명(place name), 사람에 의해 만들어진 도로, 철도, 교량 등 시설물인 문화 지명(culture name)과 같이 4가지로 분류하였다. 여기에서는 지명유래에 관한 분류를 그림 12-1과 같이 자연환경과 인문환경으로 나누고, 각각의 분류에 대해 더 구체적으로 살펴보고자 한다.

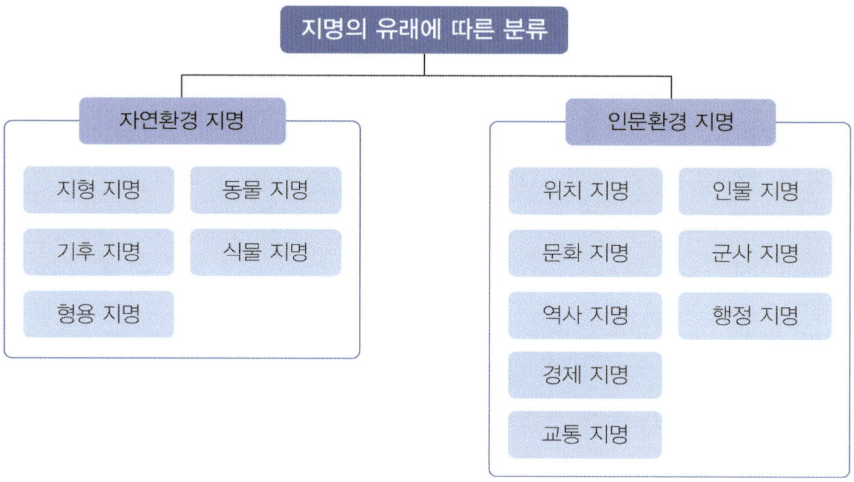

그림 12-1 지명의 유래에 따른 분류 체계

자연환경 지명 중 지형 지명은 산지 지명, 평야 지명, 물 지명, 지질 지명, 형상 지명으로, 이 중에서도 물 지명은 하천 지명, 해양 지명, 호수 지명, 온천 지명으로, 기후 지명은 기상 지명, 천체 지명으로 세분하였다.

인문환경 지명 중 위치 지명은 방위 지명, 순서 지명, 숫자 지명으로, 문화 지명은 전설 지명, 풍수 지명, 능묘 지명, 언어 지명, 종교 지명, 인종 지명, 의(衣) 지명, 식(食) 지명으로, 역사 지명은 기념 지명, 신개발 지명, 식민 내지 신개척 지명으로, 교통 지명은 육상 교통 지명, 수상 교통 지명으로, 인물 지명은 성인 지명, 기념 인물 지명으로 세분하였다.

1. 지명은 자연환경에서 유래되었다

1) 지형 지명

(1) 산지 지명

산에 관련되는 외국 산지 지명을 살펴보면 영어의 마운틴(mountain, Mt.), 라틴어의 몬테(monte), 포르투갈어의 세라(serra), 에스파냐어의 시에라(sierra), 하와이어의 마우나(mauna) 등이 있다. 백산이란 뜻의 몽블랑(Mont Blanc), 장미산이란 뜻의 몬테로사(Mont Rosa), 뾰족한 산이란 뜻의 마터 호른(Matter Horn), 눈이 쌓인 산이란 뜻의 시에라 네바다(Sierra Nevada), 높은 산이란 뜻의 마우나 로아(Mauna Loa) 등이 있다. 우리나라에는 산과 관계되는 지명이 여러 종류가 있다. 특히 우리나라 전체 면적의 약 70%가 산인 점을 고려한다면 산과 관련된 지명이 많을 수밖에 없다. 산(山), 악(岳), 악(嶽), 봉(峰), 대(臺)[대(垈), 태(台)], 단(壇), 응(鷹), 각(角), 서(犀), 망(望) 등이 있다.

(2) 평야 지명

평야나 고원과 관계되는 외국지명을 살펴보면 미국의 와이오밍(Wyoming)은 넓은 평야, 남미의 캄푸스(Campos)는 포르투갈어로 평원인데 그대로 지명이 되었다. 프랑스어의 샹파뉴(Champagne) 지방도 대평원을 뜻한다. 우리나라의 예를 들어 보면 편평한 땅과 벌판(平 · 坪)의 예로서 평양(平壤), 북평(北坪), 사평(沙坪), 평해(平海), 대평(大坪) 등, 들판(原 · 野)의 예로서 중원(中原), 원주(原州), 철원(鐵原), 칠원(漆原), 대야(大野) 등, 골짜기(谷 · 澗)의 예로서 칠곡(漆谷), 부곡(釜谷), 흡곡(歙谷), 황간(黃澗) 등, 흙과 모래와 돌(土 · 沙 · 石)의 예로서 석곡(石谷), 석촌(石村), 사천(砂川), 사천진(沙川津), 토평(土坪) 등이 있다.

(3) 물 지명

물은 인류 역사에 있어서 문명의 발생, 취락의 분포와 밀접한 연관이 있다. 물의 흐름상 동서로 흐르는 물보다 남북으로 흐르는 물은 인간에게 있어서 유용하게 이용되어 왔다. 남북으로 흐르는 물은 위도 차에 따라 기후 차를 가져오고, 기후 차는 토양과 식생의 차를, 토양과 식생의 차는 농산물의 차를, 농산물의 차는 지역 차를, 지역 차는 지역 간 교류하도록 함으로써 인류에게 유용한 역할을 하여 왔다. 물과 관련된 지명으로는 강(江), 천(川), 계(溪), 수(水), 천(泉), 정(井), 해(海), 호(湖) 등으로 하천 지명, 해양 지명, 호수 지명, 온천 지명 등으로 분류한다.

표 12-1 물 지명의 구분 및 사례

구 분	사 례
하천 지명	우리나라의 하천 및 물과 관련된 지명의 예를 들어보면 다음과 같다. 강과 하천(江·河)의 예로서 강남(江南), 강북(江北), 강동(江東), 강서(江西), 하남(河南), 하동(河東), 강상(江上), 강하(江下) 등, 개울과 시내(溪·川)의 예로서 청계(淸溪), 장계(長溪), 석계(石溪), 사계(沙溪), 옥계(玉溪), 초계(草溪), 옥천(沃川), 설천(雪川), 건천(乾川), 특히 하천이 곡류하는 곳에서는 회(回), 곡(曲), 구배(仇俳) 등의 지명이 나타나는데 하회(河回)가 그 예이다. 물(水)의 예로서 수성(水城), 수원(水原), 수풍(水豊), 수여(水餘), 수해리(水海里), 장수(長水), 여수(麗水), 창수(蒼水), 양수(兩水), 한려수도(閑麗水道), 조수(造水) 등, 우물과 샘(井·泉)의 예로서 정주(井州), 정전(井田), 개정(開井), 방정(方井), 용정(龍井), 예천(醴泉), 김천(金泉) 등이 있다.
해양 지명	해양 지명은 대양(ocean), 바다(sea), 만(gulf), 작은 만(bay), 해협(strait), 해수로(channel, passage), 운하(canal) 등의 접미어가 붙는다. 예로서 태평양, 대서양, 인도양, 지중해, 베링해, 영국해협, 멕시코만, 파나마 운하 등이다. 우리나라의 경우 해양 지명으로 해(海), 양(洋), 곶(串) 등이 붙는다. 예로서 남해(南海), 진해(鎭海), 흥해(興海), 해망(海望), 망양(望洋), 해주(海州), 해미(海美), 장기곶(長嗜串) 등이 있다.
호소 지명	호수와 소택(湖·澤·潭·沼)의 예로서 서호(西湖), 호남(湖南), 호서(湖西), 호반동(湖畔洞), 금호(琴湖), 평택(平澤), 용담(龍潭), 덕소(德沼) 등이 있다.
온천 지명	아이슬란드의 수도 레이캬비크(Reykjavik)는 증기가 나는 곳이란 뜻으로 화산과 간헐천이 많은 자연적 특색을 표현하고 있다. 우리나라 온천 지역에는 온정(溫井), 온평(溫坪), 온양(陽) 등의 지명이 많다.

(4) 지질 지명

그 지역의 토질의 빛깔 등 지질에 따른 지명의 예를 들어 보면 다음과 같다. 흑색과 관련된 지명은 흑산(黑山), 흑산성(黑山城), 백색과 관련된 지명은 백산(白山), 백두산(白頭山), 백천(白川), 백석(白石), 백운(白雲), 태백산(太白山), 소백산(小白山), 백령도(白翎島) 등, 붉은색과 관련된 지명은 적성(赤城), 단산(丹山), 단읍(丹邑), 홍도(紅島) 등, 청색과 관련된 지명은 청산(靑山), 청학(靑鶴), 압록강(鴨綠江) 등 있다.

(5) 형상 지명

크고 작음(大小), 높고 낮음(高低), 넓고 좁음(廣狹), 둥글고 모남(圓方)과 관련된 지명이다. 크고 작음과 관련된 지명은 대한민국(大韓民國), 대구(大邱), 대동강(大洞江), 대청도(大青島), 소청도(小青島), 소천(小川), 소공동(小公洞) 등, 높고 낮음과 관련된 지명은 고령(高靈), 고산(高山), 고양(高陽), 고창(高敞), 고흥(高興), 현저(峴底), 산저(山底) 등, 넓고 좁음과 관련된 지명은 광진(廣津), 합천(陜川) 등, 둥글고 모남과 관련된 지명은 원산(圓山), 원평(圓坪), 원주(圓珠), 방산(方山), 방어진(方漁津), 삼각산(三角山), 풍각(豊角) 등이 있다.

2) 기후 지명

(1) 기상 지명

아이슬란드(Iceland)라는 이름은 기후가 한랭함을 나타내고, 시베리아(Siberia)는 습한 벌판을 뜻한다. 동토 지대는 여름에 땅이 녹으나 땅속 깊은 곳까지 녹지 않아 배수가 나빠서 황량한 습지를 이루므로 시베리아는 툰드라의 여름 경관을 표시하는 지명이다. 그린란드(Green Land)는 현재 대륙 빙하로 덮여 푸른 땅은 아니다. 그러나 중세에는 기후가 따뜻했던 관계로 아이슬란드 사람들이 건너가 목축과 교역을 하였다. 칠레(Chile)는 추운 땅, 에콰도르(Ecuador)는 적도, 캘리포니아(California)는 따뜻하고 밝은 땅 등은 모두 기상을 나타내는 지명들이다.

우리나라의 기상 지명의 예를 들어 보면 다음과 같다. 구름(雲)의 예로서 해운(海雲), 운주(雲州), 운리(雲里), 청운(青雲), 운문(雲門) 등, 바람(風)의 예로서 현풍(玄風), 청풍(清風), 풍납(風納), 풍류(風流) 등, 비와 이슬(雨 · 露)의 예로서 우정(雨汀), 우순(雨順), 노진(露津), 노적(露積), 노량(露梁) 등, 눈과 서리와 얼음(雪 · 霜 · 氷)의 예로서 설산(雪山), 설악(雪岳), 설곡(雪谷), 상동(霜洞), 빙고(氷庫), 빙계(冰溪) 등, 노을과 안개(霞 · 霧)의 예로서 하성(霞城), 하곡(霞谷), 운무산(雲霧山) 등, 서늘하고 차가움(冷 · 寒)의 예로서 냉수(冷水), 냉정(冷井), 한천(寒泉), 한수(寒水), 한계(寒溪), 광한루(廣寒樓) 등이 있다.

(2) 천체 지명

하늘(天), 해(日)와 달(月), 별(星, 震), 빛(光)과 그림자(影), 밝음(明)과 어두움(暗), 아침(朝), 음지(陰)와 양지(陽), 봄(春), 여름(夏), 가을(秋), 겨울(冬) 등 천체와 관련된 지명이 있다.

하늘과 관련된 지명은 천평(天坪), 천지(天地), 천제연(天帝淵), 천마(天馬), 순천(順天), 천안(天安) 등, 해와 관련된 지명은 영일(迎日), 일출봉(日出峰) 등, 달과 관련된 지명은 반월(半月), 월출(月出) 등, 별과 관련된 지명은 성주(星州), 성천(星川), 칠성(七星), 성진(星津) 등, 빛과 관련된 지명은 광복(光復), 일광(日光), 광양(光陽), 광주(光州), 그림자와 관련된 지명은 절영도(絶影島), 영도(影島), 불영(佛影) 등, 밝음과 관련된 지명은 동명(東明), 광명(光明), 명월(明月), 명원(明源) 등, 암과 관련된 지명은 암곡(暗谷) 등, 아침과 관련된 지명은 조선(朝鮮), 조천(朝天), 조일(朝日), 조도(朝島), 조양(朝陽) 등, 음지와 관련된 지명은 음성(陰城), 산음(山陰), 강음(江陰) 등 양지와 관련된 지명은 산양(山陽), 양촌(陽村), 청양(靑陽) 등, 계절과 관련된 지명은 춘천(春川), 춘양(春陽), 하설(夏雪), 추풍(秋風), 동송(冬松) 등이 있다.

3) 동물 지명

외국의 지명 가운데 원래는 땅이름이었으나 동물의 이름으로 된 것이 있다. 예를 들면, 뉴햄프셔(New Hampshire)가 원산인 미국산 닭은 뉴햄프셔 이름으로 불리고, 뉴펀들랜드(New Fundland)가 원산지인 헤엄 잘 치는 개가 뉴펀들랜드로 불린다. 영국의 주 이름 가운데 버크셔(Berkshire)나 요크셔(Yorkshire)가 원산지인 유명한 돼지가 버크셔나 요크셔로 불리고 있다.

우리나라의 경우 소와 관련된 지명은 우도(牛島), 우산(牛山), 우곡(牛谷) 등, 말과 관련된 지명은 마이(馬耳), 마산(馬山), 마안령(馬鞍嶺) 등, 용과 관련된 지명은 용두산(龍頭山), 용산(龍山), 용문(龍門) 계룡(鷄龍) 등, 거북이와 관련된 지명은 구포(龜浦), 귀산(龜山) 등, 곰과 관련된 지명은 웅진(熊津), 호계(虎溪), 호명(虎鳴) 그 외에도 백록(白鹿), 인제(麟蹄), 낙산(駱山), 비봉(飛鳳), 비학(飛鶴), 백구(白鷗), 압구(押鷗), 안압(雁鴨), 비안(飛雁), 금오(金烏), 금계(金鷄), 작천(鵲川) 등이 있다.

4) 식물 지명

소나무와 관련된 지명은 송도(松島), 송림(松林), 송악(松岳) 등, 대나무와 관련된 지명은 죽도(竹島), 죽변(竹邊), 죽림(竹林), 죽산(竹山), 죽동(竹洞) 등, 매화와 관련된 지명은 매곡(梅谷), 매산(梅山), 매촌(梅村), 매포(梅浦) 등, 난초와 관련된 지명은 난지도(蘭芝島), 난곡(蘭谷) 등, 수풀과 관련된 지명은 계림(鷄林), 한림(翰林) 등, 나무와 관련된 지명은 목포(木浦) 등이 있으며, 풀과 관련된 지명은 초량(草梁), 속초(束草), 갈대와 관련된 지명은 노령(蘆嶺), 노곡(蘆谷) 등이 있다.

5) 형용 지명

지명에는 뜻과는 관계없이 좋은 말, 아름다운 형용사를 붙이는 경우가 많다. 그 예로는 다음과 같다. 에티오피아에 있는 아디스 아바바(Addis Ababa)는 새로운 꽃이라는 뜻, 영국에 있는 브라이톤(Brighton)은 밝은 마을이라는 뜻, 미니애폴리스(Minneapolis)는 폭포의 마을이라는 뜻 등이 있다.

2. 지명은 인문환경에서 유래되었다

1) 위치 지명

(1) 방위 지명

동·서·남·북을 뜻하는 방위 지명은 그 지명의 방위를 나타내고 있기 때문에 그 지명이 어디에 위치하고 있는가를 알 수 있게 해준다. 따라서 지명의 뜻만 알면 방향을 알 수 있다. 국명으로는 동(東, east)을 의미하는 오스트리아(Austria)는 라틴어의 동(Ost)을 이역하여 오스트(Aust)라 하고 이것에 지명 접미어 ia를 붙여 오스트리아 동의 나라라 하였다. 서(西, west)를 뜻하는 아일랜드, 남(南,

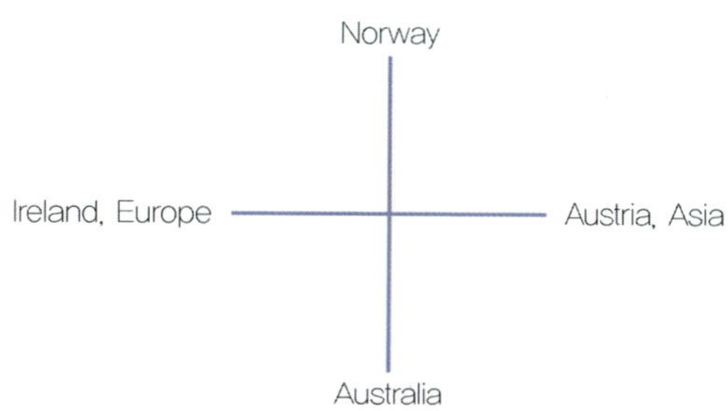

그림 12-2 **방위 관련 지명**

south)을 뜻하는 오스트레일리아, 북(北, north)을 뜻하는 노르웨이 등이 있다. 노르웨이는 중세 게르만족의 북항로로 노르레베크라 불렸는데, 이것이 후에 영어화 되어 베크(weg, 길)가 영어의 way로 변했다. 따라서 노르웨이란 북항로를 뜻한다. 대륙명으로 아시아(Asia)는 아시리아어의 아스(acu), 즉 동방에서 기원하며 거기에 지명 접미어 ia를 붙인 것이고, 유럽(Europe)은 Erebb, 즉 일몰, 서쪽에서 유래한다.

우리나라 방위 지명은 가운데(中央)의 예로 중구(中區), 중앙동(中央洞), 중부(中部), 중산(中山), 중곡(中谷) 등, 동쪽과 서쪽(東 · 西)의 예로 동국(東國), 동해(東海), 동대문구(東大門區), 동악(東岳), 동해시(東海市), 서산(西山), 서장대(西將臺), 서귀포(西歸浦), 서구(西區) 등, 남쪽과 북쪽(南 · 北)의 예로 남도(南道), 남제주(南濟州), 영남(嶺南), 남산(南山), 관북(關北), 북악(北岳), 북제주(北濟州), 군북(郡北), 현북(縣北), 북청(北靑) 등이 있다.

(2) 순서 지명

왼쪽과 오른쪽(左 · 右)의 예로 좌청룡(左靑龍), 우백호(右白虎), 좌부면(左部面), 우부면(右部面) 등, 안과 밖(內 · 外)의 예로 내동(內洞), 외동(外洞), 군내(郡內), 주내(州內), 산내(山內), 산외(山外), 성내(城內), 성외(城外) 등, 위와 아래(上 · 下)의 예로 상면(上面), 하면(下面), 서상(西上), 서하(西下), 상모(上摹), 하모(下摹), 상조도(上鳥島), 하조도(下鳥島), 사상(砂上), 사하(砂下) 등, 머리와 꼬리(頭 · 尾)의 예로 용두(龍頭), 용두암(龍頭巖), 백두(白頭), 두타(頭陀), 구두(龜頭), 구미(龜尾), 두미(頭尾) 등, 앞과 뒤(前 · 後), 시작과 끝(始 · 末)의 예로 역전(驛前), 천전(川前), 시흥(始興), 토말(土末) 등, 어귀(入口)의 예로 항구동(港口洞), 해구(海口), 강구(江口), 수구(水口), 대구(大口), 건입(健入), 양구(楊口), 곡구(谷口) 등이 있다.

(3) 숫자 지명

예를 들면, 장성군 북일면(北一面), 포천군 이동면(二東面), 산청군 삼장면(三壯面), 용인군 남사면(南四面), 익산군 오산면(五山面), 정읍군 칠보면(七寶面), 익산군 팔봉면(八峰面), 서울시 구로구(九老區), 연천군 백학면(百鶴面), 삼천포시(三千浦市), 고성군 구만면(九萬面) 등이 있다.

2) 문화 지명

(1) 전설 지명

공주의 옛 이름은 웅진(雄津)이었다. 이 주변은 곰과 관련된 전설이 내려오면서 백제 때는 웅천, 신라시대 신문왕 때는 웅천주, 경덕왕 때는 웅주라 불리다가 고려 태조 23년에 공주로 바뀌었다.

전설 지명의 사례: 공주 곰나루 전설

공주의 태동지인 고마 나루는 금강변의 낮은 구릉지대와 나루 일대로 2006년 명승으로 지정되었다. 고마는 곰의 옛말로 이곳은 백제시대부터 조선시대에 이르기까지 공식적인 국가의 제사 공간이었으며, 일반 서민들의 수상교통로 구실을 했다. 고마 나루는 금강변에 넓게 펼쳐진 백사장과 450여 주의 마을 솔밭이 아름다운 경관을 자랑한다. 이곳에서는 6세기경 제작된 것으로 추정되는 돌로 만들어진 곰상이 출토됐으며, 그 자리는 사당인 웅신당을 지어 곰을 숭배하고 있다. 또한 이곳에는 처녀곰과 나무꾼 총각에 얽힌 슬픈 전설이 전해 내려오며 전설 속 곰이 살았다는 곰굴이 아직 남아 있어 신비로움을 더한다.

〈처녀곰과 나무꾼 총각에 얽힌 슬픈 전설〉
옛날 충청도 공주의 한 청년이 그 고을 산으로 갔다가 길을 잃어서 집에 돌아오지 못한 채 어느 바위 굴속에 있으려니까 한 처녀가 지나갔다. 그 처녀를 불러 먹을 것을 달라고 했다. 그 처녀는 사슴고기와 과일을 갖다 주며 호의를 베풀었다. 둘은 하룻밤을 새우는 동안 부부의 의를 맺게 되었다. 그렇게 몇 날을 지내면서도 여자의 집이 어딘가를 알 수 없었던 청년은 어느 날 여자의 뒤를 따라가 본즉 한 마리의 곰이 되어 사슴의 뒤를 쫓는 것이 아닌가. 이를 본 청년은 하도 무서워 오금아 날 살려라 하고 도망을 하였다. 조금 있으려니까 그 곰은 다시 여자로 변하여 남자의 이름을 부르며 남자의 뒤를 쫓았다. 청년은 온 힘을 다하여 산 아래로 도망을 쳤는데 뒤를 돌아보니 곰은 본색을 나타내어 쫓아오는 것이었다. 청년은 마침내 금강 물에 뛰어들었다. 곰도 뛰어 들었으나 헤엄을 못하므로 빠져 죽었다. 그래서 그곳을 웅천이라 하게 되었고, 그 언저리가 웅진, 웅주 등으로 된 것이라고 전해 내려오고 있다.

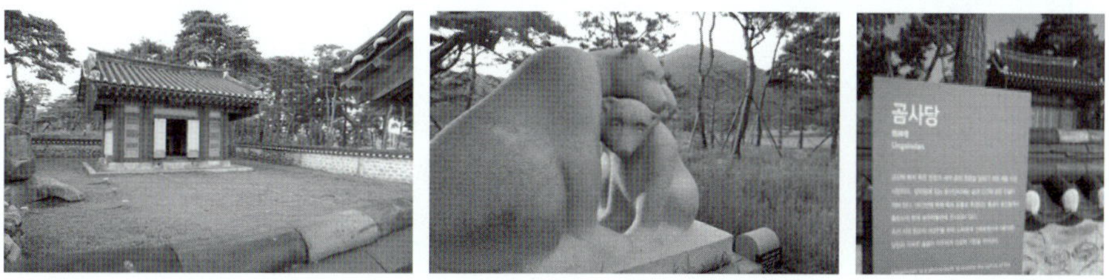

그림 12-3 곰사당 내외부 모습

(2) 풍수 지명

우리 국토 곳곳에 풍수와 관련된 지명을 흔히 볼 수 있다. 특히 지명으로서 부족한 점을 채워서 완전하게 한다는 의미를 갖는 비보(裨補) 지명이 있다. 기린, 봉황, 학, 거북과 같은 서물류(瑞物類)는 고래로부터 길하고 귀한 것으로 풍수에서도 봉황이나 학의 형상은 최길지로서 이를 위한 비보가 소중히 이루어졌다. 예를 들어, 서울의 남산이 누에고치 모양이므로 누에의 입쪽의 방향에는 뽕나무를 많이 심어야 지기가 왕성하게 된다고 보고서 뽕나무를 많이 심어 오늘날 잠실(蠶室)이라 부르게 되었다.

서울의 성북역 부근의 비보지명의 예로써, 흑동(黑洞), 연촌(硯村), 필암산(筆岩山: 지금의 佛巖山)이 있어서 세 지명이 서로 먹, 벼루, 붓으로 지세의 균형을 유지하게 된다고 보았다. 전라남도 곡성군의 경우, 곡성의 진산은 비봉산(飛鳳山)이다. 봉이 날아가 버리면 곡성이 망하므로 봉이 날아가는 것을 막기 위하여 비보지명을 두었는데, 그 비보지명으로 봉은 오동나무 가지 위가 아니면 살지 않으므로 봉이 쉴 수 있도록 오지리(梧枝里)를, 대나무 열매가 아니면 먹지 않으므로 죽동리(竹東里)를, 봉의 성질이 고양이를 싫어하므로 묘천(苗川)을, 메추리(鶉)를 보면 멈칫하므로 순자강(鶉子江)을 두었다.

(3) 능묘 지명

서울의 종묘가 있는 묘동, 지방에 사직단이 있는 사직동, 태릉(泰陵), 홍릉(洪陵), 정릉동(貞陵洞), 능동(陵洞), 능서면(陵西面), 공릉동(孔陵洞), 울릉도(鬱陵島) 오능(五陵), 시묘곡(侍墓谷), 삼묘리(三墓里), 묘막리(墓幕里) 등이 있다.

(4) 언어 지명

유럽의 지명에는 공통된 의미의 접미어를 가진 민족에 따른 지명어미가 있는데, 많이 쓰이는 것을 몇 개 소개하면 다음과 같다.

표 12-2 언어 지명의 구분 및 사례

구 분	사 례
~의 나라, ~지방이란 뜻의 접미어	• 라틴 계통의 이아(ia): 불가리아(Bulgaria)는 불가리아인의 나라, 이베리아(Iberia)는 이브리인의 지방, 아시아(Asia)는 동쪽 지방, 라이베리아(Liberia)는 자유의 나라, 소말리아(Somalia)는 소말리인의 나라, 오스트레일리아(Australia)는 남쪽의 나라, 펜실베이니아(Pennsylvania)는 펜의 숲의 지방이란 뜻이다. • 게르만 계통의 란드(land): 잉글랜드(England), 폴란드(Poland)는 포인의 나라, 농민의 나라, 핀란드(Finland)는 핀족의 나라, 네덜란드(Netherlands)는 저지의 나라, 아일랜드(Ireland)는 서쪽의 나라, 아이슬란드(Iceland)는 얼음의 나라, 뉴질랜드(New Zealand)는 새로운 젤란트(Zeeland), 젤란트는 즉 바다의 땅, 도이치란드(Deutchland)는 독일 사람의 나라란 뜻을 갖고 있다. • 페르시아 계통의 스탄(stan): 파키스탄(Pakistan)은 신성한 나라, 아프가니스탄(Afghanistan)은 아프간족의 나라, 터키스탄(Turkeystan)은 터키인의 지방이란 뜻이다.
~도시, ~촌이란 뜻	• 슬라브 계통의 도시나 촌락명에는 스크(sk, ~시, ~동, ~촌)와 성곽도시에는 그라드(grad)가 접미어로 붙어 있다. 민스크(Minsk)는 교역의 도시, 옴스크(Omsk) 오브강의 도시, 마그니토고르스크(Magnitogorsk)는 자석산의 도시, 첼랴빈스크(Chelyabinsk)는 나무통의 도시, 블라디보스토크(Vladivostok)는 동양의 영토, 베르호얀스크(Verkhoyansk)는 야나강 상류의 도시, 레닌그라드(Leningrad)는 레닌의 성곽 도시, 볼고그라드(Volgograd)는 볼가강의 성곽 도시란 뜻이다. • 터키어권의 칸드(kand)는 촌, 동을, 아바드(abad)는 도시를, 켄트(kent) 역시 촌, 동등의 접미어로 사용된다. 타슈켄트(Tashkent)는 돌의 도시, 사마르칸드(Samarkand)도 돌의 도시, 하이데라바드(Hyderabad)는 하이다르족의 도시란 뜻이다.
인도계 지명	• 인도계 지명에는 산스크리트어의 푸르(pur)는 성곽도시, 나가르(nagar, nagara)는 도시, 시가 많다. 잠세드푸르(Jamshedpur), 나그푸르(Nagpur), 콸라룸푸르(Kuala Lumpur) 등 푸르는 인더스 강과 갠지스강 유역에 많고, 나가르는 남부지방에 많다.
기타	• 그리스어의 폴리스는 도시를 나타낸다. 인디애나폴리스(Indianapolis)는 인디애나 주의 도시이다.

한편 지명 분포에 있어서 각 민족의 언어가 지명 분포에 영향을 주기도 하였다. 미국의 경우 여러 나라에서 이민 온 민족들로 구성되어 있어서 이들 민족의 언어로 된 지명이 많다. 원주민인 인디언 지명, 영국계 지명 그리고 영국계 지명에 뉴(New)를 붙인 지명, 스페인의 영향을 받은 지명, 프랑스의 영향을 받은 지명 등이 많다.

(5) 종교 지명

예배당이 언덕 위나 중요한 장소에 우뚝 솟아 있다는 것을 상징적으로 말해주는 지명이다. 예를 들면, 미국 남부 농촌에 있는 채플(chapel)자가 든 지명, 예를 들면 채플힐(Chapel Hill)을 들 수 있다. 채플은 예배당을, 힐은 언덕을 말한다. 언덕에 교회가 입지한 것을 그대로 지명으로 삼는 것이다. 그리고 캐나다의 퀘벡 주 작은 촌락들에 흔히 있는 접두사 성(Saint, St., Ste)을 붙인 지명들, 예를 들면 Ste-Lucie, St-Aubert 등은 그 곳들이 프랑스계 사람들의 가톨릭교 지역들임을 알려준다.

유교에 관련된 지명으로 충, 효, 인, 의, 예, 지, 신 등이 있다. 서울에 유교와 관련된 동명이 많은 것은 조선시대 유교가 국교로서 서울이 그 중심이었음을 반영한 결과라고 볼 수 있다. 서울의 경우 충무로(忠武路), 흥인동(興仁洞), 장충동(奬忠洞), 효자동(孝子洞), 창신동(昌信洞), 홍지동(弘智洞), 공덕동(孔德洞), 돈의동(敦義洞) 등, 부산의 경우 주례동(周禮洞), 명륜동(明倫洞) 등, 대구의 경우 동인동(東仁洞), 인교동(仁橋洞), 효목동(孝睦洞) 등이 있다.

불교와 관련된 지명으로는 탑(塔), 절(寺), 금강(金剛) 등이 있다. 불국(佛國), 불광(佛光), 법성(法聖), 금강(金剛), 반야(般若), 불암(佛岩), 사곡(寺谷), 사동(寺洞) 등이 있다.

(6) 인종 지명

인종 지명은 그 곳에 살고 있는 민족이나 부족 등을 표시하는 이름이 국가명이나 주명이 되었다. 아프가니스탄(Afghanistan), 불가리아(Bulgaria), 라트비아(Latvia), 리투아니아(Lithuania), 리히텐슈타인(Liechtenstein)공국, 헝가리(Hungary), 핀란드(Finland), 프랑스(France), 체코슬로바키아(Czechoslovakia), 루마니아(Rumania), 라오스(Laos), 태국(Thailand) 등이 있다. 또 미국의 주명이나 도시명에는 과거의 원주민이었던 인디언의 부족 이름이 많다. 그 예로 주명으로는 아이오와(Iowa: 조용한 사람들이란 뜻), 아이다호(Idaho: 산 위의 보석), 아칸소(Arkansas: 하류 사람들), 앨라배마(Alabama: 숲을 쳐내는 사람), 일리노이(Illionois: 인간들), 캔자스(Kansas: 버드나무), 노스다코타(North Dakota: 다코타족의 이름으로 친구), 유타(Utah: 유우디족 이름) 등이 있다. 자연지명으로 이리(Erie)호, 휴런(Huron)호, 미주리 (Missouri)강, 로키(Rocky) 산맥(영어로 '바위가 많은'을 뜻하기도 함) 등은 인디언의 부족명이다.

(7) 의(衣) 지명

땅이름이 의복이 된 지명이 있다. 인도의 북서쪽 고원지대에 카슈미르(Kashmir)라는 곳이 있다. 카슈미르를 영국 사람들은 Cashmere라고 철자하고서 캐슈미어라고 불렀다. 이 카슈미르는 양털로써 짜는 옷 천으로 유명했다. 땅 이름이 옷감으로 둔갑하게 되었다.

앞단추가 달린 털 재킷이 카디건(Cardigan)이다. 그런데 그 카디건은 영국의 웨일즈 지방에 있는 땅이름으로 그 이름의 군이나 항구도시가 있다. 또, 다른 견해는 영국의 장군 카디건 백작이 입었던 것에 유래를 둔다는 것인데, 카디건 장군은 1885년 크리미아(현지발음으로 크림) 전쟁에도 출전한 일이 있는 사람이다.

(8) 식(食) 지명

땅이름과 관련된 지명이 식지명이 된 사례가 있다. 커피라는 말은 원래 에티오피아의 kaffa라는 지역에서 비롯되었다. kaffa는 에티오피아의 서남쪽에 있는 곳으로 커피나무의 본고장이라 알려지고 있다. 영어식 표현인 커피(coffee)의 어원은 바로 에티오피아어로 힘, 즉 카파(Kaffa)를 마시면 온몸에서 힘이 솟는다는 의미이다. 실제로 에디오피아의 카파지역에서는 지금도 야생커피를 수확하고 있다.

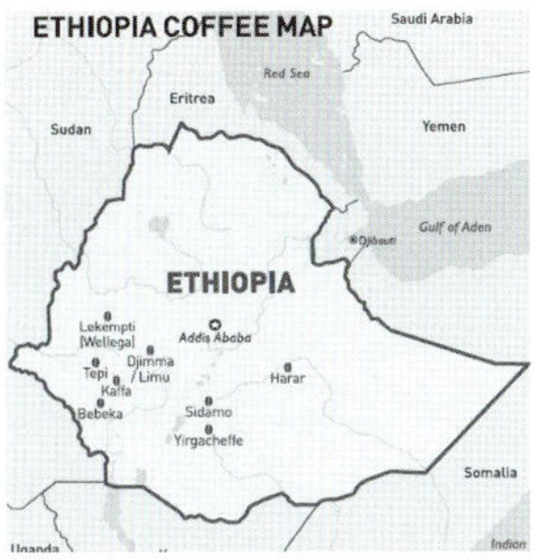

그림 12-4
에티오피아 커피 재배지역

꼬냑(cognac)은 프랑스가 원산인 술이다. 프랑스 꼬냑 지방에서 생산되기 시작하여 붙인 이름이다. 영어의 샴페인으로 더 잘 알려진 샹파뉴(Champagne)도 프랑스의 보르도(Bordeaux), 부르고뉴(Burgogne)와 함께 3대 포도주의 명산지이다. 원래 샹파뉴는 평원을 의미하는 라틴어 캄파니아에서 온 것이다.

그림 12-5 에티오피아 커피열매와 커피 끓이는 기구

3) 역사 지명

(1) 기념 지명

브라질의 리우데자네이루(Rio de Janeiro)는 1502년 1월 1일 발견되어 1월의 강이라는 뜻이며, 멜라네시아의 섬 크리스마스(Christmas)섬은 쿡 선장이 1777년 크리스마스에 발견하였다. 산도밍고(San Domingo)는 성스러운 안식일, 도미니카(Dominica)는 1496년 안식일, 샌디에이고(San Diego)는 1542년 성 Diego일에 발견했고, 파라과이의 수도인 아순시온(Asuncion)은 1536년 성승천제 날 요새가 구축되었고, 칠레와 파라과이에 있는 Conception 시는 성모의 회임일에 도시가 기공되었다. 코스타리카의 수도 산호세(San Jose)는 수도 건설의 정초일이 가톨릭의 San Jose의 축일이었다. 세인트 로렌스(St. Lawrence)만과 강은 1535년 8월 10일 발견되었는데 이 날이 성로렌스 축일이었다.

(2) 신개척 지명

신대륙에는 이민에 의해 고국 지명에 신(新)을 부가한 지명들이 많다. 뉴잉글랜드(New England)는 미국 동북부 여러 주, 뉴저지(New Jersey), 뉴햄프셔(New Hampshire), 뉴멕시코(New Mexico)는 미국의 주 이름, 뉴사우스웨일스(New SouthWales)는 오스트레일리아 남동부의 주, 영국의 Wales에 기원, 뉴질랜드(New Zealand)는 네덜란드 남부 Zeeland에서 유래함, 뉴칼레도니아(New Caledonia)섬 영국인 쿡이 발견하여 스코틀랜드의 옛 이름 Caledonia에 New를 부가, 뉴기니(New Guinea)섬은 16세기 에스파냐인이 발견, 아프리카 기니 지방과 흡사하여 New를 부가하였다.

(3) 신개발 지명

소련에서는 Nove(New)의 뜻으로 노보쿠즈네츠크 Novokuznetsk(새로운 대장간), 노보시비르스크 Novosibirsk(새로운 시베리아의 도시), 노바야젬랴 Novaya Zemlya 섬(새로운 땅) 등이 있다.

우리나라에 있어 휴전선에 막힌 철원에 이어 신철원, 한강 수몰로 이전한 신단양, 철도개통에 의한 신태원, 신촌(新村), 신제주(新濟州), 신용산(新龍山), 신대방(新大

方), 신설동(新設洞), 신갈(新葛), 신사동(新沙洞), 신마산(新馬山), 신모라, 신만덕 등은 이와 같은 예일 것이다.

(4) 식민 지명

홍콩의 경우 영국의 조차지로 있었기 때문에 영국의 지명이 그대로 사용된 경우가 많다. 그 외에도 세계 여러 나라 중 식민 지배를 받았던 나라는 지배국의 언어가 그대로 사용된 경우가 허다하다. 1910년 일본은 우리나라를 강제로 병합하였고, 1914년에는 전국의 모든 행정구역을 일제히 폐치(廢置), 분합(分合)하는 단군 이래 최대의 행정구역개편을 단행함으로써 지명을 개명하였다.

우리나라의 경우 COREA는 일본보다 알파벳이 늦은 K, 즉 KOREA로, 동해는 일본해로, 순종황제는 이왕으로 격하시켰으며, 조선은 모든 기록에서 이조로, 대한은 조선으로, 한성은 경성으로, 독도는 죽도로 바꾸었다. 龜山이 九山으로 바뀐 것처럼 어려운 글자는 쉬운 글자로 바꿔 놓기도 하였다. 동명의 경우 연제구 거제동(巨堤洞)은 1914년 행정구역 통폐합 때 그전 동래군 서상면 거평(巨坪)과 대제(大堤)을 합하여 두 마을의 앞뒤 글자를 따서 거제동이라 하였다. 또한 이 땅 고유의 산줄기 이름도 마구 바꾸어 놓았다. 산맥 대신에 우리 조상들은 큰 산줄기(대간)와 정간, 정맥으로 세분해서 사용하고 있었다. 예를 들면, 백두대간, 장백정간, 낙동정맥 등이 있다.

4) 경제 지명

지명에는 그 지역 산업이나 명산물과 관계 있는 것이 있다. 세계의 지명을 몇 가지 들면 다음과 같다. 아르헨티나(Argentina)는 은의 나라, 버펄로(Buffalo)는 아메리카 야생소, 베르겐(Bergen)은 노르웨이 산의 목장, 코펜하겐(Copenhagen)은 덴마크 무역항, 코트디부아르(Cote d'Ivoire)는 아프리카 상아해안, 에센(Essen)은 독일 대장간, 페라라(Ferrara)는 이탈리아 대장간, 카우나스(Kaunas)는 소련 대장간, 라플라타(La plata)는 남미 은의 강, 마인츠(Mainz)는 서독 수렵지, 마그니토고르스크(Magnitogorsk)는 소련 자석산, 마드리드(Madrid)는 에스파냐 건축용재, 민스크(Minsk)는 소련 교역도시, 노보쿠즈네츠크(Novokuznetsk)는 소련 새로운 대장간, 슈투트가르트(Stuttgart)는 독일 암말 사육장, 스위스(Swizerland)는 스위스 낙농장, 투르쿠(Turku)는 핀란드 무역하는 곳이란 뜻이다.

우리나라의 산업과 관련된 지명으로는 경지(田畓)의 예로서 대답(大畓), 답곡(畓谷), 상답곡(上畓谷), 대전(大田), 방전(方田), 장전(長田), 신전(新田), 마전(麻田), 죽전(竹田) 등, 농 · 임 · 수산업(農 · 林 · 水産業)의 예로서 농소(農所), 홍농(弘農), 미면(米面), 장미동(藏米洞), 잠실(蠶室), 신림(新林), 과주(果州), 율현(栗峴), 이현(梨峴), 도원(桃源), 어유도(漁遊島) 등, 광공업(鑛工業)의 예로서 탄천(炭川), 탄현(炭峴), 금구(金溝), 금왕(金旺), 동작(銅雀), 철암(鐵岩), 공단동(工團洞), 제철동(製鐵洞) 등이 있다.

5) 교통 지명

(1) 육상교통 지명

육상교통과 관련된 지명으로 역(驛)의 예로서 역촌동, 역삼동, 역곡, 역내리, 역담리 등, 원(院)의 예로서 조치원, 사리원, 이태원, 장호원, 퇴계원 등, 파발(把撥)의 예로서 서울의 구파발, 경기도 포천과 광주의 파발막 등이 있다.

(2) 수상교통 지명

수상교통과 연관되는 지명으로는 '다리'를 뜻하는 bridge나 독일어의 brück 등이 있다. 영국의 케임브리지(Cambridge), 브리스틀(Bristol)은 다리가 있는 곳, 오스트리아의 인스부르그(Innsbruck)는 인강의 다리 등을 예로 볼 수 있다. ford는 강의 얕은 도선장, furt도 독일어의 도선장의 뜻으로 옥스포드(Oxford), 프랑크푸르트(Frankfurt), 클라겐푸르트(Klagen furt) 등이 있고, 영어의 port는 항구를 뜻하며, 그 예로는 영국의 포츠머스(Portsmouth)는 항구의 입구, 스토크포트(Stockport)는 가축적출항이 있다. 포르투갈의 오포르토(Oporto)는 항구, 아프리카 황금 해안의 포르토노보(Porto Novo)는 새로운 항구, 푸에르토리코(Puerto Rico)는 풍요한 항구의 뜻이 된다. 포트사이드(Port Said: 사우디아라비아), 포트엘리자베스(Port Elizabeth: 남아프리카공화국)도 항구이다.

우리나라의 수상교통과 관련된 지명으로 도(渡)의 예로서 삼전도, 벽란도 등, 진(津)의 예로서 노량진, 당진, 웅진, 삼랑진, 청진, 성진, 포(浦)의 예로서 마포, 화진포, 신포, 구포, 영등포, 개포 등이 있다.

6) 인물 지명

(1) 성인 지명

성인이란 뜻으로 영어의 세인트(St. Saint), 프랑스어의 생(Saint), 스페인이나 이탈리아어로 산타(Santa) 또는 산(San), 브라질이나 포르투갈어의 상(Sao) 등의 관사를 갖는 지명들이 많다. 산세바스티안(San Sebastian)는 에스파냐 북부도시로 성 Sebastian을 모신 사원에 유래한다. 산탄데르(Santander)는 에스파냐 북부에 있는데, 원래 성 Emsenterio 마을에서 줄어든 것이다. 그 외에도 생테티엔(Saint Etienne), 샌프란시스코(San Francisco), 산타 바바라(Santa Babara), 샌디에이고(Sandiego), 세인트루이스(St. Louis) 등이 있다.

우리나라의 경우 공자를 기리기 위한 공덕동(孔德洞), 맹자를 기리기 위한 안맹리(顔孟里), 이황을 기리기 위한 퇴계로(退溪路) 등이 있다.

(2) 기념 지명

기념 지명 중 가장 높은 비율을 차지하는 것은 최초 발견자의 이름을 붙인 지명이다. 아메리카(America)는 이탈리아의 탐험가 아메리고 베스푸치(Amerigo Vespucci)의 이름에서 유래한다. 베스해협(Bass St)은 영국인 Bass가 1798년 발견하여 붙여진 이름이고, 볼리비아(Bolivia)는 1825년 독립운동가 Simon Bolivar를 기념한 것이며, 쿡(Cook) 산은 뉴질랜드 최고봉으로 쿡이 1851년에 명명한 것이다. 그 외에도 콜롬비아(Colombia), 덴버(Denver), 조지아(Georgia), 허드슨(Hudson)강, 휴스턴(Houston), 핼리팩스(Halifax), 잭슨빌(Jacksonville) 등이 있다.

우리나라의 경우 광주 태생으로 임진왜란에 공이 있을 뿐만 아니라 이괄의 난을 평정한 공이 있는 금남군 정충신(錦南君 鄭忠信)의 이름에서 금남로(錦南路), 다산 정약용의 호에서 이름을 딴 다산로(茶山路), 율곡 이이의 호에서 나온 율곡로(栗谷路), 세종대왕을 기념하기 위한 세종로(世宗路), 을지문덕 장군을 기리기 위한 을지로(乙支路), 그 외에도 신문로, 충정로, 원효로, 의주로, 청계로, 소공로, 난계로, 안국로, 소월로, 고산로(김정호의 호), 충장로 그리고 북한의 경우 김정숙군(金貞淑郡), 김책시(金策市), 샛별군(샛별은 김정일의 호) 등이 있다.

7) 군사 지명

영어의 캐슬(castle), 버러(burgh), 독일어의 부르크(burg), 러시아어의 그라드(grad) 등은 성을 뜻한다. 예를 들면, 뉴캐슬(New Castle), 에든버러(Edinburgh), 미들즈브러(Middlesbrough), 함부르크(Hamburg), 룩셈부르크(Luxemburg), 베오그라드(Beograd), 레닌그라드(Leningrad), 볼고그라드(Volgograd) 등이 있다.

우리나라의 경우는 성(城)의 예로서 개성(開城), 경성(京城), 고성(古城), 고성(固城), 남한산성(南漢山城), 영변산성(寧邊山城), 금성(錦城), 안성(安城) 등이 있다. 방어와 관련된 지명으로서 영(營), 진(鎭) 등이 있는데, 영(營)의 예로서 병영(兵營), 수영(水營) 등, 진(鎭)의 예로서 중간진, 만포진, 혜산진 등이 있다.

8) 행정 지명

행정 지명은 행정의 효율을 위해 행정 단위인 도, 시, 군, 읍, 면, 동 또는 부락 단위의 이름을 말한다. 행정구역 개편 시 지명을 함부로 바꿀 것이 아니라 신중을 기하는 것이 좋을 것이다. 특히 숫자 지명이나 위치 지명보다 그 지역에서 오래전부터 내려오는 것을 사용하는 것이 더 바람직할 것이다. 이 점은 일제에 의해 빼앗긴 지명을 회복하기 위해 지명을 다시 정할 때 유의해야 할 것이다.

3 우리나라의 지명변천 과정에서 겪은 지명의 특징이 있나요?

1. 우리나라 지명의 변천에 영향을 준 것은 무엇인가요?

1) 발음의 부정확과 음운의 변천

오랜 세월 동안 불러오면서 불완전한 발음의 구전이나 발음하기 쉬운대로 부르면서 많은 변천을 가져왔다. 말의 뜻은 변하지 않으면서 말소리가 달라진 것으로 토박이 지명은 기록됨이 없이 입으로만 전해 내려왔기 때문에 말하고 듣는 사람의 인식의 차이에 의해 쉽게 변하게 된다. 발음을 쉽게 하여 노력을 덜 들이려는 조음경제현상으로 볼 수 있다. 방언에 의한 음운의 동화현상, 비음화, 설측음화,

구개음화, 어두강화, 축약, 첨가 등의 현상을 들 수 있다.

2) 문자의 바뀜

의미의 유사성으로 말미암아 표기 문자가 달라진 지명, 음이 같아 글자를 바꾼 지명, 미화나 피휘의 동기로 본래의 음이나 의미에 직접관련이 없는 전혀 다른 글자를 써서 만든 지명이 있다. 부여군 홍산면은 대산현(大山縣) → 한산현(翰山懸) → 홍산현(鴻山縣)으로, 칠전(漆田) → 칠전(七田: 전남 진도군 의신면)으로, 옥(獄)밭거리 → 옥동(玉洞)과 같은 경우를 사례로 들 수 있다.

3) 행정구역의 개편: 병합 또는 분할로 달라진 지명

시대에 따라 행정구역 개편이 이루어지면서 지명이 바뀐 경우이다. 예를 들어, 오늘날의 서울은 고려시대에는 양주, 남경, 한양, 조선시대에는 한성, 일제강점기에는 경성 등으로 불렸다. 둘 이상의 지역을 아우를 때 각 땅 이름의 표기문자 중 한자씩을 떼어 합하여 새로운 지명을 붙인 합성지명의 경우도 본래의 지명의 의미가 달라진 경우이다. 이런 예는 일제 때 행정구역개편에서 심했다. 예를 들어, 부산시 연제구 거제동은 일제 때 동래군 서상면 거평(巨坪)과 대제(大堤)의 거와 제를 합성하여 거제동으로 바꾼 것을 지금까지 사용하고 있다. 반대로 한 곳의 지명을 다시 나누어 부르는 경우 산북면, 산남면, 상대동리, 상대서리 등과 같이 방위나 위치를 나타내는 말이 앞이나 뒤에 붙는 사례가 많다.

2. 우리나라의 행정 구역 개편은 지명 변천에 큰 영향을 주었나요?

우리나라는 상대적으로 지명이 자주 바뀐 나라이다. 이러한 요인은 삼국 → 고려 → 조선시대로 왕조가 바뀔 때마다 영향을 받았고, 일제강점기를 거쳐 대대적인 행정구역 개편이 있었다.

우리나라의 고대 지명은 순수한 한국어로 되어 고유성을 지니고 있었을 것으로 추정된다. 삼국시대에는 지명이 한자로 표기되었지만 그것은 소리와 뜻을 빌리는 차음(借音) 및 차훈(借訓)의 수준으로 그쳤다. 당나라의 힘을 입어 삼국을 통일한 신라는 우리 민족 고유의 지명을 경덕왕 때에 중국식으로 고쳤다. 즉, 신라는 고유의 지명을 2음절의 한자지명으로 바꿈으로써 우리 민족에게 사대주의를 심어주는 계기가 되었다. 이것이 바로 우리나라 지명의 1차 개악이라 할 수 있다. 통일신라가 망하고 고려왕조가 서면서 2차 개악이 있었고, 조선왕조가 건국하면서 3차 개악이 이루어졌다. 우리나라 지명의 4차 개악은 1914년 일제의 강압에 의해서 민족의 얼을 말살하거나 약화시키기 위한 의도에서 자행되었다.

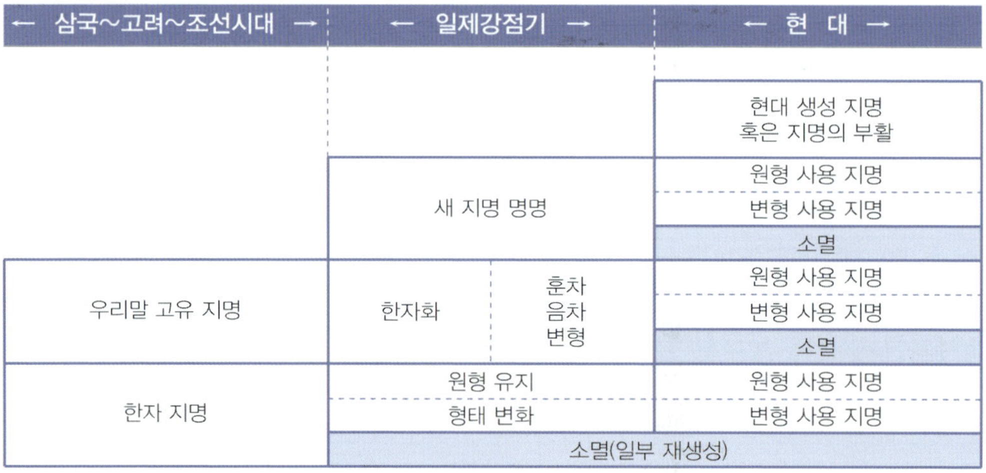

출처: 한국지명유래집 중부편

그림 12-6 **우리나라 지명의 변화**

3. 우리나라 지명의 주요 특징은 무엇인가요?

1) 우리말과 한자의 병용

원래 우리나라 지명들은 새터말, 밤나뭇골, 새재, 한밭, 할미재, 말죽거리 등과 같이 순수하게 우리말로 불렸다. 그러나 역사기록, 지리지, 공적부(公籍簿) 등에 한자로 기록하였으므로 문헌상으로는 거의 원이름을 찾기가 어렵게 되었다. 순우리말 지명은 기껏해야 시골마을 사람들의 입을 통해서 오르내리는 정도이다. 한자어 지명은 기록을 위해, 우리말은 일상적으로 사용됨으로써 병행되게 되었다. 예를 들면, 삼각산과 세귀배미는 같은 뜻으로 사용되고 있다. 삼각산은 상류계급에서, 세귀배미(삼각형의 논)는 농민들의 직관에서 생겨난 것이다. 우리나라 지명의 이

중성(우리말 지명과 한자어 지명)과 고착성을 말해주고 있다. 현재 우리나라 행정구역의 지명은 서울을 제외하고는 모두 한자로 표기하고 있다.

2) 같은 지명

새터, 새말, 샘골, 남산, 방위 지명, 숫자 지명 등 전국에 공통된 지명이 많이 존재한다.

3) 두 음절 지명

지명의 한자표기 이전에는 부를 때는 지명이 한 음절에서 여러 음절까지 음절의 수가 지금보다 훨씬 다양하였다. 그러나 통일신라 35대 경덕왕 이후 지명의 한자화로 거의 모든 행정구역의 명칭을 두 글자로 정리해 왔고, 지금도 그 흐름에서 벗어나지 않고 있다. 이 두 글자 지명은 비단 우리나라뿐만 아니라 한자 문화권에 속하는 중국, 일본 등의 공통적인 특징이라 할 수 있다.

4) 자연환경 관련 지명

우리 국토의 70%가 산이기 때문에 지형적 특징이 지명에 많은 영향을 끼친 것은 사실이다. 그러나 오늘날과 대부분 도시지역에 살면서 지명이 변천하는 과정에서 자연환경 지명에서 인문환경 지명으로 비중이 높아졌다.

4 지명 브랜드를 높일 수 있는 전략은 무엇일까요?

동양과 서양의 기업은 시대를 막론하고 자신이 만들어낸 물건에 대해 특정한 표시를 남겼다. 이러한 표시는 소유자를 알리는 기능뿐만 아니라 상품의 품질을 보증하는 역할을 맡아왔다. 이처럼 과거의 전통적인 브랜드의 역할은 물건의 소유자나 출처를 알리는 수준이었다. 그러나 최근 브랜드의 역할은 그 의미와 가치가 변화하고 있다. 오늘날 브랜드는 기업의 명품이나 우수한 품질을 나타내는 기업의 상품의 가치를 넘어, 지역이나 국가의 브랜드 가치를 높이기 위한 전략으로도 많이 사용하고 있다.

오늘날 지방자치단체들은 지명 브랜드를 높이기 위해 다양한 전략을 강구하고 있다. 가령 지명을 사용하여 지명 브랜드 가치를 높인 사례로서, 기업이 위치한 곳의 지명을 브랜드화하는 경우가 있다. 세계 최고의 철강회사로 여겨지는 포스코는 지명을 브랜드로 사용한 기업의 예시로 들 수 있다. 포스코는 2002년 포항종합제철주식회사 사명을 오늘날의 주식회사 포스코(POSCO, Pohang Iron and Steel Company)로 변경하였으나, 여전히 그 안에는 포항이라는 지명이 내포되어 있다. 이러한 지명은 포항의 지역 경제 발전뿐만 아니라 국가 경쟁력 향상에도 기여하였다.

이외에도 지명이 갖고 있는 고유한 모습이나 상징성을 표현하기 위해 브랜드화하는 경우가 있다. 미국의 유명 인터넷 유통회사인 아마존(Amazon)과 독일의 필기류 제조업체인 몽블랑(Montblanc)이 대표적인 예시이다. 아마존의 창업주는 세계에서 가장 긴 아마존 강과 같이 자신의 회사가 거대해지길 바라는 염원에서 지명을 가져왔다. 만년필을 주로 생산하는 몽블랑은 프랑스와 이탈리아 스위스 접경 지역에 있는 알프스 산맥의 최고봉인 몽블랑의 모양과 만년필이 닮았다는 이유에서 지명을 사용했다.

1. 지명 브랜드를 높이기 전에 생각해 봐야 할 것은 무엇일까요?

1) 지명의 가치를 높이기 위한 전략이 지명 브랜드 개발이다

브랜드(brand)의 어원, 라틴어 'brandr', 즉 '각인시키다'로 소, 말 등의 가축에 낙인을 찍어 자신의 소유임을 알리는 것에서 비롯되었다고 한다. 이러한 브랜드는 경쟁자로부터 차별화하기 위한 의도, 나아가 품질, 등급, 상표 등으로 해석할 수 있다. 미국마케팅협회(American Marketing Association)에 따르면 브랜드(brand)는 한 판매자의 상품을 다른 판매자의 상품과 구별하는 이름, 용어, 디자인, 기호(심볼), 기타 모습이라고 정의하였다. 결국 브랜드를 사용하는 가장 주된 동기는 바로 다른 것과의 차별성을 위한 것이며, 이러한 차별성이 형성된 브랜드는 소비자에게 상품을 알리는 중요한 역할을 맡는다.

이에 따라 지명은 장소를 상품으로 가정하였을 때, 이를 가장 잘 알릴 수 있는 일종의 브랜드라 할 수 있다. 왜냐하면 서로 다른 장소를 구별해줄 수 있는 가장 원초적인 수단이 바로 이름이기 때문이다. 하지만 장소는 상품에 비해 다각적인 차원에서 접근할 필요가 있고, 지명 브랜드는 단순히 제품 브랜드 수준에서 접근하는 것보다 훨씬 복잡하게 전개된다.

지명의 가치를 높이기 위해선 그 지명이 갖고 있는 고유한 지역성을 잘 파악하는 것이 중요하다. 그 지명과 관련된 이미지, 자랑거리 등을 잘 파악하여 정체성을 도출하고 이것을 기반으로 하여 그 지명의 가치를 높일 수 있는 상징적인 것으로 브랜드를 개발하는 것이 좋을 것이다. 지명 브랜드의 가치를 높일 수 있는 정체성과 상징성을 담은 이야기가 있어야 한다.

그림 12-7 **지명 브랜드 높이기 위한 전략**

2) 지명 브랜드 개발은 장소의 가치를 높인다

지명 브랜드는 대상이 되는 장소를 널리 알림으로써 다른 장소와의 차별성을 갖게 하고, 이를 통해 경제적 가치를 창출하는 역할을 맡기도 한다. 또한 지역발전에 동기를 부여하고 지역의 정체성 확립에 도움을 주며, 나아가 지역의 긍정적인 이미지를 심어주기도 한다. 이와 같은 지명 브랜드의 기능은 다음과 같다.

- 식별기능: 경쟁제품과 식별의 용이성, 판매의 편리성, 제품의 출처표시 등
- 신용보증기능: 제품의 품질 보증, 제반 서비스 창출, 신용거래 등
- 광고기능: 유리한 마케팅 수립, 판매의 편리성, 제품의 출처표시 등
- 자산기능: 기업무형 자산형성 등

3) 지명 브랜드를 높이기 위한 전략이 장소 마케팅이다

지명의 대상은 그 종류가 매우 다양하다. 예를 들어, 지형과 같은 산, 강, 들, 바다 등과 같이 자연적인 것으로부터 도시, 촌락과 같은 인간 정주공간, 건물, 문화

유산까지 범위가 무궁무진하다고 볼 수 있다. 그러나 모든 지명은 그 지명을 부여한 사람이 대상이 되는 지명에 갖는 의도, 가치, 정체성 등이 복합적으로 존재한다. 오늘날 지명에 내포되는 역사, 문화, 지역의 정체성과 관련된 부분이 경제적 요소에 의해 영향을 받기 시작하면서 학문분야에서도 지명을 둘러싼 경제 중심의 담론이 등장하기 시작하였다. 이후 지명에 대한 가치가 증가하면서 이를 통해 실질적인 장소 가치를 추출하기 위한 본격적인 장소 마케팅(place marketing),[2] 장소 브랜드화가 필요하게 되었다.

지명 브랜드의 효과를 높이기 위해 상품개발뿐만 아니라 슬로건, 로고 등을 개발하는 노력이 병행된다. 다음은 국가 단위의 지명 브랜드를 접목하여 실제로 활용한 자료이다.

---

2) 장소 마케팅(place marketing)은 1970년대 초반 영국을 포함한 유럽, 북미 산업도시들이 탈산업화(산업재구조화) 과정 속에서 급격히 쇠퇴하게 되자, 이들 도시를 재생시키기 위한 정책으로 시도되었다. 이는 쇠락한 도시의 이미지 제고, 공동화된 도심재개발, 역사·문화 도시경관 창출 등 적극적으로 도시에 활력을 불어넣기 위하여 마케팅을 활용한 지역경제 활성화를 위한 지역개발 추진의 일환이었다. 장소 마케팅은 1990년대 이후 세계화가 진전되면서 'Place War' 장소 미인선발대회라는 용어가 등장할 정도로 장소 간 경쟁이 심화되기도 하였다. 이후 정보기술의 비약적 발달은 거리 극복을 가능하게 함으로써 경제활동의 이동성을 증대시켜 지구 전체를 하나의 경제권으로 통합시키는 탈영역화 현상을 초래하였다.

Education UK Innovative. Individual. Inspirational.	Australia FutureUnlimited	education for all
영국	호주	UNESCO
학생, 기관 및 파트너들과 강한 감성적 연결을 구축하기 위한 활용을 의미	글로벌과 관련된 진보적인 전망에 대한 호주 교육의 경쟁력을 강조하고, 외국 학생들을 위한 호주 교육의 문호 개방을 의미	모두를 위한 교육을 의미
U.S. Department of Education No Child LEFT BEHIND	MC TM IMAGINE Education au/in Canada	singapore education Singapore Government Integrity • Service • Excellence
미국	캐나다	싱가포르
No Child Left Behind라는 교육 슬로건을 제시함. 어떤 아이도 뒤쳐져 있게 하지 않겠다는 뜻으로 교육의 평등을 의미	'상상 교육 브랜드' 캐나다 교육을 선호할 수 있도록 양질의 교육 프로그램 제공한다는 의미	다국적 학생들에게 희망과 꿈을 공유한다는 의미

그림 12-8 **국가별 교육관련 지명 브랜드 개발 사례**

5 지명은 어떻게 가르쳐야 할까요?

1. 지명을 가르치기 전에 학습자들을 위한 준비과정이 필요하다

지리적 기초를 재미있게 학습하기 위한 지명의 학습과정을 소개하면 다음과 같다.

첫째, 기술적 과정(course description)으로써 지명에 친밀감을 가질 수 있도록 약지도나 향토 지도를 통하여 자기 집이나 학교 주변에서 위치, 거리, 방위를 그려가며 그 지역 지명을 지도한다. 특히 저학년에서는 지도를 마룻바닥이나 테이블의 평면 위에 올려놓고 지도하는 것이 효과적이다. 지도를 쳐다보는 것보다 밟고 다니거나 만져가며 게임을 하게 함으로써 지명에 친밀감을 가질 수 있다.

둘째, 시청각 단계의 과정(slide-tape units)으로 지명을 적절한 소리나 시각을 사용한 흥미 있는 이야기 속에 끼워 지명을 학습함으로써 낯선 지명에 대해서도 의미 있는 자극을 받을 수 있다.

셋째, 컴퓨터를 활용한 자기진단(computer self-test) 과정으로 두 번째 과정에서 슬라이드 테이프를 보고 컴퓨터상에서 지역에 대해 스스로 지명을 익히게 할 수 있다.

넷째, 집단 토론(group discussion)의 과정으로 지명에 대한 지식을 향상시켜 그러한 지식을 통해 지명의 유래나 지명의 분류 유형을 앎으로써 신문의 기사 분석에 활용할 수 있을 것이다.

지명을 재미있게 학습하기 위한 방안을 제시하면 다음과 같다. 지명을 단순히 학습하는 것이 아니라 지명을 통해 그 지역의 지역성, 문화를 찾아낼 수 있어야 한다.

2. 지명과 관련하여 이야기가 있는 지명이 되도록 다음 사항을 함께 가르친다

지명학습은 그림 12-9와 같이 다음 요소를 포함하여 가르치도록 한다.

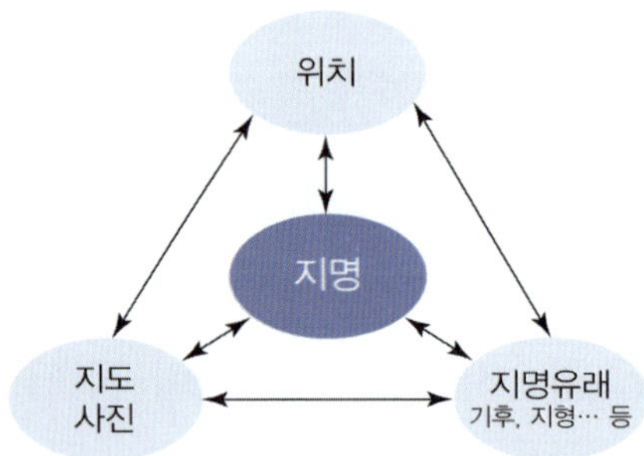

그림 12-9 **지명을 가르치기 위한 방안**

1) 지명에는 그 유래가 반드시 포함되어야 한다

지명의 뜻, 형성과정, 분포, 변천 등 지명 유래의 원리를 활용한 모형이다. 앞서 언급한 지명의 유래 원리를 활용하면 무조건적으로 암기하는 것이 아니라 지명이 생기게 된 배경을 파악하여 그 지역과 관련된 지리적 특징도 아울러 파악할 수 있게 된다. 예를 들어, 성(城)의 접미어를 가진 지명은 수비의 역할을 감당하고 있는 지명이며, 이러한 지명은 수비에 유리한 지형적 조건을 갖추어야 하기 때문에 거의가 산과 관련이 있는 요새 지역이다. 따라서 그 지역의 유명한 산과 관련이 있다. 남한산성, 북한산성, 금정산성, 가산산성 등은 북한산, 금정산, 팔공산 등 그 지역의 진산들이다. 또한 우리나라의 경우 취락의 입지가 풍수 원리를 따라 입지하고, 풍수에 의한 지명이 많기 때문에 풍수 입지 원리를 적용하면 지명을 재미있고 쉽게 이해할 수 있을 것이다.

2) 지명은 반드시 그 지명의 위치를 보여줄 수 있는 지도가 필요하다

지명의 뜻과 유래를 잘 파악하더라도 그것의 위치를 지도와 함께 파악한다는 것은 지역성, 공간 관계 등을 파악하는 데 커다란 역할을 할 수 있을 것이다. 특히 절대적 위치뿐만 아니라 상대적 위치를 파악하는 지름길이 된다.

뿐만 아니라 지명을 확대하기 위해 백지도를 활용하여 같은 유래의 지명끼리 지도상에서 찾아 백지도상에 표시하고 의미를 해석하게 함으로써 지명의 지역성, 공간관계 등을 보다 정확히 파악할 수 있을 것이다. 예를 들어, 지도상에서 州와 관련된 지명을 찾아 백지도에 그려보게 한다. 그 다음 교통로와 연계시켜 보고, 그러한 지명은 예로부터 교통상의 요지에 발달한 도시라는 특성을 파악하게 함으로써 지명과 관련된 특성을 알 수 있을 것이다.

3) 지명 유래와 관련된 시각화 도구(멀티미디어)를 활용한다

슬라이드, 사진, 동영상 등을 제시하여 지명의 뜻과 유래를 학습하고자 하는 모형이다. 특히 멀티미디어를 활용하면 머릿속에 오래 각인되기 때문에 지명을 효과적으로 기억할 수 있을 것이다. 특히 지명을 생각하면 머릿속에 여러 가지 이미지가 떠오를 것이다. 지명 유래와 관련된 이미지를 잘 편집해서 보여준다면 훌륭한 지명 교육용 시청각 자료가 될 것이다. 이렇게 지역, 국가, 세계별 지명을 잘 정리하여 제시할 자료가 필요하다. 현실적으로 여행 관련 동영상 등을 적절히 재편집하여 사용하면 될 것이다.

1. 다음 그림과 지도를 보고, 지명 유래와 관련하여 아래 물음에 대해서 각자 적어 봅시다.

그림 12-10 ㅇㅇ마을

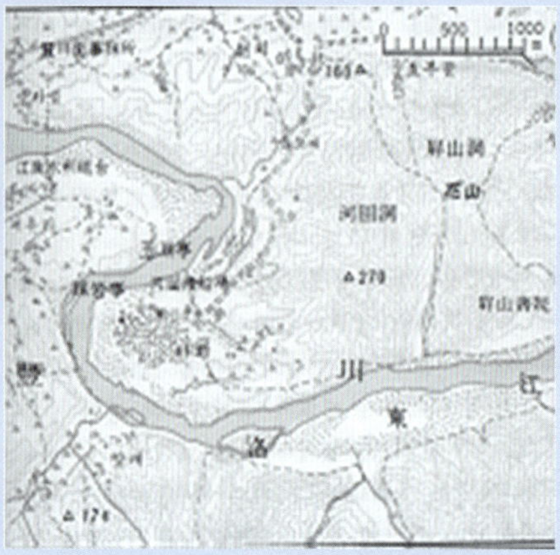

그림 12-11 ㅇㅇ마을지형도

① 그림과 지형도를 보고 어느 지명인지를 쓰시오.

② 이 지명은 어떤 것에 기초하여 유래된 지명인지를 쓰시오.

③ 이 지역과 관련하여 역사적으로 유명한 인물을 쓰고, 그에 대해서 알아보시오.

④ 이 지역이 여행지로 부각된 이유를 쓰시오.

2. 다음 그림을 보고, 지명 유래와 관련하여 아래 물음에 대해서 각자 적어 봅시다.

그림 12-12

그림 12-13

그림 12-14

출처: http://m.blog.daum.net/cbg0006/12996427?np_nil_b=1 / http://blog.daum.net/kieury/11296299

① 그림을 보고 생각나는 나라를 쓰시오.

② 그 이유를 쓰시오.

③ 풍차의 역할을 쓰시오.

④ 이 나라에서 풍차의 역할이 중요한 다른 지역의 예를 들어 보시오.

⑤ 그림 속의 꽃이 풍차 및 토양과 어떤 관련이 있는지 쓰시오.

⑥ 그림 속의 나막신, 치즈는 풍차와 어떤 관련이 있는지 쓰시오.

⑦ 치즈를 김치와 비교하여 설명하시오.

북유럽의 경우 핀란드는 핀란드 사람 자신들은 수오미(suomi)라 하는데, 이것은 빙하호가 많다는 뜻이다. 예를 들어, 빙하호 사진과 지도를 제시하여 이 나라 이름의 뜻과 위치를 파악할 수 있다.

지명 관련 웹사이트

우리나라의 광역 지방자치단체의 숫자는 1개의 특별시, 6개의 광역시, 8개의 도, 1개의 특별자치도, 1개의 특별자치시를 두고 있다. 이들 지역은 지역마다 나름대로의 삶과 문화의 역사가 있다. 그리고 지명의 우리식 한글화, 전통 문화와 음식의 발굴, 지역특화상품의 개발 등 각 시·도가 내보일 자랑거리도 있고 앞으로 이루어나가야 할 것도 있을 것이다. 각 시도 홈페이지에는 웹상에서 지명에 대한 지리적 정보를 공개하고 있기 때문에 필요에 따라 간단히 확인할 수 있다.

http://www.seoul.go.kr/
- 서울시청 홈페이지에서 서울소개 〉 시청안내 〉 각 자치구 홈페이지 접속 후 해당 자치구에 소속된 지명 검색 가능

http://www.busan.go.kr/
- 부산시청 홈페이지에서 부산소개 〉 부산의 역사 〉 명칭유래에서 검색 가능

https://unstats.un.org/UNSD/geoinfo/UNGEGN/ 유엔지명전문가회의

http://www.ngii.go.kr/ 국토지리정보원

생각해 볼거리

1. 내가 태어난 고향의 지명과 그 유래를 말해 봅시다.

2. ○○포, ○○만, ○○대가 있는데 그 이름을 가지게 된 이유(유래)와 위치를 알아 봅시다.

3. 동해 및 일본해 지명, 표기 방법에 대한 해결책을 논의해 봅시다.

4. 교육과정에서는 지명을 어떻게 다루고 있는지에 대하여 논의해 봅시다.

5. 교과서에 투영된 지명을 분석하여 특징을 파악하고, 이를 효율적으로 교수 · 학습하기 위한 방안을 모색해 봅시다.

Q&A

V부 내용과 연관된 교원 임용 기출문제

1 다음은 3학년 '4. 사람들이 모이는 곳' 주제의 성취 기준과 해설의 일부이다. 이를 토대로 수업을 계획하기 위해 동학년 교사들이 모여 나눈 의견으로 옳지 않은 것은?

2011 초등 교사 임용시험 문제

4. 사람들이 모이는 곳

❷ 고장 사람들이 많이 모이는 곳을 찾아보는 활동을 통하여 고장에 다양한 생활의 중심지가 있음을 알아본다.

역과 터미널, 시장과 관공서 등 ㉠고장 사람들이 많이 모이는 곳을 찾아보는 활동을 통해 고장에는 다양한 생활의 ㉡중심지가 있음을 알아본다. 이를 위해 고장에서 사람들이 많이 모이는 곳에 대하여 경제, 교통, 교육, 행정, 서비스, 문화, 여가 등 ㉢욕구의 해결과 관련지어 이해하도록 한다. 고장의 중심지에 대하여 ㉣관계있는 것끼리 분류하는 활동과 ㉤중심지의 입지적 특성을 파악하는 활동 등이 필요하다.

① 김 교사: ㉠을 위해서는 우리 고장에 있는 사업체 수를 나타낸 지도가 필요해요.
② 이 교사: ㉡은 주변보다 상주인구 밀도가 높은 곳이라고 개념을 정의할 수 있어요.
③ 박 교사: ㉢을 위해 우리 고장의 각급 학교가 어디에 분포되었는지 알아보는 활동을 할 수 있어요.
④ 최 교사: ㉣을 위해서는 상업 시설, 교통 시설, 문화 시설 등으로 분류하여 학습할 수 있어요.
⑤ 정 교사: ㉤을 위해서는 우리 고장 내부의 교통 흐름의 양을 나타낸 자료도 필요해요.

2 다음은 4학년 '3. 우리 지역과 관계 깊은 곳들' 주제 일부의 학습 활동에 대한 평가 계획이다. ㉠ ~ ㉤에 대한 설명 중 가장 적절한 것은? 2011 초등 교사 임용시험 문제

평가내용	평가 기준	평가 방법
㉠	• ㉡우리 주변에서 일어나는 인구 이동 유형을 말할 수 있는가?	• 구술 평가
	• 통계 자료를 이용하여 우리 지역의 인구 이동 특성을 이해할 수 있는가? • ㉢우리 지역에 온 사람들이 우리 지역에 와서 살게 된 이유를 다양한 방법으로 조사하여 발표할 수 있는가?	• 활동지 평가
	• ㉣우리 지역에 온 사람들이 우리 지역에 와서 살게 된 이유를 다양한 방법으로 조사하여 발표할 수 있는가?	• ㉤조사 보고서 분석 • 관찰 • 학생의 동료 평가

① ㉠의 평가 내용은 '지역 간 인구 이동에 따른 문제점 해결하기'이다.
② ㉡에서 학생이 통근 · 통학과 여행을 말한 경우 적절하지 않은 것으로 평가해야 한다.
③ ㉢의 경우, '문화 경관 분포'의 개념을 평가하려는 것이다.
④ ㉣의 기준에 따라 학생의 정보처리 기능과 의사소통 기능을 평가할 수 있다.
⑤ ㉤의 경우, 발표 자세 및 경청 태도 영역을 평가한다.

3 다음은 2007년 개정 사회과 교육과정에 따라 3학년 「다양한 삶의 모습들」, 4학년 「사회 변화와 우리 생활」 단원을 배운 학생들이 6학년 「정보화, 세계화 속의 우리」 단원에서 '지구촌화' 개념을 학습하는 수업을 구상해 본 것이다. 1) 지구촌화의 영향으로 학습자가 경험하는 공간 규모가 다양해지고 있다. 이와 관련하여 '환경 확대법' 적용상의 변화를 서술하고, 그 변화 사례를 수업 상황에서 찾아 1가지 제시하시오. 2) 3학년에서 학습한 '문화' 개념은 학년이 올라가면서 확장되고 있다. 아래 수업 상황에 한정하여 4학년과 6학년 학생이 학습할 수 있는 '문화'에 관한 내용을 일반화 지식의 형태로 각각 진술하고, 해당 문화 공간의 규모를 제시하시오. 그리고 3) ㉠에 포함된 문화에 관한 오개념을 지적하고, 이를 수정하기 위한 지도 내용을 2가지 논하시오.

2011 초등 교사 임용시험 문제

> 교 사: 오늘은 지구촌화의 의미와 그 영향에 대해 배우기로 하겠습니다. 오늘날 세계 곳곳의 사람들이 우리의 가까운 이웃이 되어 가고 있습니다. 이러한 현상을 지구촌화라고 합니다. 자! 지구촌화의 사례로 무엇을 들 수 있을까요?
> 학생 A: 인터넷으로 다른 나라 어린이와 얼굴을 보며 대화해요.
> 학생 B: 작년에 전 지구적인 문제해결을 위해 유엔 주도로 덴마크에서 세계 기후변화 회의가 열렸어요.
> …… (중략) ……
> 교 사: 지구촌화로 인하여 문화, 정치, 경제 영역에서 다양한 변화들이 일어나고 있어요. 여러분은 문화에 대하여 배운 적이 있는데, 무엇을 배웠나요?
> 학생 C: 3학년 때 문화란 사람들의 생활 방식이라고 배웠어요.
> 학생 D: 그런데 3학년 때 중국과 베트남의 설날 모습이 우리와 다른 점이 있다는 것도 배웠어요.
> 학생 E: 우리나라 안에는 해외 이주 노동자, 국제결혼 이주자, 그리고 노숙자, 노인들이 있는데, 이들의 삶은 서로 다르다고 배웠어요.
> 교 사: 잘 알고 있네요. 그러한 내용은 언제 배웠나요?
> 학생 E: 4학년 때 배웠어요.
> 학생 F: ㉠ 그런데 노숙자와 노인들의 삶은 문화의 사례로는 적합하지 않은 것 같은데 ……, 왜냐하면 그들은 우리와 같은 민족이잖아요.
> 교 사: 글쎄요. 그 문제에 대해서는 나중에 자세히 알아봅시다. 지금은 우선 지구촌화되면서 사람들의 생활 방식에 어떤 변화가 일어나고 있는지 알아볼까요?
> 학생 G: 우리나라에서도 베트남 쌀국수를 먹을 수 있게 되었어요.
> 학생 H: 동남아시아 사람들이 우리나라 노래와 드라마를 좋아해요.
> 학생 I: 중국과 필리핀에서 온 사람들과 같은 동네에서 살게 되었어요.
> …… (후략) ……

모범답안

1. ②
2. ④
3. (답안해설 확인)

답안해설

1 ②

[2007 교육과정 3-2 지도서 82쪽]

우리가 생활하는 데에는 많은 것이 필요하며, 이러한 것을 구하기 위해 고장 사람들이 많이 모이는 곳이 있는데, 이러한 곳을 중심지라고 한다. 고장의 중심지에는 재래시장이나 백화점, 기차역과 버스 터미널, 학교, 구청, 병원, 공원, 영화관 등이 있다.

즉, 중심지는 상주인구 밀도가 높은 곳이 아니라 유동인구 밀도가 높은 곳이다. 상주인구 밀도가 높은 대표적인 곳은 주택가라 할 수 있다.

2 ④

[2007 교육과정 4-2 지도서 156~159쪽]

① ㉠에 들어갈 평가 내용으로는 '지역 간 인구 이동의 이유 발견하기'가 적합하다.

② 인구 이동에는 크게 출퇴근이나 여행 등 일시적인 인구 이동과 다른 지역으로 이사하는 영구적인 인구 이동으로 나눌 수 있다.

③ ㉢은 인구 이동 양상을 이해하고 있는가를 평가하기 위한 것이다.

⑤ 조사 보고서 분석을 통해서는 조사 주체가 잘 드러나는지, 계획은 체계적인지, 계획에 따라 자료를 잘 수행하는지 등을 평가할 수 있다.

3 1) 학년별로 공간적 범위를 정하되, 학습자가 일상생활 속에서 경험하는 다양한 공간 규모를 고려하고 학년별로 세계적 관점을 반영하여 공간(환경) 확대법을 탄력적으로 활용하였다. 3학년 때 중국과 베트남의 설날 모습이 우리와 다르다는 점을 배우는 점은 이를 반영한 사례라고 할 수 있다.

[2007 교육과정 4-2 지도서 11~12쪽]

사회과의 내용은 학습자의 인지 발달, 사회적 경험, 사회 기능을 고려하는 환경 확대법을 활용하여 배열하였다. 3~4학년은 고장, 5~6학년은 한국 및 세계로 공간적 범위를 정하고, 구체적으로 3, 4학년에서의 생활 주변과 지역 사회 이해를 통한 문제해결에서부터 5, 6학년의 각 지역, 국가, 세계의 사회 현상 파악 및 문제해결 내용으로 확대하도록 구성하되,

학습자들이 일상생활 속에서 경험하는 다양한 공간 규모를 고려하고 학년별로 세계적 관점을 반영하여 환경 확대법을 탄력적으로 활용하였다.

2) 문화의 내용으로 4학년에서는 '한 나라 안에서도 다양한 문화가 존재한다.'를, 6학년에서는 '문화는 서로 영향을 주고받으며 변화한다.'를 학습하며, 문화 공간의 규모는 4학년에서는 국가, 6학년에서는 세계이다.

[현장 적용형 문제]

3) ㉠에는 같은 민족끼리는 모두 같은 문화를 갖는다는 오개념이 있다. 이를 수정하기 위해 같은 민족이라도 다양한 하위 집단의 문화가 존재한다는 것과 서로 다른 민족이라도 보편적인 생활 방식이 존재한다는 것을 여러 학급의 문화를 비교하는 활동이나 우리나라 내에서 문화 차이로 생기는 갈등 사례를 조사하는 활동 등을 통해 지도할 수 있다.

[현장 적용형 문제]
문화의 특성은 공유성, 학습성, 축적성, 통합성, 초유기체성, 보편성과 다양성이 있다. 이 문항은 보편성과 다양성에 대한 오개념을 묻고 있다.

참고문헌

제1장 지리학

강경원 외(2001). 초등지리교육론. 서울: 학문사.

구동회, 심승희 역(1995). 공간과 장소. 서울: 도서출판 대윤.

김다원(2017). 지리교육의 기본개념 분석 연구: 국내외 지리교육과정 분석을 중심으로. 한국지리학회지. 6(3). 319-337.

김덕현 외 역(2005). 장소와 장소상실. 서울: 논형.

김연옥(1970). 사회과 교육내용의 구조와 개념에 관한 연구. 한국문화연구원 논총. 15. 247-272.

김재철(2009). 공간과 거주의 현상학. 철학논총. 56. 367-391.

남호엽(2005). 지리교육에서 장소학습의 의의와 접근 논리. 사회과교육. 44(3). 195-210.

류우익(1978). 지리학에 있어 공간개념에 대하여. 지리학논총. 5. 55-65.

류재명(1999). 지리교육철학강의. 서울: 한울.

박배균(2012). 한국학 연구에서 사회－공간론적 관점의 필요성에 대한 소고. 대한지리학회지. 47(1). 37-59.

박선미(2001). 한 · 미 지리교육의 내용과 조직 비교. 대한지리학회지. 36(2). 191-210.

박승규(2009). 일상의 지리학. 책세상.

서태열(2008). 지리교육학의 이해. 서울: 한울.

손명철(1994). 지역지리와 현대사회이론: 새로운 지역지리 논의를 위하여. 서울: 명보문화사.

송언근(2009). 지리학과 지리교육. 경기: 교육과학사.

심광택(2007). 사회과 지리 교실수업과 지역 학습. 경기: 교육과학사.

심승희 옮김(2012). 장소(팀 크레스웰 저). 시그마프레스.

안용성(2012). 누가-행전 서사에 나타나는 관계공간의 구성: 하비와 르페브르 공간 이론의 서사적 적용. 한국기독교신학논총. 83. 75-100.

안용성(2013). 한국 성서학의 공간적 전환을 위한 '장소' 이론의 가능성과 한계. 한국기독교신학논총. 85. 37-64.

안용성(2014). 하이데거의 '세계'에 비추어 보는 르페브르의 '사회적 공간'-성서 서사공간 해석을 위한 이론적 논구. 한국기독교신학논총. 91. 5-32.

안용성(2018). 현상학과 서사 공간: 성서의 이야기 공간에 대한 현상학적 고찰. 서울: 새물결플러스.

오홍석(2004). 현대 한국지리학사. 서울: 줌.

이간용(2014). 재미와 의미를 담아내는 지리학습의 설계. 경기: 교육과학사.

이경한(2012). 일상에서 장소를 만나다: 지리학자와 떠나는 생활 속 지리여행. 서울: 푸른길.

이양수(1984). 지리 교육과정 내용선정 기준과 그 전개안. 국토지리학회지. 9(1). 725-756.

이찬(1968). HSGP를 통해서 본 미국의 지리교육 개혁. 대한지리학회지. 3(1). 45-51.

이찬(1969). 국제지리학연합과 국제지리학회의. 대한지리학회지. 4(1). 55-58.

임덕순(1979). 지리교수용 제기본개념의 결정: 지리 교육과정 구성을 위한 논의. 지리학과 지리교육. 9(1). 306-314.

임덕순(1993). 지리교육원리. 경기: 법문사.

조광준(1980). 사회과교육에서의 현장연구. 사회과교육. 13. 35-37.

정현주 옮김(2011). 페미니즘과 지리학. 경기: 한길사.

정현주 옮김(2015). 공간, 장소, 젠더. 서울대학교출판문화원.

최병두(2014). 한국의 신지역지리학(1): 발달 배경. 연구 동향과 전망. 한국지역지리학회. 20(4). 357-378.

최병두(2016). 한국의 신지역지리학(2): 지리학 분야별 지역 연구 동향과 과제. 한국지역지리학회지. 22(1). 1-24.

한인수(1984). 중학교 사회과에 있어서의 지리교육의 구상과 전개에 관한 고찰. 국토지리학회지. 9. 689-723.

황진태(2018). 자연-인문지리학의 이분법을 넘어선 융복합 연구를 위한 시론(I). 대한지리학회지. 53(3). 283-303.

황홍섭(2003). 초등 사회과 지리학습을 위한 인간과 공간. 부산: 세종출판사.

황홍섭(2004). 초등사회과 교수법. 부산: 세종출판사.

Agnew, John(1987). *Place and Politics: the Geographical Mediation of State and Society*. Boston: Allen and Unwin.

Castree, N.(2003). Place: Connections and Boundaries in an Interdependent World. in Holloway, S. L., Rice, S. P. & Valentine, G.(eds.). *Key Concepts in Geography*. London: Sage. 165-185.

Gillian Rose (1993). *Feminism and Geography*. Cambridge: Polity Press.

Jessop, B., Brenner, N., & Jones, M.(2008). Theorizing Socio-spatial Relations. Environment and Planning D. *Society and Space*. 26(3). 389-401.

Massey, D.(1994). *Space, Place, and Gender*. Minneapolis: University of Minnesota.

Massey, D.(1997). A Global Sense of Place, in Barnes, T., and Gregory D.(ed.), *Reading Human Geography: The Poetics and Politics*. Arnold, London, 315-323.

Pattison, W. D.(1964). The Four Traditions of Geography. *Journal of Geography*. 63(5). 211-216.

Pinchemel, P.(1982). "The Aims and Values of Geographical Education," in N. J. Graves(ed.). *New Unesco Source Book for Geography Teaching*. Longman/ Unesco Press.

Relph, E.(1976). *Place and Placelessness*. London: Pion.

Tuan, Y. F.(1977). *Space and Place: The Perspective of Experience*. Minneapolis: University of Minnesota Press.

제2장 지역

국토지리정보원(2003-2008). 한국지리지: 총론 및 각 지역 편.

김용만(1986). 사회과교육과정 지역화의 이론적 배경과 접근법. 사회과교육. 19. 9-19.

남상준(1999). 지리교육의 탐구. 서울: 교육과학사.

박배균(2012). 한국학 연구에서 사회－공간론적 관점의 필요성에 대한 소고. 대한지리학회지. 47(1). 37-59.

박배균, 김동완(2013). 국가와 지역: 다중스케일 관점에서 본 한국의 지역. 서울: 알트.

박승규, 김일기(2001). 일상생활에 근거한 지리교과의 재개념화. 대한지리학회지. 36(1). 1-14.

박양춘 외(2003). 지역경제의 재구조화와 도시 산업공간의 재편: 영남지역 연구. 서울: 한울.

손명철(1994). 지역지리와 현대사회이론: 새로운 지역지리 논의를 위하여. 서울: 명보문화사.

손명철(2017). 지역지리 연구의 주요 원리와 제주 지역 연구에 주는 함의. 문화 역사 지리. 29(3). 78-91.

손명철(2017). 한국 지역지리학의 개념 정립과 발전 방향 모색. 한국지역지리학회지. 23(4). 653-664

송언근(1996). 지역지리학의 발달과정과 신지역지리학의 방향 모색. 논문집. 31. 49-75.

심승희(2004). 서울 시간을 기억하는 공간. 서울: 나노미디어.

이정록(2006). 광양만권 잠재력과 비전. 서울: 한울.

이희상(2009). (비)장소로서 도시 기계 공간. 대한지리학회지. 44(3). 301-322.

이희연, 최재헌(1998). 지리학에서의 지역연구 방법론의 학문적 동향과 발전방향 모색. 대한지리학회지. 33(4). 557-574.

임병조, 류제헌(2007). 포스트모던 시대에 적합한 지역 개념의 모색. 대한지리학회지. 42(4). 582-600.

정건화 외(2005). 근대 안산의 형성과 발전. 서울: 한울.

최병두(2014). 한국의 신지역지리학(1): 발달 배경. 연구 동향과 전망. 한국지역지리학회. 20(4). 357-378.

최병두(2016). 한국의 신지역지리학(2): 지리학 분야별 지역 연구 동향과 과제. 한국지역지리학회지. 22(1). 1-24.

최병두 외(2010). 고령군 지역연구: 대도시 근교지 역의 특성과 발전 과제. 서울: 푸른길.

최재헌(2005). 세계화 시대의 지역과 지역정체성 의미 고찰. 대한지리학회 학술대회 논문집. 159-160.

홍금수(2014). 탄광의 기억과 풍경: 충남 최대의 탄광 취락 성주리의 문화역사지리적 회상. 서울: 푸른길.

황홍섭(2003). 초등 사회과 지리학습을 위한 인간과 공간. 부산: 세종출판사.

황홍섭(2017). 지역개념을 활용한 지역화 학습방안. 사회과교육. 56(4). 17-38.

Gregory, D.(1978). *Ideology, Science, and Human Geography*. New York: St. Martin's Press.

Jessop, B., Brenner, N., & Jones, M.(2008). Theorizing Socio-spatial Relations. Environment and Planning D. *Society and Space*. 26(3). 389-401.

Paasi, A.(1986). The Institutionalization of Region: a Theoretical Framework for the Understanding of the Emergence of Region and the Constitution of Regional Identity. *Fenia*. 164. 105-146.

Painter, J.(2006). Territory-Network. Paper presented in the *Annual Meeting of the Association of American Geographers*.

Pred, A.(1985). Interpenetrating Processes: Human Agency and the Becoming of Regional Spatial and Social Structures. *Papers in Regional Science*. 57(1). 7-17.

Pred, Allan(1985). The Social Becomes the Spatial, the Spatial Becomes the Social: Enclosure, Social Change and the Becoming of Places in Skane. in Gregory, Derek and Urry. John, eds.. *Social Relations and Spatial Structures*. London:

Macmillan.

Raagmaa, G.(2002). Regional Identity in Regional Development and Planning. *European Planning Studies*. 10(1). 55-76.

Thrift, N.(1990). For a New Regional Geography 1. *Progress in Human Geography*. 14(2). 272-279.

Thrift, Nigel.(1990). Doing Regional Geography in a Global System: the New International Financial Aystem, the City of London, and the South East of England, 1984-7. in Johnston, R. J. et al., eds.. *Regional Geography: Current Developments and Future Prospects*. London and New York: Routledge. 180-207.

제3장 환경

권영락 외(2016). 2015 개정 환경 교육과정의 개정 방향과 주요 내용. 환경교육. 29(4). 363-383.

박태윤 외(2003). 환경교육학개론. 서울: 교육과학사.

이규목(1980). 환경 지각과 장소성에 관하여. 대한건축학회지. 24(90). 54-57.

최돈형, 진옥화, 이성희 옮김(2007). 교사가 생각하는 환경교육: 의식과 책임감. 서울: 원미사.

한동익(2015). 천개가 넘는 국제환경협약, 실효성은? KDI 경제정보센터. 한국개발연구원.

한주성(1999). 인간과 환경: 지리학적 접근. 서울: 교학연구사.

황홍섭(2003). 초등 사회과 지리학습을 위한 인간과 공간. 부산: 세종출판사.

Hart P.(2003). *Teachers' Thinking in Environmental Education: Consciousness and Responsibility*. 29. Peter Lang Pub Incorporated.

Spate. O. K.(1967). The Ecological Perspective on Human Affairs, *The Geographical Review*. 57(2). 275-276.

제4장 위치

강명희, 박미순, 정지윤, 박효진(2009). 웹기반 프로젝트 학습에서 학습자 간 상호작용과 학습실재감이 학습성과에 미치는 영향. 교육정보미디어연구. 15(2). 67-85.

김다원(2008a). 세계 지역에 대한 위치지식과 위치 학습 연구. 서울대학교 대학원 박사학위논문.

김다원(2008b). 중학생들의 위치지식과 지역 이해와의 연계 유형 분석 연구. 대한지리학회지. 43(3). 432-447.

김다원(2008c). 지역 이해를 위한 위치지식과 위치 학습 연구. 한국지리환경교육학회지. 16(2). 145-162.

김다원(2017). 각국 지리교육에서 위치학습의 내용과 방법 분석 연구. 한국지리환경교육학회지. 25(1). 49-64.

심승희(2010). 초등 지리교육에 적합한 위치 학습의 내용과 방법 모색. 한국지리환경교육학회지. 18(3). 221-236.

심승희(2011). 지도 퍼즐을 활용한 위치학습에 관한 연구. 한국지리환경교육학회지. 19(2). 1-17.

이경한(2016). 어린이의 지리학. 서울: 푸른길.

이민호, 이경한(2013). 초등학생의 세계지리 기본 위치지식의 증진을 위한 실행 연구－퍼즐 활동을 중심으로. 한국지리환경교육학회지. 21(1). 17-29.

한동균, 문종국(2016). 초등 사회과에서 위치 학습의 적용 방안 모색. 2015 개정 사회과 교육과정을 중심으로. 학습자중심 교과교육연구. 16(12). 1165-1187.

Bednarz. S. W.(1995). Using Mnemonics to Learn Place Geography. *Journal of Geography*. 94. 330-338.

Bednarz, S. W., G. Acheson, & R. S. Bednarz(2006). Maps and Map Learning in Social Studies. *Social Education*. 70(7). 398-404.

Boehm, R. G. & Petersen, J. F.(1987). Teaching Place Names and Locations in

Grades 4-8:Map of Errors. *Journal of Geography*. 86(4). 167-170.

Dunn, J. M.(2011). Location Knowledge: Assessment, Spatial Thinking and New National Geography Standard. Journal of Geography. 110. 81-89.

Gersmehl, P.(2005). Teaching Geography. New York: Guilford Press. New York.

Jo, I. & Bednarz, S.(2009). Evaluating Geography Textbook Questions from a Spatial Perspective: Using Concepts of Space, Tools of Representation, and Cognitive Processes to Evaluate Spatiality. *Journal of Geography*. 108. 4-13.

McKenzie, G. R.(1980). The Importance of Teaching Facts in Elementary Social Studies. *Social Education*, 44, 494-498.

로케이션 인텔리전스: 우리가 알던 GIS의 종말. 2018. 8. 4.
from http://www.sphinfo.com/gis-li/

제5장 지도(1)

권동희(1998). 지형도 읽기. 서울: 한울아카데미.

김민성(2007). 공간적 사고와 GIS의 교육적 사용에 대한 가능성 탐구. 한국지리환경교육학회지. 15(3). 233-245.

김민성(2010). 교육 현장의 GIS 관련 상황과 교육적 사용을 위해 고려해야 할 요소. 한국지리환경교육학회지 18(2). 173-184

김민성, 이상일, 이소영(2016). 지리공간서비스의 교육적 함의와 교수학습 모델 개발. The SNU Journal of Education Research. 25(1). 1-26.

김주환, 강영복(1990). 지도학. 서울: 신라출판사.

김진국(1998). 지리교육에 있어서 오개념 연구. 한국교원대학교 대학원 석사학위논문.

손일, 정인철(1998). 지도와 거짓말. 서울: 푸른길.

이희열(1977). 거주선호의 Mental Map에 관한 연구. 대한지리학회지. 12(1). 27-56.

정인철(2015). 한반도 서양고지도로 만나다. 서울: 푸른길.

한균형(1996). 지도학 원론. 경기: 민음사.

황홍섭(2003). 초등 사회과 지리학습을 위한 인간과 공간. 부산: 세종출판사.
황홍섭 외(2000). 웹기반 GIS를 활용한 사회과 구성주의 교육. 한국교원대학교 부설 교과교육공동연구소, 연구보고 RR- 98-1-12.
황홍섭, 류옥선(2003). 초등 사회과 지도에 대한 오개념 분석과 오개념 학습 방안. 초등사회과교육논총. 5. 43-65.

Downs, R. M., & Stea, D.(1977). *Maps in Minds: Reflections on Cognitive Mapping*. New York: Harper & Row.
Gould, P.(1966). On Mental Maps. *Michigan Interuniversity Community of Mathematical Geographers Discussion Papers*. 9. 351-592.
Gould, P. & R.White(1968). The Mental Maps of British School Leavers. *Regional Studies*. 2, 161-2.
Gould, P. & White, R.(1974). *Mental Maps*. Harmondsworth: Penguin Books.
Hallowell, A. I.(1955). *Culture and Experience*.
Lynch, K.(1960). *The Image of the City*(Vol. 11). MIT press.
Tolman, E. C.(1948). Cognitive Maps in Rats and Men. *Psychological review*. 55(4). 189.
Trowbridge, C. C.(1913). On Fundamental Methods of Orientation and Imaginary Maps. *Science*. 38(990). 888-897.

제6장 지도(2)

김남신(2005). GIS 실습. 서울: 한울아카데미.
김종근(2000). GIS를 활용한 고등학교 지리 수업 모형 개발에 관한 연구. 서울대학교 대학원 석사학위논문.
송원용, 김장원, 정동원(2008). 시맨틱 GIS 시스템을 위한 Geo-온톨로지 Population 모델 설계. 한국컴퓨터정보학회 동계학술발표대회 논문집. 16(2). 407-410.
오규식, 정승현(2011). GIS와 도시분석. 서울: 한울아카데미.

이종원(2011). 공간정보기술을 활용한 교수, 학습모듈의 개발과 평가. 한국지리환경교육학회지. 19(3). 381-397.

이희연, 심재헌(2011). GIS 지리정보학. 경기: 법문사.

황홍섭(2003). 초등 사회과 지리학습을 위한 인간과 공간. 부산: 세종출판사.

삼성전자. '디지털 트윈', 제4차 산업혁명의 방아쇠 당길 수 있을까? 2018. 8.5. 출처:
https://news.samsung.com/kr/%EB%94%94%EC%A7%80%ED%84%B8-%ED%8A%B8%EC%9C%88-%EC%A0%9C4%EC%B0%A8-%EC%82%B0%EC%97%85%ED%98%81%EB%AA%85%EC%9D%98-%EB%B0%A9%EC%95%84%EC%87%A0-%EB%8B%B9%EA%B8%B8-%EC%88%98-%EC%9E%88

Esri Korea. 4차 산업혁명 시대, 데이터 활용이 성패를 좌우합니다. 2018.08.05. from https://www.esrikr.com/4ir-gis/

Audet R. H., & Paris, J.(1997). GIS Implementation Model for Schools: Assessing the Critical Concerns. *Journal of Geography*. 96. 293-300.

Baker, T. R. & White, S. H.(2003). The Effects of GIS on Students' Attitudes, Self-efficacy, and Achievement in Middle School Science Classrooms. *Journal of Geography*. 102. 243-254.

Bednarz, S. W. & van der Schee, J.(2006). Europe and the United States: The implementation of geographic information systems in secondary education in two contexts, Technology. *Pedagogy and Education*. 15. 191-205.

Bednarz, S. W., & Audet, R. H.(1999). The Status of GIS Technology in Teacher Preparation Programs. *Journal of Geography*. 98. 60-67.

Doering, A., Koseoglu, S., Scharber, C., Henrickson, J., & Lanegran, D.(2014). Technology Integration in K-12 Geography Education Using TPACK as a Conceptual Model. *Journal of Geography*. 113(6). 223-237.

Ducker, K. J.(1979). Land Resources Information Systems: a review of fifteen years' experience. *Geo-Processing*. 1(2). 105-128.

Goodchild, M.F. & Kemp, K. K.(1990). *The NCGIA Core Curriculum in GIS*. NCGIA.

Harder, C.(1998). *Serving Maps on the Internet: geographic information on the world wide web*. Environmental Systems Research Institute.

Henry, P., & Semple, H.(2012). Integrating Online GIS into the K-12 Curricula: Lessons from the Development of a Collaborative GIS in Michigan. *Journal of Geography*. 111(1). 3-14.

Keiper T. A.(1999). GIS for Elementary Students: An Inquiry Into a New Approach to Learning Geography. *Journal of Geography*. 98. 47-59.

Keiper, T. A.(1999). GIS for elementary students: An inquiry into a new approach to learning geography. *Journal of geography*. 98(2). 47-59.

Kim, M., Kim, K., & Lee, S.-I.(2013). Pedagogical Potential of a Web-Based GIS Application for Migration Data: A Preliminary Investigation in the Context of South Korea. *Journal of Geography*. 112(3). 97-107.

Longley, P. A.(2011). *Geographic Information Systems and Science*(3rd ed.). New York, Wiley.

Milson, A. J. & Curtis, M. D.(2009). Where and Why there? Spatial Thinking with Geographic Information Systems. *Social Education*. 73. 113-118.

Milson, A. J. & Earle, B. D.(2007). Internet-based GIS in an Inductive Learning Environment: A Case Study of Ninth-grade Geography Students. *Journal of Geography*. 106. 227-237.

Palladino, S.(1994). *A Role for Geographic Information Systems in the Secondary Schools: An Assessment of the Current Status and Future Possibilities*. Unpublished Doctorial Thesis. UCSB, Santa Babara.

Smith, T. R., Menon, S., Star, J. L., & Estes, J. E.(1987). Requirements and principles for the implementation and construction of large-scale geographic information systems. *International Journal of Geographical Information System*, 1(1). 13-31.

Star, J. & Estes, J.(1990). *Geographic Information Systems: An Introduction*. Upper Saddler River. N J.. Prentice-Hall.

제7장 지리답사(여행)

권동희(1998). 지형도 읽기. 서울: 한울아카데미.
권동희 외(1991). 교양지리. 서울: 도서출판 신라.
권용우 외(1995). 관광과 여가: 관광지리학적 접근. 서울: 도서출판 한울.
김주환(1993). 사진지리학의 연구범위와 과제. 사진지리. 창간호. 3-15.
박경환 외 옮김(2015). 지리 답사란 무엇인가. 서울: 푸른길.
박종관(2015). 새로운 관광수단으로서 지리여행의 콘텐츠 구성과 활용 방안. 대한지리학회지. 50(1). 53-71.
손신욱, 박상훈, 이나현(2018). 오버투어리즘에 따른 정책적 대응과 지속가능한 관광산업 발전에 관한 탐색적 연구. 관광경영연구. 22(4). 331-354.
이동민(2016). 2015 개정 고등학교 여행지리 교육과정 성취기준의 의미구조 분석. 한국지리학회지. 5(1). 1-11.
이종원, 오선민(2016). 모바일 테크놀로지 활용 탐구기반 야외조사활동의 설계와 적용. 대한지리학회지. 51(6). 893-914.
정원일(1996). 관광개발과 GIS. 지리학총. 24. 83-97.
정치영(2013). 조선시대 사대부들의 교통수단. 문화 역사 지리. 25(2). 74-87.
조수진(2017). 초등교사의 여행 경험과 초등지리교육: 전환학습을 중심으로. 한국지리환경교육학회지. 25(1). 33-47.
황홍섭(1996). 지리교육에 있어서 사진작품의 활용. 부산지리. 5. 17-26.
황홍섭(2003). 초등 사회과 지리학습을 위한 인간과 공간. 부산: 세종출판사.
황홍섭 외(1998). 지리학의 이해: 주제적 접근. 서울: 법문사.
황홍섭 외(2001). 초등지리교육론. 서울: 학문사.
황홍섭 외(2003). 부산마당 부산 이야기. 서울: 한울.

石井實(1988). 地理寫眞. 古今書院. 東京.

Alexis, P(2017). Over-Tourism and Anti-Tourist Sentiment: An Exploratory Analysis and Discussion. Ovidius University Annals. *Economic Sciences Series*. 17(2). 288-293.

Jansen, M. B.(1994). *Sakamoto Ryōma and the Meiji Restoration*. New York: Columbia University Press.

Wolfe, M.(2015). *One Thousand Roads to Mecca*. New York: Grove Press.

Wolfe, R. I.(1996). Recreation Trvel: The New Migration, *The Canadian Geography*. 45(4). 1-14. Logan, M.(1950). Pictures as Geographic Tools. NEA Journal. 39. 44-46.

Zukin, S.(1991). *Landscapes of Power: From Detroit to Disney World*. University of California Press. California.

제8장 기후

강성철(2003). 기후와 인간생활. 서울: 다락방.

기상청(2008). 기후변화 2007: 과학적 근거.

김종규 옮김(2004). 기후와 역사(H.H.램 저). 서울: 한울아카데미.

김준수(2012). 지구온난화를 둘러싼 대논쟁. 서울: 동녘 사이언스.

신영복(2015). 더불어 숲 - 신영복의 세계기행. 서울: 들베개.

윤성탁(2001). 생활기상 이야기, 서울: 단국대학교출판부.

이승호(2007). 기후학. 서울: 푸른길.

이재만, 최우성(2011). 빙하시대 이야기. 서울: 두란노.

이해진(2016). 기상기후 빅데이터! 변화를 통한 새로운 가치 창출. 한국수자원학회지(물과미래). 49(2). 22-28.

최재천, 최용상(2011). 기후변화 교과서 - 기후변화와 한반도 생태계의 현황과 전망. 서울: 환경재단 도요새.

황홍섭(2003). 초등 사회과 지리학습을 위한 인간과 공간. 부산: 세종출판사.

Ackerman, T., & G. Stokes(2003). The Atmospheric Radiation Measurement Program. *Phys. Today*. 56. 38-44.

IPCC.(2007). Climate Change 2007: *The Physical Science Basis*. Contribution of Working Group I to the Fourth Assessment Report of the Intergovernmental Panel on Climate Change [Solomon, S., D. Qin, M. Manning, Z. Chen, M. Marquis, K.B. Averyt, M.Tignor and H.L. Miller (eds.)]. Cambridge University Press. Cambridge. United Kingdom and New York. NY. USA.

Penner, J., R. Dickinson, & C. O″Neill(1992). Effects of Aerosol from Biomass Burning on the Global Radiation Budget. *Science*. 256. 1432-434.

Stott, P.A., et al.(2000). External Control of 20th Century Temperature by Natural and Anthropogenic Forcings. *Science*. 290. 2133-2137.

Worley, S.J., et al.(2005). ICOADS Release 2.1Data and Products. *Int. J. Climatol*. 25. 823-842.

제9장 지형

권동희(2013). 한국의 지형. 서울: 한울.

김영표, 임은선, 김연준(2004). 한반도 산맥체계 재정립 연구. 국토연구원.

김일곤 외(1998). 지리학의 이해. 서울: 법문사

박수진, 손일(2005a). 한국 산맥론(Ⅰ): DEM을 이용한 산맥의 확인과 현행 산맥도의 문제점 및 대안의 모색. 대한지리학회지 40(1). 126-152.

박수진, 손일(2005b). 한국 산맥론(II): 산줄기 지도의 제안. 대한지리학회지 40(3). 253-273.

박수진, 손일(2008). 한국 산맥론(III): 새로운 산맥도의 제안. 대한지리학회지. 43(3). 276-295.

신원정(2014). 현대 지형학 연구의 패러다임 변화에 대한 고찰. 지리교육논집. 58. 1-18.

조석필(1997). 태백산맥은 없다. 서울: 도서출판 사람과 산.

황홍섭(2003). 초등 사회과 지리학습을 위한 인간과 공간. 부산: 세종출판사.

Bates, R. L., & Jackson, J. A., eds.(1987). *Glossary of Geology*(3d ed.) Alexandria, Va., American Geological Institut.

Davis, W.M.(1899). The geographical cycle. *Geographical Journal*. 14. 481-504.

Fairbridge, R. W.(ed.)(1968). *Encyclopedia of Geomorphology*. New York: Reinhold.

Grapes, R.H., Oldroyd, D.R., & Grigelis, A.(2008). *History of Geomorphology and Quaternary Geology*. London: The Geological Society of London.

Slaymaker, O.(2009). The future of geomorphology. *Geography Compass*. 3(1). 329-349.

제10장 이동

구동회(2010). 로컬리티연구에 관한 방법론적 논쟁. 국토지리학회지. 44(4). 509-523.

김현숙, 이진석(2011). 부산의 다문화공간과 외국 이주민의 삶과 정체성. 부산발전연구원 부산학연구센터.

박경환(2007). 초국가주의 뿌리 내리기: 초국가주의 논의의 세 가지 위험. 한국도시지리학회지. 10(1). 77-88.

박규택(2009). 로컬리티 연구의 동향과 주요 쟁점. 로컬리티 인문학. 창간호. 107-143.

박배균(2009). 초국가적 이주와 정착을 바라보는 공간적 관점에 대한 연구-장소, 영역, 네트워크, 스케일의 4가지 공간적 차원을 중심으로. 한국지역지리학회지. 15(5). 616-634.

박세훈(2010). 한국의 외국인 밀집지역: 역사적 형성과정과 사회공간적 변화. 한국도시행정학회. 23(1). 69-100.

오근영 옮김(2016). 공간의 세계사. 서울: 다산초당.

이영민(2013a). 글로벌 시대의 트랜스이주와 장소의 재구성, 이주와 로컬리티의 재구성. 로컬리티 연구총서 12. 부산대학교 한국민족문화연구소편. 서울: 소명출판.

이영민(2013b). 글로벌 시대의 트랜스이주와 장소의 재구성. 문화 역사 지리. 25(1). 47-62.

이영민, 이용균, 이현욱(2012). 중국 조선족의 트랜스이주와 로컬리티의 변화 연구: 서울 자양동 중국음식문화거리를 사례로. 한국도시지리학회지. 15(2). 103-116.

조현미(2006). 외국인 밀집지역에서의 에스닉 커뮤니티의 형성. 한국지역지리학회지. 12(5). 540-556.

차원연 외 옮김(2004). 고삐풀린 현대성. 서울: 현실문화연구.

차철욱, 차윤정(2013). 김해 이주노동자들의 공간 의미화와 '외국인 거리'의 형성. 한국민족문화. 47(5). 361-396.

최병두(2009). 다문화공간과 지구-지방적 윤리: 초국적 자본주의의 문화공간에서 인정투쟁의 공간으로. 한국지역지리학회지. 15(5). 635-654

최병두, 이경자(2010). 외국인 이주자의 거시적 이주 배경에 관한 인지. 한국경제지리학회지. 13(1). 64-88.

최병두, 신혜란(2011). 초국적 이주와 다문화사회의 지리학. 현대사회와 다문화. 1(1). 65-97.

대한민국 국가지도집(2014).

제11장 입지

김광식, 황홍섭(1992). 대구시 구청의 입지분석과 평가. 국토계획. 27(3).

윤홍기(1994). 풍수지리설의 본질과 기원 및 그 자연관. 이기백(편). 한국사 시민강좌. 14. 서울: 일조각.

이기백(1994). 한국의 풍수지리설의 기원. 이기백(편). 한국사 시민강좌. 14. 서울: 일조각.

이몽일(1991). 한국풍수지리사상의 변천과정. 경북대학교 대학원 인문지리전공. 박사학위논문.

최창조(1984). 한국의 풍수사상. 서울: 민음사.

최창조(1991). 한국풍수사상의 이해를 위하여. 한국문화역사지리학회(편). 한국의 전통지리사상. 서울: 민음사.

최창조(1993). 한국의 풍수지리. 서울: 민음사.

황홍섭(1992). 도시 공공서비스 시설의 개념과 류형. 정관 이병곤교수 화갑기념 논문집. 대구: 신일문화사. pp. 405-406.

황홍섭(1994). 대구시 공공서비스 시설의 입지평가와 최적입지 선정. 경북대학교 대학원 인문지리전공. 박사학위논문.

황홍섭, 박양춘(1994). 주민만족도 모형에 의한 공공서비스 시설의 최적 립지 선정. 지리학 논구. 14. 1-15.

황홍섭 외(1998). 지리학의 이해: 주제적 접근. 서울: 법문사.

Austin, C. M.(1974). The Evaluation of Urban Public Facility Location: An Alternative to Benefit-Cost Analysis. *Geographical Analysis*. 6. 135-145.

Bach, L.(1980). Locational Models for Systems of Private and Public Facilities Based on Concepts of Accessibility and Access Opportunity. *Environment and Planning A*. 12. 301-320.

Barlow, I. M.(1981). *Spatial Dimensions of Urban Goverment*. New York: Reserch Studies Press, 81-117.

Goldsmith, M.(1980). *Politics, Planning and the City*. London: Hutchinson and Co.Ltd. .

Goodchild, M. F. & V. T. Noronha(1983). *Location-Allocation for Small Computers*. Monograph 8. Universty of Iowa.

Haggett, P., A. D. Cliff, & A. Frey(1977). *Location Analysis in Human Geo-graphy*. London: Edward Arnold. Ltd.

Harvey, D.(1975). *Social Justice and the City*. London: Edward Arnold Ltd.

Johansson, B. & G. Leonardi(1986). Public Facility Location: A Multi-regional and Multi-authority Decision Context. in P. Nijkamp(ed.). *Handbook of Regional and Urban Economics*. 1(Amsterdam: North-Holland Co.).

Knox, P., & Pinch, S.(2014). *Urban Social Geography: an Introduction*. Routledge.

Lea A. C.,(1979). Welfare Theory, Public Goods, and Public Facility Location. *Geographical Analysis*. 11. 217-239.

Morrill, R. L.,(1974). Efficiency and Equity in Optimum Location Models. *Antipode*. 6(1). 41-46.

Teitz, M.B.(1968). Toward a Theory of Urban Public Facility Location. *Papers of the Regional Science Association*. 21. 35-51.

Thisse, J-F., & H.G. Zoller(eds.)(1983). *Locational Analysis of Public Facilities*. Amsterdam: North-Holland Publishing Company.

제12장 지명

강길부(1985). 향토와 지명. 서울: 정음사.

김기빈(1986-1993). 한국의 지명유래 1–4. 서울: 지식산업사.

김기빈(1995). 일제에 빼앗긴 땅이름을 찾아서. 서울: 살림터.

김연옥, 이혜은(1999). 사회과 지리교육연구. 서울: 교육과학사

박갑천(1995). 박갑천의 세계의 땅이름. 서울: 앞선책.

배우리(1994). 우리 땅이름의 뿌리를 찾아서1–2. 서울: 도서출판 토담.

송언근(1994). 초중학교 지명학습의 연계성에 관한 연구. 지리교육. 7. 9-112.

오홍석(1995). 알기 쉽게 풀어쓴 땅이름 나라 얼굴. 서울: 고려원미디어.

최창조(1987). 풍수 지명의 유형분류와 그 해석. 국가발전과 공공행정. 고주 노융희 박사 화갑기념사업 준비위원회. 346-359.

황홍섭(1997). 지명 그리고 지명교육을 위한 교수-학습 모형의 탐색. 초등교육연구. 10. 355-394.

황홍섭, 고정수(2001). 초등 사회과 지명교육을 위한 멀티미디어 소프트웨어 개발. 초등사회과교육. 13. 313-334.

황홍섭, 고정수(2013). 울산지역 정체성을 살린 교육브랜드 개발과 활용 방안 – 창의. 인성교육을 중심으로. 한국지리환경교육학회지. 21(3). 179-196.

鏡味明克(1979). 地名研究の系譜. 地理. 24(11). 7-13.

山口惠一郎(1970). 地理における 地名研究の 意義. 地理. 15(3). 13-17.

榾村大彬(1979). 地理教育と 地名. 地理. 24(11). 59-67.

Grandy, W. E(1965). The Value of Place Name Etimology in the Teaching of Geography. *Journal of Geography*. 9. 250-253.

Helgren, D. M.(1983). Place Name Ignorance Is National News. *Jouranal of Geography*. 82(4).176-178.

Lews, D. G.(1982). The Politics of Ignorance Place-Names. *The Geographical Review*. 72(1). 99-102.

Vigeler, I.(1988). Place Names: Making the Basics of Geography Fun to Learn. *Journal of Geography*. 87(2). 96-99.

Wright, D. R.(1995). Mnemonics: An Aids to Geographical Learning. *Journal of Geography*. 94(1). 339-340.

ㄱ

찾아보기

ㅇ

ㅈ

기타

A ~ T

저자소개

황홍섭

현) 부산교육대학교 사회교육과(지리) 교수

전) 한국사회과교육연구학회 회장

부산교육대학교 교육대학원 원장

박지수

현) 부산 연천초등학교 교사

부산대학교 일반대학원 박사과정

부산교육대학교 지역연구소 연구원

초등예비교사
지리학에게 말을 걸다

초판 1쇄 인쇄 / 2018년 9월 5일
초판 1쇄 발행 / 2018년 9월 10일

공저자 / 황홍섭·박지수
발행인 / 이 중 수
발행처 / **동 문 사**

서울특별시 서대문구 홍제원 1길 12
(홍제동 137-8)
Tel: 02)736-3718(대), 736-3710, 3720
Fax: 02)736-3719
등록번호: 제9-17호
가격: 20,000원

ISBN: 978-89-8251-983-3(93380)
E-mail: dong736@naver.com
www.dongmunsa.com